Meio Ambiente de Trabalho em Tempos de Pandemia

Meio Ambiente de Trabalho em Tempos de Pandemia

Organizadores:

Guilherme Guimarães Feliciano

Raimundo Simão de Melo

LACIER

LACIER
Lacier Livraria e Editora
www.livrarialacier.com.br

Rua Doutor Quirino, 808 – Centro
CEP 13015-081 – Campinas, SP – Brasil

Junho, 2021

Diretor: *Lacier José de Rezende*
Diretor assistente: *Eduardo Soares Aureliano*
Revisão: *Ademar Lopes Jr.*
Projeto de capa: *Fabio Giglio*
Projeto gráfico e editoração eletrônica: *Peter Fritz Strotbek – The Best Page*

Ficha Catalográfica

Dados Internacionais de Catalogação na Publicação (CIP)
(Câmara Brasileira do Livro, SP, Brasil)

Meio ambiente de trabalho em tempos de pandemia / organizadores Guilherme Guimarães Feliciano, Raimundo Simão de Melo. — Campinas, SP : Lacier Editora, 2021.

Vários autores.
Bibliografia.
ISBN 978-65-88805-16-9

1. Ambiente de trabalho 2. Coronavírus (COVID-19) — Pandemia 3. Coronavírus (COVID-19) — Prevenção 4. Doenças ocupacionais 5. Segurança do trabalho 6. Trabalhadores — Saúde I. Feliciano, Guilherme Guimarães. II. Melo, Raimundo Simão de.

21-63828 CDU-34:331.422:616.24-002

Índices para catálogo sistemático:

1. Meio ambiente de trabalho : Coronavírus : Covid-19 : Direito do trabalho 34:331.422:616.24-002

Cibele Maria Dias – Bibliotecária – CRB-8/9427

Sumário

Apresentação

Raimundo Simão de Melo[1]

Sinto-me honrado diante do convite para apresentar o livro *"Meio Ambiente do Trabalho em Tempos de Pandemia"*. O livro, a ser publicado por Lacier Livraria e Editora, traz-nos vários artigos elaborados por Professores e Especialistas nos temas, importantes reflexões acadêmicas acerca do meio ambiente do trabalho nesses graves e preocupantes tempos de pandemia.

A iniciativa dos organizadores de tão importante obra foi adequada e oportuna para se refletir sobre insignes garantias albergadas na Constituição Federal brasileira de 1988, como, entre outras, a valorização social do trabalho, o direito a ambientes de trabalho seguros e à saúde do trabalhador e a dignidade da pessoa humana numa ordem jurídica social justa.

Se o meio ambiente do trabalho tem sido tema de grandes debates e pesquisas nos últimos anos, certamente esse interesse aumentou com a pandemia do novo coronavírus, porque os trabalhadores como tais estão sendo muito atingidos pela maior possibilidade de contaminação, dependendo do trabalho que executam, destacando-se aqueles que exercem atividades essenciais, como, entre outros, os profissionais da saúde, que atuam na linha de frente para salvar vidas e nem sempre têm seus direitos humanos e sociais respeitados.

A presente obra é fruto de pesquisas e reflexões dos seus autores sobre Direito do Trabalho e das Relações Sociais, os quais enfocaram temas como a proteção da dignidade do Trabalhador, pandemia de Covid-19, inspeção do trabalho, saúde e segurança do trabalhador, responsabilidade civil do empregador por contaminação

(1) Doutor e Mestre em Direito das Relações Sociais pela PUC-SP. Pós-Graduado em Direito do Trabalho pela Faculdade de Direito da Universidade de São Paulo – USP. Especialista em Relações Coletivas de Trabalho pela Organização Internacional do Trabalho – OIT. Professor Titular do Centro Universitário UDF/Mestrado em Direito e Relações Sociais e Trabalhistas e na Faculdade de Direito de São Bernardo do Campo no Curso de Especialização em Direito e Relações do Trabalho. Membro da Academia Brasileira de Direito do Trabalho. Consultor jurídico e advogado. Procurador Regional do Trabalho aposentado. Autor de livros jurídicos, entre outros, "Direito ambiental do trabalho e a saúde do trabalhador".

do trabalhador pelo SARS-Cov-2, a utilização inadequada da Tabela SUSEP como parâmetro de arbitramento de pensão mensal decorrente de acidentes e doenças do trabalho, o papel dos sindicatos em tempos de pandemia do novo coronavírus, Covid-19 como doença ocupacional, depósito recursal com fundamento na pandemia do novo coronavírus, penosidade no trabalho, meio ambiente do trabalho em tempos de pandemia do novo Coronavírus, responsabilidades, reparações e juízo competente, responsabilidade penal do empregador por violação às normas de segurança e medicina do trabalho, aspectos penais e previdenciários diante da pandemia do Covid-19, incolumidade psicofísica do trabalhador como direito fundamental, preservação do meio ambiente do trabalho no contexto da pandemia da Covid-19 e a atuação da OIT, trabalhadores do atendimento ao público em atividades essenciais e configuração da Covid-19 como doença ocupacional, prevenção de riscos à saúde e à segurança do trabalho da mulher, prevenção e reparação dos danos ocasionados pelo novo coronavírus nos Frigoríficos, teletrabalho em tempos de pandemia como ameaça à saúde mental e os efeitos deletérios da terceirização no meio ambiente do trabalho.

Como se vê, a obra envolve temas de extrema atualidade e importância no campo do direito do trabalho, do meio ambiente do trabalho e do direito da seguridade social, especialmente no momento em que necessita o Brasil de muita reflexão por conta das importantes alterações que vêm sendo implementadas nos últimos anos nestes ramos do direito, com questões diárias que estão sendo enfrentadas pelos operadores do direito, os quais têm a tarefa de extrair o seu alcance e sentido na solução dos problemas que lhes são apresentados, pelo que, é bem-vinda a contribuição das pesquisas feitas pelos autores desta importante obra jurídica.

A obra, resultado de pesquisas e reflexões por Especialistas nos assuntos enfrentados é pioneira, pois todo o trabalho foi desenvolvido numa visão teórica e prática sobre o arcabouço legal brasileiro sobre o tema, mas, especialmente, com enfoque nas questões momentâneas agravadas pela crise do novo coronavírus, numa perspectiva do Estado Democrático de Direito e dos direitos fundamentais dos trabalhadores. Eis, portanto, a grande e importante contribuição que traz o livro *"Meio Ambiente do Trabalho em Tempos de Pandemia"*, para o debate científico sobre o tema nos próximos anos.

A obra *"Meio Ambiente do Trabalho em Tempos de Pandemia"* apresenta-se como instrumento indispensável aos operadores do direito trabalho, do direito ambiental do trabalho e da saúde dos trabalhadores, como Juízes, membros do Ministério Público, Advogados, Professores e estudantes de Direito. Parabéns aos organizadores e autores pela iniciativa, à Lacier Livraria e Editora pelo patrocínio do livro e ao leitor, que será o maior beneficiado com o trabalho.

A Portaria SEPRT n. 396/2021 e a Proteção da Dignidade do Trabalhador

Carlos Henrique Bezerra Leite[1]

Maria Júlia Ferreira Mansur[2]

Sumário: 1. Introdução. 2. A fiscalização do trabalho. 3. O critério da dupla visita na fiscalização do trabalho. 4. A Portaria SEPT/ME n. 396/2021 e a observância da dignidade do trabalhador. 5. Conclusão. 6. Referências.

Resumo: A presente pesquisa tem por escopo analisar a mudança ocasionada pela Portaria n. 396/2021, editada pelo Secretário Especial de Previdência e Trabalho do Ministério da Economia. Considerando que a normativa aponta situações em que não se aplica o critério da dupla visita no caso de microempresas e empresas de pequeno porte, o estudo vai tratar do tema da fiscalização do trabalho e do próprio critério mencionado para estabelecer como as limitações traçadas podem promover, não obstante a importância do caráter orientador da inspeção para essas empresas, proteção à dignidade do trabalhador.

Palavras-chave: Direito do Trabalho — Fiscalização do trabalho — Dupla visita — Portaria n. 396/2021 — Proteção da dignidade do trabalhador.

1. Introdução

As microempresas (ME) e as empresas de pequeno porte (EPP) recebem um tratamento diferenciado no ordenamento jurídico brasileiro em comparação às médias e

(1) Doutor e Mestre em Direito das Relações Sociais (PUC/SP). Professor de Direitos Humanos Sociais e Metaindividuais e Direito Processual do Trabalho da Faculdade de Direito de Vitória (FDV). Desembargador aposentado do TRT da 17ª Região/ES. Advogado e consultor jurídico. Titular da Cadeira 44 da Academia Brasileira de Direito do Trabalho. Foi procurador regional do Ministério Público do Trabalho (1993 a 2007), Professor associado da Universidade Federal do Espírito Santo (1993 a 2013) e diretor da Escola Judicial do TRT/ES (2009 a 2011).

(2) Bacharela em Direito pela Universidade Federal do Espírito Santo (UFES). Pós-graduanda em Direito do Trabalho e Previdenciário (PUC/MG). Membro do Grupo de Pesquisa "O direito civil na pós-modernidade jurídica" (UFES-CNPq) e do Grupo de Pesquisa "Trabalho, Seguridade Social e Processo: diálogos e críticas" (UFES-CNPq). Advogada.

grandes empresas, tendo, inclusive, respaldo e incentivo na própria Carta Magna para a concessão de tais benesses. Esses favorecimentos são importantes na medida em que garantem uma maior competitividade a essas empresas, que, em outras circunstâncias, teriam dificuldades em se manter no mercado.

Um desses benefícios é a aplicação do critério da dupla visita no caso da fiscalização do trabalho. Essa fiscalização do trabalho, que tem por objetivo evitar que ocorra o descumprimento de normas trabalhistas, analisando a ocorrência de eventuais ilegalidades no ambiente de trabalho, no caso da dupla visita, vai ter um caráter inicial orientador, visando a que os empregadores tenham uma oportunidade para se redimir e corrigir as situações que não forem adequadas e dentro da legalidade.

Contudo, em relação aos benefícios concedidos a essas empresas, é necessário estabelecer os seguintes questionamentos: há algum limite para esse tratamento diferenciado das microempresas e empresas de pequeno porte? A dupla visita poderia ser utilizada para toda e qualquer situação de irregularidade e descumprimento de normas trabalhistas? A Portaria SEPRT n. 396/2021 acaba por apresentar respostas a essas questões, na medida em que estabelece situações em que não se aplica o critério da dupla visita no caso de microempresas e empresas de pequeno porte.

Dessa forma, a presente pesquisa, após o devido aprofundamento sobre os temas da fiscalização do trabalho e do próprio critério da dupla visita, tem por objetivo estudar a mencionada portaria, apontando as situações em que a dupla visita não se aplica, e analisando se essas exceções respeitam e fomentam a proteção da dignidade do trabalhador.

O estudo adota a linha crítico-metodológica, apresentado e utilizando a vertente jurídico-teórica como a mais adequada para o desenvolvimento da presente pesquisa. Com a aproximação dos planos teórico e prático, serão utilizados elementos conceituais e doutrinários, a partir de uma revisão da vasta bibliografia, para ser possível a compreensão do fenômeno jurídico analisado, especificamente, o critério da dupla visita na fiscalização do trabalho e as exceções em relação à aplicação desse critério, previstas na Portaria SEPRT n. 396/2021, por uma ótica social, econômica e cultural.

Eis a problematização da presente pesquisa: há algum limite para esse tratamento diferenciado das microempresas e empresas de pequeno porte? A dupla visita poderia ser utilizada para toda e qualquer situação de irregularidade e descumprimento de normas trabalhistas? Considerando os arts. 170, IX, e 179, da CRFB/88, pode o administrador público editar portaria que estabeleça situações que não sujeitem as microempresas e empresas de pequeno porte à fiscalização prioritariamente orientadora, prevista no art. 55 da Lei Complementar n. 123/2006?

2. A fiscalização do trabalho

A lesão a direitos trabalhistas provoca um conflito com três momentos principais de encaminhamento, cada qual associado a uma instituição: 1) o primeiro momento é o de regulação das normas e fiscalização de sua observância por parte das empresas, sob responsabilidade da Secretaria do Trabalho do Ministério da Economia; 2) caso haja resistência ao cumprimento das normas, é aberto processo de negociação no sindicato, tal processo pode ser conduzido pelo Ministério Público do Trabalho, em sua competência para instaurar inquéritos civis e firmar termos de ajustamento de condutas (TAC); 3) em sendo insuficientes os mecanismos anteriormente mencionados, a demanda é levada à Justiça do Trabalho (CARDOSO; LAGE, 2005, p. 476). Na presente pesquisa, o foco é voltado à fiscalização realizada no primeiro momento.

A fiscalização, ou inspeção do trabalho, é atividade de grande relevância para assegurar o fiel atendimento das leis trabalhistas, tais como as disposições relativas à duração do trabalho, aos salários, à segurança, à higiene e ao bem-estar, ao emprego das crianças e dos adolescentes e as outras matérias conexas, e, consequentemente, garantir a proteção dos trabalhadores no exercício da profissão. Essas são as finalidades apresentadas pela Convenção n. 81 da Organização Internacional do Trabalho (OIT), em seus arts. 2º e 3º, "*a*".

Na legislação pátria, a fiscalização do fiel cumprimento das normas de proteção ao trabalho está prevista na Carta Magna, assim como na legislação infraconstitucional. A Constituição da República Federativa do Brasil (CRFB/88) aponta, em seu art. 21, inciso XXIV, ser da União a competência para organizar, manter e executar a inspeção do trabalho, e, conforme o art. 626 da Consolidação das Leis do Trabalho (CLT), essa incumbência é das autoridades competentes do antigo Ministério do Trabalho, Indústria e Comércio, hoje, como já dito anteriormente, Secretaria do Trabalho do Ministério da Economia.

Também é importante mencionar, no cenário infraconstitucional, a Lei n. 10.593/02 que reestruturou a carreira do fiscal do trabalho. Em seu art. 11, inciso I, a normativa esclarece que é função do auditor fiscal do trabalho assegurar, em todo o território nacional, o cumprimento de disposições legais e regulamentares, inclusive as relacionadas à segurança e à medicina do trabalho, no âmbito das relações de trabalho e de emprego. Assim, em todos os casos em que o auditor concluir pela existência de algum tipo de violação das normas trabalhistas, deverá ser lavrado auto de infração, com a correspondente responsabilização do sujeito infrator, na forma do art. 628 da CLT.

Destaca-se que essa postura de fiscalização, tendo as suas diretrizes definidas pela Constituição pátria, por leis infraconstitucionais nacionais e, inclusive, por Convenção Internacional, demonstra que o descumprimento de preceitos trabalhistas não viola apenas o direito específico, particularizado e individualizado de cada trabalhador deter uma relação de trabalho digna e salutar, mas também acaba por atingir frontalmente a própria ordem pública, que se opõe aos trabalhos degradantes e forçados (DELGADO; NOGUEIRA; RIOS, p. 2.993), demonstrando, portanto, de forma mais evidente, a importância da realização dessa fiscalização.

Ademais, cabe ressaltar também que o ato de assegurar o cumprimento das normas trabalhistas não pode ser compreendido apenas como fiscalização em sentido amplo, mas também deve ser considerado no sentido estrito de orientar (ÁVILA *et al.*, 2019, p. 112), ou seja, deve ser levado em conta que a orientação também faz parte da essência das atribuições dos auditores fiscais do trabalho (ÁVILA *et al.*, 2019, p. 113). Tanto é assim que o Decreto n. 4.552/02, que regulamenta a inspeção do trabalho, em seu art. 18, inciso II, apresenta de forma expressa a competência desses auditores em ministrar orientações e dar informações e conselhos técnicos aos trabalhadores e às pessoas sujeitas à inspeção do trabalho, atendidos os critérios administrativos de oportunidade e conveniência.

Destarte, a partir das finalidades da fiscalização mencionadas, é possível entender que a fiscalização do trabalho apresenta duas funções principais, quais sejam, uma primeira orientadora, que se dá meio do poder de polícia preventivo, e uma segunda repressiva, em caso de desrespeito à legislação, que se dá com a atuação do poder de polícia repressivo (SCOMPARIM, 2009), sendo que tais funções ficam ainda mais evidentes com o critério da dupla visita que será explanado no tópico seguinte.

3. O critério da dupla visita na fiscalização do trabalho

Considerando, portanto, que fiscalizar abrange mais do que apenas o caráter repressivo/punitivo, compreendendo também um viés orientador quanto às regras trabalhistas a serem cumpridas, surge a necessidade de observância ao critério da dupla visita. Esse critério "corporifica uma das finalidades institucionais da fiscalização do trabalho, qual seja, a orientação dos empregadores no cumprimento das normas trabalhistas, especialmente as normas de segurança e medicina do trabalho", que é um dos campos mais polêmicos no dia a dia das empresas (VALE, 2004, p. 19).

Esse critério consiste basicamente na realização de duas visitas distintas ao estabelecimento do empregador, sendo a primeira visita voltada para inspecionar o local de trabalho e para instruir o empregador sobre eventuais irregularidades que estejam ocorrendo e o que deve ser feito para saná-las; e a segunda visita para averiguar se o empregador seguiu as orientações apresentadas anteriormente e, em caso de negativa, lavrar autos de infração para todas as irregularidades não sanadas (VALE, 2004, p. 19).

A dupla visita está presente no art. 627 da CLT, apresentando que esta deve ser observada, a fim de promover a instrução dos responsáveis no cumprimento das leis de proteção do trabalho, nos seguintes casos: a) quando ocorrer a promulgação ou expedição de novas leis, regulamentos ou instruções ministeriais; e b) em se realizando a primeira inspeção dos estabelecimentos ou dos locais de trabalho, recentemente inaugurados ou empreendidos.

Importante ressaltar que o art. 628 da CLT dá completude ao critério estabelecido no artigo anteriormente mencionado, uma vez que veda a imediata lavratura de auto de infração nos casos em que o fiscal deve realizar a segunda visita (VALE, 2004, p. 20) ao mencionar que, salvo o disposto nos arts. 627 e 627-A, a toda verificação em que o auditor fiscal do trabalho concluir pela existência de violação de preceito legal deve corresponder a lavratura de auto de infração.

Além das hipóteses mencionadas no art. 627 da CLT, com o Decreto n. 4.552/02, no art. 23, foram acrescidas outras duas hipóteses para a aplicação da dupla visita: a) quando se tratar de estabelecimento ou local de trabalho com até dez trabalhadores, salvo quando for constatada infração por falta de registro de emprego ou de anotação da CTPS, bem como na ocorrência de reincidência, fraude, resistência ou embaraço à fiscalização; e b) quando se tratar de microempresa e empresa de pequeno porte, na forma da lei específica.

As microempresas e empresas de pequeno porte, foco do presente estudo, foram novamente objeto de lei em relação ao critério da dupla visita com a edição da Lei Complementar n. 123/06, conhecida como o Estatuto Nacional da Microempresa e da Empresa de Pequeno Porte, em seu art. 55. A novidade dessa normativa residiu na obrigatoriedade do cumprimento da dupla visita, considerando que a sua não observância resulta na nulidade do auto de infração (PEREIRA, 2018, p. 277), conforme o § 6º do mencionado artigo.

Percebe-se, portanto, um tratamento diferenciado, favorável às microempresas e empresas de pequeno porte, por meio da institucionalização da fiscalização orientadora, tratamento diferenciado este que possui amparo constitucional previsto expressamente nos arts. 170 ("tratamento favorecido para as empresas de pequeno porte constituídas sob as leis brasileiras e que tenham sua sede e administração no país"), inciso IX, e 179 ("A União, os Estados, o Distrito Federal e os Municípios dispensarão às microempresas e às empresas de pequeno porte [...] tratamento jurídico diferenciado, visando a incentivá-las pela simplificação de suas obrigações administrativas, tributárias, previdenciárias e creditícias").

Essas políticas de incentivo às microempresas e empresas de pequeno porte têm como objetivo "o crescimento dessas empresas e, certamente, [...] o aumento de suas taxas de sobrevivência e competitividade" (SEBRAE, 2018, p. 4), principalmente ao analisar que são elas que movimentam a renda de milhares de famílias brasileiras. Segundo dados do Sebrae, as ME-EEP "representam cerca de 98,5% do total de empresas privadas, respondem por 27% do PIB e são responsáveis por 54% do total de empregos formais existentes no País, ou seja, empregam mais trabalhadores com carteira assinada que as médias e grandes empresas" (2018, p. 4). Daí a importância da análise da Portaria SEPT/ME n. 396/2021 no sentido de se verificar se ela está ou não em sintonia com o sistema diferenciado conferido pelo ordenamento jurídico brasileiro às microempresas e empresas de pequeno porte.

4. A Portaria SEPT/ME n. 396/2021 e a observância da dignidade do trabalhador

Não obstante a importância dessa política de favorecimento das microempresas e das empresas de pequeno porte, inclusive em relação à aplicação do critério da dupla visita na fiscalização do trabalho, conforme explanado no tópico anterior, em 11 de janeiro de 2021 foi editada a Portaria n. 396 pelo Secretário Especial de Previdência e Trabalho do Ministério da Economia, em que foram estabelecidas algumas exceções à ocorrência dessas visitas de caráter orientador.

De acordo com a portaria em pauta, essas empresas não estariam sujeitas à fiscalização prioritariamente orientadora, ou seja, ao benefício da dupla visita, nos seguintes casos previstos no *caput* e incisos do art. 2º: a) condições análogas às de escravo; b) trabalho infantil; c) atraso no pagamento de salário; d) acidente de trabalho com consequência significativa (lesão à integridade física e/ou saúde, que implique incapacidade temporária por prazo superior a quinze dias), severa (que prejudique a integridade física/ou saúde, provocando lesão ou sequela permanente) ou fatal; e) risco grave e iminente à segurança e saúde do trabalhador, conforme irregularidades indicadas em Relatório Técnico, nos termos da Norma Regulamentadora NR-3, aprovada pela Portaria SEPRT n. 1.068/19; f) descumprimento de embargo ou interdição.

Percebe-se que as situações apresentadas no dispositivo compreendem, em sua maioria, atos diretamente atentatórios a um meio ambiente de trabalho saudável, que desrespeitam "direitos humanos e fundamentais, notadamente os direitos à vida, à segurança e à saúde dos trabalhadores" (LEITE, 2015, p. 16), atentando frontalmente à própria dignidade do trabalhador.

Ora, a Carta da República prevê no elenco dos direitos e garantias fundamentais, que ninguém será submetido a tortura nem a tratamento desumano e degradante (art. 5º, III), sendo dever do Estado, dos empregadores e dos trabalhadores a redução dos riscos inerentes ao trabalho, por meio de normas de saúde, higiene e segurança (art. 7º, XXII). A portaria em pauta, portanto, não faz mais do que assegurar a efetividade dos direitos, deveres e garantias fundamentais, em perfeita sintonia com o respeito a cláusulas pétreas (art. 60, § 4º, IV).

Há que se considerar que um "meio ambiente do trabalho ecologicamente equilibrado é um direito humano e fundamental dos trabalhadores à sadia qualidade de vida física, psíquica, social e moral no ambiente laboral" (LEITE, 2015, p. 18), não devendo ser aceito pelo próprio sistema normativo do país que procedimentos de caráter majoritariamente econômico, como é o caso da dupla visita (com a fiscalização orientadora evita-se que sejam lavrados autos de infração e que, consequentemente as empresas não sejam financeiramente penalizadas), sobressaiam-se à própria dignidade do trabalhador em ter sua vida e saúde preservadas.

É de se ressaltar que o critério da dupla visita, por si só, não atenta contra quaisquer direitos do trabalhador, "pelo contrário, obriga a fiscalização a orientar os empregadores a torná-los efetivos, sob pena de, na segunda visita lavrar os autos de infração", sendo que, se a autuação ocorresse logo na primeira visita, o empregador se veria compelido a se defender na esfera administrativa e a protelar o benefício ao empregado (VALE, 2004, p. 25). Contudo, independentemente de defesa administrativa, os casos apontados pela portaria são de tal gravidade que exigem ações imediatas dos órgãos competentes, não havendo que se falar em uma compreensão temporal para que possam ser solucionados pelos empregadores, mas devendo ser resolvidos de imediato.

O trabalho em condições análogas à escravidão, por exemplo, normalmente acontece com "pessoas deslocadas de suas regiões de origem, com baixa ou nenhuma qualificação ou instrução, vivendo em condições miseráveis" (GOMES, 2012, p. 168), que acabam encontrando-se em uma situação de superexploração, sendo controladas "por meio de violência física e/ou simbólica (endividamento), vivendo em condições degradantes e humilhantes para a pessoa humana" (GOMES, 2012, p. 169).

Não se trata apenas de uma perda de liberdade e de ausência de direitos sociais do trabalho, mas efetivamente do fim de direitos de cidadania (GOMES, 2012, p. 169), e, assim sendo, não há que se falar em qualquer caráter orientador em casos em que for constatada tal situação, mas sim de responsabilização de quem tenha submetido outrem a essas condições degradantes e desumanas, inclusive com a responsabilização criminal, conforme art. 149 do Código Penal (crime de reduzir alguém a condição análoga à de escravo).

Destaca-se que, antes mesmo da edição da portaria em pauta, já havia quem defendesse que o critério da dupla visita não seria aplicável às situações de trabalho forçado, considerando a necessidade urgente de seu combate, principalmente por ser uma afronta à liberdade, um dos direitos mais inestimáveis do ser humano (DELGADO; NOGUEIRA; RIOS, p. 2.993).

Parece claro e evidente também, novamente a título exemplificativo, que no caso de risco grave e iminente à segurança do trabalhador, até pelo próprio significado do termo iminente tratar de uma situação que está prestes a acontecer, não seria cabível estender qualquer prazo para sua solução. Caso tal prazo fosse deferido, esperando até a segunda visita para averiguar se tudo estaria em conformidade com as normas trabalhistas, os trabalhadores poderiam, nesse meio tempo, ter sua vida ceifada ou sua saúde extremamente prejudicada. E da mesma forma poderia se entender nos casos de acidentes de trabalho com consequência significativa, severa ou fatal; apesar de nesses casos o evento prejudicial ao trabalhador já ter ocorrido, persistindo a irregularidade que deu causa ao evento danoso, acidentes da mesma gravidade poderiam voltar a acontecer com outros trabalhadores, portanto, a resolução do problema reivindica imediatidade.

Compreende-se, portanto, que a dupla visita é inegavelmente importante para as microempresas e empresas de pequeno porte na medida em que elas terão um período para se adequar às normas trabalhistas naquilo em que estiverem irregulares e, corrigida a situação, não haverá qualquer tipo de penalidade. Assim, elas conseguem se manter no mercado, evitando perdas financeiras em razão de problemas que poderiam ser facilmente corrigidos. Contudo, em se tratando das hipóteses da Portaria SEPRT n. 396/2021, não há que se falar em caráter orientador e concessão de prazo para a correção. As situações ali expressas são atentatórias à saúde e segurança do trabalhador e, assim, evitar a aplicação do critério da dupla visita nesses casos e, consequentemente, conferir uma solução imediata ao problema, é privilegiar a proteção da dignidade do trabalhador.

5. Conclusão

Como síntese conclusiva da presente pesquisa, é factível afirmar que o tratamento diferenciado conferido às microempresas e empresas de pequeno porte, apesar de ter respaldo constitucional, não pode dar aval para que qualquer trabalhador fique com sua vida e saúde expostas, aguardando, após uma primeira visita orientadora, a boa vontade do empregador em solucionar o problema.

Conforme mencionado ao longo da pesquisa, esse tratamento foi conferido para que essas empresas se tornassem mais competitivas no mercado. Contudo, não há como esse viés econômico prevalecer sobre o aspecto humano. Dito doutro modo, não há como os arts. 170, IX, e 179 da CRFB/88, prevalecerem sobre cláusulas pétreas que visam garantir que ninguém será submetido a tortura nem a tratamento desumano ou degradante (art. 5º, III, CRFB/88) e que prevê redução dos riscos inerentes ao trabalho, por meio de normas de saúde, higiene e segurança (art. 7º, XXII, CRFB/88), devendo eles, antes de tudo, ser interpretados em conformidade com os direitos e garantias fundamentais estabelecidos constitucionalmente.

Portanto, esse tratamento diferenciado encontra sim limites, devendo ser posto em prática com a devida observância dos preceitos constitucionais, e com a possibilidade de edição de instrumentos normativos, tais como a Portaria SEPRT n. 396/2021, que buscam garantir o fiel cumprimento de cláusulas pétreas, tanto quanto as anteriormente mencionadas, prezando pela segurança dos trabalhadores brasileiros.

Destaca-se, inclusive, que a portaria mencionada nem sequer extingue um benefício conferido a essas empresas, mas apenas estabelece de forma precisa quais seriam algumas situações irregulares específicas, de descumprimento das normas trabalhistas, em que a visita dupla não poderia ser utilizada. A grande maioria das hipóteses é atentatória a um meio ambiente de trabalho salutar, colocando em risco a vida e saúde dos trabalhadores, com situações evidentemente degradantes, e, assim considerando, a não possibilidade de cumprimento da dupla visita acaba por garantir uma proteção à dignidade do trabalhador que está em situação precária ou na iminência dela.

6. Referências

ÁVILA, Maria Cristina Alves Delgado de *et al.* O critério da dupla visitação como instrumento de orientação junto às microempresas e empresas de pequeno porte. *Seminário de Pesquisa e Iniciação Científica da UBM.* Rio de Janeiro: Publit, 2019. p. 109-123.

BEZERRA LEITE, Carlos Henrique. Tutela Coletiva Inibitória para proteção do meio ambiente do trabalho saudável. *Revista Jurídica da Faculdade Una de Contagem*, v. 2, n. 1, 2015, p. 13-36.

BRASIL. Consolidação das Leis do Trabalho. *Decreto-lei n. 5.442, de 1º de maio de 1943.* Disponível em: <http://www.planalto.gov.br/ccivil_03/decreto-lei/del5452.htm>. Acesso em: 23 jan. 2021.

______. *Constituição da República Federativa do Brasil, 1988.* Disponível em: <http://www.planalto.gov.br/ccivil_03/constituicao/constituicao.htm>. Acesso em: 24 jan. 2021.

______. *Portaria SEPT n. 396, de 11 de janeiro de 2021.* Disponível em: <https://www.legisweb.com.br/legislacao/?id=407806>. Acesso em: 23 jan. 2021.

______. *Lei n. 10.593, de 6 de dezembro de 2002.* Disponível em: <http://www.planalto.gov.br/ccivil_03/leis/2002/l10593.htm>. Acesso em: 24 jan. 2021.

______. *Regulamento da Inspeção do Trabalho.* Decreto n. 4.552, de 27 de dezembro de 2002. Disponível em: <http://www.planalto.gov.br/ccivil_03/decreto/2002/d4552.htm>. Acesso em: 2 jan. 2021.

______. *Estatuto Nacional da Microempresa e da Empresa de Pequeno Porte.* Lei Complementar n. 123, de 14 de dezembro de 2006. Disponível em: <http://www.planalto.gov.br/ccivil_03/leis/lcp/lcp123.htm>. Acesso em: 24 jan. 2020.

CARDOSO, Adalberto; LAGE, Telma. A inspeção do trabalho no Brasil. *Revista de Ciências Sociais*, Rio de Janeiro, v. 48, n. 3, 2005, p. 451-490.

DELGADO, Gabriela Neves; NOGUEIRA, Lílian Katiusca Melo Nogueira; RIOS, Sâmara Eller. Instrumentos jurídico-institucionais para a erradicação do trabalho escravo no Brasil contemporâneo. In: *Anais do XVI Congresso Nacional CONPEDI*. Florianópolis: Fundação Boiteux, 2008, p. 2.984-3.003.

GOMES, Ângela Maria de Castro. Repressão e mudanças no trabalho análogo a de escravo no Brasil: tempo presente e usos do passado. *Revista Brasileira de História*, São Paulo, v. 32, n. 46, 2012, p. 167-184.

OIT — Organização Internacional do Trabalho. *Convenção n. 81, 1947*. Disponível em: <https://www.ilo.org/brasilia/convencoes/WCMS_235131/lang--pt/index.htm>. Acesso em: 24 jan. 2021.

PEREIRA, Reginaldo. Risco no meio ambiente laboral como um dos critérios definidores de microempresas e empresas de pequeno porte para fins do tratamento diferenciado: uma proposta a partir dos relatórios de análise de acidentes de trabalho da gerência regional do trabalho de Chapecó – Santa Catarina. *Revista Jurídica Unicuritiba*. Curitiba, v. 2, n. 51, 2018, p. 264-293.

SCOMPARIM, Marcelo. O papel da fiscalização do trabalho no cumprimento das normas trabalhistas. *Migalhas*, 2009. Disponível em: <https://migalhas.uol.com.br/depeso/94267/o-papel-da-fiscalizacao-do-trabalho-no-cumprimento-das-normas-trabalhistas>. Acesso em: 23 jan. 2021.

SEBRAE. *Perfil das Microempresas e Empresas de Pequeno Porte*. Abr. 2018. Disponível em: <https://www.sebrae.com.br/Sebrae/Portal%20Sebrae/UFs/RO/Anexos/Perfil%20das%20ME%20e%20EPP%20-%2004%202018.pdf>. Acesso em: 24 jan. 2021.

VALE, Vander Zambeli. A fiscalização do trabalho e o critério da dupla visita. *Revista do Tribunal Regional do Trabalho da 3ª Região*, Belo Horizonte, v. 40, n. 70, jul./dez. 2004, p. 19-28.

Pandemia de Covid-19, Inspeção do Trabalho e Saúde e Segurança do Trabalhador

Catharina Lopes Scodro(1)
Maria Hemília Fonseca(2)

Eixo: IV – Papel do Estado, dos sindicatos, da fiscalização, do MPT e da Justiça do Trabalho.

Resumo: Com marco inicial na década de 1930 no Brasil, a inspeção do trabalho possui relevante papel na garantia do cumprimento da legislação trabalhista e, por conseguinte, na proteção da saúde e segurança do trabalhador. Em 2020, o cenário global assistiu à incrementação dos riscos à saúde e segurança dos trabalhadores em decorrência da disseminação do "novo coronavírus" e do aumento repentino de casos de Covid-19, o que caracterizou uma pandemia na seara internacional e a "Emergência em Saúde Pública de importância Nacional" no Brasil. Assim, com base no método de pesquisa dedutivo e na técnica de pesquisa bibliográfica e documental, a pesquisa se propôs a analisar o cenário da inspeção do trabalho no Brasil durante a pandemia do "novo coronavírus", considerando as fiscalizações em saúde e segurança do trabalhador (SST).

Palavras-chave: Inspeção do trabalho — Fiscalização do trabalho — Auditoria fiscal do trabalho — Saúde e segurança do trabalhador — Meio ambiente do trabalho — Pandemia de Covid-19.

---

(1) Mestranda em Direito pela Faculdade de Direito de Ribeirão Preto da Universidade de São Paulo, com bolsa pela Coordenação de Aperfeiçoamento de Pessoal de Nível Superior (Fundação CAPES). Bacharel em Direito pela Universidade Federal de Uberlândia.

(2) Professora e pesquisadora da Faculdade de Direito de Ribeirão Preto da Universidade de São Paulo, na área de Direito Internacional do Trabalho, Desenvolvimento e Sustentabilidade. Livre-docente da Faculdade de Direito de Ribeirão Preto da Universidade de São Paulo. Doutora em Direito (bolsista CNPq) e mestra em Direito das Relações Sociais (bolsista CAPES), na subárea de Direito do Trabalho, da Universidade Católica de São Paulo. Bacharel em Direito pela Universidade Federal de Uberlândia. Professora na área de Metodologia Científica. *Visitor research* na Columbia University (EUA), Professora visitante na Universidad de Salamanca (Espanha) e na PUC-Perú (PE). Realizou Doutorado Sanduíche na Universidad de Salamanca (Bolsista CNPq). Coordena o Grupo de Pesquisa: GEINT. Integra os grupos de Pesquisa: SmartCities e Ambientes. Autora de artigos, livros e capítulos de livros na área jurídica.

Introdução

A inspeção do trabalho — conjuntamente, conhecida como fiscalização do trabalho — possui relevante papel para assegurar o cumprimento da legislação trabalhista e a proteção dos trabalhadores, para garantir informações aos atores da relação de trabalho e para reportar as situações que representam abusos e/ou deficiências nas previsões legais (art. 3.1, Convenção n. 81 da Organização Internacional do Trabalho). Nesse sentido, no Brasil, o serviço estatal de inspeção possui como áreas de atuação a legislação geral do trabalho, a erradicação do trabalho infantil, o combate à informalidade, o Fundo de Garantia do Tempo de Serviço, o combate ao trabalho análogo ao de escravo, o trabalho portuário e aquaviário, a inclusão da pessoa com deficiência, a inserção do aprendiz e a segurança e saúde no trabalho.(3)

A proteção da saúde e segurança do trabalhador repercute diretamente no meio ambiente do trabalho, bem como na manutenção do seu equilíbrio e das condições satisfatórias e adequadas, no sentido de mitigar os riscos eventualmente presentes. Em 2020, o risco aos trabalhadores — bem como à população em geral considerada — foi intensificado pela exposição ao "novo coronavírus", causador da doença Covid-19.

Tal vírus, que se disseminou em nível global e chegou a caracterizar uma "pandemia", segundo a Organização Mundial da Saúde, implicou a reação dos governos (municipais, estaduais e federal) e dos organismos da comunidade internacional. No Brasil, a edição de instrumentos legislativos propôs, dentre outros, estabelecer medidas de enfrentamento e esclarecer as atividades essenciais e serviços públicos que deveriam manter o funcionamento, a despeito do surto de Covid-19.

Assim, partindo do método de pesquisa dedutivo(4) e da técnica de pesquisa bibliográfica e documental, a pesquisa se propôs a analisar o cenário da inspeção do trabalho no Brasil durante a pandemia do "novo coronavírus", considerando as fiscalizações em saúde e segurança do trabalhador (SST).

1. Trajetória da inspeção do trabalho no Brasil

Como instituição do Estado(5) dotada de autonomia e independência, a inspeção do trabalho possui, como razão de ser, a vigilância e a garantia do cumprimento efetivo da legislação trabalhista. Observa-se, portanto, que o serviço estatal de inspeção

---

(3) BRASIL. *Inspeção do trabalho*. [s/a]. Disponível em: <https://sit.trabalho.gov.br/portal/>. Acesso em: 17 dez. 2020.

(4) MARCONI, Marina de Andrade; LAKATOS, Eva Maria. *Metodologia científica*, 5. ed. São Paulo: Atlas, 2003, p. 91.

(5) Para Sadi Dal Rosso, há duas formas de inspeção do trabalho, de sorte que "uma [é] efetuada pelo Estado; outra, pela sociedade civil. À primeira damos o nome de controle estatal ou público da inspeção; à segunda, controle social". Nesse sentido: DAL ROSSO, Sadi. "A Inspeção do Trabalho". *Revista de Administração Pública*, Rio de Janeiro, vol. 30, n. 2, mar./abr. 1996, p. 107.

se propõe a garantir os direitos fundamentais a partir do "saudável equilíbrio entre os valores da livre-iniciativa e do trabalho"[(6)].

Assim, o compromisso da inspeção com a observância da legislação do trabalho possibilita compreender que o seu surgimento está atrelado à normatização do trabalho.[(7)] Em relação à trajetória histórica, a primeira norma de inspeção do trabalho remonta ao Decreto n. 1.313, de 17 de janeiro de 1891,[(8)] editado pelo presidente Deodoro da Fonseca, que se propôs a estabelecer medidas para regularização do trabalho dos menores de idade — a partir de 12 (doze) anos, salvo na condição de "aprendizado" (art. 2º) — nas fábricas do Rio de Janeiro (à época, capital do Brasil). Observa-se que, no final do século XIX e início do século XX, a inspeção do trabalho era competência dos estados, de sorte que, em julho de 1911, o estado de São Paulo criou o Departamento Estadual do Trabalho,[(9)] responsável pela fiscalização local.

Em 1918, o Decreto n. 3.550,[(10)] editado pelo presidente Wenceslau Braz, criou o Departamento Nacional do Trabalho, o qual contemplava três divisões, sendo a "1ª divisão" relativa à legislação, inspeção e estatística do trabalho e estabelecia, como parte do pessoal do Departamento, "2 inspectores no Districto Federal". A despeito da nomenclatura "nacional", o Departamento abrangia tão somente o Rio de Janeiro e "significou um avanço apenas no plano cartorial, pois o decreto não conseguiu mudar o quadro das relações do trabalho no Rio de Janeiro".[(11)]

Em 1923, foi criado o Conselho Nacional do Trabalho como um "órgão consultivo"[(12)] no que tange às questões relacionadas ao trabalho. Ressalte-se que, para

(6) BIGNAMI, Renato. A modernização da inspeção do trabalho no Brasil. *Revista da Escola Nacional da Inspeção do Trabalho (ENIT)*, ano 1, n. 1, jan./dez. 2017, p. 284.

(7) DAL ROSSO, Sadi. A Inspeção do Trabalho. *Revista de Administração Pública*, Rio de Janeiro, vol. 30, n. 2, mar./abr. 1996, p. 107.

(8) CÂMARA DOS DEPUTADOS. *Decreto n. 1.313, de 17 de janeiro de 1891*. Disponível em: <https://www2.camara.leg.br/legin/fed/decret/1824-1899/decreto-1313-17-janeiro-1891-498588-publicacaooriginal-1-pe.html>. Acesso em: 16 dez. 2020.

(9) De acordo com Sadi Dal Rosso, a inspeção do trabalho realizada pelo estado de São Paulo vigorou até 1952, quando foi transferida à competência federal. Ressalte-se que, em 1933, o estado de São Paulo chegou a firmar um acordo com Ministério do Trabalho para manutenção da inspeção no seu território, tendo em vista o conflito de competências. Nesse sentido: DAL ROSSO, Sadi. A Inspeção do Trabalho. *Revista de Administração Pública*, Rio de Janeiro, vol. 30, n. 2, mar./abr. 1996, p. 124.

(10) CÂMARA DOS DEPUTADOS. *Decreto n. 3.550, de 16 de outubro de 1918*. Disponível em: <https://www2.camara.leg.br/legin/fed/decret/1910-1919/decreto-3550-16-outubro-1918-572535-publicacaooriginal-95679-pl.html>. Acesso em: 16 dez. 2020.

(11) DAL ROSSO, Sadi. A Inspeção do Trabalho. *Revista de Administração Pública*, Rio de Janeiro, vol. 30, n. 2, mar./abr. 1996, p. 119-120.

(12) *Ibidem*, p. 121.

José Cláudio de Magalhães Júnior, o conselho não possuía aplicação, bem como se caracterizava pelo "descumprimento e ausência de efetiva fiscalização".(13) Nesse sentido, de acordo com Sadi Dal Rosso, no período anterior ao movimento de 1930 e à efetiva criação da inspeção do trabalho, a defesa por melhores condições de trabalho era realizada pelos trabalhadores, a partir de: "a) a resistência individualizada ou episodicamente coletiva; b) a assistência mútua em organizações de caráter coletivo mas primordialmente assistencialistas que suprem carências criadas inclusive pela participação no trabalho; c) a resistência nos sindicatos".(14)

Na década de 1930, no primeiro governo do presidente Getúlio Vargas, foram editados o Decreto n. 19.433/1930, que criou o Ministério do Trabalho, Indústria e Comércio, e o Decreto n. 19.667/1931, que organizou o Ministério do Trabalho, que passou a ser constituído pela Secretaria de Estado e pelos Departamentos Nacionais do Trabalho, da Indústria, do Comércio, do Povoamento e de Estatística. Assim, a criação do Departamento Nacional do Trabalho (DNT) é considerada o marco inicial da inspeção do trabalho no Brasil, com abrangência nacional, de sorte que integrava as medidas do governo que se propunham a "controlar a autonomia do sindicato e do movimento dos trabalhadores".(15)

A despeito da criação em 1931, a inspeção do trabalho pelo DNT restou inoperante pela centralização na cidade do Rio de Janeiro, inviabilizando, por conseguinte, o seu exercício no restante do país.(16) Assim, em 1932, foram criadas as Inspetorias Regionais do Ministério do Trabalho a fim de promover a fiscalização dos instrumentos normativos, possibilitando a estruturação nacional do serviço.(17)

Tal serviço permaneceu com a nomenclatura de "inspetoria" até 1940, quando foram chamadas de "delegacias". Para Sadi Dal Rosso, com a alteração da denominação, ficou "patente que sua função principal não era inspecionar e sim exercer o papel de tentáculo regional do Ministério do Trabalho no controle do movimento sindical".(18)

---

(13) GOMES, José Cláudio de Magalhães. Histórico de inspeção do trabalho. *Revista de Inspeção do Trabalho*, I (I), maio 1988, p. 14.

(14) DAL ROSSO, Sadi. A Inspeção do Trabalho. *Revista de Administração Pública*, Rio de Janeiro, vol. 30, n. 2, mar./abr. 1996, p. 121.

(15) VASCONCELOS, Fernando Donato. Atuação do Ministério do Trabalho na fiscalização das condições de segurança e saúde dos trabalhadores, Brasil, 1996-2012. *Revista Brasileira de Saúde Ocupacional*, São Paulo, 39 (129), 2014, p. 88. DAL ROSSO, Sadi. A Inspeção do Trabalho. *Revista de Administração Pública*, Rio de Janeiro, vol. 30, n. 2, mar./abr. 1996, p. 114; 124.

(16) DAL ROSSO, Sadi. A Inspeção do Trabalho. *Revista de Administração Pública*, Rio de Janeiro, vol. 30, n. 2, mar./abr. 1996, p. 123-124.

(17) *Idem*.

(18) *Ibidem*, p. 126.

Em 1943, com a aprovação da Consolidação das Leis do Trabalho (CLT), pelo Decreto-lei n. 5.452, de 1º maio de 1943, a inspeção do trabalho foi contemplada no "Título VII – Do Processo de Multas Administrativas", com destaque para o "Capítulo I – Da Fiscalização, da Autuação e da Imposição de Multas". Já em 1944, o Decreto-lei n. 6.479[(19)] cria, no âmbito do Ministério do Trabalho, Indústria e Comércio, as carreiras de "Dactiloscopista-auxiliar, Engenheiro de Segurança do Trabalho, Inspetor do Trabalho e Médico do Trabalho".

Em 1956, é publicado o Decreto Legislativo 24, do Senado Federal, que aprovou a Convenção n. 81 da Organização Internacional do Trabalho (OIT), sobre inspeção do trabalho na indústria e no comércio. A C-81 foi ratificada e promulgada (Decreto n. 41.721/1957) em 1957, com vigência nacional a partir de 1958.

Em 1957, no governo do presidente Juscelino Kubitschek, foi criado o Regimento das Delegacias Regionais do Trabalho, que contemplou a estrutura organizativa, a lotação, o horário de trabalho e a competência (dos órgãos e dos funcionários) e reafirmou, por conseguinte, a intenção de controle — "[d]as atividades sindicais e profissionais da sociedade" — do órgão[(20)] (DAL ROSSO, 1996, p. 125).

Durante o período da Ditadura Civil-Militar no Brasil (1964-1985), foi elaborado o Regulamento de Inspeção do Trabalho (RIT) pelo Decreto n. 55.841, de 15 de março de 1965, considerado a "primeira norma que sistematizou a atividade de inspeção no país"[(21)] (VASCONCELOS, 2014, p. 88). Ainda no cenário ditatorial, a Convenção n. 81 da OIT foi denunciada e a Portaria n. 3.341/1975 reorganizou e redefiniu as funções das Delegacias do Trabalho, de sorte que, com a nova estrutura, a instituição passou a realizar menos atividades de fiscalização e mais atividades de controle dos sindicatos, de interferência no mercado de trabalho e de disponibilização da mão de obra.[(22)] Tal portaria foi responsável por reduzir a inspeção do trabalho a uma seção da Delegacia.[(23)]

Em 1982, a publicação da Lei n. 6.986 alterou, entre outros, a denominação da categoria de "inspetores do trabalho" para "fiscais do trabalho", o que, para Renato

---

(19) CÂMARA DOS DEPUTADOS. *Decreto-lei n. 6.479, de 9 de maio de 1944*. Disponível em: <https://www2.camara.leg.br/legin/fed/declei/1940-1949/decreto-lei-6479-9-maio-1944-451867-publicacaooriginal-1-pe.html>. Acesso em: 16 dez. 2020.

(20) DAL ROSSO, Sadi. A Inspeção do Trabalho. *Revista de Administração Pública*, Rio de Janeiro, vol. 30, n. 2, mar./abr. 1996, p. 125-126.

(21) VASCONCELOS, Fernando Donato. Atuação do Ministério do Trabalho na fiscalização das condições de segurança e saúde dos trabalhadores, Brasil, 1996-2012. *Revista Brasileira de Saúde Ocupacional*, São Paulo, 39 (129), 2014. p. 88.

(22) DAL ROSSO, Sadi. A Inspeção do Trabalho. *Revista de Administração Pública*, Rio de Janeiro, vol. 30, n. 2, mar./abr. 1996, p. 128.

(23) *Idem*.

Bignami, se mostrou como um distanciamento do legislador brasileiro em relação à denominação usada pela OIT.[24] Como justificativas, o autor vislumbra a conotação policial do uso do termo "inspetor" e a tentativa de o Governo Federal conferir uma "função prioritariamente arrecadadora" ao agente da inspeção do trabalho.[25]

Após a ditadura, no período de redemocratização no Brasil, grande destaque se dá ao revigoramento da ratificação da Convenção n. 81, pelo Decreto n. 95.461/1987, e à Portaria n. 3.017/1987 do Ministério do Trabalho, que criou um Sistema Nacional de Treinamento dos Agentes de Inspeção do Trabalho a fim de "melhorar o Serviço de Inspeção".[26] Esse treinamento contemplava os cursos de treinamento básico, de aperfeiçoamento, de atualização, de especialização e de monitoria, de acordo com a Portaria n. 13/1987 da Secretaria de Relações do Trabalho.

Posteriormente, com a vigência da Constituição Federal em 1988, o art. 21, XXIV prevê "organizar, manter e executar a inspeção do trabalho" como competência exclusiva da União, a qual seria exercida pelo Ministério do Trabalho. Em 1989, a Portaria n. 3.311 do Ministério do Trabalho estabeleceu como princípios norteadores "I. o planejamento das ações; II. a ampliação e a intensificação das ações com vistas à universalização da cobertura; III. o controle social; e IV. a interiorização das ações" (art. 3º) e como objetivos "I. assegurar o reconhecimento do vínculo empregatício do trabalhador e os direitos dele decorrentes, inclusive os referentes ao Fundo de Garantia do Tempo de Serviço — FGTS; II. garantir ao trabalhador condições de segurança e salubridade em seu ambiente de trabalho" (art. 4º) para o programa de desenvolvimento do Sistema Federal de Inspeção do Trabalho.

Em 1995, de acordo com Carlos Henrique Corseuil *et al.*,[27] o Ministério do Trabalho e Emprego estruturou um projeto para alterar o perfil da inspeção do trabalho, a fim de aumentar a sua eficácia. Assim, no período de 1999 a 2002,[28] assistiu-se a reestruturação, fusão e alteração da denominação na carreira de auditor fiscal do trabalho (AFT) (Medida Provisória 1.915-1/1999 e Lei n. 10.593/2002); a incorporação da Secretaria de Segurança e Saúde no Trabalho (SSST) pela Secretaria

(24) BIGNAMI, Renato. A modernização da inspeção do trabalho no Brasil. *Revista da Escola Nacional da Inspeção do Trabalho (ENIT)*, ano 1, n. 1, jan./dez. 2017, p. 290.

(25) *Idem.*

(26) DAL ROSSO, Sadi. A Inspeção do Trabalho. *Revista de Administração Pública*. Rio de Janeiro, vol. 30, n. 2, mar./abr. 1996, p. 131.

(27) CORSEUIL, Carlos Henrique L.; ALMEIDA, Rita; CARNEIRO, Pedro. *Texto Para Discussão 1688:* Inspeção do trabalho e evolução do emprego formal no Brasil. Brasília: IPEA, jan. 2012, p. 09.

(28) BIGNAMI, Renato. A modernização da inspeção do trabalho no Brasil. *Revista da Escola Nacional da Inspeção do Trabalho (ENIT)*, ano 1, n. 1, jan./dez. 2017, p. 288-291.

VASCONCELOS, Fernando Donato. Atuação do Ministério do Trabalho na fiscalização das condições de segurança e saúde dos trabalhadores, Brasil, 1996-2012. *Revista Brasileira de Saúde Ocupacional*, São Paulo, 39 (129), 2014. p. 89.

de Fiscalização do Trabalho (SEFIT) que recebeu a denominação de Secretaria de Inspeção do Trabalho (SIT); a Lei n. 10.593/2002 que "consolidou a característica fiscal arrecadadora da Inspeção do Trabalho",[29] bem como se apresentou como um avanço da inspeção ao abranger relações de trabalho para além das relações de emprego, regidas pela CLT; por fim, a publicação do Decreto n. 4.552, de 27 de dezembro de 2002, que aprovou o novo Regulamento da Inspeção do Trabalho (RIT).

Por fim, na trajetória recente da inspeção do trabalho, é possível elencar a extinção do Ministério do Trabalho pela Medida Provisória 870, de 1º de janeiro de 2019 — posteriormente convertida na Lei n. 13.844, de 18 de junho de 2019. Assim, as atribuições do Ministério passaram a integrar o Ministério da Economia, o Ministério da Justiça e o Ministério da Segurança Pública. Na atualidade, a fiscalização do trabalho (art. 31, XXXIII) e a segurança e saúde no trabalho (art. XXXVI) são de competência do Ministério da Economia.

Em 2019, para além da reestruturação organizacional, o governo do presidente Jair Bolsonaro propôs a revisão — e, inclusive, a revogação — de Normas Regulamentadoras (NRs),[30] sob a justificativa de "modernização",[31] e com o objetivo de "aumentar a competitividade de empresas e reduzir a burocracia".[32] Como exemplo, a Norma Regulamentadora n. 2, sobre inspeção prévia, foi revogada e, nas justificações, o secretário de Previdência e Trabalho do Ministério da Economia, Rogério Marinho, alegou que a norma era "impossível de ser aplicada".[33]

Ressalte-se que a revisão proposta das NRs para 2020 foi tema da Ação Civil Pública de autos 0000317-69.2020.5.10.0009, interposta pelo Ministério Público do Trabalho, na 9ª Vara do Trabalho de Brasília do Tribunal Regional do Trabalho da 10ª Região. Nos autos, em decisão liminar,[34] o juiz determinou a suspensão da revisão das NRs, por vislumbrar a "restrição do diálogo social".

(29) BIGNAMI, Renato. A modernização da inspeção do trabalho no Brasil. *Revista da Escola Nacional da Inspeção do Trabalho (ENIT)*, ano 1, n. 1, jan./dez. 2017, p. 291.

(30) A Portaria n. 3.214, de 8 de junho de 1978, do Ministério do Trabalho criou a NR-1, NR-2, NR-3, NR-4, NR-5, NR-6, NR-7, NR-8, NR-9, NR-10, NR-11, NR-12, NR-13, NR-14, NR-15, NR-16, NR-17, NR-18, NR-19, NR-20, NR-21, NR-22, NR-23, NR-24, NR-25, NR-26, NR-27 e NR-28 (art. 1º).

(31) BRASIL. *Governo moderniza Normas Regulamentadoras de Segurança e Saúde no Trabalho*. 30 jul. 2020. Disponível em: <https://www.gov.br/economia/pt-br/assuntos/noticias/2019/07/governo-moderniza-normas-regulamentadoras-de-seguranca-e-saude-no-trabalho>. Acesso em: 16 dez. 2020.

(32) *G1*. Governo anuncia revisão de normas sobre saúde e segurança de trabalhadores. 30 jul. 2019. Disponível em: <https://g1.globo.com/economia/noticia/2019/07/30/governo-anuncia-revisao-de-normas-sobre-saude-e-seguranca-de-trabalhadores.ghtml>. Acesso em: 16 dez. 2020.

(33) *Idem*.

(34) BRASIL. Tribunal Regional do Trabalho da 10ª Região. *Decisão Id 0b011d9*. Autor: Ministério Público do Trabalho. Réu: União Federal (AGU) – DF. Juiz: Acelio Ricardo Vales Leite. Brasília, DF, 31 mar. 2020

2. Pandemia de Covid-19, saúde e segurança do trabalhador e inspeção do trabalho

Em 2020, a disseminação do "novo coronavírus" (Sars-CoV-2) e a infecção de Covid-19 impactaram a comunidade internacional, o que reclamou a atenção de organismos como a Organização Mundial da Saúde (OMS), que realizou o monitoramento do risco de disseminação do vírus. Já em janeiro de 2020, esse risco se apresentava como "moderado" e, posteriormente, foi retificado para "alto".(35)

Assim, em 30 de janeiro de 2020, a OMS caracterizou o cenário internacional como "emergência de saúde pública de importância internacional" (ESPII), que se trata de "um evento extraordinário que, nos termos do presente regulamento, é determinado como: (i) um risco para a saúde pública para outros Estados, devido à propagação internacional de doença e (ii) potencialmente exigindo uma resposta internacional coordenada", de acordo com o Regulamento Sanitário Internacional (*International Health Regulations*)(36)(2005).

Observa-se que, no Brasil, a repercussão do "novo coronavírus" levou o Governo Federal à decretação da "emergência de saúde pública de importância nacional" (ESPIN), pela Portaria n. 188 do Ministério da Saúde. De acordo com o Decreto n. 7.616, de 17 de novembro de 2011, a ESPIN é decretada "em situações que demandem o emprego urgente de medidas de prevenção, controle e contenção de riscos, danos e agravos à saúde pública" (art. 2º), quando ocorrerem situações epidemiológicas, desastres ou desassistência à população (art. 3º).

Para o enfrentamento da ESPIN, foi publicada a Lei n. 13.979, em 6 de fevereiro de 2020, com medidas para proteção da coletividade (art. 1º, § 1º). Dentre as medidas, a lei elencou o isolamento, a quarentena e a requisição de bens e serviços de pessoas naturais e jurídicas (art. 3º).

No âmbito internacional, com a ampliação dos casos de infecções e dos países atingidos, a Organização Mundial da Saúde decretou, em 11 de março de 2020, que o surto de "risco alto" constituía uma "pandemia".(37) De acordo com a OMS, pandemia

---

(35) BRASIL. *Resposta nacional e internacional de enfrentamento ao novo coronavírus*. [s/a]. Disponível em: <https://coronavirus.saude.gov.br/linha-do-tempo/#:~:text=Coronav%C3%ADrus%20%C3%A9%20uma%20fam%C3%ADlia%20de,meados%20da%20d%C3%A9cada%20de%201960.>. Acesso em: 16 dez. 2020.

(36) BRASIL. *Regulamento Sanitário Internacional:* RSI – 2005. 10 jul. 2009. Disponível em: <https://www.gov.br/anvisa/pt-br/assuntos/paf/regulamento-sanitario-internacional/arquivos/7181json-file-1>. Acesso em: 15 dez. 2020.

(37) OPAS BRASIL. *OMS afirma que Covid-19 é agora caracterizada como pandemia*. 11 mar. 2020. Disponível em: <https://www.paho.org/bra/index.php?option=com_content&view=article&id=6120:oms-afirma-que-Covid-19-e-agora-caracterizada-como-pandemia&Itemid=812>. Acessoem: 15 dez. 2020.

é a disseminação mundial de uma nova doença, cujo vírus surge e se dissemina sem que a maioria da população possua imunidade.(38)

Considerando a decretação do cenário pandêmico, no Brasil, foi publicado o Decreto n. 10.282/2020, que se propôs a regulamentar a Lei n. 13.979, definindo os serviços públicos e as atividades essenciais como "aqueles indispensáveis ao atendimento das necessidades inadiáveis da comunidade, assim considerados aqueles que, se não atendidos, colocam em perigo a sobrevivência, a saúde ou a segurança da população" (art. 3º, § 1º) e elencando o respectivo rol.

No Decreto n. 10.282/2020, foi possível observar, entre outros, a inspeção de alimentos, produtos e derivados de origem animal e vegetal (art. 3º, § 1º, inciso XXIV), a fiscalização tributária e aduaneira (art. 3º, § 1º, inciso XXIV) e a fiscalização ambiental (art. 3º, § 1º, inciso XXVI). Posteriormente, o rol foi complementado pelo Decreto n. 10.292/2020, que inseriu no rol de serviços públicos e atividades essenciais, por exemplo, a fiscalização do trabalho (art. 3º, § 1º, inciso XXXVI).

De acordo com Sadi Dal Rosso, a fiscalização do trabalho "subsiste na medida em que as normas não são cumpridas".(39) Assim, a inclusão como atividade essencial e serviço público indica a importância do serviço no contexto de pandemia e a necessidade de efetiva fiscalização do cumprimento da legislação trabalhista e das medidas de emergência implementadas, sobretudo considerando a incrementação dos riscos no meio ambiente do trabalho pelo "novo coronavírus".

Para Guilherme Purvin Figueiredo, a noção de meio ambiente do trabalho "transcende a concepção espacial do local de trabalho", que o reduz à qualidade de elemento do contrato de trabalho.(40) Nesse sentido, a compreensão do meio ambiente do trabalho deve contemplar "a inter-relação da força do trabalho humano (energia) e sua atividade no plano econômico através da produção (matéria), afetando o seu meio (ecossistema)",(41) bem como a percepção de que o trabalhador é parte indispensável do sistema.(42)

---

(38) WORLD HEALTH ORGANIZATION. *What is a pandemic?* 24 fev. 2010. Disponível em: <https://www.who.int/csr/disease/swineflu/frequently_asked_questions/pandemic/en/>. Acesso em: 16 dez 2020.

(39) DAL ROSSO, Sadi. A Inspeção do Trabalho. *Revista de Administração Pública*, Rio de Janeiro, vol. 30, n. 2, mar./abr. 1996, p. 135.

(40) FIGUEIREDO, Guilherme José Purvin de. *Direito ambiental e a saúde dos trabalhadores:* controle de poluição, proteção do meio ambiente, da vida e da saúde dos trabalhadores no Direito Internacional, na União Europeia e no Mercosul. São Paulo: LTr, 2007. p. 40.

(41) PADILHA, Norma Sueli. O equilíbrio do meio ambiente do trabalho: direito fundamental do trabalhador e de espaço interdisciplinar entre o direito do trabalho e o direito ambiental. *Revista do Tribunal Superior do Trabalho*, v. 77, n. 4, p. 231-258, out./dez. 2011, p. 243.

(42) ALMEIDA, Victor Hugo de; COSTA, Aline Moreira da; GONÇALVES, Leandro Krebs. Meio ambiente do trabalho e proteção jurídica do trabalhador: (re)significando paradigmas sob a perspectiva constitucional. *In*: FELICIANO, Guilherme Guimarães; URIAS, João (coord.) *Direito Ambiental do Trabalho; v. 1*: apontamentos

Nesse sentido, a despeito de não criar direitos mas tão somente de os consolidar,[43] a inspeção do trabalho possui relevante papel na garantia de condições de saúde e segurança adequadas ao trabalhador e ao trabalho, e na manutenção do equilíbrio no meio ambiente do trabalho.

Em 2020, para a realização da inspeção, a Auditoria Fiscal do Trabalho contou com um quadro de 2.064 auditores em todo o território nacional.[44] Salienta-se que a quantidade de auditores fiscais já há alguns anos se mostra insuficiente e inadequada, de sorte que, de 1979 a 1989, o número de fiscais foi de 1.500 a 2.500; de 1989 a 1996, o número de fiscais foi de 2.500 a 3.423; de 1996 a 2011, o número de auditores fiscais foi de 3.423 a 3.125; e de 2011 a 2012, o número de auditores fiscais foi de 3.125 a 2.960.[45] Nesse ínterim, o Aviso do Ministério do Trabalho e Emprego 302, de 21 de dezembro de 2011, expedido ao Ministério do Planejamento, reportou um decréscimo do número de auditores fiscais nos anos seguintes, no momento em que "cresce exponencialmente o número de trabalhadores e o número de estabelecimentos empregadores no Brasil".[46]

Em relação às fiscalizações em saúde e segurança do trabalhador (SST) realizadas no Brasil de janeiro a outubro de 2020, as informações foram sistematizadas na Tabela 1:

Tabela 1

Mês/ Ano	Fiscalizações em SST	CNAE mais fiscalizada	Ementa mais fiscalizada
1/2020	3.296	Construção de edifícios (41204)	"Deixar de garantir a elaboração e efetiva implementação do Programa de Controle Médico de Saúde Ocupacional" (1070592)

para uma teoria geral — saúde, ambiente e trabalho: novos rumos da regulamentação jurídica do trabalho. São Paulo: LTr, 2013. p. 136.

(43) DAL ROSSO, Sadi. A Inspeção do Trabalho. *Revista de Administração Pública*, Rio de Janeiro, vol. 30, n. 2, mar./abr. 1996, p. 112.

(44) BRASIL. *Relação de Auditores Fiscais do Trabalho*. 29 out. 2020. Disponível em: <https://sit.trabalho.gov.br/portal/index.php/auditores>. Acesso em: 16 dez. 2020.

(45) VASCONCELOS, Fernando Donato. Atuação do Ministério do Trabalho na fiscalização das condições de segurança e saúde dos trabalhadores, Brasil, 1996-2012. *Revista Brasileira de Saúde Ocupacional*, São Paulo, 39 (129), 2014. p. 88-96. DAL ROSSO, Sadi. A Inspeção do Trabalho. *Revista de Administração Pública*, Rio de Janeiro, vol. 30, n. 2, mar./abr. 1996, p. 133.

(46) VASCONCELOS, Fernando Donato. Atuação do Ministério do Trabalho na fiscalização das condições de segurança e saúde dos trabalhadores, Brasil, 1996-2012. *Revista Brasileira de Saúde Ocupacional*, São Paulo, 39 (129), 2014. p. 88.

Mês/ Ano	Fiscalizações em SST	CNAE mais fiscalizada	Ementa mais fiscalizada
2/2020	3.625	Construção de edifícios (41204)	"Deixar de garantir a elaboração e efetiva implementação do Programa de Controle Médico de Saúde Ocupacional" (1070592)
3/2020	5.544	Construção de edifícios (41204)	"Deixar de garantir a elaboração e efetiva implementação do Programa de Controle Médico de Saúde Ocupacional" (1070592)
4/2020	3.592	Construção de edifícios (41204)	"Deixar de garantir a elaboração e efetiva implementação do Programa de Controle Médico de Saúde Ocupacional" (1070592)
5/2020	3.205	Comércio varejista de mercadorias em geral, com predominância de produtos alimentícios – hipermercados e supermercados	"Deixar de adotar as medidas necessárias e suficientes para a eliminação, a minimização ou o controle dos riscos ambientais" (1090690)
6/2020	6.648	Comércio varejista de produtos farmacêuticos para uso humano e veterinário	"Deixar de adotar as medidas necessárias e suficientes para a eliminação, a minimização ou o controle dos riscos ambientais" (1090690)
7/2020	6.578	Comércio varejista de mercadorias em geral, com predominância de produtos alimentícios – hipermercados e supermercados	"Deixar de adotar as medidas necessárias e suficientes para a eliminação, a minimização ou o controle dos riscos ambientais" (1090690)
8/2020	5.640	Comércio varejista de mercadorias em geral, com predominância de produtos alimentícios – hipermercados e supermercados	"Deixar de adotar as medidas necessárias e suficientes para a eliminação, a minimização ou o controle dos riscos ambientais" (1090690)
9/2020	5.269	Comércio varejista de mercadorias em geral, com predominância de produtos alimentícios – hipermercados e supermercados	"Deixar de adotar as medidas necessárias e suficientes para a eliminação, a minimização ou o controle dos riscos ambientais" (1090690)

Mês/ Ano	Fiscalizações em SST	CNAE mais fiscalizada	Ementa mais fiscalizada
10/2020	5.515	Comércio varejista de mercadorias em geral, com predominância de produtos alimentícios – hipermercados e supermercados	"Deixar de adotar as medidas necessárias e suficientes para a eliminação, a minimização ou o controle dos riscos ambientais" (1090690)

Fonte: Elaboração própria[47].

Observa-se que, no período, a CNAE (Classificação Nacional de Atividade Econômica) mais fiscalizada passou, a partir do mês de maio, da construção civil (especificamente, a construção de edifícios) para o comércio varejista, com destaque para o varejo de mercadorias em geral, com predominância de produtos alimentícios (maio, julho, agosto, setembro e outubro de 2020) e de produtos farmacêuticos (junho de 2020).

Tal mudança pode ser compreendida pelo impacto da pandemia de Covid-19, já que o comércio varejista de alimentos e de produtos farmacêuticos — caracterizado como atividade essencial pelo art. 3º, § 1º, inciso XII, do Decreto n. 10.282/2020, alterado posteriormente pelo Decreto n. 10.329/2020 — representa risco aumentado para infecção pelo "novo coronavírus", especialmente os supermercados, de acordo com o estudo do Departamento Clínica Médica da Faculdade de Medicina da Universidade Federal de Minas Gerais (UFMG) que considera "o nível de aglomeração no ambiente, o grau de interação direta e indireta entre as pessoas e a chance de haver pessoas com a infecção pelo novo coronavírus no local".[48]

Para fins de comparação, a análise geral de todas as competências dos anos anteriores atestou que as atividades mais fiscalizadas foram, respectivamente, em 2019, construção de edifícios, comércio varejista de combustíveis para veículos automotores e comércio varejista de mercadorias em geral, com predominância de produtos alimentícios — hipermercados e supermercados; em 2018, construção de edifícios, comércio varejista de combustíveis para veículos automotores e restaurantes e outros estabelecimentos de serviços e alimentação e bebidas; e, em 2017, construção de edifícios, comércio varejista de combustíveis para veículos automotores e restaurantes e outros estabelecimentos de serviços e alimentação e bebidas.[49]

Nota-se, conjuntamente, que, no mesmo mês em que a construção de edifícios deixou de ser a CNAE mais fiscalizada (maio de 2020), a ementa mais fiscalizada se

(47) BRASIL. *Radar SIT:* Painel de Informações e Estatísticas da Inspeção do Trabalho no Brasil. [s/a]. Disponível em: <https://sit.trabalho.gov.br/radar/>. Acesso em: 15 dez. 2020.

(48) UFMG. *Saiba onde o risco de contágio do coronavírus é maior*. 14 maio 2020. Disponível em: <https://www.medicina.ufmg.br/saiba-onde-o-risco-de-contagio-do-coronavirus-e-maior/>. Acesso: 16 dez. 2020.

(49) BRASIL. *Radar SIT:* Painel de Informações e Estatísticas da Inspeção do Trabalho no Brasil. [s/a]. Disponível em: <https://sit.trabalho.gov.br/radar/>. Acesso em: 15 dez. 2020.

tornou a "Deixar de adotar as medidas necessárias e suficientes para a eliminação, a minimização ou o controle dos riscos ambientais" (1090690).

Nos anos anteriores, as ementas mais fiscalizadas foram, respectivamente, em 2019, "deixar de garantir a elaboração e efetiva implementação do Programa de Controle Médico de Saúde Ocupacional" (1070592), "deixar de elaborar e/ou de implementar o Programa de Prevenção de Riscos Ambientais" (1090429) e "deixar de submeter o trabalho a exame médico admissional" (1070088); em 2018, "deixar de submeter o trabalho a exame médico admissional" (1070088), "deixar de garantir a elaboração e efetiva implementação do Programa de Controle Médico de Saúde Ocupacional" (1070592) e "deixar de elaborar e/ou de implementar o Programa de Prevenção de Riscos Ambientais" (1090429); e, em 2017, "deixar de garantir a elaboração e efetiva implementação do Programa de Controle Médico de Saúde Ocupacional" (1070592), "deixar de submeter o trabalho a exame médico admissional" (1070088) e "deixar de instalar sistemas de segurança em zonas de perigo de máquinas e/ou equipamentos" (2120771).

Assim, a ementa "deixar de adotar as medidas necessárias e suficientes para a eliminação, a minimização ou o controle dos riscos ambientais" (1090690) pode ser percebida como reflexo da pandemia de Covid-19, sobretudo pela função da inspeção do trabalho no cumprimento da legislação trabalhista e da legislação emergencial, bem como na tentativa de mitigar os riscos decorrentes do "novo coronavírus" aos trabalhadores e à população em geral.

No que tange à quantidade de fiscalizações por mês, de janeiro a outubro de 2020, as informações foram sistematizadas no Gráfico 1:

Gráfico 1:

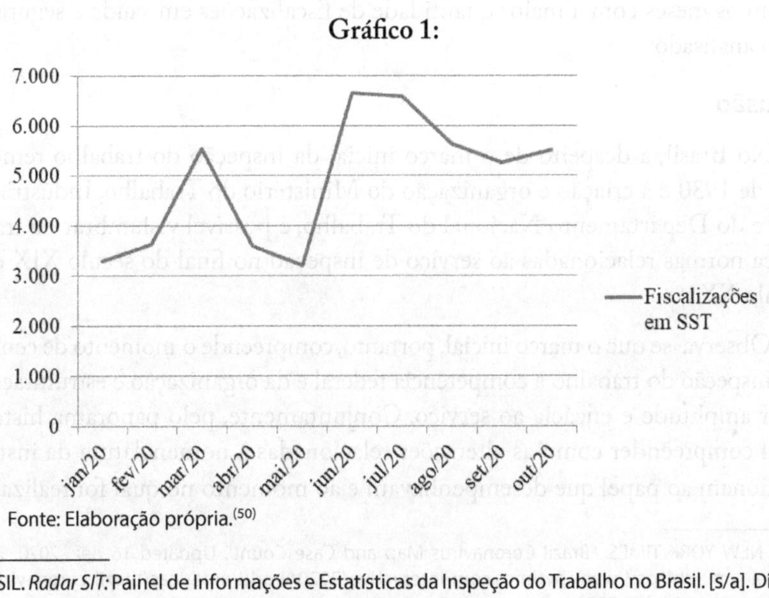

Fonte: Elaboração própria.[50]

(50) BRASIL. *Radar SIT:* Painel de Informações e Estatísticas da Inspeção do Trabalho no Brasil. [s/a]. Disponível em: <https://sit.trabalho.gov.br/radar/>. Acesso em: 15 dez. 2020.

O Gráfico 1, ao ser analisado conjuntamente com o monitoramento da quantidade de novos casos no Brasil pelo *The New York Times*, possibilita reflexões relacionadas à quantidade de fiscalizações em saúde e segurança do trabalhador e à quantidade de novos casos por dia (Imagem 1).

Imagem 1:

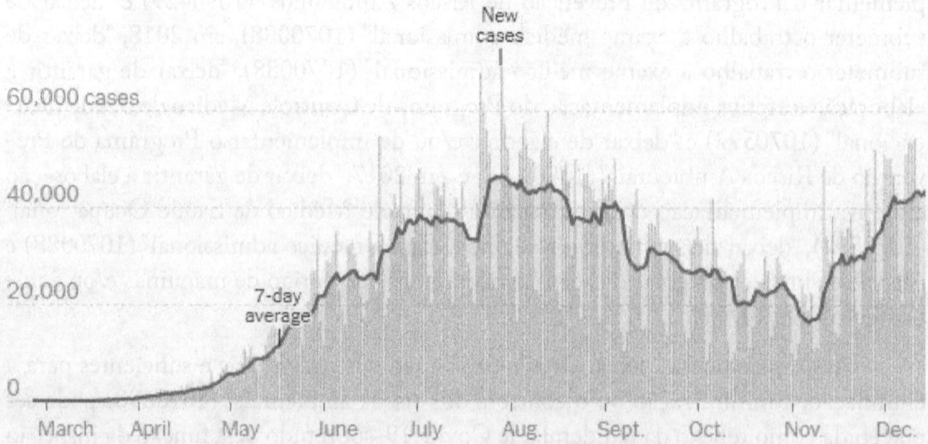

Fonte: *The New York Times.*(51)

Pelo monitoramento, no interregno de janeiro a outubro de 2020, é possível compreender que o período de julho a setembro representou os meses com maior quantidade de novos casos diários — isto é, de novos contaminados por Covid-19. Tais meses, a despeito do decrescimento, conjuntamente com março de 2020, representaram os meses com a maior quantidade de fiscalizações em saúde e segurança do período analisado.

Conclusão

No Brasil, a despeito de o marco inicial da inspeção do trabalho remontar à década de 1930 e à criação e organização do Ministério do Trabalho, Indústria e Comércio e do Departamento Nacional do Trabalho, é possível vislumbrar na trajetória histórica normas relacionadas ao serviço de inspeção no final do século XIX e início do século XX.

Observa-se que o marco inicial, portanto, compreende o momento de centralização da inspeção do trabalho à competência federal e da organização e estruturação para conferir amplitude e eficácia ao serviço. Conjuntamente, pelo panorama histórico, é possível compreender como as alterações relacionadas à nomenclatura da instituição se relacionam ao papel que desempenhavam e ao momento no qual foi realizado.

(51) THE NEW YORK TIMES. "Brazil Coronavirus Map and Case Count". Updated 16 dez. 2020, 2:32 p.m. Disponível em: <https://www.nytimes.com/interactive/2020/world/americas/brazil-coronavirus-cases.html>. Acesso em: 16 dez. 2020.

Na atualidade, conhecida como Auditoria Fiscal do Trabalho, a instituição vem atravessando mudanças estruturais relacionadas à transferência de competência para o Ministério da Economia e à intenção do Governo Federal de revisar e revogar Normas Regulamentadoras, o que pode ser compreendido como aproximação da temática aos "assuntos econômicos", distanciando-se paulatinamente da percepção social, e a maior flexibilização das relações de trabalho.

Em acréscimo ao cenário de mudanças, em 2020, a ampla disseminação do "novo coronavírus" e a ampliação dos casos de infecção por Covid-19 impactaram as searas nacional e internacional — o que pode ser visto pelos monitoramentos da OMS e descrição do surto como "pandemia". No Brasil, a situação levou à decretação da "emergência de saúde pública de importância nacional" (ESPIN), a definição de medidas de enfrentamento e a indicação dos serviços públicos e atividades essenciais, como, por exemplo, a fiscalização do trabalho.

A partir dos dados coletados junto ao Radar da Inspeção do Trabalho, do Ministério da Economia, foi possível verificar que, nas fiscalizações realizadas de janeiro a outubro de 2020 em saúde e segurança do trabalhador, a CNAE mais fiscalizada passou a ser, a partir de maio, o comércio varejista, com destaque para o varejo de mercadorias em geral, com predominância de produtos alimentícios (maio, julho, agosto, setembro e outubro de 2020) e de produtos farmacêuticos (junho de 2020).

Conjuntamente com o destaque de fiscalização do comércio varejista, com destaque para o varejo de mercadorias em geral, a ementa mais fiscalizada passou a ser a "deixar de adotar as medidas necessárias e suficientes para a eliminação, a minimização ou o controle dos riscos ambientais" (1090690).

Ainda, considerando o interregno de janeiro a outubro de 2020, o período de julho a setembro representou os meses com maior quantidade de novos contaminados por Covid-19 por dia e com maior quantidade de fiscalizações em saúde e segurança do trabalho, apesar do decrescimento e da significativa quantidade de fiscalizações realizadas em março de 2020.

Tais informações podem ser vistas como impactos da pandemia de Covid-19, sobretudo pelo risco aumentado que o comércio varejista de alimentos e de produtos farmacêuticos representa, pela caracterização como atividades essenciais e pela tentativa de tentar, a partir da função da inspeção do trabalho, garantir o cumprimento de medidas necessárias e suficientes para lidar com os riscos ambientais — nele incluídos o "novo coronavírus".

Assim, a inspeção do trabalho representou um serviço basilar, no cenário pandêmico brasileiro, para a defesa da saúde e segurança dos trabalhadores — e da população em geral. Observou-se que a realização de fiscalizações no período, a despeito dos riscos aos próprios auditores fiscais do trabalho, representou o compromisso da instituição com a busca pelo equilíbrio no meio ambiente do trabalho e na mitigação de riscos.

Referências

ALMEIDA, Victor Hugo de; COSTA, Aline Moreira da; GONÇALVES, Leandro Krebs. Meio ambiente do trabalho e proteção jurídica do trabalhador: (re)significando paradigmas sob a perspectiva constitucional. In: FELICIANO, Guilherme Guimarães; URIAS, João (Coords.). *Direito Ambiental do Trabalho; v. 1:* apontamentos para uma teoria geral — saúde, ambiente e trabalho: novos rumos da regulamentação jurídica do trabalho. São Paulo: LTr, 2013. p. 136.

BIGNAMI, Renato. A modernização da inspeção do trabalho no Brasil. *Revista da Escola Nacional da Inspeção do Trabalho (ENIT)*, ano 1, n. 1, jan./dez. 2017.

BRASIL. *Governo moderniza Normas Regulamentadoras de Segurança e Saúde no Trabalho*. 30 jul. 2020. Disponível em: <https://www.gov.br/economia/pt-br/assuntos/noticias/2019/07/governo-moderniza-normas-regulamentadoras-de-seguranca-e-saude-no-trabalho>. Acesso em: 16 dez. 2020.

______. *Inspeção do trabalho.* [s/a]. Disponível em: <https://sit.trabalho.gov.br/portal/>. Acesso em: 17 dez. 2020.

______. *Radar SIT:* Painel de Informações e Estatísticas da Inspeção do Trabalho no Brasil. [s/a]. Disponível em: <https://sit.trabalho.gov.br/radar/>. Acesso em: 15 dez. 2020.

______. *Regulamento Sanitário Internacional:* RSI – 2005. 10 jul. 2009. Disponível em: <https://www.gov.br/anvisa/pt-br/assuntos/paf/regulamento-sanitario-internacional/arquivos/7181json-file-1>. Acesso em: 15 dez. 2020.

______. *Relação de Auditores Fiscais do Trabalho.* 29 out. 2020. Disponível em: <https://sit.trabalho.gov.br/portal/index.php/auditores>. Acesso em: 16 dez. 2020.

______. *Resposta nacional e internacional de enfrentamento ao novo coronavírus.* [s/a]. Disponível em: <https://coronavirus.saude.gov.br/linha-do-tempo/#:~:text=Coronav%C3%ADrus%20%C3%A9%20uma%20fam%C3%ADlia%20de,meados%20da%20d%C3%A9cada%20de%201960>. Acesso em: 16 dez. 2020.

______. Tribunal Regional do Trabalho da 10ª Região. *Decisão Id 0b011d9*. Autor: Ministério Público do Trabalho. Réu: União Federal (AGU) – DF. Juiz: Acelio Ricardo Vales Leite. Brasília, DF, 31 mar. 2020

CÂMARA DOS DEPUTADOS. *Decreto n. 1.313, de 17 de janeiro de 1891*. Disponível em: <https://www2.camara.leg.br/legin/fed/decret/1824-1899/decreto-1313-17-janeiro-1891-498588-publicacaooriginal-1-pe.html>. Acesso em: 16 dez. 2020

______. *Decreto n. 3.550, de 16 de outubro de 1918*. Disponível em: <https://www2.camara.leg.br/legin/fed/decret/1910-1919/decreto-3550-16-outubro-1918-572535-publicacaooriginal-95679-pl.html>. Acesso em: 16 dez. 2020.

______. *Decreto-lei n. 6.479, de 9 de maio de 1944*. Disponível em: <https://www2.camara.leg.br/legin/fed/declei/1940-1949/decreto-lei-6479-9-maio-1944-451867-publicacaooriginal-1-pe.html>. Acesso em: 16 dez. 2020.

CORSEUIL, Carlos Henrique L.; ALMEIDA, Rita; CARNEIRO, Pedro. *Texto Para Discussão 1688:* Inspeção do trabalho e evolução do emprego formal no Brasil. Brasília: IPEA, jan. 2012.

DAL ROSSO, Sadi. *A Inspeção do Trabalho*. *Revista de Administração Pública*, Rio de Janeiro, vol. 30, n. 2, mar./abr. 1996.

FIGUEIREDO, Guilherme José Purvin de. *Direito ambiental e a saúde dos trabalhadores:* controle de poluição, proteção do meio ambiente, da vida e da saúde dos trabalhadores no Direito Internacional, na União Europeia e no Mercosul. São Paulo: LTr, 2007. p. 40.

G1. *Governo anuncia revisão de normas sobre saúde e segurança de trabalhadores*. 30 jul. 2019. Disponível em: <https://g1.globo.com/economia/noticia/2019/07/30/governo-anuncia-revisao-de-normas-sobre-saude-e-seguranca-de-trabalhadores.ghtml>. Acesso em: 16 dez. 2020.

GOMES, José Cláudio de Magalhães. Histórico de inspeção do trabalho. *Revista de Inspeção do Trabalho*, 1 (I), maio 1988.

MARCONI, Marina de Andrade; LAKATOS, Eva Maria. *Metodologia científica*. 5. ed. São Paulo: Atlas, 2003.

OPAS BRASIL. *OMS afirma que Covid-19 é agora caracterizada como pandemia*. 11 mar. 2020. Disponível em: <https://www.paho.org/bra/index.php?option=com_content&view=article&id=6120:oms-afirma-que-Covid-19-e-agora-caracterizada-como-pandemia&Itemid=812>. Acesso em: 15 dez. 2020.

PADILHA, Norma Sueli. O equilíbrio do meio ambiente do trabalho: direito fundamental do trabalhador e de espaço interdisciplinar entre o direito do trabalho e o direito ambiental. *Revista do Tribunal Superior do Trabalho*, v. 77, n. 4, p. 231-258, out./dez. 2011, p. 243.

THE NEW YORK TIMES. *Brazil Coronavirus Map and Case Count*. Updated 16 dez. 2020, 2:32 p.m. Disponível em: <https://www.nytimes.com/interactive/2020/world/americas/brazil-coronavirus-cases.html>. Acesso em: 16 dez. 2020.

UFMG. *Saiba onde o risco de contágio do coronavírus é maior*. 14 maio 2020. Disponível em: <https://www.medicina.ufmg.br/saiba-onde-o-risco-de-contagio-do-coronavirus-e-maior/>. Acesso: 16 dez. 2020.

VASCONCELOS, Fernando Donato. Atuação do Ministério do Trabalho na fiscalização das condições de segurança e saúde dos trabalhadores, Brasil, 1996-2012. *Revista Brasileira de Saúde Ocupacional*, São Paulo, 39 (129), 2014.

WORLD HEALTH ORGANIZATION. *What is a pandemic?* 24 fev. 2010. Disponível em: <https://www.who.int/csr/disease/swineflu/frequently_asked_questions/pandemic/en/>. Acesso em: 16 dez 2020.

Responsabilidade Civil Objetiva do Empregador Ante a Contaminação do Trabalhador pelo SARS-Cov-2: Breves Apontamentos

Claudirene Andrade Ribeiro(1)
Guilherme Guimarães Feliciano(2)

Introdução

A partir do mês de março de 2020, fomos todos testemunhas do aumento vertiginoso do número de casos da doença provocada pelo vírus SARS-Cov-2 — a Covid-19 — nos mais diversos países do mundo. Como se sabe, as principais características sintomáticas da doença são a febre prolongada, a fadiga, a tosse seca (que pode avançar para dispneia) e, em casos mais severos, Síndrome Respiratória Aguda Grave (SRAG).(3) A doença se espalha com facilidade e detém letalidade importante, especialmente para os chamados "grupos de risco" (idosos, diabéticos etc.).

Em razão da rapidez da disseminação da doença, a Organização Mundial da Saúde (OMS) declarou a existência de uma pandemia global e estabeleceu protocolos

(1) Doutoranda em Direito do Trabalho e Seguridade Social — USP/SP. Mestre em direito agroambiental e em Educação pela UFMT. Especialista em Direito do Trabalho pela PUC/SP. Graduada em Direito e em Geografia, também pela UFMT. Docente na área jurídica. Atualmente é Juíza do trabalho titular da 2ª VT de Tangará da Serra – MT.

(2) Professor Associado II do Departamento de Direito do Trabalho e da Seguridade Social da Faculdade de Direito da Universidade de São Paulo. Juiz Titular da 1ª Vara do Trabalho de Taubaté – SP. Livre-docente em Direito do Trabalho e Doutor em Direito Penal pela FDUSP. Doutor em Ciências Jurídicas pela Faculdade de Direito de Lisboa.

(3) OPAS/OMS Brasil. *Folha informativa — Covid-19* (doença causada pelo novo coronavírus)" Atualizada em 17 de maio de 2020. Disponível em: <https://www.paho.org/bra/index.php?option=com_content&view=article&id=6101:covid19&Itemid=875>. Acesso em: 17 maio 2020. Os sintomas apresentam variações em alguns pacientes, que podem manifestar dores, incluindo as de cabeça e de garganta, congestão nasal, conjuntivite, diarreia, perda de olfato e ou paladar, erupção na pele ou descoloração dos dedos dos pés ou das mãos.

internacionais que recomendam medidas de proteção coletivas, como isolamento social acompanhado do uso de máscaras faciais para nariz e boca, dentre outras, objetivando a diminuição do ritmo de propagação da doença.(4)

A nova realidade impôs desafios severos a todos os países alcançados pela pandemia. Assim também se deu no Brasil, em que — na perspectiva da "primeira onda" (a da crise sanitária) —, em 23 de fevereiro de 2021, o país já contava com 248.529 óbitos acumulados em razão da pandemia; e, por outro lado — na perspectiva da "segunda onda" (a da crise econômica), vários setores econômicos foram paralisados por tempo indefinido, com estimativas cada vez mais contundentes de queda do PIB no ano de 2020(5). No campo jurídico, isso tudo levou o Congresso Nacional a declarar estado de calamidade pública, consoante o Decreto Legislativo n. 6/2020, e justificou, por parte do Poder Executivo federal, a edição de diversas medidas provisórias para as mais diversas áreas jurídicas e setores econômicos, muitas das quais têm levantado calorosas discussões de inconstitucionalidade.(6)

Na esteira de tais discussões, na primeira parte do artigo, fazemos uma breve análise dos arts. 15 a 17, 29 e 31 da MP n. 927 de 2020, ligados diretamente às questões de saúde e segurança do trabalhador; e, no mesmo ensejo, examinamos *à vol d'oiseau* a decisão proferida pelo Supremo Tribunal Federal por ocasião do julgamento da ADI n. 6.342-MC/DF, suspendendo a eficácia dos arts. 29 e 31.

Na segunda parte do texto, discorremos sobre a possibilidade de aplicação dos pressupostos da responsabilidade civil objetiva para algumas hipóteses de contaminação do trabalhador pela SARS-Cov-2.

(4) *Organização Mundial da Saúde declara pandemia de coronavírus*. Disponível em: <https://agenciabrasil.ebc.com.br/geral/noticia/2020-03/organizacao-mundial-da-saude-declara-pandemia-de-coronavirus>. Acesso em: 13 maio 2020.

(5) Reportagem de Anna Russi e Thâmara Kaoru, do *CNN Brasil Business*, de 12 de fevereiro de 2021, informa que apesar da prévia do PIB de dezembro de 2020 ter registrado alta de 0,64%, acaso confirmada a prévia, o recuo do PIB brasileiro seria de 4,05%, o maior de "*toda a série histórica do IBGE.*" Disponível em: <https://www.cnnbrasil.com.br/business/2021/02/12/previa-do-pib-registra-alta-de-0-64-em-dezembro-em-2020-queda-e-de-4-05>. Acesso em: 24 fev. 2021.

(6) Em pesquisa no sítio eletrônico do Planalto, na data de 25 de maio de 2020, verificamos a edição de 52 MPs no ano de 2020. Dessas, apenas 6 não apontam relação com o Covid-19, seja em sua ementa ou exposição de motivos. A primeira MP relacionada ao covid foi a de número 924, de 18.3.2020 (revogação da MP n. 905, de 11.11.2019, que tratava do chamado contrato verde e amarelo) e a derradeira, a de número 969, de 20.5.2020. Nesse interregno, apenas as MPs ns. 955, de 20.4.2020 e a 964, de 8.5.2020 (referente ao exercício da função de aeronauta), não apontam a doença como justificativa. Dentre as MPs diretamente relacionadas ao Covid-19, destacamos as relacionadas às questões trabalhistas, quais sejam: n. 927, de 22.3.2020, que dispõe sobre as medidas trabalhistas para enfrentamento do estado de calamidade pública e dá outras providências; n. 936, de 1º.4.2020, que institui o Programa Emergencial de Manutenção de Emprego e da Renda e dá outras providências e a de número 944, de 3.4.2020, que institui o Programa Emergencial de Suporte a Empregos. Disponível em: <http://www4.planalto.gov.br/legislacao/portal-legis/legislacao-1/medidas-provisorias/2019-a-2022>. Acesso em: 25 maio 2020.

A isto.

1. Onde estamos? A pandemia da Covid-19, as medidas provisórias e a obrigação de garantia da indenidade físico-psíquica do empregado por parte do empregador

No dia 11 de março de 2020, o mundo foi surpreendido pela declaração da Organização Mundial de Saúde (OMS), de que o vírus Sars-cov-2 (Síndrome Respiratória Aguda Grave), popularmente chamado de coronavírus, cuja propagação iniciou-se em Wuhan, pequena província ao centro da China, havia se convertido em ameaça mundial, visto que estaria presente em pelo menos 115 países do mundo, passando a ser considerada como uma doença pandêmica e não mais endêmica.(7)

Esclareceu ainda o diretor-geral da OMS que a declaração de pandemia decorria da rapidez com que o vírus se disseminava e também pela falta de ação de alguns governantes, e não em razão da gravidade da doença.(8)

Nesse contexto, por meio do Decreto Legislativo n. 6, de 2020, o Congresso Nacional decretou estado de calamidade pública com efeitos até 31 de dezembro de 2020, para os fins de dispensa do atingimento dos resultados fiscais.(9)

Para enfrentar o estado de calamidade pública e de emergência de saúde pública em razão dessa doença, diversas medidas provisórias vêm sendo editadas pelo Governo Federal, com vistas ao aumento do fornecimento de créditos ao Ministério da Saúde e aos estados e municípios para fizerem frente aos gastos com saúde, e ao socorro às empresas em geral e aos trabalhadores que se encontram em situação de vulnerabilidade social ou que possuem contrato de trabalho vigente e que não poderão prestar serviços em decorrência da paralisação das atividades empresariais.

Em que pese o acerto das MPs no que concerne aos requisitos de relevância e urgência a que se refere o art. 62 da Constituição Federal de 1988, alguns de seus dispositivos, ao invés de servir de alento para os trabalhadores suportarem o momento, têm servido para a retirada total de seus direitos, a exemplo do art. 18 da MP n. 927,

(7) *Organização Mundial da Saúde declara pandemia de coronavírus*. Disponível em: <https://agenciabrasil.ebc.com.br/geral/noticia/2020-03/organizacao-mundial-da-saude-declara-pandemia-de-coronavirus>. Acesso em: 13 maio 2020.

(8) Conforme dados da OMS, cerca de 80% das pessoas acometidas pela doença prescindem de tratamento hospitalar. Todavia, cerca de 1/6, dentre as quais as idosas ou aquelas que apresentam problemas prévios de saúde como pressão alta, problemas cardíacos e pulmonares, diabetes ou câncer, ficam severamente adoecidas. IDEM

(9) BRASIL. Senado Federal. *Decreto Legislativo n. 6, de 2020*. Reconhece, para os fins do art. 65 da Lei Complementar n. 101, de 4 de maio de 2000, a ocorrência do estado de calamidade pública, nos termos da solicitação do presidente da República encaminhada por meio da Mensagem n. 93, de 18 de março de 2020. Brasília, 20 de março de 2020.

que permitia a suspensão do contrato de trabalho e dos salários por até 4 meses, por mero acordo individual entre trabalhador e empresário.[(10)]

Também nas esferas cível e administrativa, observamos legislação polêmica, a exemplo da MP n. 966, de 13 de maio de 2020, segundo a qual os agentes públicos somente podem ser responsabilizados em tais esferas em caso de ação ou omissão com dolo ou erro grosseiro.[(11)]

Especificamente para o que nos interessa no presente artigo, cumpre-nos comentar brevemente os arts. 15, 16, 17, 29 e 31 da MP n. 927 que — a nosso ver — padeceriam de inconstitucionalidade material ou, ao menos, demandariam interpretação conforme a Constituição (porque, em sua literalidade, vão na direção contrária ao disposto nos arts. 7º, XXII, CF/88 e 225, *caput,* da CF/88, que, respectivamente, (a) assegura aos trabalhadores o direito à redução dos riscos inerentes ao trabalho, por meio de normas de saúde, higiene e segurança, e (b) garante a todos, indistintamente, o direito ao meio ambiente ecologicamente equilibrado, impondo ao poder público e à coletividade o dever de defendê-lo e preservá-lo para as gerações presentes e futuras).

Para José Afonso da Silva, a preservação do meio ambiente constitui obrigação do Poder Público com o objetivo de garantia da própria vida. Desse modo, embora o direito à propriedade e o direito ao desenvolvimento econômico também estejam assegurados pela ordem constitucional vigente — como devem estar —, obviamente não se podem sobrepor ao direito basilar à *vida* e à *integridade psicofísica*, que está em

(10) A MP em comento, num domingo à noite, introduziu medidas trabalhistas com elevado alcance, algumas delas com possível inconstitucionalidade, uma vez que partem da prevalência da livre-iniciativa em detrimento dos valores sociais do trabalho. O art. 1º da CF/88 estabelece, com o mesmo peso, os valores sobre os quais se funda a República Federativa Brasileira; e dentre eles encontram-se os valores sociais do trabalho e da livre-iniciativa, no mesmo patamar (inciso IV). Releva lembrar, porém, que a grandeza constitucional contraposta ao valor-trabalho não é a "mera" livre-iniciativa, de pendor ultraliberal e egoísta; é, antes, o *valor social da livre-iniciativa*, que deve guiar o intérprete nos seus esforços hermenêuticos a partir do referido art. 1º, IV (*v.*, por todos, Cfr. CANOTILHO, J. J. Gomes; MENDES, Gilmar Ferreira; SARLET, Ingo Wolfgang; STRECK, Lenio Luiz (Orgs.). *Comentários à Constituição do Brasil.* São Paulo: Saraiva/Almedina, 2013. p. 1.790-1.794 — na pena do min. Eros Roberto Grau). Logo, as medidas de proteção social ao trabalhador devem caminhar *pari passu* com as medidas de proteção à livre-iniciativa, sob pena de inconstitucionalidade.

(11) Esse dispositivo foi revogado pelo art. 2º da MP n. 928, de 23 de março de 2020. Todavia, alguns contratos já haviam sido suspensos no intervalo em que vigorava. No que diz respeito à MP 966, vencido preliminarmente o ministro Marco Aurélio, que votou pela inadequação da ADI, o STF, por maioria, decidiu parcialmente a medida cautelar postulada e conferiu interpretação conforme à CF/88 aos arts. 1º e 2º da mencionada MP, para que, na essência, a autoridade a quem compete a decisão de que trata a MP deve levar em conta os *standards, normas e critérios científicos e técnicos, tal como estabelecidos por organizações e entidades internacional e nacionalmente conhecidas* bem como os princípios da precaução e da prevenção. Na mesma oportunidade foram firmadas duas teses, a primeira para definir o que se considera como erro grosseiro e a segunda para estabelecer que a autoridade deve observar em suas decisões opiniões técnicas que observem os princípios da precaução e prevenção, sob pena de se tornarem corresponsáveis. Cfr. a íntegra da decisão no portal eletrônico do STF. Disponível em: <http://portal.stf.jus.br/processos/detalhe.asp?incidente=5912207>. Acesso em: 25 maio 2020.

jogo quando se discute a tutela da qualidade do meio ambiente (*instrumental*, como se sabe, para a própria salvaguarda das futuras gerações de seres humanos).[12]

O discurso de preservação da economia, emprego e renda, por vezes tem levado o Governo a prestigiar aspectos econômicos em detrimento da política de preservação ambiental tanto em relação às gerações futuras,[13] quanto em relação às presentes.[14]

Não obstante a unicidade do meio ambiente, a doutrina o classifica, para efeitos didáticos e propedêuticos, em meio ambiente urbano, natural e artificial — esse último albergando, especialmente na doutrina estrangeira, o *meio ambiente do trabalho*, a saber, o *sistema de condições, leis, influências e interações de ordem física, química, biológica e psicológica que incidem sobre o homem em sua atividade laboral, esteja ou não submetido ao poder hierárquico de outrem.*[15]

A atual pandemia, no entanto, coloca todos em risco, embora alguns estejam mais suscetíveis de contaminação por trabalharem diretamente com pessoas infectadas ou por terem que se submeter ao uso de transporte coletivo, por exemplo; ou a riscos mais intensos, por pertencerem a grupos de risco. Não obstante, o risco de contaminação pelo micro-organismo, além de comprometer o meio ambiente de trabalho em particular, também atinge o meio ambiente artificial ou natural na perspectiva mais ampla.

Em muitos espaços de circulação de mercadoria ou de prestação de serviços nas atividades ditas essenciais,[16] como supermercados e hospitais, o meio ambiente

---

(12) SILVA, José Afonso da. *Curso de Direito Constitucional Positivo*. 19. ed. São Paulo: Malheiros, 2001. p. 822.

(13) O aumento do desmatamento na Amazônia nos últimos meses de 2020 tem sido notícia na imprensa nacional e internacional. A respeito, cfr. STROPASOLAS, Pedro. "Covid-19 será cortina de fumaça para desmatamento, alerta especialista do Greenpeace". Disponível em: <https://www.brasildefato.com.br/2020/04/20/Covid-19-sera-cortina-de-fumaca-para-desmatamento-alerta-especialista-do-greenpeace>, notícia divulgada em 20 abr. 2020; EBERT, Matias. Zerstörung im Schatten der Corona-Krise. *Tagesschau.de*. Notícia veiculada em 23 maio 2020. Disponível em: <https://www.tagesschau.de/ausland/brasilien-coronavirus-amazonas-101.html>. Ambas foram acessadas em: 25 maio 2020. Em tradução livre: "Destruição à sombra da corona-crise".

(14) O capítulo VII da MP n. 927 suspende a exigências administrativas em matéria de segurança e saúde no trabalho durante a pandemia ou até mesmo, no caso de treinamentos aos trabalhadores, por até noventa dias contados de seu fim.

(15) Cfr. FELICIANO, Guilherme G. Meio ambiente do trabalho: Aspectos gerais e propedêuticos. *Revista do Tribunal Regional do Trabalho da Décima Quinta Região*, São Paulo, LTr, 2002, n. 20, *passim*. Para outro conceito, *v.* ainda MARANHÃO, Ney. Meio ambiente do trabalho: Descrição jurídico-conceitual. In: FELICIANO, Guilherme Guimarães *et alli*. (Coord.). *Direito ambiental do trabalho.* Apontamentos para uma teoria geral. São Paulo: LTr, 2017. v. 3, p. 39.

(16) O Decreto n. 10.282, de 20 de março de 2020, regulamentou a Lei n. 13.979, de 6 de fevereiro de 2020 e definiu as atividades consideradas essenciais. Nos termos do § 1º do art. 3º, são considerados serviços públicos e atividades essenciais os que se mostram imprescindíveis para suprir as necessidades inadiáveis da comunidade e os que, suspensos, possam colocar em perigo a sobrevivência e a saúde das pessoas. Dentre tais atividades, elenca as atividades de assistência à saúde, segurança pública e privada, serviços

de trabalho se confunde com o meio ambiente geral, porquanto o trabalhador pode ser, ao mesmo tempo, vítima e fonte de contaminação daqueles ou por aqueles que frequentam determinado espaço.[17] Nesse horizonte, medidas típicas de proteção individual de trabalhadores, como o uso das máscaras, a nosso ver, assumem caráter de medida de proteção coletiva/individual e não de proteção meramente individual, embora o uso assim o seja.[18]

Apesar de o dever de proteção ao meio ambiente ser compartilhado por todos, cabe aqui deitar olhos especialmente para o dever de proteção ao meio ambiente do trabalho e de diminuição dos riscos inerentes ao trabalho, direitos constitucionalmente assegurados aos trabalhadores e que exigem dos empregadores a adoção de medidas coletivas e individuais, nos termos dos arts. 16 a 19 da Convenção n. 155 da OIT. Outrossim, nos termos do art. 4, 1 da Convenção n. 155 da Organização Internacional do Trabalho, o Governo deve elaborar, colocar em prática e rever "*periodicamente uma política nacional coerente em matéria de segurança e saúde dos trabalhadores e o meio-ambiente de trabalho.*"[19]

Com efeito, sustentamos não ser coerente uma medida legislativa que interfira na política nacional de saúde dos trabalhadores e suspenda "*a obrigatoriedade dos exames médicos ocupacionais, clínicos e complementares, exceto dos exames demissionais*", consoante o art. 15, *caput* da MP n. 927/2020. Mesmo o derradeiro pode ser dispensado caso tenha sido realizado exame médico ocupacional há menos de 180 dias, por força do § 2º do mesmo artigo. Some-se a isso o fato de que a dita MP foi editada no mesmo mês em que foi reconhecida a existência de transmissão comunitária do

---

de *call center*, fornecimento de energia elétrica, água e telecomunicações e internet, serviços funerários, serviços postais e produção, distribuição e fornecimento, seja de modo presencial ou por meio de comércios eletrônico, de produtos de saúde, higiene, alimentos e bebidas. No entanto, o referido Decreto já foi alterado três vezes, sendo a última por meio do Decreto n. 13.979, de 8 de maio de 2020, que inseriu no rol das atividades essenciais, indústrias, salões de beleza e barbearias e academias de esportes de todas as modalidades, observadas as normas do Ministério da Saúde.

(17) Disso advém uma maior preocupação da coletividade com o meio ambiente do trabalho, notadamente em setores como o de supermercados e áreas de atendimento ao público em geral, porquanto a ausência de uso de máscara por parte de determinado trabalhador ou de distância entre os postos de trabalho produz efeitos deletérios ao meio ambiente compartilhado por todos que frequentam aquele espaço.

(18) Conquanto as informações iniciais da OMS afirmassem que o uso da máscara era prescindível para as pessoas que não apresentavam sintomas da doença (*v.*, *e.g.*, <https://sbpt.org.br/portal/Covid-19-oms/>. Acesso em: 25 maio 2020), o protocolo mais recente do órgão recomenda que o uso da máscara seja analisado por cada governo, observando as circunstâncias locais. Desse modo, nos locais em que a máscara passa a ser de uso obrigatório a recusa ao seu uso deve sujeitar o infrator aos ditames da lei, que pode impor desde medidas administrativas como multas até medidas de restrição de liberdade, sem que daí advenha qualquer arbitrariedade, porquanto não se trata apenas de um dever de proteção própria como também um dever de proteção à coletividade.

(19) ORGANIZAÇÃO INTERNACIONAL DO TRABALHO. *Convenção n. 155 da OIT*. Segurança e Saúde dos Trabalhadores. Disponível em: <https://www.ilo.org/brasilia/convencoes/WCMS_236163/lang--pt/index.htm>. Acesso em: 20 maio 2020.

SARS-Cov-2 em todo o território brasileiro, e quando o País já apresentava sinais de que caminhava para a liderança mundial no número de casos e de mortes.[20]

Ora, o único modo de aferir a contaminação do trabalhador por Covid-19 é por meio de testagem, seja no momento de sua admissão, nos casos de setores que necessitem realizar contratação durante a pandemia, seja por meio de exames periódicos recomendados não apenas para os casos de trabalhadores que apresentem sintomas, como também para aqueles de setores mais sensíveis, como os que laboram em contato com o público, a exemplo dos caixas de supermercados.[21]

Nos termos do § 2º do art. 15, caberá ao médico coordenador do Programa de Controle Médico e saúde ocupacional, caso entenda que o prazo de 60 dias para a realização do exame represente risco para a saúde do trabalhador, indicar ao empregador a necessidade de efetuá-lo. Contudo, parece-nos que o empregador deveria valer-se dessa medida em caráter *geral e profilático*, para evitar futura responsabilização civil por ter "oportunizado" a contaminação do ambiente de trabalho ante a não realização dos exames.

A constitucionalidade dos dispositivos em análise foi questionada perante o STF por meio de sete ações diretas de inconstitucionalidade,[22] as quais foram reunidas

(20) Na data da edição da MP n. 927, 22.3.2020, o País contava oficialmente com o número de 1.546 pessoas infectadas e de 25 mortes. Disponível em: <https://covid.saude.gov.br/>. Acesso em: 09 dez. 2020. Contudo, estudo realizado pelo Lowi Institute comparando dados de 98 país na gestão da pandemia a partir da 100º caso confirmado até a data de 09 de janeiro de 2021, denominado Covid Performance Index Deconstructing Pandemic Responses, apontou que o Brasil teve o pior desempenho entre os países pesquisados. O levantamento considerou os indicadores disponibilizados publicamente pelos países, quais sejam: número de casos e de mortes confirmadas, mortes confirmadas por milhão de pessoas, casos confirmados em relação ao número de testes realizados e o número de testes realizados. Disponível em: <https://interactives.lowyinstitute.org/features/covid-performance/>. Acesso em: 24 fev. 2021. Em maio de 2020, o Brasil foi apontado como o novo epicentro mundial da doença, levando o governo dos EUA inclusive a anunciar, em 24.05.2020, a suspensão da entrada de brasileiros e estrangeiros provenientes do país no território americano a contar de 29.05.2020. Cf. notícia disponível em: <https://veja.abril.com.br/mundo/estados-unidos-suspendem-voos-provenientes-do-brasil/>. Acesso em: 26 maio 2020.

(21) Notícia divulgada no sítio eletrônico da Secretaria de Trabalho do Ministério da Economia informa que, no dia 28 de abril de 2020, auditores fiscais do trabalho interditaram um supermercado em Vila Velha no qual foram encontrados oito trabalhadores confirmados com o novo coronavírus e outros catorze que agora se encontram afastados por apresentarem sintomas. Dentre as medidas recomendadas para que a empresa possa voltar a funcionar encontram-se a busca por novos casos suspeitos, o distanciamento mínimo entre funcionários nos diversos ambientes e seleção prévia dos funcionários antes de entrar no estabelecimento. In: *Fiscalização do Trabalho interdita supermercado por descumprir medidas de prevenção à Covid-19*. Disponível em: <http://www.trabalho.gov.br/noticias/7392-fiscalizacao-do-trabalho-interdita-supermercado-por-descumprir-medidas-de-prevencao-a-Covid-19>. Acesso em: 25 maio 2020.

(22) As ADIs ajuizadas foram: ADI n. 6.342, ajuizada pela Rede Sustentabilidade; ADI n. 6.344, pela Confederação Nacional dos Trabalhadores Metalúrgicos, ADI n. 6.346, pelo Partido Socialista Brasileiro, ADI n. 6.348, pelo Partido Comunista do Brasil — PCdoB, ADI n. 6.349, pelo Partido Socialismo e Liberdade — PSOL e Partido dos Trabalhadores — PT em conjunto, ADI n. 6.352, pelo partido Solidariedade e ADI n. 6.354, pela Confederação Nacional dos Trabalhadores da Indústria. Cfr. notícia disponível em: <http://www.stf.jus.br/portal/cms/verNoticiaDetalhe.asp?idConteudo=442355>. Acesso em: 25 maio 2020.

e julgadas conjuntamente nos autos da ADI n. 6.342-MC/DF, na qual a Suprema corte, por maioria, decidiu pela constitucionalidade dos arts. 15 a 17, tendo acolhido o pedido de liminar para suspender os efeitos tão somente dos arts. 29 e 31. O primeiro, como se sabe, dispunha que "[o]*s casos de contaminação pelo coronavírus (Covid-19) não serão considerados ocupacionais, exceto mediante comprovação do nexo causal*"; e o segundo estipulava que, por 180 dias da entrada em vigor da MP n. 927, os auditores fiscais do trabalho agiriam de modo orientativo, salvo nas questões relacionadas à falta de registro de empregado, nos casos de denúncia; nas irregularidades diretamente relacionadas aos casos de grave e eminente risco; nas irregularidades que guardassem relação imediata com as hipóteses de acidente de trabalho fatal; e nos casos de trabalho em condições análogas às de escravo ou trabalho infantil.[23]

Andou bem o STF, diga-se, ao suspender os efeitos do art. 29 da MP n. 927/2020, na medida em que o preceito dificultava o próprio acesso à ordem jurídica justa, contrariando o disposto no art. 5º, XXXV, CF/88 (que assegura a todos o *pleno acesso à justiça*, o que inclui, em igualdade de condições, as presunções e inversões do ônus da prova em sede de nexo causal previdenciário — absolutamente necessárias, ante a imensa dificuldade de produção de provas do liame de causalidade entre o trabalho e as doenças infectocontagiosas, mesmo nas hipóteses em que o trabalhador labore diretamente exposto ao agente infectocontagioso).

Não bastasse, o dispositivo em exame espanca a *ratio* ínsita à última parte do art. 20, § 1º, *"d"*, da Lei n. 8.213/91, que exclui do antagonismo conceitual entre doença endêmica e doença ocupacional os casos de comprovação da *"exposição ou contato direto determinado pela natureza do trabalho"*.[24] Ou seja: demonstrada a exposição do trabalhador ao agente endêmico no ambiente de trabalho, *presume-se* o nexo causal laboral. Não se desconhece que o artigo acima mencionado diz respeito à aferição do nexo para fins previdenciários; contudo, ainda que de forma subsidiária (CLT, art. 8º, *caput*, e § 1º), poderá ter aplicação ao processo do trabalho.

Igualmente correta a decisão de suspender a aplicação do art. 31, pois a fiscalização do trabalho com os poderes que lhe são inerentes é essencial para a garantia de cumprimento da legislação do trabalho, sobretudo em momentos de anormalidade, como o que ora se vive. Pela redação original, ressalvados os casos de perigo grave e

(23) Entendemos que o STF poderia ter ido além em seu julgamento e declarado a inconstitucionalidade do art. 15 da MP n. 927/2020 nos termos do voto de divergência aberto pelo ministro Edson Fachin, seguido pela ministra Rosa Weber, que entendiam pela inconstitucionalidade dos arts. 15 e 16 e seus parágrafos, ante o princípio da proibição de retrocesso socioambiental, e ainda porque as medidas de proteção deveriam ser ampliadas no momento da pandemia (e não reduzidas), tempo em que muitos direitos dos trabalhadores já estão sendo efetivamente reduzidos.

(24) BRASIL. *Lei n. 8.213, de 24 de julho de 1991*. Dispõe sobre os Planos de Benefícios da Previdência Social e dá outras providências. Brasília, 24 de julho de 1991.

iminente — que, de resto, *dispensam* a intervenção do auditor fiscal do trabalho, porque permitem a autotutela dos próprios trabalhadores (= greve ambiental, *ut* art. 13 da Convenção OIT n. 155) —, todas as outras situações de violação cabal às normas de saúde e segurança do trabalho ensejariam mera "orientação", sem possibilidade de pronta autuação, o que era, "*venia concessa*", um rematado absurdo.

Registrado o atual momento vivenciado no País e as dificuldades que se colocam aos operadores do direito ante a publicação de várias MPs com constitucionalidade questionável, no próximo tópico traçamos algumas linhas acerca da possibilidade de responsabilidade objetiva e de presunção do caráter ocupacional da Covid-19 em alguns casos de contaminação, mercê da própria declaração preambular de inconstitucionalidade do dispositivo que trazia presunção em sentido contrário (MP n. 927/2020, art. 29).

2. Para onde iremos? Responsabilidade objetiva ou subjetiva do empregador nas hipóteses de contaminação do trabalhador pelo SARS-Cov-2

Sobretudo nas últimas décadas do século XX, a responsabilidade civil sofreu uma verdadeira revolução semântica, caminhando para uma franca expansão, seja no aspecto da sua objetivação, seja no que concerne à ampliação das hipóteses de seguro acidentário, seja ainda no aspecto da diversificação das modalidades de danos indenizáveis.[25] Em particular, a ideia da culpa e o domínio da responsabilidade subjetiva vão sendo questionados desde o eclodir das revoluções industriais, em parte pela gama de trabalhadores acidentados e desprotegidos pela legislação da época.[26]

No Brasil, o art. 7º, XXVIII, CF/88, assegurou ao trabalhador, além de outros direitos que visassem à melhoria de sua condição social (princípio da melhoria contínua), o direito ao "seguro contra acidentes de trabalho, a cargo do empregador, sem excluir a indenização a que esse está obrigado, quando incorrer em dolo ou culpa".

Já o art. 927, parágrafo único, do CC/02, na esteira da objetivação da responsabilidade civil a que nos referimos anteriormente, estabeleceu hipótese de responsabilidade civil objetiva, nos seguintes termos: "*Haverá obrigação de reparar o dano, independentemente de culpa, nos casos especificados em lei, ou quando a atividade normalmente desenvolvida pelo autor do dano implicar, por sua natureza, risco para os direitos de outrem*".

A par da previsão normativa de responsabilidade civil no CC/02, por muito tempo se sustentou que o disposto no art. 7º, XXVIII, da CF/88, ao tratar da responsabilidade do empregador por acidente de trabalho de seu empregado, *restringiu* a sua possibilidade aos casos em que incorresse em dolo ou culpa (= responsabilidade

(25) NORONHA, Fernando. *Direito das obrigações*. 4. ed. São Paulo: Saraiva, 2013.

(26) GODOY, Cláudio Luiz Bueno de. *Responsabilidade civil pelo risco da atividade: uma cláusula geral no Código Civil de 2002*. São Paulo: Saraiva, 2009. p. 13.

subjetiva). E, nesses termos, estaria afastada a aplicação da norma civil mais benéfica ao trabalhador (= responsabilidade objetiva). Ledo engano.

A aplicação da responsabilidade objetiva aos acidentes de trabalho e doenças ocupacionais em diversos segmentos e contextos já não é exatamente uma novidade. Nós — entre outros tantos — a temos postulado há pelo menos vinte anos.[27] Na esfera jurisprudencial, a cizânia teve fim no último dia 12 de março de 2020, quando, por meio do julgamento do RE n. 828.040, o relator ministro Alexandre de Moraes fixou tese de repercussão geral reconhecendo a compatibilidade dos dispositivos em comento e estabelecendo a responsabilidade objetiva do empregador em hipóteses de acidentes *"discriminados em lei ou quando a atividade normalmente desenvolvida por sua natureza apresentar exposição habitual a risco especial, com potencialidade lesiva"*.[28]

A Occupational Safety and Health Administration (OSHA), agência de saúde e segurança ocupacional do Departamento de Trabalho dos Estados Unidos,[29] classifica as hipóteses de exposição ao novo coronavírus em quatro níveis de risco provável:

1) Muito elevado: Nesse nível se encontram os trabalhos que exigem contato direto com pacientes acometidos ou com suspeita de adoecimento por Covid-19 ou com os corpos de pessoas nas mesmas condições, no momento da morte. Nessa categoria estão, por exemplo, os trabalhadores que atuam nos cuidados intensivos de pacientes ou no transporte desses;

2) Elevado: Exposição a fontes conhecidas ou suspeitas de Covid-19 — diferentemente do risco muito elevado, nessa categoria, o trabalho já se dá com o corpo da vítima depois de um tempo da morte. Aqui entram os trabalhadores que laboram em funerárias, por exemplo;

3) Médio: Trabalhadores que laboram em ambiente com alta circulação de pessoas, que podem estar ou não infectadas. Nesse grupo estão incluídos trabalhadores que laboram em ambientes com elevada densidade populacional ou em ambientes com elevado trânsito comercial, incluindo pessoas que tenham retornado de zonas com maior índice de adoecimento, por exemplo: trabalhadores de supermercados, trabalhadores de indústrias frigoríficas, que mantêm

(27) Cfr., por todos, FELICIANO, Guilherme G. Meio ambiente do trabalho: Aspectos gerais e propedêuticos. *Revista do Tribunal Regional do Trabalho da Décima Quinta Região,* São Paulo: LTr, 2002, n. 20, p. 166-170; RIBEIRO, Claudirene Andrade. *Meio ambiente do trabalho.* Responsabilidade civil por dano moral coletivo na atividade frigorífica. Curitiba: Juruá, 2017.

(28) A decisão foi tomada por maioria em sessão presidida pelo ministro-presidente Dias Toffoli, na qual restou vencido o ministro Marco Aurélio. O ministro Celso de Melo não participou do julgamento por motivo de licença médica. O inteiro teor da tese vinculante pode ser conferido no sítio do STF: <http://www.stf.jus.br/portal/jurisprudenciaRepercussao/verAndamentoProcesso.asp?incidente=4608798&numeroProcesso=828040&classeProcesso=RE&numeroTema=932>. Acesso em: 25 maio 2020.

(29) OSHA, *Riesgo de exposición de los trabajadores a Covid-19.* Disponível em: <https://www.osha.gov/Publications/OSHA3993SP.pdf>. Acesso em: 06 maio 2020.

proximidade com colegas de trabalho que podem estar infectados, caixas de bancos ou de supermercados;

4) Risco baixo: trabalhadores que se ativam em ambiente sem contato com o público em geral ou com outros colegas de trabalho. Nessa linha estariam, por exemplo, atendentes de telefone em escritórios em geral e empregadas domésticas.

Nos dois primeiros grupos, não haveria discussão acerca da aplicação da responsabilidade objetiva, com fulcro no art. 927, parágrafo único, 2ª parte, do CC/02, porquanto se trata de um risco inerente superlativo, que está além daqueles normalmente experimentados pelos demais trabalhadores (Enunciado 38 da I Jornada de Direito Civil do CEJ), de modo que o empregador responde objetivamente pelos danos advindos da contaminação do empregado por Covid-19.(30)

Para os demais casos, há necessidade de se perquirir se existe ou não o fenômeno da degradação do meio ambiente do trabalho, nos termos do art. 14, § 1º, Lei n. 6.938/81, como nas hipóteses em que o empregador deixa de adotar todas as precauções necessárias para o funcionamento de sua atividade (que envolvem o planejamento, a implementação e a fiscalização do cumprimento das medidas, não apenas por parte dos trabalhadores, como também dos consumidores, nas hipóteses de trabalho em contato com o público, a exemplo de caixas de supermercados ou de bancos, por exemplo); ou, também, nas hipóteses de contaminação comunitária intramuros (= afetação multitudinária).

Nessa ensancha, mesmo na hipótese de labor em atividade de risco baixo é possível visualizar a aplicação da responsabilidade civil objetiva nas hipóteses em que, exemplificativamente, o empregador doméstico adoece e não dispensa o empregado do trabalho,(31) vindo esse a ser acometido pela doença, na medida em que o ambiente de trabalho ficou poluído, nos termos do art. 14, § 1º, da Lei n. 6.938/81. Aplica-se, nesse caso, a primeira parte do art. 927, CC/02, que trata da aplicação subsidiária — inclusive aos litígios trabalhistas, por força do que se decidiu no RE n. 828.040 — das

---

(30) Em levantamento realizado entre 6.131 profissionais de saúde do Rio de Janeiro, os resultados apontaram 11% positivo para a doença do Covid-19, conforme notícia divulgada no sítio eletrônico da Agência Brasil. Ainda de acordo com a notícia, a iniciativa de mapeamento epidemiológico seria liderada pelo Instituto d'Or de Pesquisa e Ensino (IDOR) e ZooxSmart Data. CORRÊA, Douglas. Covid -19: pesquisa com profissionais de saúde mostra 11% infectados. Publicado em 21/5/2020. Disponível em: <https://agenciabrasil.ebc.com.br/saude/noticia/2020-05/Covid-19-pesquisa-com-profissionais-de-saude-mostra-11-infectados>. Acesso em: 26 maio 2020.

(31) Especificamente em relação ao trabalhador doméstico, aplica-se a Convenção n. 189 da OIT, ratificada pelo Brasil por meio do Decreto Legislativo n. 172 de 2017. O art. 13 da referida Convenção assegura aos empregados domésticos o direito ao um meio ambiente de trabalho seguro e saudável.

demais hipóteses legais de responsabilidade civil objetiva (*"Haverá obrigação de reparar o dano, independentemente de culpa, nos casos especificados em lei*[...]*"*).

De outra parte, embora os arts. 15 a 17 da MP n. 927/2020 possam dar a impressão da "suspensão" dos efeitos das normas de higiene e segurança do trabalho durante o período da pandemia,[32] fato é que continuam em vigor os arts. 7º, XXII e 200, VIII e 225, CF/88, a Convenção n. 155 da OIT, o capítulo V da CLT (arts. 154 a 159, em especial) e a NR-1 do extinto Ministério do Trabalho, com a nova redação dada pela Portaria n. 6.730. A última impõe aos empregadores, por seu item 1.4.1, o dever de a) avaliar os riscos e implementar medidas com vistas a eliminá-los ou, não sendo possível, b) minimizá-los por meio da adoção de medidas coletivas de proteção ou mesmo; c) por meio da adoção de medidas administrativas ou de organização do trabalho; d) por meio de medidas de proteção individual. Ademais, importante registrar o dever de informação aos trabalhadores e os órgãos de fiscalização e inspeção do trabalho.[33]

Nem se argumente que ao tempo da pandemia não existiam normas expressas impondo ao empregador a adoção de medidas coletivas específicas para resguardar o meio ambiente do trabalho da doença. Como se sabe, a obrigação de manutenção da incolumidade física e psicológica do empregado é dever anexo ao contrato de trabalho, *de acordo com o estado da técnica*, como também o são o dever de lealdade e de boa-fé. Não é preciso, portanto, "aguardar" o legislador; não em sede labor-ambiental.

Assim, deve o empregador nesse momento valer-se das orientações técnicas gerais expedidas pela OMS para a população em geral,[34] bem como aquelas indicadas para os locais de trabalho pelo mesmo órgão, pela OIT e pela OSHA,[35] e implementá-las

---

(32) Alertamos também para a falsa sensação nos empregadores de desobrigação do dever de proteção e de cumprimento das obrigações relacionadas à higiene e saúde do trabalhador que pode advir dos dispositivos 15 a 17 da MP n. 927/2020, porquanto, na mesma medida em que, por exemplo, a OMS alerta para o perigo de que a adoção generalizada das máscaras pode criar nos indivíduos a errônea sensação de segurança e proteção total, contribuindo para a propagação da doença, acaso não adotadas outras medidas. Cfr., nesse sentido, a nota 14 do presente texto. Desse modo, ao invés de auxiliar na preservação das empresas e da saúde, a medida em comento pode ter efeito adverso.

(33) BRASIL. Ministério da Economia/Secretaria Especial de Previdência e Trabalho. *Portaria n. 6.730, de 9 de março de 2020.* Aprova a nova redação da Norma Regulamentadora n. 01 — Disposições Gerais e Gerenciamento de Riscos Ocupacionais. (Processo n. 19966.100073/2020-72). Brasília, DOU 12.03.2020, ed. 49, Seção 1, p. 17, disponível em: <http://www.in.gov.br/en/web/dou/-/portaria-n-6.730-de-9-de-marco-de-2020-247538988>. Acesso em: 26 maio 2020.

(34) Conferir medidas recomendadas pela OMS em: Como podemos proteger aos outros e a nós mesmos se não sabemos quem está infectado? *Folha informativa — Covid-19* (doença causada pelo novo coronavírus). Atualizada em 25.05.2020. Disponível em: <https://www.paho.org/bra/index.php?option=com_content&view=article&id=6101:covid19&Itemid=875>. Acesso em: 26 maio 2020.

(35) Além das medidas de proteção recomendadas por meio dos protocolos da OMS para a população em geral, o órgão elabora recomendações a serem observadas pelos empregadores, as quais incluem medidas em parte semelhantes às recomendadas à população em geral, às quais se somam as etapas

em seus ambientes produtivos, a fim de reduzir os riscos de danos. Reitere-se que, em larga medida, o meio ambiente de trabalho se confunde com o espaço geográfico compartilhado por clientes e ou pacientes; e, mesmo nas hipóteses em que o ambiente de trabalho esteja reservado apenas para os trabalhadores, as medidas de segurança de modo geral se assemelham, porquanto os próprios trabalhadores podem constituir-se em fontes de contaminação entre si.

Considerações finais

Como dito e demonstrado exaustivamente, o novo coronavírus está remodelando o modo de vida em sociedade — já se alude a um "novo normal" pós-pandemia —, especialmente a partir de março de 2020, engendrando novas formas de trabalho e de convivência social e expondo a fragilidade humana ante a sua rápida propagação, a inexistência de vacina específica e a ausência de medicação eficaz contra os seus efeitos mais graves.

Sob tal contexto, o Brasil também se viu compelido a construir o seu "novo normal". E, no campo jurídico-laboral, isto se fez — e se tem feito — a partir da edição de atos normativos voltados à proteção do emprego e da renda, das próprias empresas, dos trabalhadores e da população em geral. Nesse encalço, sobretudo para a garantia da saúde financeira das empresas, o governo editou a MP n. 927/2020, com conteúdo que desprestigia claramente os imperativos de tutela labor-ambiental.

de planejamento, implementação das práticas e informação dos trabalhadores nos locais de trabalho. O documento destinado aos empregadores reitera o dever de precaução e planejamento. Cfr. em: ORGANIZAÇÃO PAN AMERICANA DE SAÚDE E ORGANIZAÇÃO MUNDIAL DA SAÚDE. Preparando o local de trabalho para a Covid-19. 19.3.2020. Disponível em: <https://iris.paho.org/bitstream/handle/10665.2/52015/OPASBRACOVID1920043_por.pdf?sequence=5>. Acesso em: 26 maio 2020. A OIT disponibiliza em seu sítio eletrônico, documento contendo diretrizes a serem observadas pelos empregadores com vistas à proteção dos trabalhadores, as quais incluem, além das recomendações técnicas elaboradas pela OMS, referências à Convenção n. 155 e Recomendação n. 164, que tratam da proteção à saúde e segurança dos trabalhadores. O referido documento enfatiza o dever de estudo do local de trabalho e suas características para o planejamento da continuidade das atividades econômicas, as quais necessariamente devem incluir medidas de distanciamento social, higiene, limpeza dos locais de trabalho e superfícies, formação e comunicação, equipamentos de proteção individual e respostas, que consiste em dar informações corretas aos órgãos de saúde e orientar os trabalhadores quanto ao dever de afastamento do trabalho, dentre outras medidas. Cfr. em: OIT. *Frente a la pandemia:* garantizarlaSeguridad Y Salud em elTrabajo. Ginebra: OIT, 2020. Apresenta ainda o mencionado órgão, uma lista de comprovação, para auxiliar o empregador no planejamento das medidas. Disponível em: <https://www.ilo.org/wcmsp5/groups/public/---ed_protect/---protrav/---safework/documents/instructionalmaterial/wcms_741818.pdf>. Acesso em: 26 maio 2020. A título de diretrizes para os empregadores, a OSHA possui um protocolo no qual apresenta diretrizes para os empregadores com base na legislação americana que garante aos trabalhadores um local isento de perigos e riscos de danos físicos graves ou risco de mortes, no que se aproxima do direito desses no Brasil. O documento apresenta informações mais específicas tendo em vista os riscos de cada local de trabalho classificados em quatro níveis, como já se abordou anteriormente. Nesse sentido, *v.* U.S. Department of Labor. OSHA. Diretrizes para a Preparação dos Locais de Trabalho para a Covid-19. *Diretrizes para a Preparação dos Locais de Trabalho para a Covid-19*, OSHA 3990-03 2020. Disponível em: <https://www.abho.org.br/wp-content/uploads/2020/03/DiretrizesdaOSHA3990-TRAD-CORONAVIRUS.pdf>. Acesso em: 26 maio 2020.

Assim é que os arts. 15 a 17 da mencionada MP suspenderam ou postergaram os efeitos de relevantes normas de higiene, saúde e segurança no trabalho, como a obrigação de realização de exames admissionais e periódicos, postergados para até 60 dias após o fim da pandemia. Tal medida atentava abertamente contra o subsistema labor-ambiental de proteção introduzido pela CRFB/88, incluindo o princípio do risco mínimo regressivo (art. 7º, XXII) e as correspondentes normas convencionais e legais que cuidam de resguardar o meio ambiente do trabalho (e, em especial, a Convenção OIT n. 155). É que os exames médicos regulares, como predispostos pela NR-7 — e em especial o admissional —, seriam ferramentas importantes para justamente impedir o ingresso do SARS-Cov-2 nas comunidades de trabalho, como também para consequentemente preservar as próprias comunidades de entorno, que compartilham do mesmo espaço geográfico que os trabalhadores. Ao desprezar medidas comezinhas de proteção labor-ambiental, potencializa-se o risco para todas as dimensões do meio ambiente humano, ante o caráter sistêmico, holístico e gestáltico do fenômeno ambiental.

Também o art. 29 da MP n. 927/2020, cujos efeitos foram em boa *hora suspensos* pelo STF (ADI n. 6.342-MC/DF), vulnerava o princípio do risco mínimo regressivo e o próprio direito à indenização em bases razoáveis (art. 7º, XXVIII, *in fine*). E, para mais, ao criar a presunção legal (relativa) de que a Covid-19 jamais teria natureza de doença ocupacional, terminou malferindo a própria garantia de acesso à ordem jurídica justa, na medida em que retirava do trabalhador, justamente em momento tão crítico, as presunções de causalidade que vinham garantindo aos segurados do Regime Geral de Previdência Social (RGPS) acessos mais céleres e efetivos a benefícios previdenciários (assim, *e.g.*, a partir do nexo técnico epidemiológico, *ut* art.21-A da Lei n. 8.213/1991). O referido art. 29, com efeito, *subvertia* a lógica benfazeja do Nexo Técnico Epidemiológico Previdenciário (NTEP).

Agora, por outro lado, ante a suspensão dos efeitos do dispositivo *supra* pelo STF, reabrem-se as possibilidades de presunções em torno do caráter ocupacional da Covid-19, como deve ser. Será o caso, por exemplo, dos trabalhadores ocupados em atividades com riscos elevados e muito elevados de contaminação por SARS-Cov-2 (pelo padrão OSHA); e, em tais casos, será igualmente possível a aferição da responsabilidade objetiva, com fulcro no art. 927, parágrafo único, CC/02. Por outro lado, nas hipóteses em que a atividade laboral expõe o trabalhador a risco médio ou baixo de contaminação por SARS-Cov-2, haverá a hipótese do art. 14, § 1º, da Lei n. 6.938/181 (c.c. art. 927, par. único, 1ª parte, do CC), para os casos em que (a) ocorram déficits acentuados quanto às medidas de proteção específica contra a doença (situação em que, ademais, poderá haver a caracterização da responsabilidade civil aquiliana, desde que seja possível identificar e individualizar a culpa *stricto sensu* ou o dolo); ou em que (b) ocorram quadros de contaminação comunitária no próprio meio ambiente de trabalho (atraindo, a propósito, a presunção de nexo causal ínsita ao art. 20, § 1º, *"d"*, *in fine*, por analogia: "[...] *salvo comprovação de que é resultante de exposição ou contato direto determinado pela natureza do trabalho*").

Eis, pois, em linhas gerais, as possibilidades abertas de responsabilização civil do empregador — objetiva e subjetivamente — pela contaminação coronaviral de seus empregados. Para evitá-la, a par das próprias medidas de proteção laboral específica contra o vírus SARS-Cov-2, convirá lançar mão da alternativa do art. 15, § 2º, da MP n. 927/2020 (já que, em relação a esse preceito, o STF não reconheceu nenhuma inconstitucionalidade): "*Na hipótese de o médico coordenador de programa de controle médico e saúde ocupacional considerar que a prorrogação representa risco para a saúde do empregado, o médico indicará ao empregador a necessidade de sua realização*". Realizá-los, *apesar* da dispensa do art. 15, *caput*, será uma evidência poderosa da diligência patronal (na via contrária do reconhecimento da responsabilidade civil aquiliana); e, para mais, ante a franca possibilidade de que, no contexto do Programa de Controle Médico de Saúde Ocupacional (PCMSO), os médicos da empresa identifiquem os sintomas da Covid-19 e impeçam a internalização de trabalhadores portadores do vírus, realizá-los poderá ser também a melhor oportunidade de assegurar a higidez do meio ambiente de trabalho, evitando o seu desequilíbrio biológico (na via contrária do reconhecimento da responsabilidade civil objetiva).

O que, afinal — nestes funestos tempos de terraplanismo e quejandos —, traz-nos à recordação um conhecido aforismo de Alberto Einstein, patrono da Ciência do século XX: "*A clever person solves a problem. A wise person avoids it*". Que seja assim, sobretudo, nas plagas do Direito Ambiental do Trabalho.

A Utilização da Tabela Susep como Parâmetro de Arbitramento da Pensão Mensal Decorrente de Acidente do Trabalho: Uma Contradição Jurisprudencial

Cristine Helena Cunha[(1)]
Raimundo Simão de Melo[(2)]

Resumo: O presente artigo trata de estudo sobre os parâmetros utilizados para o arbitramento dos valores da pensão mensal decorrente de acidente do trabalho, especialmente no caso de incapacidade parcial e permanente da vítima. O objetivo da pesquisa é realizar um comparativo dos critérios que vêm sendo utilizados pela jurisprudência trabalhista para verificar a incapacidade laboral e inferir se a Tabela Susep constitui parâmetro adequado no tocante à finalidade reparatória da pensão a ser paga pelos empregadores às vítimas de acidentes ou doenças do trabalho. A metodologia utilizada na pesquisa consistiu em análise doutrinária em cotejo com pesquisa jurisprudencial realizada na página do Tribunal Superior do Trabalho (TST). Como resultado final observou-se que a aplicação isolada da referida Tabela SUSEP não guarda coerência com a finalidade do instituto da pensão prevista no art. 950 do Código Civil brasileiro, embora sua aplicação venha sendo admitida pela jurisprudência, desde que seja ponderada a incapacidade do trabalhador para a profissão habitualmente exercida por ele na empresa onde se acidentou ou ficou doente.

---

(1) Mestre em Direito das Relações Sociais e Trabalhistas pelo Centro Universitário do Distrito Federal (UDF). Assessora jurídica de ministro do Tribunal Superior do Trabalho (TST).

(2) Doutor e Mestre em Direito das Relações Sociais pela PUC/SP. Professor Titular do Centro Universitário do Distrito Federal (UDF), no Mestrado em Direito das Relações Sociais e Trabalhistas e na Faculdade de Direito de São Bernardo do Campo/SP, na Pós-Graduação em Direito e Relações do Trabalho. Consultor jurídico e advogado. Procurador regional do trabalho aposentado. Membro da Academia Brasileira de Direito do Trabalho.

Palavras-chave: Acidente do trabalho — Incapacidade para o trabalho — Pensão mensal — Arbitramento — Aplicação da tabela Susep — Jurisprudência — TST.

1. Introdução

A ocorrência de um acidente do trabalho ou de doença ocupacional pode trazer diversas consequências jurídicas nos âmbitos trabalhista, civil, previdenciário e penal, além dos agravos sociais e humanos para as vítimas e familiares e, conforme o caso, para a própria sociedade. Na responsabilidade civil por acidente do trabalho, seja ele típico ou na modalidade de doença ocupacional, o que se pretende é ressarcir a vítima de forma integral pelos danos sofridos em decorrência do infortúnio. A reparação civil pressupõe a ocorrência de uma lesão ao patrimônio jurídico do ofendido, a partir de uma ação ou omissão perpetrada pelo suposto causador dessa lesão, sendo exigido também o nexo causal entre a ação ou omissão e o dano suportado pela vítima, quando se verifica a culpa do ofensor, na responsabilidade subjetiva ou nas hipóteses legais de responsabilização objetiva, quando não se perquire sobre o elemento volitivo.

Assim, o presente trabalho buscou analisar o elemento dano, na modalidade material, no aspecto da pensão mensal, como prevista no art. 950 do Código Civil, o qual assegura a reparação da lesão que acarretar incapacidade laboral da vítima, parcial ou total, provisória ou definitiva. A análise abordou a aplicação pela jurisprudência trabalhista, especialmente pelo Tribunal Superior do Trabalho (TST), fazendo um contraponto entre os elementos jurídicos aceitos pela Corte Superior, para se aferir a incapacidade da vítima e estipular o percentual da pensão mensal a ser paga pelo empregador, no caso de incapacidade parcial, tendo como base a Tabela Susep. Essa tabela, como se sabe, foi criada e existe para o cálculo das indenizações em caso de invalidez permanente da Superintendência de Seguros Privados (Tabela Susep).

O método utilizado no trabalho foi a pesquisa doutrinária e jurisprudencial, tendo como objeto, principalmente, os julgados recentes do Tribunal Superior do Trabalho (TST).

2. Indenização por danos materiais decorrentes de acidente do trabalho

O elemento central da responsabilidade civil é o dano, que pode ser patrimonial, como o material, ou extrapatrimonial, a exemplo do dano moral. O dano material subdivide-se em dano emergente (já consumado) e lucros cessantes (prejuízos que a vítima deixou de aferir em razão do infortúnio).[3]

(3) DALLEGRAVE NETO, José Affonso. Elementos da responsabilidade civil nos acidentes do trabalho. *Revista do Tribunal Superior do Trabalho*, Porto Alegre, v. 76, n. 1, jan./mar. 2010, p. 99-125.

Dano material é, essencialmente, o prejuízo financeiro suportado pelo empregado, com consequente diminuição de seu patrimônio jurídico.[4] Assim estabelece o art. 402 do Código Civil: "*Salvo as exceções expressamente previstas em lei, as perdas e danos devidas ao credor abrangem, além do que ele efetivamente perdeu, o que razoavelmente deixou de lucrar*".

A partir das previsões do Código Civil, verifica-se que os acidentes do trabalho podem gerar para suas vítimas o direito à pensão nas seguintes hipóteses: a) quando há falecimento do trabalhador, seus dependentes possuem direito à prestação de alimentos (art. 948 do Código Civil); b) quando não há o falecimento do trabalhador, mas este se encontra incapacitado para o trabalho de forma temporária, de modo que ele faz *jus* à pensão mensal até a convalescença (art. 949 do Código Civil); c) quando não há a morte da vítima, mas sua incapacidade laboral permanente, total ou parcial para o trabalho, situação em que a vítima tem direito à pensão, de acordo com a extensão de sua incapacidade (art. 950 do Código Civil).

Os danos de natureza patrimonial, decorrentes de acidente do trabalho, quando não há o falecimento do trabalhador, podem ser emergentes (a exemplo de despesas com o tratamento) ou lucros cessantes até o fim da convalescença, com o pagamento de uma pensão mensal, correspondente à medida da incapacidade laboral.[5]

A responsabilidade civil é pautada pelo princípio da reparação integral, previsto no art. 944 do Código Civil, o qual consagra que a indenização por dano causado em razão de ato ilícito deve ser de acordo com a extensão dos prejuízos sofridos pela vítima. Dessa forma, todos os danos causados pelo ofensor, sejam materiais ou extrapatrimoniais, devem ser reparados, a fim de que o patrimônio jurídico da vítima seja restaurado ao *status quo* anterior à lesão que lhe foi causada.

Não se ignora que a medida ideal, em certos casos, a fim de restabelecer o patrimônio jurídico da vítima, é que sejam privilegiadas as obrigações de fazer em detrimento das obrigações de pagar.[6] Há situações, contudo, em que não há medidas práticas que possam ser tomadas, restando apenas o ressarcimento pecuniário, como ocorre na maioria esmagadora dos casos que chegam ao Poder Judiciário. Em tais situações, cabe ao Judiciário a árdua tarefa de estabelecer valores monetários para a reparação de patrimônios imateriais, como são a integridade física, a saúde e a plena capacidade laboral do trabalhador.

(4) CAUS, Neurimar. Pensionamento mensal: aplicação de redutor em caso de condenação ao pagamento em parcela única. *Revista eletrônica:* acórdãos, sentenças, ementas, artigos e informações. Porto Alegre, v. 12, n. 192, maio 2016, p. 79-96.

(5) PRITSCH, Cesar Zucatti. Responsabilidade civil decorrente de acidente de trabalho ou doença ocupacional. *Revista LTr:* legislação do trabalho, São Paulo. SP, v. 76, n. 3, mar. 2012, p. 308-321.

(6) MELO, Raimundo Simão de. *Direito ambiental do trabalho e a saúde do trabalhador:* responsabilidades legais, dano material, dano moral e dano estético. São Paulo: LTr, 2004. p. 386.

O arbitramento de um montante indenizatório que observe o princípio da reparação integral é tema que gera debates entre os operadores do Direito, considerando que bens jurídicos relevantes, como a integridade física e psíquica, não possuem valor monetário. É uma questão que enseja dúvidas em todas as espécies de danos e, ainda que em menor escala, também nas indenizações por danos materiais, onde predominam aspectos mais objetivos na sua fixação, uma vez que há espaço para aferição de elementos subjetivos pelo julgador,(7) dentre eles o grau de incapacidade para o trabalho.

3. Pensão mensal e a aferição da incapacidade

A indenização por danos materiais pode ocorrer na forma de pensão, ainda que temporária, a fim de garantir à vítima que receba rendimentos que lhe seriam devidos caso o acidente não tivesse ocorrido.(8) O pensionamento para a vítima de acidente laboral decorre do art. 950 do Código Civil brasileiro, que prevê:

> Se da ofensa resultar defeito pelo qual o ofendido não possa exercer o seu ofício ou profissão, ou se lhe diminua a capacidade de trabalho, a indenização, além das despesas do tratamento e lucros cessantes até ao fim da convalescença, incluirá pensão correspondente à importância do trabalho para que se inabilitou, ou da depreciação que ele sofreu.

Ainda que haja autores que defendam que a pensão deva ser calculada em razão da incapacidade laboral para reinserção no mercado de trabalho, ponderando diversos aspectos, como a idade e a escolaridade da vítima,(9) o entendimento prevalecente na jurisprudência do Tribunal Superior do Trabalho (TST) é de que essa incapacidade deve ser analisada para a atividade habitualmente exercida pelo trabalhador, conforme se extrai dos seguintes julgados:

> **EMENTA**: RECURSO DE EMBARGOS INTERPOSTO SOB A ÉGIDE DA LEI N. 11.496/2007. DANOS MATERIAIS. ACIDENTE DO TRABALHO. PENSÃO MENSAL. ART. 950 DO CÓDIGO CIVIL.

---

(7) GARCIA, Bárbara Schonhofen; TRIERWEILER, Gustavo Friedrich. Alguns elementos de orientação na fixação da condenação das ações envolvendo pedidos de indenização por danos materiais, morais e estéticos. *Revista Síntese:* trabalhista e previdenciária, v. 24, n. 297, mar. 2014, p. 87-101.

(8) SILVA, Fábio Luiz Pereira da. Danos materiais. In: SILVA, Fábio Luiz Pereira da (Coord.). *Responsabilidade civil do empregador:* já em consonância com a Lei n. 13.467/17 — reforma trabalhista. Campinas: Servanda. p. 116-117.

(9) A exemplo de PRITSCH, Cesar Zucatti. Responsabilidade civil decorrente de acidente de trabalho ou doença ocupacional. *Revista LTr:* legislação do trabalho. São Paulo, v. 76, n. 3, 308-321, mar. 2012, p. 308-321. Ainda nesse sentido, Edilton Meireles aborda essa incapacidade multifatorial (que pondera, além da limitação física, fatores como idade, escolaridade, inserção social etc.), com base em julgados do Superior Tribunal de Justiça, como incapacidade social (MEIRELES, Edilton. Liquidação do dano à pessoa. *Revista eletrônica do Tribunal Regional do Trabalho da Bahia*, Salvador, v. 1, n. 1, dez. 2012, p. 6-28).

1. Nos termos do disposto no art. 950 do Código Civil se, do ato ilícito praticado pelo empregador, resultar lesão ao empregado que o impeça de 'exercer o seu ofício ou profissão', a indenização por danos materiais, paga na forma de pensionamento mensal, corresponderá 'à importância do trabalho para que se inabilitou'.

2. Extrai-se, do referido preceito legal, que a intenção do legislador, ao vincular o valor da indenização por danos materiais 'à importância do trabalho para que se inabilitou', teve como objetivo tutelar as consequências jurídicas e fáticas decorrentes do ato ilícito praticado pela empresa, que conduziu à incapacidade da empregada para 'exercer o seu ofício ou profissão'. Tal conclusão revela-se consentânea com o disposto no art. 944 do Código Civil, por meio do qual se estatui que o valor da indenização 'mede-se pela extensão do dano'.

3. *A extensão do dano, na hipótese de perda ou redução da capacidade para o trabalho, deve ser aferida a partir da profissão ou ofício para o qual a empregada ficou inabilitada, não devendo ser adotado, como parâmetro para fixação do dano, a extensão da lesão em relação à capacidade para o trabalho considerada em sentido amplo*, porquanto inaplicável, em tais circunstâncias, a regra geral prevista no art. 944 do Código Civil, em razão da existência de norma regendo de forma específica tal situação (art. 950 do Código Civil).

4. Tal raciocínio, longe de conduzir ao enriquecimento indevido do empregado, assegura o cumprimento da finalidade teleológica da lei, ao sancionar a conduta ilícita do empregador que, ao deixar de observar os deveres que resultam do contrato de emprego, deixa de propiciar a seus empregados um meio ambiente de trabalho sadio, desatendendo à função social da empresa e da propriedade privada.

5. Cumpre ressaltar, ainda, que a fixação do valor da indenização, a partir da incapacidade para todo e qualquer trabalho, equipararia a indenização prevista no art. 950 do Código Civil à reparação por lucros cessantes, indenizando apenas a redução da força física de trabalho e não a incapacidade para o desempenho de 'ofício ou profissão'. Ressalte-se que o próprio art. 950 do Código Civil distingue a indenização em forma de pensão da figura dos lucros cessantes, ao prever o pagamento de pensão 'além das despesas do tratamento e lucros cessantes até ao fim da convalescença'.

6. Na hipótese dos autos, a reclamante, em razão da conduta ilícita do empregador, ficou totalmente incapacitada para o ofício que exercia na empresa reclamada e para o qual se capacitara profissionalmente, sendo-lhe devida, portanto, pensão mensal no valor de 100% de sua última remuneração.

7. Recurso de embargos conhecido e provido.(E-RR – 147300-11.2005.5.12.0008, redator Ministro Lelio Bentes Corrêa; Data de Julgamento: 21.5.2015, Subseção I Especializada em Dissídios Individuais; Data de Publicação: DEJT 21.8.2015 – grifados).

EMENTA: [...] RECURSO DE REVISTA DO RECLAMANTE EM FACE DE ACÓRDÃO PUBLICADO NA VIGÊNCIA DAS LEIS NS. 13.015/2014 E 13.105/2015. DESPACHO DE ADMISSIBILIDADE PUBLICADO NA VIGÊNCIA DA INSTRUÇÃO NORMATIVA N. 40 DO TRIBUNAL SUPERIOR DO TRABALHO. INDENIZAÇÃO POR DANOS MATERIAIS DECORRENTES DE DOENÇA PROFISSIONAL – PENSÃO MENSAL VITALÍCIA – COMPROMETIMENTO TOTAL E PERMANENTE DA CAPACIDADE LABORATIVA PARA AS ATIVIDADES ATÉ ENTÃO DESENVOLVIDAS – CONTINUIDADE EM FUNÇÃO DIVERSA NA MESMA EMPRESA – IRRELEVÂNCIA. O TRT observou que o reclamante continua prestando serviços para a reclamada. Diante dessa premissa, reformou a sentença, a fim de limitar o início do pagamento da pensão mensal decorrente da doença profissional à data de uma eventual dispensa do autor. A leitura do acórdão em seu inteiro teor revela que existe uma relação de causa e efeito entre o trabalho para a demandada e a síndrome de impacto nos ombros do reclamante e que a doença ocupacional acarretou o comprometimento integral e permanente para a atividade que o autor desempenhava na empresa, bem como para quaisquer outras tarefas laborais que envolvam movimentos repetitivos, elevação e abdução dos braços acima dos ombros. Ou seja, percebe-se claramente que a continuidade do demandante na empresa não teve como pressuposto a restauração da capacidade para as mesmas atividades que desempenhava, mas a sua reabilitação para outra função. O art. 950 do CCB é inequívoco ao estabelecer uma relação proporcional direta entre o valor da pensão mensal e a intensidade do comprometimento da capacidade do trabalhador para o exercício de sua profissão. Destarte, *restando caracterizada a depreciação total e permanente de suas competências para a atividade até então desenvolvida, o reclamante faz jus à pensão mensal vitalícia em patamar a ela equivalente, independentemente de sua readaptação para outras atividades na mesma empresa*. Precedentes específicos, inclusive da 3ª Turma. Recurso de revista conhecido por violação do art. 950 do CCB e provido. CONCLUSÃO: Agravo de instrumento da reclamada conhecido e desprovido; Recurso de revista do reclamante conhecido e provido. (ARR-10257-54.2014.5.15.0001, 3ª Turma, relator Ministro Alexandre de Souza Agra Belmonte, DEJT de 10.5.2019 – grifados)

Esse entendimento se fundamenta no fato de que, com frequência, a redução da capacidade laboral para a profissão da vítima culmina no seu afastamento do mundo do trabalho, pela dificuldade de se reinserir no mercado,[(10)] em razão da ausência de experiência ou de qualificação técnica para outros ofícios que até então não eram exercidos pelo trabalhador, somados à limitação física ou psíquica.

Partindo destas premissas, de que a incapacidade é para a profissão da vítima e não para o mercado de trabalho genericamente considerado, faz-se necessário verificar os parâmetros utilizados para a quantificação do grau de incapacidade laboral da vítima, o que exige, em regra, a realização de prova pericial, em razão da complexidade técnica da questão.[(11)] A situação é mais simples quando se verifica a incapacidade total, todavia quando há a caracterização de limitação parcial da capacidade, é necessário perquirir de quanto é essa limitação parcial.

A fim de estabelecer parâmetros para essa tarefa, doutrina e jurisprudência socorrem-se de percentuais médicos e de critérios legais aplicáveis por analogia à pensão civil.

Sebastião Geraldo de Oliveira elenca alguns parâmetros que podem ser utilizados pelos julgadores, uma vez que não há no Brasil uma tabela específica para reparação

---

(10) OLIVEIRA, Sebastião Geraldo de. *Indenizações por acidente do trabalho ou doença ocupacional*. 9. ed. rev., ampl. e atual. São Paulo: LTr, 2016. p. 386.

(11) PRITSCH, Cesar Zucatti. Responsabilidade civil decorrente de acidente de trabalho ou doença ocupacional. *Revista LTr:* legislação do trabalho. São Paulo, v. 76, n. 3, mar. 2012, p. 308-321.

civil. Esse autor toma como base inicial o Regulamento da Previdência Social, que aponta que o auxílio-acidente deve corresponder a 50% do salário de benefício.(12)

Esse parâmetro é sugerido também por Edilton Meireles, que o adota para a responsabilidade civil, por analogia do art. 86, § 1º, da Lei n. 8.213/91, o qual consagra o percentual de 50% do salário de benefício para o auxílio-acidente no caso de redução da capacidade laboral, mas adverte que esse valor pode não ser razoável, quando a perda da capacidade laborativa for reduzida.(13)

Cesar Pritsch, por sua vez, avalia a aplicação da tabela DPVAT — que trata de tabela de seguro público, que mede o dano por percentuais de acordo com a parte do corpo que sofreu limitação funcional — ponderando os prós e contras de sua aplicação.(14)

Já Sebastião Geraldo de Oliveira defende que tende a ganhar maior aceitação, em razão do detalhamento na análise de diversas variáveis, a Classificação Internacional de Funcionalidade e Saúde, aprovada pela Organização Mundial da Saúde, que conta com duas tabelas: "1. Tabela Nacional de Incapacidades por Acidentes de Trabalho e Doenças Profissionais; 2. Tabela Nacional para Avaliação de Incapacidades Permanentes em Direito Civil".(15)

4. Tabela Susep e sua aplicação pela jurisprudência trabalhista

A Tabela Susep consiste em um instrumento utilizado pela Superintendência de Seguros Privados(16) para determinar o valor da indenização de seguros privados, que tenham por objeto ressarcir invalidez permanente por acidentes pessoais. Essa tabela determina percentuais indenizatórios de acordo com o órgão ou membro lesado, quando há redução funcional do segurado, sendo irrelevante sua profissão.(17)

Essa tabela se destina ao mercado de seguros privados, estabelecendo um percentual fixo, sem levar em consideração as condições peculiares e particulares de cada

(12) OLIVEIRA, Sebastião Geraldo de. *Indenizações por acidente do trabalho ou doença ocupacional*. 9. ed. rev., ampl. e atual. São Paulo: LTr, 2016. p. 387.

(13) MEIRELES, Edilton. Liquidação do dano à pessoa. *Revista eletrônica do Tribunal Regional do Trabalho da Bahia*, Salvador, v. 1, n. 1, dez. 2012, p. 6-28.

(14) PRITSCH, Cesar Zucatti. Responsabilidade civil decorrente de acidente de trabalho ou doença ocupacional. *Revista LTr:* legislação do trabalho. São Paulo, v. 76, n. 3, mar. 2012, p. 308-321.

(15) OLIVEIRA, Sebastião Geraldo de. *Indenizações por acidente do trabalho ou doença ocupacional*. 9. ed. rev., ampl. e atual. São Paulo: LTr, 2016. p. 389.

(16) A Superintendência de Seguros Privados trata-se de autarquia vinculada ao Ministério da Economia que, dentre suas funções, é responsável pelo controle e fiscalização de seguros privados, de acordo com o Decreto-lei n. 73, de 21 de novembro de 1966.

(17) SUPERINTENDÊNCIA DE SEGUROS PRIVADOS. *Tabela para cálculo da indenização em caso de invalidez permanente*. Disponível em: <http://www.susep.gov.br/menuatendimento/seguro_pessoas_consumidor#ac_pessoais>. Acesso em: 13 jan. 2020.

caso concreto, que, por isso, não pode ser aplicada nos casos de indenização por danos decorrentes de acidente de trabalho em face do empregador, por conta da responsabilidade civil deste, que atualmente está regulada no Direito Brasileiro pelo art. 7º e inc. XXVIII da Constituição Federal e art. 950 do Código Civil, que estabelecem o quanto segue:

> Art. 7º São direitos dos trabalhadores urbanos e rurais, além de outros que visem à melhoria de sua condição social: [...]
>
> XXVIII – seguro contra acidentes de trabalho, a cargo do empregador, sem excluir a indenização a que este está obrigado, quando incorrer em dolo ou culpa.
>
> Art. 950. Se da ofensa resultar defeito pelo qual o ofendido não possa exercer o seu ofício ou profissão, ou se lhe diminua a capacidade de trabalho, a indenização, além das despesas do tratamento e lucros cessantes até ao fim da convalescença, incluirá pensão correspondente à importância do trabalho para que se inabilitou, ou da depreciação que ele sofreu. (Grifado)

O art. 950 do Código Civil determina que a pensão deve corresponder à importância do trabalho para o qual a vítima se inabilitou, levando em conta, conforme o caso, a depreciação que a vítima sofreu, o que será analisado pelo julgador em cada caso concreto e não genericamente.

Logo, a tabela da Susep não pode ser considerada como critério único para aferição do grau de incapacidade laborativa decorrente de acidente ou doença do trabalho para efeito de fixação da pensão devida à vítima pela responsabilidade civil, porque essa tabela considera critérios genéricos de incapacitação para o seguro privado, baseada na importância que a vítima pagou do seguro e, não a sua profissão, a incapacidade para o trabalho, as dificuldades para a vítima obter e se manter no emprego, o tempo de serviço na empresa, a sua idade e outros fatores relevantes para a situação concreta.

Para demonstrar a incongruência da tabela da Susep em relação à reparação civil decorrente de acidente do trabalho, vejamos os exemplos seguintes:

a) perda total do uso de um dos dedos indicadores, que na tabela da Susep leva a uma indenização de 15% sobre a importância segurada, percentual esse inadmissível em termos de reparação civil, se a vítima for um pianista ou violoncelista, que se tornará totalmente incapacitada para a atividade respectiva!

b) encurtamento de um dos membros inferiores de 5 centímetros, que corresponde a 15% de redução na tabela da Susep, mas que, a princípio, não comprometeria profundamente a capacidade laborativa de uma vítima que trabalha sentada.

A tabela da Susep, como se vê, aplica-se à finalidade para a qual foi concebida, qual seja, determinar o valor da indenização a cargo da seguradora com base no prêmio pago pelo segurado, mas não pode ser considerada como critério único para estabelecer o grau de incapacidade laborativa decorrente de acidentes e doenças do trabalho e para estabelecer os valores das indenizações decorrentes, por absoluta evidência da sua incongruência com o tema da reparação civil, que na forma do art. 950 do Código Civil leva em conta a importância do trabalho para que se inabilitou a vítima, ou da depreciação sofrida.

A pensão devida à vítima de acidente de trabalho a cargo do empregador deve ser estabelecida pelo juiz no caso concreto, levando em conta não somente a conclusão do laudo pericial, mas a incapacidade da vítima para o trabalho, as dificuldades para obter e se manter no emprego, o tempo de serviço na empresa, a sua idade, rendimento útil no trabalho, grau de instrução, segurança e risco na prestação de serviço, deslocamento até o local de trabalho e outros fatores relevantes para a situação concreta. Trata-se de um juízo de valor e não de uma mera equação matemática, como se infere da decisão a seguir ementada, do C. TST:

> EMENTA: PRELIMINAR DE NULIDADE POR NEGATIVA DE PRESTAÇÃO JURISDICIONAL - INDENIZAÇÃO POR DANO MATERIAL - DEFINIÇÃO DO GRAU DE REDUÇÃO DA CAPACIDADE LABORATIVA - OMISSÃO 1 - O acórdão regional, soberano no exame dos fatos e provas, descreve os danos sofridos pelos Reclamantes em decorrência do acidente de trabalho, apontando de forma precisa as sequelas daí decorrentes. 2 - A determinação do grau de redução da capacidade de trabalho não envolve explanação matemática, mas, sim, juízo de valor fundamentado, segundo a persuasão racional do magistrado. A ciência jurídica preocupa-se, antes, com a justa reparação do dano sofrido, do que, especificamente, com a precisão matemática dos cálculos. 3 - Segundo o princípio do livre convencimento motivado, cumpre ao magistrado examinar e qualificar as provas produzidas e juntadas aos autos, fundamentando sua decisão. A obrigatoriedade de fundamentação dos atos judiciais, no entanto, não exige que o magistrado destaque, entre os componentes do quadro fático-probatório, uma ou outra prova em que especificamente baseou sua decisão. Recurso não conhecido. (...). (ED-E-ED-RR - 93000-46.2001.5.08.0010, relatora Ministra: Maria Cristina Irigoyen Peduzzi, Data de Julgamento: 11.2.2004, 3ª Turma, data de publicação: DJ 19.3.2004)

Como afirma Sebastião Geraldo de Oliveira,(18) citando Gustavo Tepedino, Heloisa Helena e Maria Celina Bodin, *"A lesão raras vezes gera uma imediata redução salarial. A diminuição da capacidade laborativa repercutirá, pouco a pouco, na estagnação profissional, na perda de oportunidades, na ausência de promoções e na indiferença do mercado em relação à vítima"* isto porque, como arremata, *"a análise da questão nos domínios da responsabilidade civil agrega outros pressupostos importantes. Diferentemente do benefício acidentário e dos seguros privados, a indenização por responsabilidade civil busca a reparação total do prejuízo, dentro do multicitado princípio da* restitutio in integrum *ou da equivalência matemática"*.

---

(18) TEPEDINO, Gustavo; HELENA, Heloisa; BODIN, Maria Celina. *Código civil interpretado conforme a Constituição da República*. v. II. Rio de Janeiro: Renovar, 2006. p. 877. *Apud*. OLIVEIRA, Sebastião Geraldo. *Indenizações por acidente do trabalho e doença ocupacional*. 5. ed. São Paulo: LTr, 2009. p. 310.

Não obstante isso, tem sido essa tabela utilizada pelos peritos para aferir o grau de incapacidade parcial das vítimas nas ações de responsabilidade civil por acidente do trabalho.

Com efeito, em consulta para esta pesquisa ao *site* de jurisprudência do Tribunal Superior do Trabalho (TST), verifica-se que há 3.243 decisões que apreciaram o parâmetro da tabela da Susep, enquanto os termos referentes a DPVAT e CIF (Classificação Internacional de Funcionalidades) foram objeto, respectivamente, de 1.326 e 155 decisões.[19]

Apesar de ser um dos parâmetros mais utilizados nos processos judiciais no momento sobre o tema, não há muito material doutrinário sobre o assunto no campo jurídico-trabalhista. Sebastião Geraldo de Oliveira analisa o tema de forma crítica, ponderando que não se pode perder de vista que essa tabela enquadra a invalidez da vítima de forma genérica, sem levar em conta sua profissão.[20]

Bárbara Garcia e Gustavo Trierweiler, ao analisarem a utilização da tabela DPVAT,[21] que possui método e critério de tabelamento semelhantes, criticam esse método de arbitramento de indenização por danos materiais, sob o argumento de que o critério objetivo, por meio de percentuais preestabelecidos, pode cegar o exame no caso concreto, dissociado da realidade do processo.[22] Destacam esses autores que se faz necessário que os percentuais sejam apenas referências, a partir das quais, ponderando os elementos do caso específico, se chegue à efetiva extensão da lesão.[23]

Cesar Pritsch também avalia a aplicação da tabela DPVAT na quantificação da pensão mensal acidentária e a reputa como um bom ponto de partida, a fim de evitar insegurança jurídica com subjetividade do julgador. Todavia, destaca que, ainda que o perito aponte um percentual de incapacidade com base na referida tabela, deve o juízo, de forma motivada e a partir do percentual indicado por seu auxiliar técnico, adicionar

(19) A pesquisa foi realizada no sítio eletrônico de pesquisa de jurisprudência do TST <https://jurisprudencia.tst.jus.br/>, em 13 de janeiro de 2020, utilizando sempre a expressão "pensão" (sem aspas) no campo "Palavras na ementa (e)" e, no campo "Qualquer das palavras (ou)", foram pesquisados os termos, com aspas: a) "SUSEP"; b) "DPVAT); c) "CIF" "Classificação Internacional de Funcionalidade".

(20) OLIVEIRA, Sebastião Geraldo de. *Indenizações por acidente do trabalho ou doença ocupacional*. 9. ed. rev., ampl. e atual. São Paulo: LTr, 2016. p. 388.

(21) A tabela DPVAT consiste em critérios criados para quantificar indenizações decorrentes do seguro obrigatório em acidentes de trânsito, ponderando apenas a parte do corpo atingida e seu grau de comprometimento. (PRITSCH, Cesar Zucatti. Responsabilidade civil decorrente de acidente de trabalho ou doença ocupacional. *Revista LTr:* legislação do trabalho, São Paulo, v. 76, n. 3, mar. 2012, p. 308-321)

(22) GARCIA, Bárbara Schonhofen; TRIERWEILER, Gustavo Friedrich. Alguns elementos de orientação na fixação da condenação das ações envolvendo pedidos de indenização por danos materiais, morais e estéticos. *Revista Síntese:* trabalhista e previdenciária, v. 24, n. 297, mar. 2014, p. 87-101.

(23) *Idem*.

ponderação relativa a outros fatores, como a profissão da vítima, sua escolaridade e idade.(24)

Destaca esse autor que não se pode deixar de ponderar, além das especificidades que podem alterar a extensão do dano, a possível multiplicidade de causas, inclusive não laborais, que podem reduzir o valor final da pensão mensal.(25)

A avaliação sobre a utilização da tabela Susep para o cálculo da pensão acidentária, como método de mensuração da incapacidade laboral da vítima, foi objeto de poucos julgados pelo TST, mas a Corte já teve oportunidade de se posicionar sobre o tema, ocasião em que decidiu que se trata de parâmetro válido, o qual, entretanto, não deve ser utilizado isoladamente, *in verbis*:

> **EMENTA:** [...] RECURSO DE REVISTA INTERPOSTO ANTES DA VIGÊNCIA DA LEI N. 13.015/2014. RECLAMANTE. ACIDENTE DO TRABALHO. DOENÇA OCUPACIONAL. INDENIZAÇÃO POR DANOS MATERIAIS. PENSÃO MENSAL. PERCENTUAL ARBITRADO. APLICAÇÃO DA TABELA SUSEP. VALIDADE. 1 – A indenização por danos materiais deve corresponder à depreciação da capacidade de trabalho, ou seja, deve apresentar equivalência dos danos em relação à importância do trabalho para que se inabilitou, às despesas do tratamento e lucros cessantes até ao fim da convalescença, e, para isso, incluirá pensão. 2 – Assim, quando há redução da capacidade de trabalho, o valor da pensão deverá ser proporcional à depreciação dessa capacidade e o cálculo da indenização deve ser apurado com base na incapacidade para o exercício de seu ofício ou profissão e não para o mercado de trabalho em sentido amplo, devendo ser avaliada a situação pessoal da vítima. 3 – A tabela utilizada pela Superintendência de Seguros Privados (SUSEP), como parâmetro para a indenização dos seguros privados, não pode ser aplicada, como critério exclusivo, aos processos de responsabilidade civil por acidente de trabalho. Isto porque, referida tabela apenas enquadra a invalidez de modo genérico, avaliando a incapacidade para o trabalho em sentido amplo, sem ponderar a inabilitação para a profissão exercida pela vítima, que é o objeto de indenização do art. 950 do Código Civil. Julgado. 4 – Contudo, apesar de a tabela SUSEP não poder ser considerada como parâmetro isolado para o arbitramento da pensão mensal, não deixa de ser um critério válido, quando ponderado em conjunto com as circunstâncias do caso, notadamente a profissão do trabalhador e seu grau de incapacidade para o exercício desta. 5 – No caso dos autos, em que pese o órgão julgador ter utilizado o percentual da tabela SUSEP, consignou nas razões de decidir que "o percentual adotado (12,5%) atende ao disposto no art. 950 do CC, e está em conformidade com a redução da capacidade constatada no laudo pericial". 6 – Assim, tem-se que a decisão recorrida, ao avaliar as circunstâncias peculiares do caso, concluiu que o percentual da Tabela SUSEP guarda correspondência com a incapacidade constatada pelo Expert do Juízo. Para concluir de modo diverso, seria necessário reavaliar o quadro fático, o que não é permitido nesta instância. Incidência da Súmula n. 126 do TST. 7 – Recurso de revista de que não se conhece. [...] (ARR-171800-22.2005.5.02.0461, 6ª Turma, relatora Ministra Kátia Magalhães Arruda, DEJT 11.4.2017)

---

(24) PRITSCH, Cesar Zucatti. Responsabilidade civil decorrente de acidente de trabalho ou doença ocupacional. *Revista LTr:* legislação do trabalho, São Paulo, v. 76, n. 3, mar. 2012, p. 308-321.

(25) *Idem.*

> AGRAVO DE INSTRUMENTO DO RECLAMANTE. ACIDENTE DE TRABALHO. PENSÃO MENSAL VITALÍCIA. GRAU DE INCAPACIDADE. Ante a possível violação de dispositivo legal nos termos exigidos no art. 896 da CLT, provê-se o Agravo de instrumento para determinar o processamento do recurso de revista. RECURSO DE REVISTA DO RECLAMANTE. ACIDENTE DE TRABALHO. PENSÃO MENSAL VITALÍCIA. GRAU DE INCAPACIDADE. O art. 950 do CC determina que a indenização deva ser calculada conforme a redução da capacidade laborativa especificamente no tocante ao trabalho para o qual o trabalhador se inabilitou. Vale dizer, o parâmetro da fixação da indenização é a redução do trabalho que vinha sendo exercido pelo reclamante, no caso bancário, e não a redução da capacidade laboral para todo e qualquer ofício possível de ser exercido por ele. A tabela elaborada pela Superintendência de Seguros Privados (SUSEP), adotada nos contratos cíveis de seguro, leva em consideração a capacidade para outro trabalho, não se limitando ao trabalho para o qual o empregado, em razão de acidente, se inabilitou. Assim, a mera adoção da tabela SUSEP, ao relacionar determinada lesão a um grau genérico de incapacidade laborativa, não se compatibilize com a regra do art. 950 do CC. Presente a hipótese de trabalhador que professa ofício especializado, ou exerce profissão para a qual se capacitou, a *restitutio in integrum* prescrita no art. 950 CC não se coaduna com a exegese segundo a qual estaria ele habilitado para outros ofícios ou profissões a que antes não se sentira vocacionado. A 'inabilitação' referida no mencionado dispositivo presume a anterior 'habilitação', ou do contrário se preconizará, inclusive, a vulneração do direito constitucional à liberdade de profissão. No presente caso, considerando-se a especificidade da profissão do empregado e a extensão da lesão descrita no acórdão regional, evidencia-se a inabilitação total para o ofício antes exercido. Assim, a pensão mensal vitalícia deve possuir como base de cálculo a integralidade da remuneração. Recurso de revista conhecido e provido. [...] (ARR – 77100-61.2006.5.05.0194, relator Ministro Augusto César Leite de Carvalho; Data de Julgamento: 18.3.2015; 6ª Turma, Data de Publicação: DEJT de 20.3.2015)

O entendimento exposto nas decisões acima guarda coerência com o posicionamento da Corte de que a incapacidade deve ser aferida de acordo com a ocupação do trabalhador e não de forma genérica para o mercado de trabalho. Mas para que não haja contradição entre o posicionamento de que a incapacidade se mede para o ofício da vítima e a aplicação da tabela Susep para aferir o grau de limitação funcional, é necessário que o magistrado exponha de forma detalhada as razões pelas quais chegou ao percentual de incapacidade — em razão do princípio do livre convencimento motivado —, não apenas justificando a decisão na pura e simples aplicação da referida tabela. Para isso, já no momento de apresentação dos quesitos ao perito, deve-se solicitar que esse auxiliar técnico determine o percentual de incapacidade da vítima, considerando as atividades habitualmente exercidas, as quais podem ser listadas pelo juízo após instrução processual, e não somente o percentual de acordo com a tabela da Susep.

Se a incapacidade é para o ofício habitualmente exercido pela vítima, a tabela da Susep não pode ser um parâmetro isolado de aferição de restrição de funcionalidade laboral, uma vez que, enquanto essa tabela pondera a incapacidade de acordo com o órgão ou membro que sofreu limitação funcional, o objeto de tutela do art. 950 do Código Civil tem por fim a profissão específica da vítima e, de acordo com sua atividade, a utilização de determinada parte do corpo possui maior ou menor relevância.

Conforme destaca Sebastião Geraldo de Oliveira, as diversas tabelas existentes conferem subsídios importantes para a quantificação da incapacidade laboral das vítimas de acidentes de trabalho, mas a análise casuística para fins de responsabilidade civil deve ponderar outros pressupostos importantes, notadamente porque sua finalidade é a reparação integral do prejuízo sofrido pelas vítimas, diferentemente do que ocorre nos seguros privados ou no benefício previdenciário. Assim, para efeito de reparação civil, deve-se avaliar a repercussão do dano sofrido na execução das atividades laborais habituais do trabalhador vítima de acidente ou doença do trabalho, analisando qualitativa e quantitativamente a lesão ao seu patrimônio físico e psíquico.[(26)]

Isso porque, como sabido, a tabela da Susep não considera os reflexos da lesão nas questões sociais e laborais do periciado, uma vez que, a exemplo, a perda de um polegar em um zelador não possui a mesma repercussão que a perda do polegar em um neurocirurgião!

A tabela da Susep, unicamente, não é parâmetro para a fixação da pensão acidentária decorrente da responsabilidade civil, pois o art. 944 do mesmo Código indica que *"A indenização mede-se pela extensão do dano"*.

Quer dizer, os danos devem ser reparados integralmente, o que não ocorre com a aplicação pura e simples da tabela Susep, a qual, como é de conhecimento geral, padece da falta de embasamento técnico e científico, uma vez que os órgãos que a promoveram não sabem sequer estabelecer sua origem. Não se pode permitir que uma tabela de indenização seja introduzida em uma lei federal sem a devida pesquisa científica e principalmente respaldo bibliográfico.

A aplicação da Tabela da Susep às reparações civis é prejudicial às vítimas de acidentes e doenças do trabalho, porque, pela forma como vem sendo utilizada por alguns, isoladamente, fere de morte o princípio da dignidade humana, pois loteia as partes do corpo humano, estipulando um preço para cada uma delas, o que se aplica para os seguros particulares, quando o segurado paga um preço fixo pelo prêmio que poderá receber.

Os acidentes de tráfego e outros a que se destina essa tabela são eventos únicos e traumáticos, que originam incapacidades físico-funcionais, diferentemente das doenças ocupacionais, que são insidiosas e na maioria não possuem um evento desencadeador único, mas vários fatores no decorrer da relação de trabalho. As incapacidades vão se

---

(26) OLIVEIRA, Sebastião Geraldo de. *Indenizações por acidente do trabalho ou doença ocupacional*. 9. ed. rev., ampl. e atual. São Paulo: LTr, 2016. p. 389.

instalando na vítima trabalhadora aos poucos, até a impossibilitarem de desenvolver suas atividades laborais. As doenças ocupacionais, regra geral, evoluem para pior com o tempo.

Diferente da tabela Susep é a tabela CIF (Classificação Internacional de Funcionalidade, Incapacidade e Saúde), a qual é a mais adequada para apuração da perda ou redução da capacidade laborativa, porque se baseia em estudos científicos específicos para análise de funcionalidade, incapacidade e saúde, desenvolvida pela Organização Mundial da Saúde (OMS) (Proc. n. 0001769-16.2010.5.04.0403 RO).

Assim, é por demais incoerente o diagnóstico da doença do indivíduo ser codificada, por exemplo, pela CID-10 e as incapacidades geradas serem classificadas pela Tabela da Susep. Diferentemente ocorre com a CID e a CIF, que são complementares, sendo que a CIF foi idealizada para apresentar as incapacidades físico-funcionais causadas pelas doenças que acometem o ser humano.

A tabela Susep não é científica, não possui origem definida, não possui referências bibliográficas e foi idealizada para traumas de grande monta e não considera as funções do corpo, não encontrando respaldo na Organização Mundial da Saúde.

Acerca da tabela da Susep pede-se licença para indicar a decisão seguinte, proferida pelo desembargador Sebastião Geraldo de Oliveira, um dos mais renomados juristas e estudiosos sobre reparações civis decorrentes de acidentes e de doenças ocupacionais:

> **EMENTA:** Não se deve perder de vista que essa tabela enquadra a invalidez de forma genérica, sem levar em conta a profissão da vítima. Sem dúvida, as tabelas referidas podem oferecer subsídios importantes para o enquadramento da incapacidade parcial, mas a análise da questão nos domínios da responsabilidade civil agrega outros pressupostos importantes, pois o seu objetivo é a reparação total do prejuízo, dentro do princípio da restitutio in integrum ou da equivalência matemática. A decisão judicial levará em conta, pois, a realidade da vida e as demais circunstâncias e singularidades que envolvem a pessoa do acidentado. É necessário visualizar o acidentado, agora portador de deficiência irreversível, na busca de emprego ou de atividade rentável na sua área de atuação profissional, em um mercado de trabalho cada vez mais competitivo, onde até os ditos "normais" estão enfrentando dificuldades para obter uma colocação. A avaliação da incapacidade deve ser feita considerando as especificidades do caso, tais como: idade da vítima, situação do mercado de trabalho, rendimento útil no trabalho, grau de instrução, segurança e risco na prestação etc. Considerando todos esses dados, e atento ao princípio non reformatio in pejus, mantenho a sentença que fixou o valor da pensão mensal em 25% do salário do reclamante, lembrando à reclamada que nos seus cálculos de f. 223 (item 2.6.3) há de ser computada, a cada ano, a gratificação natalina [(R$760,00 : 4) x 13 meses x 22 anos = R$54.340,00]. No que tange à forma de pagamento, excluo da condenação o pagamento, de uma só vez, em razão dos limites do pedido. A verba deverá ser paga sob a forma mensal. Não se pode olvidar, contudo, a ponderação do Juiz

acerca da incerteza quanto à continuidade da atividade econômica da reclamada, o que aconselha a adoção da mesma solução estabelecida pelo art. 475-Q do CPC: a determinação de que a reclamada constitua capital, cuja renda assegure o pagamento do valor da pensão, a ser quitado mês a mês. Mantém-se, quanto ao mais, a sentença recorrida. Dou provimento parcial, nesses termos. (Processo TRT3 n. 01364-2006-078-03-00-6- RO; Des. Sebastião Geraldo de Oliveira).

5. Conclusões

A quantificação do dano, para fins de indenização por acidente do trabalho, tem ensejado debates entre os estudiosos da área, a fim de se buscarem parâmetros que confiram maior objetividade e segurança jurídica na tarefa de monetizar os danos a bens imateriais imensuráveis, tais como a integridade física e psíquica dos trabalhadores vítimas de acidentes e doenças do trabalho, que comprometam sua capacidade laboral.

A partir da presente pesquisa chegamos à conclusão de que a utilização dos percentuais de incapacidade oriundos da Tabela da Susep, para os casos de incapacidade parcial decorrente de acidentes do trabalho, não parece ser a opção mais acertada, notadamente porque essa tabela não se pauta pelo princípio da reparação integral e se utiliza de parâmetros genéricos de acordo com a parte do corpo atingida, sem considerar as aptidões laborais da vítima e sua atividade habitual.

Não obstante isso, mas de forma contraditória, ao mesmo tempo que a jurisprudência sinaliza que a incapacidade indenizável deve ser aferida tendo como base a profissão da vítima, o parâmetro que mais aparece nos processos que chegam ao Tribunal Superior do Trabalho (TST) é o da Tabela da Susep.

A jurisprudência da Corte, ainda esparsa quanto à validade de utilização dessa referência na quantificação da pensão decorrente de acidente de trabalho, sinaliza que a aplicação dos percentuais dessa tabela não pode se dar de forma isolada, devendo o julgador ponderar outros critérios, principalmente as especificidades da atividade exercida pela vítima e sua incapacidade para a atividade exercida quando do acidente ou doença que causaram o dano a ser indenizado.

Assim e para evitar maiores prejuízos às vítimas de acidentes do trabalho, entendemos que a pensão acidentária a elas devida pelos empregadores deve ser estabelecida pelo juiz no caso concreto, levando em conta não somente a conclusão do laudo pericial baseado na tabela da Susep, mas a incapacidade da vítima para o trabalho que exercia quando do infortúnio, as dificuldades para obter e se manter no emprego, o tempo de serviço na empresa, a sua idade, rendimento útil no trabalho, grau de instrução, segurança e risco na prestação de serviço, deslocamento até o local de trabalho e outros fatores relevantes para a situação concreta, mediante um juízo de valor e não de uma mera equação matemática.

6. Referências bibliográficas

CAUS, Neurimar. Pensionamento mensal: aplicação de redutor em caso de condenação ao pagamento em parcela única. *Revista eletrônica:* acórdãos, sentenças, ementas, artigos e informações. Porto Alegre, v. 12, n. 192, maio 2016, p. 79-96.

DALLEGRAVE NETO, José Affonso. Elementos da responsabilidade civil nos acidentes do trabalho. *Revista do Tribunal Superior do Trabalho*, Porto Alegre, v. 76, n. 1, jan./mar. 2010, p. 99-125.

GARCIA, Bárbara Schonhofen; TRIERWEILER, Gustavo Friedrich. Alguns elementos de orientação na fixação da condenação das ações envolvendo pedidos de indenização por danos materiais, morais e estéticos. *Revista Síntese:* trabalhista e previdenciária, v. 24, n. 297, mar. 2014, p. 87-101.

MEIRELES, Edilton. Liquidação do dano à pessoa. *Revista eletrônica do Tribunal Regional do Trabalho da Bahia*, Salvador, v. 1, n. 1, dez. 2012, p. 6-28.

MELO, Raimundo Simão de. *Direito ambiental do trabalho e a saúde do trabalhador:* responsabilidades legais, dano material, dano moral e dano estético. São Paulo: LTr, 2004.

OLIVEIRA, Sebastião Geraldo de. *Indenizações por acidente do trabalho ou doença ocupacional.* 9. ed. rev., ampl. e atual. São Paulo: LTr, 2016.

PRITSCH, Cesar Zucatti. Responsabilidade civil decorrente de acidente de trabalho ou doença ocupacional. *Revista Ltr:* legislação do trabalho. São Paulo, v. 76, n. 3, mar. 2012, p. 308-321.

SILVA, Fábio Luiz Pereira da. Danos materiais. In: SILVA, Fábio Luiz Pereira da (Coord.). *Responsabilidade civil do empregador:* já em consonância com a Lei n. 13.467/17 — reforma trabalhista. Campinas: Servanda.

TEPEDINO, Gustavo; HELENA, Heloisa; BODIN, Maria Celina. *Código civil interpretado conforme a Constituição da República.* v. II. Rio de Janeiro: Renovar, 2006. p. 877. *Apud.* OLIVEIRA, Sebastião Geraldo. *Indenizações por acidente do trabalho e doença ocupacional.* 5. ed. São Paulo: LTr, 2009. p. 310.

Os Sindicatos em Tempos de Pandemia do Novo Coronavírus

Davi Furtado Meirelles[(1)]

Resumo: Desde março de 2020 temos assistido a profundas transformações nas relações de trabalho por conta da pandemia do novo coronavírus. Com a necessidade do distanciamento físico, o trabalho presencial deu lugar ao trabalho remoto. Porém, nem todas as atividades puderam ser adaptadas para o trabalho a distância, o que vem redundando em perdas de postos de trabalho, dispensas coletivas e redução de direitos e benefícios sociais. Os sindicatos, já fragilizados pela Reforma Trabalhista de 2017, precisaram se reinventar para um processo de negociação coletiva bem mais complexo e difícil do que aqueles a que se acostumaram em tempos de crise, apenas, econômica. É nesse cenário que vamos analisar o novo papel desses sindicatos, na busca da manutenção de direitos visando ao necessário equilíbrio nas relações coletivas de trabalho.

Palavras-chaves: Sindicato — Pandemia do novo coronavírus — Negociação coletiva — Crise econômica e sanitária — Reforma trabalhista.

Introdução

As mudanças ocorridas no mundo nos últimos tempos, decorrentes da globalização e dos avanços tecnológicos, influenciaram diretamente o Direito do Trabalho, na medida em que impactaram as estruturas das empresas e, consequentemente, as próprias relações de trabalho.

As crises econômicas já não ficam adstritas a uma localidade, tomam proporções globais, atingindo diversos países.

Num cenário de recessão econômica, as empresas lutam por sua sobrevivência, enquanto os trabalhadores veem seus contratos de trabalho sendo ameaçados constantemente.

---

(1) Desembargador Federal do Trabalho do TRT da 2ª Região (SP). Foi advogado e coordenador do Departamento Jurídico do Sindicato dos Metalúrgicos do ABC. Professor titular da Faculdade de Direito de São Bernardo do Campo e professor convidado da Escola Paulista de Direito (EPD). Mestre e Doutor em Direito do Trabalho pela PUC-SP.

As cíclicas crises econômicas que afetam essas relações de trabalho merecem especial atenção, tendo em vista que são utilizadas como mote nos discursos pela diminuição ou flexibilização dos direitos trabalhistas, tanto pelos governos de plantão, quanto pelas grandes corporações econômicas.

Como se isso não bastasse, vivemos na atualidade uma das maiores crises sanitárias, com proporções jamais vistas antes e, com ela, surgiram intensos debates sobre a desregulamentação do direito do trabalho. Então, diante de tal cenário, como garantir esses direitos? Em tempos normais, quem procura as empresas para negociação coletiva são os sindicatos sérios, representativos. Porém, em cenário econômico (e sanitário) desfavorável, quem procura para negociar são os patrões e, geralmente, com uma pauta pronta: demissões ou flexibilização de direitos, numa perspectiva quase sempre desfavorável aos trabalhadores.

Os sindicatos mais fortes e representativos, preocupados com as consequências danosas de uma demissão em massa na sociedade, negociam para evitar as demissões. Com o intuito de alcançar o menor impacto social possível, esses sindicatos precisam negociar de maneira cuidadosa, pois a sobrevivência de famílias está em jogo.

Porém, até que ponto os sindicatos podem negociar? Além disso, as empresas podem se aproveitar desses períodos para promover dispensas e adotar outras formas de contratação para diminuir custos? E a preocupação com a proteção desses trabalhadores no seu meio ambiente de trabalho?

Diante dessa nova realidade, relevante apresentar a importância da negociação coletiva como instrumento hábil para amenizar os impactos causados pela crise econômica e sanitária, evitando a dispensa em massa dos trabalhadores, preservando a manutenção dos empregos, por meio de normas jurídicas negociadas coletivamente, pois diante da indiscutível crise econômica oriunda da pandemia que o mundo vem enfrentando, percebe-se que, cada vez mais, as relações empregatícias têm sido afetadas com desempregos estruturais.

Fato é que a legislação, ainda que protecionista, muitas vezes não é capaz de solucionar de maneira rápida e eficaz os problemas trabalhistas que surgem em tempos de crises econômicas e sanitárias, por ser rígida, incapaz de se modelar caso a caso.

Diante de tudo isso, procuraremos aqui analisar o novo papel dos sindicatos diante das novas crises econômica e sanitária, decorrentes da pandemia do novo coronavírus.

I – O nascimento dos sindicatos

Em que pese a negociação coletiva somente ter ganhado importância no ordenamento jurídico brasileiro a partir de 1988 (já que até então ela era colocada em segundo plano diante da intensa intervenção estatal nas relações laborais e no sistema sindical, o que inibia o pleno exercício da autonomia privada coletiva), é imperioso um estudo preliminar do desenvolvimento do sindicalismo no mundo e, posteriormente, no Brasil, de forma que seja possível entender e contextualizar os motivos que levaram à sua criação, e sua atual importância, tendo em vista a atual Carta Magna ter legitimado tais órgãos para atuarem como representantes dos atores das negociações coletivas.

1. No mundo

Ao falar da história do sindicalismo na esfera mundial, a doutrina tem por costume dividir a evolução em três fases, a saber: fase da proibição, fase da tolerância e fase do reconhecimento jurídico.

Com a origem do mercantilismo, no século XIV, surgem as corporações de ofício, nascendo a partir de então as primeiras formas organizadas de trabalho. Essas corporações possuíam seu próprio estatuto e "normas trabalhistas", motivo pelo qual, muitos autores as consideram o embrião do sindicalismo.

Mais à frente na história, foram com as conhecidas revoluções liberais, principalmente a Revolução Francesa e a Revolução Industrial, que as associações de trabalhadores tornaram-se proibidas, tendo em vista que os ideais liberais da época pregavam a predominância dos interesses da burguesia e, consequentemente, defendiam a propriedade privada. Eis aqui a fase da proibição.

O segundo momento do sindicalismo consiste na fase da tolerância, momento a partir do qual os Estados, de modo geral, resolvem revogar as leis penais que proibiam a coalizão desses operários e consideravam crime as associações de trabalhadores.

Essa alteração de visão dos Estados em relação ao sindicalismo tem como base a questão social, ideia que foi implementada com o período liberal e teve seu ponto alto na Revolução Industrial.

Nesse período, com o surgimento da máquina a vapor, ampliaram-se as empresas, uma vez que os trabalhos realizados pelas máquinas, antes realizados de forma artesanal, tornaram-se mais rápidos e produtivos. Como consequência, muitos postos de trabalho foram extintos, causando o desemprego.

As condições de trabalho eram precárias, com jornadas excessivas que chegavam a atingir quatorze, dezesseis horas, sem diferenciar trabalho diurno e noturno, e sem a menor condição de higiene e segurança.

O objetivo do empregador era aumentar ao máximo seu lucro, pagando o menor salário possível e explorando a mão de obra operária, não só de homens, como também de mulheres e crianças.

Diante de tal situação, a Revolução Industrial criou o cenário perfeito para a formação das coalizões de trabalhadores que se sentiam oprimidos nas fábricas, em degradantes condições de labor, despertando o propósito associativo.

Portanto, é nesse momento que a história do nascimento do Direito do Trabalho e do Direito Sindical acabam se misturando e se complementando, uma vez que o sindicato surgiu como meio de defesa das reivindicações dos trabalhadores que buscavam melhores condições de trabalho.

A mudança de paradigmas vivida pela sociedade afetou diretamente a postura do Estado frente ao sindicalismo, tendo como primeiro passo a tolerância de tais associações.

Todavia, a mera postura de aceite por parte do Estado já não era suficiente, momento em que surge a terceira fase, denominada fase de reconhecimento. O Estado, que até então se mantinha inerte, passou a intervir nas relações trabalhistas, promulgando leis protecionistas que regulavam as condições de labor.

A partir de então, com o reconhecimento legal das associações sindicais na esfera ordinária, a matéria foi inserida nos textos constitucionais, a exemplo da Constituição Mexicana de 1917, que em seu art. 123 regulamentou todo o trabalho, versando inclusive sobre o direito de greve, e da Constituição de *Weimar*, de 1919, que traz os art. 159, que garante a liberdade de associação para melhoria das condições de trabalho e o art. 165, que reconhece a organização de trabalhadores e patrões.

Com efeito, somente no fim da Primeira Guerra Mundial é que o direito de sindicalização, tanto para os trabalhadores quanto para seus empregadores, surge concretamente, passando a ser regulamentado pelo art. 427, inciso II, do Tratado de Versalhes.

Ainda em Versalhes, foi aprovada a criação da Organização Internacional do Trabalho (OIT), organismo especial ligado à Organização das Nações Unidas (ONU), que tratou de adotar convenções internacionais versando sobre o princípio da liberdade sindical. Destacam-se a Convenção n. 87, sobre liberdade sindical e proteção ao direito sindical e a Convenção n. 98, sobre direito de organização e negociação coletiva.

Paralelamente, em Paris, foi aprovada a Declaração Universal dos Direitos do Homem, que em seu artigo XX dispõe que todo homem tem direito à liberdade de reunião e associação, para fins pacíficos, seguido pelo artigo XXIII, mencionando especificamente que todo homem tem direito a organizar sindicatos e nele ingressar para proteger seus interesses.

Daí em diante os sindicatos tiveram seu reconhecimento internacional.

2. No Brasil

O desenvolvimento do sindicalismo no Brasil não se deu na mesma época em que ocorreu nos continentes europeus, tendo em vista a predominância da economia agrária no Brasil imperial.

As primeiras organizações operárias com características de associação e cunho reivindicatório, que buscavam melhores salários e redução de jornada de trabalho, foram a Liga Operária de 1870, a União Operária, em 1880, e, posteriormente, a União dos Estivadores, instituída em 1903.

Foi nesse mesmo ano que se criou o Decreto n. 979, primeira norma elaborada para regulamentar a atividade sindical, prevendo a criação de sindicatos mistos, tendo como funções o estudo, o custeio e a defesa dos seus membros.

Quatro anos depois, em 5 de janeiro de 1907, surge o Decreto n. 1.637 para complementar o anterior, estabelecendo, além das atividades previstas no Decreto n. 979, o desenvolvimento dos interesses gerais da profissão e dos interesses profissionais de seus integrantes, podendo, a partir desse momento, inclusive, contratar em nome dos obreiros.

Com a chegada de Getúlio Vargas ao poder, em 1930, o sindicalismo brasileiro entra em outro momento histórico. Em 1931, com o Decreto n. 19.770, a sindicalização no Brasil foi regulamentada, passando o Estado a reconhecer a existência do sindicato como instituição capaz de auxiliar o pleno funcionamento da ordem constituída, sendo que em 1932, por meio do Decreto n. 21.764, são oficialmente reconhecidas as negociações coletivas de trabalho.

Em 1934, é estabelecida na Carta Constitucional a pluralidade sindical, que pouco tempo depois, em 1937, após o Estado restabelecer as diretrizes de 1931, cai por terra, sendo adotado o princípio da unicidade sindical.

Com a Consolidação das Leis do Trabalho (CLT), por meio do Decreto-lei n. 5.452, de primeiro de maio de 1943, que teve como objetivo reunir e ampliar as leis trabalhistas, a unicidade sindical foi mantida e regulamentada. Todas essas iniciativas estatais, fortemente influenciadas pelo modelo italiano com a *Carta del Lavoro* de 1927, concretizaram o ideário corporativista do governo de Vargas.

Assim, para se libertar desse Estado manipulador, alcançando a verdadeira autonomia, no final dos anos 1970, influenciados pelo novo sindicalismo surgido no ABC paulista, os sindicatos pressionaram o Estado por reforma e democracia.

Nesse período, ocorreu o nascimento das primeiras centrais sindicais, tais como a Central Única dos Trabalhadores (CUT), no Congresso Nacional da Classe Trabalhadora (Conclat) de agosto de 1983 e, em seguida, a Confederação Geral dos Trabalhadores (CGT). Em 1991, surgiu a Força Sindical.

Surgiram, ainda, as primeiras representações internas de trabalhadores, chamadas de comissões de fábrica, o que levou a um gradual rompimento com o sistema sindical corporativista então vigente.

Assim, pode-se concluir que tanto no âmbito mundial como no Brasil os sindicatos surgiram como um fenômeno sociológico, diante da necessidade de os trabalhadores buscarem melhores condições de trabalho por meio de soluções pacíficas de conflitos. Essa sempre foi sua missão.

II – O atual modelo sindical brasileiro

A Constituição de 1988 trouxe ao longo dos seus 170 primeiros artigos os fundamentos principiológicos da dignidade da pessoa humana, do valor social do trabalho, da livre-iniciativa e da função social do trabalho.

No campo sindical, afastou qualquer possibilidade jurídica de intervenção do Estado sobre os sindicatos, rompendo com o controle político-administrativo que até então exercia na estrutura sindical, por meio do antigo Ministério do Trabalho.

Os direitos trabalhistas e sociais estão dispostos no art. 7º. Em seguida, o art. 8º, *caput*, dispõe sobre a liberdade sindical, mas impõe restrições ao longo dos incisos do artigo, assinalando o aspecto contraditório do modelo sindical brasileiro.

Apesar de um modelo contraditório, os pontos mantidos na Constituição são frutos da influência de uma parte do movimento sindical, que passou a ter mais força e a influenciar nos rumos políticos do país. Porém, ressalte-se que apesar de ser um tipo de sindicalismo restritivo, reflete o consentimento dos sindicatos, mesmo que não seja o modelo sindical desejável.

O atual modelo sindical no Brasil é limitado, pois com a existência de sindicato por categoria econômica ou profissional, algumas profissões ficam à margem, sem um sindicato que realmente represente os seus interesses. Fosse uma organização a partir da categoria preponderante, em que os trabalhadores escolhem a entidade que melhor os represente, seria o mais ideal, pois refletiria a vontade do trabalhador.

Portanto, trata-se de uma liberdade relativa na medida em que há inúmeros entraves na legislação brasileira, como a unicidade sindical (art. 8º, inciso II, da CF), a contribuição sindical que vigorou como obrigatória até a recente Reforma Trabalhista da Lei n. 13.467/2017 (art. 8º, inciso IV, parte final, da CF), o sistema confederativo e o conceito de enquadramento sindical por categoria (art. 8º, inciso IV, da CF), e o poder normativo da Justiça do Trabalho (art. 114, §§ 2º e 3º, da CF).

A liberdade na organização sindical pressupõe que os trabalhadores decidirão a forma como se organizarão, espontaneamente, com possibilidade de pluralidade sindical, independentemente de categorias, sem contribuições obrigatórias, com liberdade de filiação e com direito à negociação coletiva, sem interferência do Estado ou do Judiciário.

III. A negociação coletiva como função primeira dos sindicatos

A negociação coletiva de trabalho é consubstanciada no princípio da autonomia privada coletiva, ou seja, na liberdade que as partes do processo negocial têm de regulamentar toda e qualquer matéria relacionada ao Direito do Trabalho, dentro de alguns limites que a sistemática legislativa impõe. Esses limites são os chamados direitos indisponíveis (que não podem ser renunciados) e as normas de ordem pública (que dizem respeito à saúde e segurança do trabalhador no meio ambiente de trabalho).

Mas, em nenhuma hipótese podemos interpretar essa limitação como se fosse a inegociabilidade desses direitos. Do contrário, jamais poderíamos negociar para melhorar aquele mínimo que a legislação nos garantiu, e não há dúvidas de que esse tipo de negociação pode, e deve, ocorrer sempre.

O limitador ao processo de negociação coletiva existe para evitar prejuízos ao trabalhador, parte mais fraca na relação trabalhista, e que, por isso mesmo, mereceu proteção.

A dificuldade em conciliar o princípio protetivo com a dinâmica da negociação coletiva aparece quando esta última não visa melhorar ou piorar o que está previsto em lei, mas manter o mesmo patamar de direitos, todavia, aplicados de forma diferenciada ao que a legislação prevê. É o que chamamos de flexibilização de direitos.

A palavra "flexibilização" encontra-se um tanto quanto desgastada, o que leva a um certo preconceito quando da sua aplicação. Foi muito combatida no passado por representar o sinônimo de precarização.

O *caput* do art. 7º da Constituição Federal traz um dos princípios mais importantes para o Direito do Trabalho: a melhoria da condição social do trabalhador, ou a vedação do retrocesso social. Isso significa que, quando o legislador constitucional expressou que "*são direitos dos trabalhadores urbanos e rurais*", quis ele elencar não apenas aqueles que estão previstos nos incisos do mesmo art. 7º, mas também outros que puderem contribuir para "*a melhoria se sua condição social*".

E muitos desses direitos poderão surgir por meio de acordos e convenções coletivas de trabalho, inseridos também no contexto dos direitos sociais (inciso XXVI do art. 7º).

Reunindo os princípios relacionados ao Direito Sindical, temos que a autonomia privada coletiva permite que a negociação coletiva tenha por objetivo a adequação setorial, desde que visando, sempre, à melhoria da condição social do trabalhador.

IV – Novos tempos: a prevalência do negociado sobre o legislado

A polêmica questão relativa à prevalência do negociado sobre o legislado tornou-se o ponto mais importante da Reforma Trabalhista de 2017 (Lei n. 13.467/2017) desde quando foi anunciada e preparada.

É certo que a negociação coletiva, concretizada em acordos coletivos e convenções coletivas de trabalho, tem por função melhorar as condições de trabalho e de vida do trabalhador, numa situação absolutamente mais positiva do que a legislação prevê, por vezes aplicando o direito posto de forma diferenciada do que previsto legalmente, mas de maneira mais adequada à situação vivenciada pelas partes (empresa e trabalhador). O que não se deve é permitir que a negociação coletiva prevaleça sobre a lei, quando da ocorrência de retirada de diretos mínimos hoje legalmente assegurados.

Como já analisado anteriormente, a Constituição Federal de 1988, que veio estimular a negociação coletiva, trouxe no seu art. 7º um rol de direitos mínimos, que são direitos sociais, que não podem ser negociados em prejuízo do trabalhador, podendo ser melhorados ou, ainda, flexibilizados. Ocorre que a negociação coletiva no Brasil é baseada em alguns princípios básicos, e um deles é o da autonomia privada, o que quer dizer que a liberdade de negociar permite que os sindicatos de trabalhadores e as empresas negociem algo diferente do que está na lei. Para melhorar, ninguém tem dúvida. O que não pode é negociar piorando aquele mínimo que está garantido em lei. Mas, o que é melhorar e o que é piorar? É uma dúvida que sempre surgiu.

Pode-se argumentar que a garantia de direitos mínimos que estão na lei, de forma inflexível, pode gerar um custo demasiadamente alto para a empresa, que venha redundar em desemprego. Será que estamos realmente protegendo esse trabalhador? É nesse contexto que surge a importância da negociação coletiva, já que ela vai aplicar a lei, ajustando as situações a cada realidade de setor, a cada empresa especificamente, o que chamamos no Direito do Trabalho de "adequação setorial". Para isso serve a negociação coletiva, para promover adequação setorial. Então, quando se tem um rol de direitos garantidos na Constituição, é preciso imaginar que esse rol de direitos vai ser aplicado na medida do que for possível, dentro dos ajustes necessários, e a negociação coletiva é que vai garantir isso.

Já vínhamos assistindo, há alguns anos, a determinadas negociações que faziam esses ajustes. O próprio Supremo Tribunal Federal (STF) vinha permitindo a prevalência do negociado sobre o legislado já há algum tempo, desde que se garantissem alguns direitos mínimos e, ainda que houvesse supressão de alguns direitos, que se garantisse, em contrapartida, outros benefícios compensatórios, processo este que nós podemos chamar de "flexibilização de direitos".

Assim, embora se reconheça que os direitos sociais são garantidos como direitos fundamentais constitucionalizados, protegidos como cláusulas pétreas, portanto, irrenunciáveis, eles são passíveis de aplicação alternativa a cada caso concreto, desde que haja compensação que garanta a vedação do retrocesso social. Flexibilizar com segurança jurídica não parece levar a um arriscado processo de precarização de direitos, menos ainda, à sua desregulamentação.

O que pode justificar a prevalência do negociado sobre o legislado, flexibilizando a concessão de alguns direitos em troca de outros benefícios compensatórios, é a busca do equilíbrio econômico do contrato, princípio que, desde o Código Civil de 2002, é base fundante do direito contratual brasileiro, evitando o enriquecimento sem causa de uma parte em detrimento da possibilidade de lesão à outra, promovendo uma ideia de justiça contratual.

Com os mesmos fundamentos principiológicos, devemos analisar a alteração promovida no art. 620 da CLT, um dos dispositivos que sustentam o princípio protetivo do Direito do Trabalho. Não é segredo para ninguém que a Justiça do Trabalho, e o próprio Direito do Trabalho, protege o trabalhador em detrimento da empresa. Esse princípio protetivo é necessário porque o trabalhador é a parte mais frágil da relação, é a parte hipossuficiente, ele precisa ter o mínimo de proteção em relação ao seu empregador.

O que sustenta essa proteção na CLT são basicamente três artigos: o art. 9º, que estabelece que tudo aquilo que vier a fraudar a CLT é nulo; o art. 468, que não permite a alteração unilateral do contrato de trabalho, nem a bilateral que venha trazer prejuízo para o trabalhador; e o art. 620, que dizia que as condições previstas em convenção coletiva, quando mais favoráveis, deveriam ser aplicadas em detrimento do acordo coletivo, o que significa, por outro lado, que se o acordo é mais favorável, ele se aplica em detrimento da convenção.

Ali estava garantida a prevalência da norma mais favorável para o trabalhador, e agora a Reforma Trabalhista modifica essa garantia e institui a prevalência da norma mais específica, quando diz que as condições previstas em acordo coletivo de trabalho sempre prevalecerão sobre a convenção coletiva.

Vejamos o quadro que poderemos ter daqui por diante: além de o negociado prevalecer sobre o legislado, a negociação mais específica vai valer sobre a mais geral. E a mais específica nem sempre é feita com o sindicato, pois é aquela que se desenvolve no âmbito da empresa, que muitas vezes poderá ser realizada com a representação interna de trabalhadores, agora regulamentada nos arts. 510-A a 510-D da CLT, visando dar efetividade ao art. 11 constitucional. Ocorre que essa regulamentação na reforma acabou por afastar o sindicato dessa representação interna, permitindo que a empresa possa interferir na representação da forma como ela quiser. Podemos vivenciar num futuro próximo várias empresas estimulando a criação de representações internas de trabalhadores para negociar a seu bel-prazer. E essa negociação coletiva no local de trabalho vai poder prevalecer sobre a convenção coletiva da categoria, que vai prevalecer sobre a lei.

Novamente a polêmica está estabelecida. Baseado na vedação do retrocesso social quanto às conquistas de direitos para os trabalhadores, essa prevalência do acordo coletivo sobre a convenção coletiva somente poderá ser reconhecida caso não fique caracterizada a retirada de direitos, ou a sua precarização em relação ao que até aqui era garantido.

Como argumentamos acima, o equilíbrio contratual está garantido no Código Civil de 2002, não podendo haver lesão de uma parte em detrimento da outra. A negociação coletiva vai buscar esse equilíbrio, num processo de ganha-ganha, em que os dois lados possam sair satisfeitos.

Portanto, a prevalência do negociado sobre o legislado somente deve ser reconhecida se não houver afronta ao princípio da melhoria da condição social do trabalhador, ou da vedação ao retrocesso social, garantido no *caput* do art. 7º constitucional, o que também deve ser observado na nova regra do art. 620 da CLT, na media em que as alterações infraconstitucionais vindas com a Reforma Trabalhista não podem violar princípios e garantias constitucionais, consagradas em cláusulas pétreas.

A negociação coletiva deve continuar cumprindo o seu papel de buscar o equilíbrio na relação contratual de trabalho, como forma de contemplar as necessidades dos dois lados.

V – Os sindicatos diante da pandemia do novo coronavírus

Considerando seu processo histórico, podemos afirmar que a negociação coletiva é um direito individual do trabalhador (e da empresa isoladamente), porém, de exercício coletivo, por meio de um ente sindical ou de um grupo de trabalhadores que venha representar os demais. De tal forma que a legislação infraconstitucional brasileira condena a recusa à sua realização, ao dispor no *caput* do art. 616 da CLT que *"os sindicatos representativos de categorias econômicas ou profissionais e as empresas, inclusive as que não tenham representação sindical, quando provocados, não podem recusar-se à negociação coletiva"*.

Nesse contexto, e considerando a sistemática constitucional brasileira, à parte de ser um direito fundamental, a negociação coletiva confronta o valor social do trabalho com a livre-iniciativa, constituindo-se num dever das partes (trabalhadores e empresas).

Portanto, conforme já analisado anteriormente, o seu exercício visa buscar um equilíbrio de forças, observando-se pleitos e benefícios que sejam razoáveis e proporcionais a cada situação real negociada. Esse aspecto se desdobra, ainda, numa importante função da negociação coletiva, a adequação setorial negociada.

Já a flexibilização de direitos compreende o ato de afrouxamento ou eliminação de leis ou normas, principalmente as que afetem relações econômicas, cuja utilização, na esfera trabalhista, implicaria uma elasticidade, ou possibilidade de manejamento desse conjunto de normas. A questão é se isso vai ocorrer unilateralmente, sem nenhuma contrapartida de direitos, o que parece impossível no sistema constitucional brasileiro, o que vai caracterizar, inclusive, precarização de direitos; ou se haverá compensação de outros direitos ou benefícios em relação àqueles que foram flexibilizados.

A flexibilização, em princípio, não seria possível, sob o prisma constitucional, na medida em que há um dever de proteção ao trabalhador, como parte vulnerável na relação de trabalho, garantindo-lhe os direitos já conquistados. Uma possível revisão desses direitos trabalhistas consagrados deve verificar os limites desse ato à manutenção de uma proteção ao trabalhador, ao menos no que tange à garantia do mínimo existencial.

Nesse sentido, ressalta-se a importância da negociação coletiva como mecanismo capaz de identificar a melhor aplicação das normas jurídicas diante da realidade econômica, sobretudo no âmbito da empresa.

No campo dos direitos e garantias individuais, a necessária proteção ao trabalhador faz muito mais sentido, devido à sua reconhecida inferioridade econômica perante o empregador. Porém, no campo das relações coletivas, a equivalência e a igualdade dos entes contratantes vai desaconselhar a necessidade de excessiva proteção, permitindo a flexibilização daqueles direitos e garantias.

E de todo esse aspecto analisado, o mais relevante parece ser a necessidade de se buscarem soluções adequadas para as demandas que surgem no dia a dia das relações de trabalho. O moderno direito exige maior flexibilidade na aplicação das fontes normativas articuladas, hoje menos imperativas e mais dispositivas ou supletivas, que possibilitem maior conformação com a realidade por meio de instrumentos normativos.

Se, numa situação de plena normalidade, tudo isso vem sendo observado nas relações coletivas de trabalho, com muito mais razão essa sistemática interpretativa há de ser buscada e aceita pelas partes interessadas em momentos de excepcionalidade, pela qual estamos passando com a crise do novo coronavírus.

É bem verdade que desde o início da pandemia, com o advento da então Medida Provisória n. 927, em 22 de março de 2020, editada em caráter de urgência para vigorar durante o período do estado de calamidade pública decretado dois dias antes (em 20.3.2020), já se permitia a negociação individual sobre direitos como teletrabalho, antecipação de férias individuais, concessão de férias coletivas, aproveitamento e antecipação de feriados, banco de horas, suspensão de exigências administrativas em segurança e saúde no trabalho e recolhimento de FGTS, conforme estabeleceu seu art. 3º.

Da mesma forma, a então Medida Provisória n. 936, de 1º de abril de 2020, na sequência, ampliou a possibilidade de negociação individual para a redução de jornada de trabalho, com a consequente redução salarial (art. 7º), ou mesmo suspensão temporária do contrato de trabalho (art. 8º), tendo como contrapartida a garantia de emprego (art. 10), durante o mesmo período do estado de calamidade declarado.

Mas, e os demais direitos e benefícios, legais e convencionais, não inseridos no dispositivo citado? É simples. Continuaram a depender de negociação coletiva, e não individual. Até mesmo os tópicos elencados no art. 3º da MP n. 927/2020 e nos arts. 7º e 8º da MP n. 936/2020 podiam ser objeto de negociação coletiva, ao invés de tratativa individual. Afinal, como diz a máxima, "quem pode o mais, pode o menos".

Em tempos de crise econômica e sanitária, como a atual, evidente que o empregador buscará negociar direitos com a finalidade de reduzir seus custos, visando se adequar ao momento econômico. Muitos sindicatos profissionais poderão se recusar a negociá-los, porém, deixando de cumprir, assim, seu dever de titular do processo negocial, como comentado mais acima.

Na ausência do sindicato, ou na sua recusa injustificável, a negociação coletiva poderá ocorrer, sim, por outros meios, tais como, com a participação das federações e confederações da mesma categoria, nos termos do art. 617 da CLT, ou ainda, diretamente com os próprios trabalhadores interessados, por meio de comissões por eles escolhidas.

Conforme analisado no tópico anterior, a Reforma Trabalhista de 2017, consubstanciada na Lei n. 13.467, acrescentou os arts. 510-A a 510-D à CLT, orientando e disciplinando o funcionamento das representações internas de trabalhadores, dando cumprimento à regra constitucional do art. 11.

Mas, desde então, poucas foram as empresas que tiveram essa experiência sacramentada, o que permitiria a negociação coletiva no próprio local de trabalho, colaborando para os ajustes necessários em tempos como os que vivemos agora. Os modelos até aqui existentes são parcos e prematuros, destacando-se as conhecidas comissões de fábrica dos metalúrgicos do ABC, existentes desde a década de 1980. Mas, como já enfatizado, a negociação coletiva não é um privilégio do ente sindical, ou mesmo de uma representação interna regulamentada. É um direito do trabalhador, de cunho individual.

Portanto, quando a parte final do § 1º do art. 617 da CLT, após as tentativas frustradas de intervenção dos titulares do processo negocial, autoriza que *"(...) poderão os interessados prosseguir diretamente na negociação coletiva até final"*, isso significa que os próprios trabalhadores interessados podem escolher comissões ocasionais para negociar termos específicos com as empresas. E haverá, com certeza, segurança jurídica no que for negociado, situação essa que se justifica, mais ainda, em momentos de exceção como o que estamos vivendo.

Mesmo que certas formalidades legais sejam inobservadas, como a necessidade de assembleia (art. 612 da CLT), que muito bem pode ser substituída por consultas e aprovações por meios eletrônicos (conforme já autorizava o inciso II do art. 17 da MP n. 936/2020, dispositivo mantido integralmente na Lei n. 14.020/2020), ou depósito do instrumento normativo negociado, que tem por finalidade maior a sua publicidade, desnecessária no caso de negociação coletiva localizada, tudo será válido, se o objetivo de regulamentar e preservar direitos forem garantidos.

Mais uma vez, enfatizamos, o que se quer alcançar é o equilíbrio econômico contratual necessário para ajustamento das relações coletivas de trabalho. Há que se estabelecer uma correlação entre os instrumentos normativos disponíveis e aplicar o direito que for mais conveniente para as partes diretamente interessadas.

Importante analisar, contudo, a possibilidade de haver conflito entre o conteúdo dos acordos individuais em relação aos instrumentos coletivos, regra que está prevista no art. 12, § 5º, incisos I e II, e § 6º, da Lei n. 14.020, de 6 de julho de 2020, originária do Projeto de Lei de Conversão n. 15/2020.

Vale ressaltar, antes de mais nada, que estamos tratando de uma legislação especial, com período de vigência determinado. A então Medida Provisória n. 936, depois transformada no Projeto de Lei de Conversão 15/2020, e sancionada como Lei n. 14.020/2020, vigorará enquanto permanecer o estado de calamidade pública que foi decretado no país (Decreto Legislativo 6, de 20 de março de 2020). Regulamentará as relações de trabalho durante esse período de calamidade pública.

Parece-nos evidente, portanto, que haverá um conflito de interpretação na aplicação das regras postas, na medida em que, por exemplo, no caso do art. 12, §§ 5º e 6º, da Lei n. 14.020/2020, haverá a possibilidade de, sobrevindo um instrumento coletivo e, sendo ele melhor do que o acordo individual autorizado desde a MP n. 936/2020, este se sobrepor ao acordo individual.

O dispositivo em comento é claro ao dispor que o acordo individual firmado em data anterior somente vai permanecer válido se ficar demonstrado que ele é mais benéfico para o trabalhador do que o instrumento normativo (aqui, leia-se, acordo coletivo ou convenção coletiva) que vier posteriormente.

Tal fato poderá trazer certos desdobramentos ainda desconhecidos, com uma certa dose de polêmica, porque não se sabe em que medida ou em que momento isso poderá acontecer. Certamente vai depender de cada caso concreto, e o Judiciário Trabalhista saberá dar a resposta adequada a esses casos, na medida em que muitos acordos individuais foram firmados e estão em vigor.

Porém, na medida em que novos acordos coletivos (ou convenções coletivas, a depender de cada situação negociada) forem sendo realizados a partir de agora, eles poderão se sobrepor àqueles acordos individuais, ressalvando sempre, não trazendo estes últimos condições mais vantajosas e benéficas para o trabalhador do que o instrumento coletivo posterior. A regra geral é essa.

Essa sistemática trazida pela legislação especial valoriza a autonomia privada coletiva, na medida em que o instrumento normativo oriundo da negociação coletiva volta a se sobrepor ao acordo individual. Ao que parece, o legislador brasileiro tomou o cuidado de fazer uma reparação ou, pelo menos, minimizar um dos maiores problemas advindos com a antiga MP n. 936/2020, que causou grande celeuma naquela oportunidade, que foi, justamente, a autorização para acordos individuais poderem prevalecer sobre normas coletivas já sedimentadas, sobretudo no caso de ausência de atuação sindical.

O que parecia justificar aquela sistemática era a necessidade e urgência em disciplinar uma situação excepcional, colocando ao empregador e ao empregado uma alternativa para ajustarem seus contratos individuais de trabalho, principalmente naqueles locais onde os sindicatos não atuam com certa frequência, onde têm uma dificuldade maior de manter certa representatividade.

Invoco, aqui, o testemunho de um caso ocorrido em minha terra natal, no interior de Minas Gerais. O proprietário de um posto de combustíveis não via condições de negociar com o sindicato representativo da categoria profissional, justamente porque este nunca aparecia para a negociação coletiva. E os seus empregados jamais se sentiram representados por uma organização sindical de classe. A regra estabelecida pela então Medida Provisória o socorreu, permitindo fazer os acordos individuais, regulamentando as condições de trabalho para aquele momento e, com isso, preservando os empregos. Era essa, nos parece, a finalidade.

Quando a matéria foi questionada quanto à sua constitucionalidade no Supremo Tribunal Federal (STF), o relator, ministro Ricardo Lewandowski, analisou e concedeu aquela liminar que esclarecia que o acordo individual firmado deveria ser comunicado posteriormente ao sindicato profissional respectivo. Este, por sua vez, se desejasse, poderia iniciar um processo de negociação coletiva e estabelecer um acordo coletivo, cumprindo o seu papel. Caso contrário, a situação estaria sacramentada, estaria validado o acordo individual que foi feito.

A Suprema Corte, no entanto, decidiu pela constitucionalidade da regra, e pela desnecessidade de comunicação à entidade sindical. Parece-nos que o Poder Legislativo, quando da votação do PLC n. 15/2020, agora convertida na Lei n. 14.020/2020, voltou a valorizar o papel do sindicato. Justamente porque se volta a dar importância à autonomia da vontade coletiva, já que, em havendo o acordo coletivo ou a convenção coletiva, onde há a participação sindical, o instrumento coletivo se sobreporá ao acordo individual que foi realizado. Salvo, lembrando mais uma vez, se este acordo individual for melhor para o trabalhador.

Interessante notar que a regra do princípio protetivo do trabalhador, que sempre norteou a ciência do Direito do Trabalho no Brasil, mas que foi esquecida por ocasião da Reforma Trabalhista (Lei n. 13.467/2017), volta à sua relevância histórica e original. Na oportunidade daquela Reforma, voltamos a lembrar, o art. 620 da CLT foi alterado de forma substancial, cuja nova redação procurou valorizar a especificidade da norma em detrimento da proteção do trabalhador, quando estabeleceu que o acordo coletivo passaria a prevalecer, sempre, no confronto com a convenção coletiva, por se tratar de norma mais específica.

Com isso, pode-se dizer que a Lei n. 14.020/2020 restabeleceu uma necessária proteção ao trabalhador numa situação excepcional, em que o legislador teve a compreensão quanto à gravidade do momento.

Mais uma vez, temos que a finalidade, aqui, é trazer um maior equilíbrio contratual para as partes, em observância aos princípios da boa-fé e da proporcionalidade, valores inerentes ao mundo do trabalho, base dos fundamentos constitucionais brasileiros.

Conclusão

De tudo o que foi analisado, pode-se concluir que a todos é garantido constitucionalmente o direito a um trabalho decente e digno, dando a ele o seu devido valor social e a importância para a sociedade como um todo. E num Estado Democrático de Direito, também deve ser garantida a livre-iniciativa empresarial. O que deve levar ao equilíbrio de forças contrapostas, como o capital e o trabalho, é efetivação do princípio da dignidade humana, norte maior da nossa Constituição.

Não há vozes dissonantes de que o trabalho humano tem que ser protegido e valorizado, já que é condição necessária para proporcionar ao homem uma existência digna, afinal, não é possível alcançá-la sem gozar dos direitos sociais básicos, como alimentação, saúde, moradia e educação.

As empresas ficam com a "saúde financeira" abalada, e para conseguirem sobreviver, a primeira medida que se busca são as dispensas em massa. Nesse momento o sindicato deve intervir, servindo-se da autonomia privada coletiva que lhe conferiu a Lei Maior.

Para tanto, as negociações coletivas de trabalho apresentam-se como instrumentos de diálogo capazes de aferir excelentes resultados, pois por meio delas é possível, em meio às crises econômicas, flexibilizar temporariamente alguns direitos trabalhistas buscando uma alternativa às demissões coletivas.

Todavia, para se obter o êxito desejado, é necessário observar diversos princípios, dentre eles a boa-fé, a lealdade e o repasse das informações, pois sem essas informações será impossível entender a real situação da empresa para embasar a negociação, e consequentemente buscar a melhor alternativa para os agentes envolvidos.

Imperioso, ainda, destacar que o direito de negociar coletivamente deve estar irmanado com o princípio da adequação setorial negociada. Ou seja, as normas autônomas criadas podem, e devem, prevalecer diante da legislação estatal se forem para ampliar direitos, se transacionarem parcelas laborais de indisponibilidade relativa, ou ainda, flexibilizando direitos já garantidos e praticados, adequando-os à realidade de cada empresa ou setor, desde que preservando um "patamar mínimo civilizatório".

É nesse ponto que se depara com a questão da crise econômica e sanitária pela qual passa o Brasil, e o mundo como um todo. Em períodos de exceção, uma nova leitura dos direitos e garantias do mundo do trabalho, muitos deles frutos de conquistas históricas, desde que negociados dentro dos princípios já destacados, ainda que de forma temporária, se faz necessário. Insere-se, aqui, a possibilidade de reduzir temporariamente alguns direitos para que seja possível propiciar a manutenção dos empregos, protegendo um direito maior, o direito ao trabalho.

Não há dúvidas de que, em tempos de crise econômica, agora acompanhada de uma crise sanitária, os empregos acabam sendo diretamente afetados, causando um grande impacto social. Num momento em que são chamados a cumprir sua missão, os sindicatos são responsáveis na luta para, pelo menos, reduzir esse impacto.

A Reforma Trabalhista de 2017, vinda com o mote de promover a modernização da legislação trabalhista, na verdade suprimiu diversos direitos, além de impactar de maneira negativa, direta e indiretamente, na atuação dos sindicatos. É chegada a hora da virada, a oportunidade que os sindicatos queriam para demonstrar seu valor aos trabalhadores que deles necessitam.

Em tempos de pandemia, que lutem pela prevalência e pela garantia da dignidade do trabalhador ante a força econômica do capital. Que se estabeleça, por meio das negociações coletivas, o necessário equilíbrio nas relações contratuais de trabalho.

É o que todos desejamos.

Bibliografia

AROUCA, José Carlos. *Organização Sindical no Brasil:* passado – presente – futuro (?). São Paulo: LTr, 2013.

BRITO FILHO, José Cláudio Monteiro de. *Direito Sindical*. 5. ed. São Paulo: LTr, 2015.

DELGADO, Mauricio Godinho. *Direito Coletivo do Trabalho*. 6. ed. São Paulo: LTr, 2015.

MEIRELLES, Davi Furtado Meirelles. *Negociação Coletiva em tempos de crise.* São Paulo: LTr, 2018.

NASCIMENTO, Amauri Mascaro. *Compêndio de Direito Sindical*, 8. ed. São Paulo: LTr, 2015.

Covid-19 — Doença Ocupacional e Discriminação no Trabalho

Fabio Ribeiro da Rocha(1)
Jorge Cavalcanti Boucinhas Filho(2)
Lorena de Mello Rezende Colnago(3)

Resumo: O presente artigo analisará a responsabilidade do empregador atinente à proteção do empregado ao contágio de doenças infecciosas e ao meio ambiente de trabalho seguro e equilibrado, bem como a possibilidade de caracterização da Covid-19 como acidente de trabalho, o que dependerá da comprovação de que a aquisição da doença decorreu de exposição ou contato direto determinado pela natureza do trabalho. Por fim, abordará se a doença Covid-19 acometida pelo empregado suscita preconceito ou estigma nas demais pessoas, de modo que se presuma a respectiva discriminação no ato da contratação ou dispensa do trabalhador.

Palavras-chaves: Covid-19 — Doença ocupacional — Garantia de emprego — Discriminação — Ambiente de trabalho.

Sumário: Introdução; 1. Direito à saúde como direito fundamental; 2. Acidente típico e doença ocupacional; 3. Garantia provisória de emprego decorrente das doenças ocupacionais e acidentes de trabalho; 4. Discriminação no ambiente de trabalho; 5. A discriminação que emerge da pandemia da Covid-19; Considerações finais; Referências.

---

(1) Juiz do trabalho titular do Tribunal Regional do Trabalho da 2ª Região. Graduado pela Faculdade de Direito da Universidade Presbiteriana Mackenzie. Especialista em Direito Constitucional pela PUC-SP. Mestre em Direito do Trabalho pela PUC-SP. Doutorando em Direito do Trabalho pela USP. Presidente da Associação dos Magistrados da Justiça do Trabalho da 2ª Região - AMATRA-2 - biênio 2016/2018. Membro do Conselho Consultivo da Escola Judicial do Tribunal Regional do Trabalho da 2ª Região - EJUD2 - biênio 2018/2020.

(2) Pós-doutor em Direito pela Université de Nantes. Doutor e Mestre pela USP. Professor da Fundação Getúlio Vargas - FGV , Mackenzie e Faculdade São Judas. Diretor-geral da Escola Superior de Advocacia da OAB/SP. Membro da Academia Brasileira de Direito do Trabalho. Coordenador da *Revista de Direito do Trabalho LTr*. Advogado.

(3) Doutoranda em Direito Processual do Trabalho (USP). Mestre em Processo (UFES, 2008). Especialista em Direito Previdenciário, Direito e Processo do Trabalho (UNIVES, 2005). Vice-presidente em matéria de trabalho e relações sociais da União Iberoamericana de Juízes (UIJ). Coordenadora científica do Fórum Nacional de Processo do Trabalho (FNPT) e da atual União dos Fóruns Trabalhistas de Processo - UFTP. Coordenadora da *Revista de Direito do Trabalho LTr*. Juíza do trabalho.

Introdução

A pandemia provocada pelo "coronavírus" representa um desafio para a saúde pública em escala global, sem precedentes, uma vez que o Covid-19 é um vírus novo e estamos todos em contínuo aprendizado sobre como lidar e, especialmente, como conter a disseminação da doença.

É público e notório que a Covid-19 é uma doença respiratória aguda, causada pelo coronavírus (SARS-CoV-2).

O contágio por Covid-19 tem se expandido de maneira vertiginosa no mundo, inclusive em nosso país, em que os boletins do Ministério da Saúde demonstram que a velocidade de propagação da doença no Brasil é similar ao padrão verificado nos países que mais sofrem com o avanço do coronavírus (exemplificativamente, Itália e China).

Trata-se de pandemia de emergência mundial que afasta alguns paradigmas e conceitos já estabelecidos, razão pela qual, países europeus estão convocando profissionais da saúde aposentados para o atendimento hospitalar.

A imposição de regimes de quarentena restringiu atividades, provocou a separação de pessoas suspeitas de contaminação das pessoas que não estejam doentes, ocasionou separação de bagagens, contêineres, animais, meios de transporte ou mercadorias suspeitos de contaminação, visando prevenir possível contaminação ou a propagação do causador. Essas duas medidas, contudo, não se mostraram suficientes, diante do rápido aumento nos números do contágio e da constatação de existência, no Brasil, da chamada transmissão comunitária.

Adotou-se, a partir de então, o distanciamento social consistente na diminuição de interação entre as pessoas de uma comunidade para diminuir a transmissão do vírus. Trata-se de uma estratégia importante quando há indivíduos já infectados, mas ainda assintomáticos ou oligossintomáticos, que não se sabem portadores da doença e não estão em isolamento.

As primeiras medidas de distanciamento social são, em geral, o fechamento de escolas, mercados públicos, parques e outros locais com grande concentração de pessoas, o cancelamento de eventos e de trabalho em escritórios, e o estímulo ao teletrabalho. Quando esse estágio é atingido, apenas os serviços essenciais devem ser mantidos.

Em 29 de janeiro de 2020 a Organização Mundial da Saúde (OMS) decretou emergência global de saúde em razão da doença, a qual foi alçada ao *status* de pandemia pelo mesmo órgão em 11 de março de 2020.

No cenário legal, no dia 3 de fevereiro de 2020, foi decretada pelo Ministério da Saúde, por meio da Portaria n. 188/2020, Emergência em Saúde Pública de Importância Nacional, em decorrência da infecção humana pelo Covid-19.

O Governo Federal, por sua vez, sancionou a Lei n. 13.979/2020, dispondo sobre medidas de enfrentamento da emergência de saúde pública de importância internacional decorrente do Covid-19.

O Decreto Federal n. 10.282/20, que regulamenta a Lei n. 13.979/20, é claro ao dispor que, entre as medidas a serem adotadas, deverá ser resguardado o exercício de atividades essenciais, o que abrange a assistência à saúde, incluídos os serviços médicos e hospitalares.

No âmbito estadual, expediu-se o Decreto n. 64.879/2020, reconhecendo o estado de calamidade pública, em razão da pandemia ocasionada pelo Covid-19, tendo em vista, ainda, a crescente propagação no estado de São Paulo. Após, foi sancionado o Decreto Estadual n. 64.881, de 22 de março de 2020, estabelecendo medida de quarentena em todo o estado de São Paulo a partir de 24 de março de 2020.

No mais, o município de São Paulo sancionou o Decreto n. 59.283/2020 declarando o estado de emergência, bem como definiu outras medidas para o enfrentamento da pandemia decorrente do coronavírus, haja vista que a cidade é o epicentro da doença no âmbito nacional.

A Agência Nacional de Vigilância Sanitária (Anvisa), expediu a Nota Técnica n. 4/2020 GVIMS/GGTES/ANVISA, contendo as orientações específicas para os serviços de saúde, entre elas, medidas de prevenção e controle que devem ser adotadas durante a assistência aos casos suspeitos e/ou confirmados de infecção pelo Covid-19.

Este estudo está estruturado em cinco capítulos, no primeiro será analisado o direito à saúde como um direito fundamental. Após, estudaremos o que são os acidentes de trabalho e as doenças ocupacionais, para então, adentrar nas questões da garantia de emprego. O quarto capítulo tratará das doenças como objeto de discriminação, para, por fim, adentrar no tema do Covid-19 como doença, se o vírus está enquadrado nas doenças que produzem estigma, se gera preconceito ou discriminação. Tudo sob o cotejo do ordenamento pátrio, analisando suas normas e princípios.

1. Direito à saúde como direito fundamental

O meio ambiente do trabalho figura como um direito substantivo constitucionalmente protegido; é um direito intrinsecamente relacionado a outro valor maior tutelado pela Constituição Federal: o direito à vida, a uma vida saudável.

Na execução de suas atividades, os trabalhadores envolvem-se diariamente com materiais diversos, próprios de seu local de trabalho, tais como máquinas, móveis, utensílios, ferramentas, e ainda com outros de sentido imaterial, tais como as rotinas de trabalho e procedimentos diversos oriundos do poder diretivo patronal, expondo-se a vários riscos que podem lhe causar sérios danos.

O empregador é o responsável pela segurança e integridade física do empregado, responsabilizando-se pelos prejuízos físicos e morais ocasionados ao trabalhador, em razão da relação de emprego.

Sabe-se que o empregador deve tomar todas as cautelas no sentido de manter ambiente de trabalho apto e seguro para o exercício das atividades laborais, uma vez que, ao contratar seu empregado, ele torna-se responsável pela sua saúde, vida e segurança, no desempenho do labor. Além disso, são de exclusiva escolha do empregador o local e os métodos de trabalho, a distribuição dos espaços, a jornada de trabalho, as ferramentas e máquinas que serão utilizadas – fato que decorre do seu poder de organização empresarial, art. 2º da CLT.

Esse poder vem acompanhado do dever primordial de cuidado com o ambiente de trabalho, não só para garantir a saúde física como a mental do trabalhador, evitando a ocorrência de doenças ocupacionais e acidentes de trabalho, infortúnios que provocam impactos jurídicos e sociais.[4] A jurisprudência pátria também é construída no mesmo sentido:

> DOENÇA DO TRABALHO. ALEGAÇÃO DE CULPA CONCORRENTE. EXCLUDENTE DE RESPONSABILIDADE INEXISTENTE. RESPONSABILIDADE DO EMPREGADOR. INDENIZAÇÃO DEVIDA. Ao empregador incumbe o dever não apenas de fornecer os equipamentos de proteção, mas de orientar e de fiscalizar o seu efetivo uso, o que alcança as condições do posto de trabalho. Assim, mesmo que o empregado fosse culpado, a culpa concorrente não representa causa excludente de responsabilidade, na forma do art. 945 do Código Civil. É tão somente fato que influencia na fixação da indenização devida pelo causador do dano. (TRT – 5ª Região, rel. Des. Cláudio Brandão, AC 13432/2006, DJ. 13.6.2006)

O fato é que o impacto da ausência de trabalhadores ativos no mundo dos fatos em razão das incapacidades temporárias e definitivas, além de ser uma agressão à vida, traz um alto custo social no aspecto familiar, fiscal e econômico. Não basta ao sistema jurídico assegurar direitos reparatórios aos lesados (monetização do risco, segundo a visão da infortunística); é imperioso exigir com rigor que o empregador ou tomador do serviço adote todos os recursos e tecnologias disponíveis para evitar as lesões e os adoecimentos.

Interessa ao Estado a preservação da vida, por isso a constitucionalização e a gama de normas focadas em prevenção.

---

(4) Cf. MELO, Raimundo Simão de. *Direito Ambiental do Trabalho e a Saúde do Trabalhador*. 5. ed. São Paulo: LTr, 2013. p. 67.

O direito à vida e à integridade psicofísica se sobrepõe ao direito de defesa ou ao direito de propriedade de que é titular o empresário. O trabalhador deve permanecer em um ambiente de trabalho que proporcione condições dignas de saúde e segurança, que devem ser observadas pelo empregador e pelo Poder Público. É o que se extrai do art. 170, *caput*, inciso VI, da Constituição Federal de 1988, sobre a ordem econômica e a livre-iniciativa, que estão fundamentadas na defesa do meio ambiente e na valorização do trabalho humano.

O modo de produção capitalista necessita conjugar os dividendos da economia de mercado às questões sociais e humanitárias, na busca do meio ambiente do trabalho equilibrado e do respeito irrestrito à dignidade da pessoa do trabalhador.

A própria Igreja Católica publicou, em outubro de 2020, por meio do papa Francisco, a Encíclica *Fratelli Tutti*, com especial atenção ao sistema capitalista, que necessita enxergar o trabalhador como ser humano e não como mera peça de uma engrenagem, especialmente nos itens 123 e 169 conjugados:

> 123. É verdade que a atividade dos empresários "é uma nobre vocação, orientada para produzir riqueza e melhorar o mundo para todos". Deus incita-nos, esperando que desenvolvamos as capacidades que Ele nos deu, bem como as potencialidades de que encheu o universo. Nos seus desígnios, cada homem é chamado a promover o seu próprio desenvolvimento, e isto inclui a implementação das capacidades económicas e tecnológicas para fazer crescer os bens e aumentar a riqueza. Mas estas capacidades dos empresários, que são um dom de Deus, deveriam em todo o caso orientar-se claramente para o desenvolvimento das outras pessoas e a superação da miséria, especialmente através da criação de oportunidades de trabalho diversificadas. A par do direito de propriedade privada, sempre existe o princípio mais importante e antecedente da subordinação de toda a propriedade privada ao destino universal dos bens da terra e, consequentemente, o direito de todos ao seu uso. (...)
>
> 169. Em determinadas visões económicas fechadas e monocromáticas, parece que não têm lugar, por exemplo, os Movimentos Populares que reúnem desempregados, trabalhadores precários e informais e tantos outros que não entram facilmente nos canais já estabelecidos. Na realidade, criam variadas formas de economia popular e de produção comunitária. É necessário pensar a participação social, política e económica segundo modalidades tais "que incluam os movimentos populares e animem as estruturas de governo locais, nacionais e internacionais com aquela torrente de energia moral que nasce da

integração dos excluídos na construção do destino comum" e, por sua vez, se incentive a que "estes movimentos, estas experiências de solidariedade que crescem de baixo, do subsolo do planeta, confluam, sejam mais coordenados, se encontrem". Mas fazê-lo sem trair o seu estilo caraterístico, porque são "semeadores de mudanças, promotores de um processo para o qual convergem milhões de pequenas e grandes ações interligadas de modo criativo, como numa poesia". Neste sentido, são "poetas sociais" que à sua maneira trabalham, propõem, promovem e libertam. Com eles, será possível um desenvolvimento humano integral, que implica superar "a ideia das políticas sociais concebidas como uma política *para* os pobres, mas nunca *com* os pobres, nunca *dos* pobres, e muito menos inserida num projeto que reúna os povos". Embora incomodem e mesmo se alguns "pensadores" não sabem como classificá-los, é preciso ter a coragem de reconhecer que, sem eles, "a democracia atrofia-se, torna-se um nominalismo, uma formalidade, perde representatividade, vai-se desencarnando porque deixa fora o povo na sua luta diária pela dignidade, na construção de seu destino".[(5)]

Essa encíclica papal é um clamor social à fraternidade e ao retorno dos governos mundiais às necessidades humanas e não econômicas. E coincide com a compatibilização que a Constituição brasileira realiza sobre o valor social do trabalho e a livre-iniciativa. O confronto desses valores resolve-se a partir da prevalência da saúde do trabalhador, que constitui interesse coletivo autorizativo da proporcional redução do âmbito de eficácia dos direitos empresariais e dominiais,[(6)] sob pena de não haver ser humano em uma sociedade.

Como já explicitado, mas novamente destacado, o ambiente de trabalho seguro constitui direito fundamental dos trabalhadores. As normas a ele aplicáveis são dotadas de cogência absoluta e asseguram aos trabalhadores direitos indisponíveis, ante o caráter social que revestem e o interesse público que as aspira. Não podem sofrer derrogação nem mesmo pela via negocial coletiva, sob pena de violação ao limite bioético social.[(7)]

(5) VATICANO. Papa Francisco. "Carta Encíclica Fratelli Tutti do Santo Padre Francisco sobre a fraternidade e a amizade social". Publicada em 3 de outubro de 2020. Disponível em: <http://www.vatican.va/content/francesco/pt/encyclicals/documents/papa-francesco_20201003_enciclica-fratelli-tutti.html>. Acesso em: 12 dez. 2020.

(6) ROCHA, Julio Cesar de Sá. *Direito ambiental e meio ambiente de trabalho*. São Paulo: LTr, 1997. p. 39.

(7) Cf. COLNAGO, Lorena de Mello Rezende. Indisponibilidade e proteção de direitos a partir da perspectiva do núcleo duro da normatividade trabalhista: bioética e sustentabilidade humana como limites à negociação coletiva. *Revista eletrônica [do] Tribunal Regional do Trabalho da 9ª Região*, Curitiba, PR, v. 6, n. 58, p. 63-81, mar./abr. 2017.

O interesse público está presente quando se trata de ambiente do trabalho, cujo alcance ultrapassa o interesse meramente individual de cada trabalhador envolvido, embora seja ele o destinatário imediato da aplicação da norma.

2. Acidente típico e doença ocupacional

O acidente de trabalho típico caracteriza-se pela existência de evento único, súbito, imprevisto, bem configurado no espaço e no tempo e com consequências geralmente imediatas. Sendo assim, acidente de trabalho é qualquer infortúnio que decorre da execução do contrato de trabalho, provocando lesão corporal que resulte em morte ou redução da capacidade laborativa, conceito extraído do art. 19 da Lei n. 8.213/91.[(8)]

As enfermidades do trabalhador que se relacionam com a atividade profissional compõem o gênero doença ocupacional e são consideradas como acidente de trabalho para fins previdenciários e indenizatórios, equiparando-os ao acidente de trabalho, art. 20 da Lei n. 8.213/91.[(9)]

Há doenças profissionais típicas de algumas atividades laborativas como, por exemplo, a silicose em relação ao trabalhador em contato direto com a sílica. Há outras que são adquiridas em razão das condições especiais em que o trabalho é realizado, como a surdez para um trabalhador submetido por alguns anos a ruído acima de 82 decibéis.

Doutrinariamente, difere-se o acidente pela subitaneidade e violência com referência à doença, que decorre de um processo que tem duração temporal, embora se desencadeie num momento certo, gerando a impossibilidade do exercício das atividades pelo empregado. No acidente, a causa é externa. Mas a doença apresenta-se internamente, em regra, por um processo silencioso inerente às moléstias orgânicas do ser humano.[(10)]

---

(8) Art. 19 – Acidente de trabalho é o que ocorre pelo exercício do trabalho a serviço da empresa ou pelo exercício do trabalho dos segurados referidos no inciso VII do art. 11 desta Lei, provocando lesão corporal ou perturbação funcional que cause a morte ou a perda ou a redução, permanente ou temporária, da capacidade para o trabalho.

(9) Art. 20 – Consideram-se acidente de trabalho, nos termos do artigo anterior, as seguintes entidades mórbidas:

I – doença profissional, assim entendida a produzida ou desencadeada pelo exercício do trabalho peculiar a determinada atividade e constante da respectiva relação elaborada pelo Ministério do Trabalho e Previdência Social;

II – doença do trabalho, assim entendida a adquirida ou desencadeada em função de condições especiais em que o trabalho é realizado e com ele se relacione diretamente, constante da relação mencionada no inciso I.

(10) BRANDÃO, Cláudio. *Acidente do trabalho e responsabilidade civil do empregador*. 4. ed. São Paulo: LTr, 2015. p. 16.

A legislação pátria, previdenciária, excetua as doenças degenerativas, inerentes a grupo etário, as que não produzem incapacidade laborativa e as endêmicas (adquiridas de modo especial em determinada região), como doenças de trabalho, art. 20, § 1º, da Lei n. 8.213/91. Essa exclusão ocorre para fins previdenciários, mas em termos de responsabilidade civil, se o empregador contribuir mediante algum ato seu ou de seus prepostos para a aquisição, causa ou concausa, da doença, ele pode ser responsabilizado civilmente.

A concausalidade é uma circunstância que independe do acidente ou doença, mas que a ele se soma para atingir o resultado final. A legislação previdenciária também preocupou-se com as concausas no art. 21 da Lei n. 8.213/91.(11)

Assim, é possível a caracterização de nexo de concausalidade, se restar constatado que as atividades laborativas contribuíram para a eclosão de lesão ou agravamento de doença estabelecida no art. 20, § 1º, da Lei n. 8.213/91.

Ainda, possuem os mesmos efeitos previdenciários do acidente de trabalho típico aqueles infortúnios sofridos pelo empregado, ainda que fora do horário de trabalho ou local de trabalho, denominados acidentes por equiparação, nos termos do art. 21, IV, da Lei n. 8.213/91:

Na execução de ordem ou na realização de serviço sob a autoridade da empresa;

Na prestação espontânea de qualquer serviço à empresa para lhe evitar prejuízos ou proporcionar proveito;

Em viagem a serviço da empresa, inclusive para estudo quando financiada por essa dentro de seu plano para melhor capacitação da mão de obra, independentemente do meio de locomoção utilizado, inclusive veículo de propriedade do segurado;

No percurso da residência para o local de trabalho ou deste para aquela, qualquer que seja o meio de locomoção, inclusive veículo de propriedade do segurado.

Ainda, para a caracterização de acidente de trabalho *in itinere*, há de estabelecer relação entre o trajeto e o acidente sofrido. Necessária a vinculação de nexo etiológico entre o trajeto e o acidente.

Outra espécie de infortúnio que se equipara ao acidente do trabalho é a doença proveniente de contaminação acidental do empregado no exercício de sua atividade. Exegese do art. 21, III, da Lei n. 8.213/91.

Os efeitos previdenciários do acidente de trabalho típico se estendem a todas as espécies acima mencionadas atinentes aos acidentes por equiparação, inclusive, garantia de emprego acidentária prevista no art. 118 da Lei n. 8.213/91. Entretanto, a responsabilidade civil do empregador para a reparação de danos materiais e morais

(11) Art. 21 – Equiparam-se também ao acidente do trabalho, para efeitos desta Lei:

I – o acidente ligado ao trabalho que, embora não tenha sido a causa única, haja contribuído diretamente para a morte do segurado, para redução ou perda da sua capacidade para o trabalho, ou produzido lesão que exija atenção médica para a sua recuperação.

decorre de culpa ou dolo deste como regra geral, art. 7º, XXVIII, da Constituição Federal, salvo previsão legislativa mais favorável, art. 7º, *caput*, da CF/88, como o art. 932, inciso III, do Código Civil.(12)

Não se pode olvidar a existência de correntes doutrinária e jurisprudencial, baseadas no art. 225, § 3º da CF/88,(13) que atribuem a responsabilidade objetiva, independentemente da perquirição da culpa ou dolo para o empregador-poluidor do meio ambiente do trabalho (art. 200, VIII, CF/88(14)).(15) Em sede de Mandado de Segurança o Supremo Tribunal Federal explicitou o direito à integridade do meio ambiente:

> O direito à integridade do meio ambiente — típico direito de terceira geração — constitui prerrogativa jurídica de titularidade coletiva, refletindo, dentro do processo de afirmação dos direitos humanos, a expressão significativa de um poder atribuído, não ao indivíduo identificado em sua singularidade, mas, num sentido verdadeiramente mais abrangente, à própria coletividade social. Enquanto os direitos de primeira geração (direitos civis e políticos) — que compreendem as liberdades clássicas, negativas ou formais — realçam o princípio da liberdade e os direitos de segunda geração (direitos econômicos, sociais e culturais) — que se identificam com as liberdades positivas, reais ou concretas — acentuam o princípio da igualdade, os direitos de terceira geração, que materializam poderes de titularidade coletiva atribuídos genericamente a todas as formações sociais, consagram o princípio da solidariedade e constituem um momento importante no processo de desenvolvimento, expansão e reconhecimento dos direitos humanos, caracterizados, enquanto valores fundamentais indisponíveis, pela nota de uma essencial inexauribilidade. O direito à integridade do meio ambiente — típico direito de terceira geração — constitui prerrogativa jurídica de titularidade coletiva, refletindo, dentro do processo de afirmação dos direitos humanos, a expressão significativa de um poder atribuído, não ao indivíduo identificado em sua singularidade, mas, num sentido verdadeiramente mais abrangente, à própria coletividade social. (**MS 22.164**, rel. Min. Celso de Mello, j. 30.10.1995, P, *DJ* de17.11.1995)

Retomando a tese majoritária, pela responsabilidade subjetiva com exceções, há julgado que entende que não há responsabilidade para quem não concorre para o evento:

> **AGRAVO DE INSTRUMENTO EM RECURSO DE REVISTA. INDENIZAÇÃO POR DANOS MORAL E MATERIAL. ACIDENTE DE TRAJETO. RETORNO À RESIDÊNCIA. CULPA DE**

---

(12) Art. 932. São também responsáveis pela reparação civil: (...) III – o empregador ou comitente, por seus empregados, serviçais e prepostos, no exercício do trabalho que lhes competir, ou em razão dele;

(13) Art. 225. Todos têm direito ao meio ambiente ecologicamente equilibrado, bem de uso comum do povo e essencial à sadia qualidade de vida, impondo-se ao Poder Público e à coletividade o dever de defendê-lo e preservá-lo para as presentes e futuras gerações. (...) § 3º As condutas e atividades consideradas lesivas ao meio ambiente sujeitarão os infratores, pessoas físicas ou jurídicas, a sanções penais e administrativas, independentemente da obrigação de reparar os danos causados.

(14) Art. 200. Ao sistema único de saúde compete, além de outras atribuições, nos termos da lei: (...) VIII – colaborar na proteção do meio ambiente, nele compreendido o do trabalho.

(15) MELO, Raimundo Simão de. A responsabilidade do empregador pelos acidentes do trabalho: evolução histórica e legislativa. *Revista do Tribunal Regional do Trabalho da 2ª Região*, São Paulo, SP, n. 14, p. 54-72, 2013.

> **TERCEIRO**. Constatada a possível violação dos arts. 7º, XXVIII, da CF e 186 do CC, dá-se provimento ao agravo de instrumento. Agravo de instrumento conhecido e provido. B) RECURSO DE REVISTA. 1. INDENIZAÇÃO POR DANOS MORAL E MATERIAL. ACIDENTE DE TRAJETO. RETORNO À RESIDÊNCIA. CULPA DE TERCEIRO. Infere-se, da decisão recorrida, que o empregado sofreu acidente de trânsito, em via pública, ao término do trabalho e que a reclamada não contribuiu para a ocorrência do acidente. Esse fato, mesmo que caracterizado como acidente de trabalho, nos termos do art. 21, IV, *"d"*, da Lei n. 8.213/91, não dá ensejo à indenização por dano moral sem que se tenha configurado dolo ou culpa do empregador. Não existe lei que impute responsabilidade objetiva neste caso e não há, nos autos, indícios de que a reclamada contribuiu para o acidente no trajeto, porquanto foge ao controle da empresa prever acidentes dessa ordem. Assim, ausente o nexo de causalidade entre a conduta da reclamada e o dano sofrido, não há falar em pagamento de indenização por danos morais e materiais. Precedentes. Recurso de revista conhecido e provido. 2. ADICIONAL DE PERICULOSIDADE. O Regional consignou ter o conjunto probatório demonstrado que o trabalho era desenvolvido em condições de periculosidade, infirmando as conclusões do laudo pericial. Constata-se, pois, que a decisão recorrida encontra amparo nas disposições contidas nos arts. 131 e 436 do CPC, não sendo possível divisar violação do art. 193, I, da CLT. Dissenso não configurado. Recurso de revista não conhecido. (TST – RR – 363-65.2014.5.11.0001, relatora Ministra: Dora Maria da Costa, Data de Julgamento: 20.4.2016, 8ª Turma, Data de Publicação: DEJT 25.4.2016)

Para facilitar o reconhecimento da doença ou acidente com vínculo de emprego, foi criado o chamado Nexo Técnico Epidemiológico (NTEP), art. 21-A, da Lei n. 8.213/91. O Nexo Técnico Epidemiológico é uma metodologia que tem o objetivo de identificar quais doenças e acidentes estão relacionados com a prática de uma determinada atividade profissional, levando-se em conta o índice de acidentalidade a ela inerente, transferindo ao empregador o ônus probatório de comprovar a inexistência de doença ocupacional ou acidente de trabalho. Colaciona-se jurisprudência sobre o tema, *in verbis*:

> **DOENÇA PROFISSIONAL. NEXO TÉCNICO EPIDEMIOLÓGICO. MÉTODO DE CARACTERIZAÇÃO DO NEXO CAUSAL. LEGALIDADE. INVERSÃO DO ÔNUS DA PROVA.** A inclusão da moléstia no rol do nexo técnico epidemiológico referida pela Lei n. 11.430/2006 constitui método para apuração do nexo causal entre o dano e a atividade laboral. Incumbe ao reclamado o ônus da prova de reverter a presunção *juris tantum* que deriva desta aplicação. Ausente qualquer prova em sentido contrário, fixa-se a presença do nexo para fins de indenização. (TRT – 2ª Região, RO 00946-0093-200-55-02-0054, 10ª Turma, rel. Juiz Marcos Neves Fava, DJ. 18.5.2011)

Recentemente, o Supremo Tribunal Federal, por maioria de votos, decidiu a ADI n. 3.931 e estabeleceu que o uso do nexo epidemiológico para definir acidente de trabalho é constitucional.

Portanto, o acidente de trabalho típico (art. 19 da Lei n. 8.213/91) tem por característica a instantaneidade da causa e o resultado imediato. A doença ocupacional, abrangendo doença profissional, doença do trabalho e doença caracterizada por

NTEP (arts. 20 e 21-A da Lei n. 8.213/92) leva-se em conta a progressividade e a mediatidade do resultado.

Acidente por concausa (art. 21, I, da Lei n. 8.213/91) tem no trabalho uma de suas causas diretas, porém não exclusiva (apenas concorrente). Acidentes por equiparação legal (art. 21, II a IV, da Lei n. 8.213/91) tem no trabalho uma causalidade apenas indireta.

A Medida Provisória n. 927/2020 excluiu o Covid-19 das doenças ocupacionais por meio de seu art. 29: *"Os casos de contaminação pelo coronavírus (Covid-19) não serão considerados ocupacionais, exceto mediante comprovação do nexo causal"*.

O Plenário do Supremo Tribunal Federal, por maioria de votos, concluiu, no âmbito do julgamento das medidas cautelares apresentadas nos autos das ADIs ns. 6.342, 6.344, 6.346, 6.348, 6.349, 6.352, 6.353 e 6.354, pela inconstitucionalidade do supracitado art. 29 da Medida Provisória n. 927/2020.

Recuperando o raciocínio, tem-se que a regra do art. 20, II, § 1º, *"d"*, da Lei n. 8.213/91 estabelece que uma doença endêmica (doença típica de uma determinada região), não é considerada acidente de trabalho, salvo comprovação de que é resultante de exposição ou contato direto determinado pela natureza do trabalho, ou seja, salvo se comprovado o nexo de causalidade entre o trabalho e a aquisição da doença. É o que se aplica ao cenário da pandemia, pois o objeto da norma é exatamente o mesmo.

Para fins normativos, a caracterização da Covid-19 como acidente de trabalho dependerá da comprovação de que a aquisição da doença decorreu de exposição ou contato direto, determinado pela natureza do trabalho, salvo para os profissionais da saúde, em que a responsabilidade será objetiva, enquadrando-se na exceção do art. 932 do CC (empregados das farmácias e hospitais) o que pode ser estendido para os empregados domésticos que laboram em lares com empregadores contaminados, entre outros casos similares.

> Para fins de configuração de acidente de trabalho e da correspondente responsabilidade civil do empregador, é expressamente afastada a presunção absoluta do nexo causal com as condições de trabalho nos casos de contaminação pelo Covid-19, demandando, assim, uma análise do caso concreto, pela verificação da relação da doença e ambiente do trabalho. Vale lembrar que, nos termos da legislação previdenciária em vigor, já não é considerada como doença de trabalho "a doença endêmica adquirida por segurado habitante de região em que ela se desenvolva, salvo comprovado de que é resultante de exposição ou contato direito

determinado pela natureza do trabalho (Lei n. 8.213/91, art. 20, § 1º, *'d'*)". O mesmo raciocínio aplica-se, portanto, ao cenário da pandemia.[16]

Em princípio, a Covid-19 não será considerada como acidente de trabalho, porém, a depender das circunstâncias do caso concreto, sua caracterização poderá ocorrer desde que comprovado o nexo de causalidade entre a doença, apesar de endêmica, e a exposição ou contato direto determinado pela natureza do trabalho, com responsabilidade subjetiva ou objetiva, a depender do enquadramento normativo ao caso concreto.

O futuro certamente reservará discussões acerca da responsabilidade do empregador que não interrompeu as suas atividades pela contaminação de algum de seus empregados com a Covid-19, que não utilizou os EPIs certificados e em quantidades adequadas.

O condomínio será responsabilizado pelo adoecimento do porteiro que permaneceu em atividade? Os supermercados e feiras são responsáveis pelo adoecimento de seus precificadores, empacotadores, gerentes e seguranças? Os hospitais pelos profissionais da saúde? Os trabalhadores que adoecerem desfrutarão da estabilidade prevista no art. 118 da Lei n. 8.213/91?

Também se discutirá qual é a extensão da responsabilidade do empregador. Ela se limitará à reparação do empregado acometido de Covid-19 ou alcançará também seus familiares que adoeceram em razão do convívio com ele?

O Supremo Tribunal Federal não chegou a reconhecer a Covid-19 como doença ocupacional, tendo em vista seu caráter endêmico, mas reconheceu a dificuldade do empregado de se desincumbir do ônus probatório quanto ao nexo de causalidade entre a doença e a exposição ou contato direto com o coronavírus, o que, certamente, deverá ser apreciado diante do caso concreto.

Sendo assim, a questão mais delicada reside na circunstância de quem seria o ônus comprobatório de demonstrar que a Covid-19, apesar de endêmica, decorreu ou não da exposição ou contato direto pela natureza do trabalho.

Em princípio, o ônus probatório de demonstrar o nexo de causalidade entre a Covid-19 e o trabalho é do empregado, nos termos do art. 20, II, § 1º, *"d"*, da Lei n. 8.213/91. Entretanto, a eficácia do aludido preceito é relativa. Sobram argumentos para justificar uma presunção da responsabilidade do empregador que não liberar o seu empregado de suas funções durante o período de pandemia.

---

(16) LUDWIG, Guilherme Guimarães. *Medidas trabalhistas emergenciais no estado de calamidade pública:* uma análise constitucional e sistemática das medidas provisórias. Disponível em: <www.andt.org.br>. Acesso em: 12 abr. 2020.

A assunção dos riscos pelo empregador é uma delas, de natureza trabalhista. A aptidão para a prova certamente justificará, sob o prisma processual, a inversão do ônus da prova dado que será muito difícil para o trabalhador provar que não adoeceu no trabalho, mas no contato com algum vizinho que portasse o vírus. Por fim, há a tradição de equiparação do acidente de percurso ao acidente no local de trabalho (acidente de trajeto), que poderá fundamentar a responsabilização do empregador por contaminação no transporte coletivo.

Dessa forma, não há como exaurir todas as situações fáticas existentes, de modo que, mesmo diante da decisão do Supremo Tribunal Federal, somente da análise do caso concreto evidenciará se a Covid-19 se caracterizou como acidente de trabalho ou não.

Assim, como forma de observar os princípios constitucionais do contraditório e da ampla defesa, é necessário que o julgador, antes de iniciar a instrução, dê ciência às partes quanto ao ônus probatório, naquele caso concreto, acerca do fato do trabalho desenvolvido pelo empregado, por sua natureza, ter exposto ou não o empregado ao contágio ou tenha resultado ou não em contato direto com a doença, de maneira que, inclusive, a parte em desfavor de quem milite a presunção possa, naquele caso concreto, produzir provas capazes de infirmar a presunção decorrente da natureza do trabalho desenvolvido pelo empregado.

3. Garantia provisória de emprego decorrente das doenças ocupacionais e acidentes de trabalho

O legislador assegurou a garantia no emprego por um período de 12 meses, após a alta médica previdenciária, nos termos do art. 118 da Lei n. 8.213/91,(17) declarado constitucional pelo Supremo Tribunal Federal, ADI n. 639-8/600.

Entendeu-se que o dispositivo impugnado (art. 118 da Lei n. 8.213/91) fixa os limites de uma garantia trabalhista vinculada à ocorrência de acidente de trabalho, e não versa sobre o regime de estabilidade, razão pela qual não afronta o inciso I do art. 7º da CF, que exige lei complementar para disciplinar a proteção contra a despedida arbitrária ou sem justa causa. Ressaltou-se, também, que o acidente de trabalho é regulado em última análise, para assegurar a dignidade do trabalhador no momento em que não possui capacidade efetiva de trabalho. Concluiu-se que o rol de garantias do art. 7º da CF não esgota a proteção aos direitos sociais, e que o art. 118 não cria novo direito, mas apenas especifica o que a Constituição já prevê ao tratar das garantias referentes ao acidente de trabalho. (ADI n. 639/DF, Rel. Min. Joaquim Barbosa, DJ. 2.6.2005).

---

(17) Art. 118 – O segurado que sofreu acidente do trabalho tem garantida, pelo prazo mínimo de doze meses, a manutenção de seu contrato de trabalho na empresa, após a cessação do auxílio-doença acidentário, independentemente de percepção de auxílio acidente.

A garantia de emprego de que trata o art. 118 da Lei de Benefícios alcançará todas as espécies de acidente de trabalho relacionadas na Lei n. 8.213/91, inclusive os acidentes de trabalho por equiparação.

O segurado deve preencher alguns requisitos para a aquisição do direito previsto no art. 118 da Lei n. 8.213/91: 1) existência do acidente de trabalho nos termos da Lei n. 8.213/91: a) acidente típico (art. 19); b) moléstias profissionais ou do trabalho (art. 20) ou c) os eventos equiparados ao acidente de trabalho (art. 21); 2) contrato de trabalho suspenso por mais de 15 dias e a consequente percepção do benefício previdenciário acidentário, salvo se constatada, após o término do pacto laboral, doença profissional que guarde relação de causalidade com a execução do contrato de emprego, conforme pacífica jurisprudência consubstanciada na Súmula n. 378, II, da SDI-I do Colendo TST.

O empregador tem o dever de notificar o órgão competente acerca dos comprovados acidentes e doença do trabalho a fim que o INSS identifique e se manifeste sobre o sinistro. Entretanto, o empregador que ardilosamente deixar de emitir a Comunicação de Acidente de Trabalho (CAT), o empregado terá direito à garantia de emprego caso o acidente esteja comprovado por outros meios, especialmente perícia médica judicial, sendo irrelevante o recebimento do auxílio-doença acidentário obstado pelo empregador (art. 169 da CLT). Há julgado importante sobre o tema:

> **AGRAVO DE INSTRUMENTO. ESTABILIDADE PROVISÓRIA. INDENIZAÇÃO SUBSTITUTIVA. EMPREGADO APOSENTADO. NÃO PERCEPÇÃO DO AUXÍLIO-DOENÇA ACIDENTÁRIO. POSSIBILIDADE. NÃO PROVIMENTO.** Esta Colenda Corte Superior firmou entendimento no sentido de que é assegurado ao empregado aposentado o direito à estabilidade provisória, não se exigindo a percepção de auxílio-doença acidentário e o afastamento por mais de 15 dias, para o reconhecimento da estabilidade de que trata o art. 118 da Lei n. 8.213/91. Na hipótese, a Egrégia Corte Regional consignou que o fato de o reclamante estar aposentado e não ter usufruído do auxílio-doença acidentário não impede a concessão da estabilidade acidentária. Incidência dos óbices contidos no art. 896, § 7º, da CLT e na Súmula n. 333. (TST – AIRR 66-22.2014.5.12.0004, rel. Min. Guilherme Augusto Caputo Bastos, 5ª Turma, DJ. 24.6.2016)

O pagamento dos primeiros 15 dias de afastamento por doença ocupacional ou acidente de trabalho é de responsabilidade do empregador, ocasião em que ocorrerá a interrupção do contrato de emprego e o empregado continuará recebendo salário. Essa obrigação decorre de norma expressa prevista no art. 60, § 3º, da Lei n. 8.213/91.

Se empresa dispuser de serviço médico, próprio ou em convênio, terá a seu cargo o exame médico e o abono de faltas correspondentes ao período referido no art. 60, § 3º, da Lei n. 8.213/91, somente devendo encaminhar o segurado à perícia médica da Previdência Social quando a incapacidade ultrapassar 15 (quinze) dias, art. 60, § 4º, da Lei n. 8.213/91.

Não existe norma trabalhista que estabeleça o prazo para entrega de atestados médicos de incapacidade laborativa ou para a submissão do empregado ao serviço médico da empresa. Sendo assim, o atestado médico deve ser entregue ao empregador até o 15º dia de afastamento, sob pena de violar o princípio da boa-fé objetiva do empregado que simplesmente desaparece do emprego, como se infere do seguinte julgado:

> **DOENÇA E CONSEQUENTE SUSPENSÃO DO CONTRATO DE TRABALHO. NULIDADE DA DISPENSA.** A reclamante não foi diligente no sentido de avisar acerca da necessidade de se afastar do trabalho por problemas de saúde, situação em que, se fosse o caso, teria seu contrato de trabalho interrompido por quinze dias e, se persistisse o problema, suspenso pelo tempo necessário. Não o fazendo e tendo se ausentado por dez dias, sem qualquer justificativa, preferiu correr o risco de ser dispensada pela reclamada, que assim agiu dentro dos limites do *jus variandi*. (TRT - 2ª Região, RO 01535200605502009, relª. Desª. Odette Silveira Moraes, DJ. 22.4.2009)

Da interpretação que se extrai dos §§ 3º e 4º do art. 75 do Decreto n. 3.048/99, quando o empregado, por motivo da mesma doença, afasta-se do trabalho por mais de quinze dias, ainda que em períodos descontínuos, no interregno de 60 dias, faz jus ao auxílio-doença.

A partir do 16º dia de afastamento, o contrato de trabalho do empregado que sofreu acidente ou doença ocupacional ficará suspenso e o empregador deverá encaminhar o segurado para a perícia médica da Previdência Social, que analisará a concessão do benefício do auxílio-doença.

Em que pese a suspensão do contrato de emprego em razão de acidente de trabalho ou doença ocupacional que ocasionou a incapacidade laborativa do empregado, o empregador terá o dever de proceder ao recolhimento de FGTS na conta vinculada do obreiro, nos termos do art. 15, § 5º, da Lei n. 8.036/90.

O afastamento do empregado em gozo de auxílio-doença é causa de suspensão do contrato de trabalho e não põe fim ao contrato de emprego, ficando o trabalhador apenas sem prestar serviço e receber salário. Por isso, permanecem vigentes e com plena eficácia suas cláusulas, sobretudo daquelas que não se encontram óbice nesse estado de inativação forçada do trabalho, razão pela qual, não é lícita a supressão unilateral do plano de saúde, sem justificativa legal e plausível.

O empregado submetido a contrato de trabalho por tempo determinado goza de garantia provisória de emprego, decorrente de acidente de trabalho, prevista no art. 118 da Lei n. 8.213/91. Inteligência da Súmula n. 378, III, da SDI-I do Colendo TST.

Nesse sentido, os julgados do C. TST:

> **EMBARGOS REGIDOS PELA LEI N. 11.496/2007. ACIDENTE DO TRABALHO. CONTRATO POR TEMPO DETERMINADO. ESTABILIDADE PROVISÓRIA. SÚMULA N. 378, ITEM III, DO TST.** A decisão embargada encontra-se em consonância com o entendimento

pacificado desta Corte superior, de que o empregado que sofre acidente do trabalho na vigência de contrato por prazo determinado também tem direito à estabilidade provisória prevista no art. 118 da Lei n. 8.213/91, conforme se extrai do teor do item III da Súmula n. 378 do TST, que dispõe: O empregado submetido a contrato de trabalho por tempo determinado goza da garantia provisória de emprego decorrente de acidente de trabalho prevista no art. 118 da Lei n. 8.213/91. Se é certo que o afastamento do trabalhador acidentado ou vítima de doença profissional, com a consequente suspensão de seu contrato de trabalho (mesmo que celebrado por prazo determinado ou a título de experiência), decorreu de fato alheio à sua vontade, mas em consequência direta da dinâmica empresarial e de fatores de risco de ônus e de responsabilidade de seu empregador, deve este respeitar a garantia de emprego prevista no citado preceito legal, pelo prazo de um ano, a contar da data do término do auxílio-doença acidentário. Esse entendimento decorre da direta aplicação dos princípios da razoabilidade, da boa-fé objetiva e, principalmente, da teoria do risco da atividade econômica (art. 927 do CC) e do art. 7º, inciso XXII, da Constituição Federal, que assegura aos trabalhadores, urbanos e rurais, o direito à redução dos riscos inerentes ao trabalho, por meio de normas de saúde, higiene e segurança, sem distinção de nenhuma modalidade de contrato. Ademais, o desrespeito à integridade física do trabalhador contratado por prazo determinado fere o princípio constitucional da isonomia, existindo fundamento jurídico suficiente para a extensão da estabilidade prevista no art. 118 da Lei nº 8.213/91 também ao trabalhador temporário. Embargos não conhecidos. (TST – E-ED-RR-5335-49.2010.5.12.0047, rel. Min. José Roberto Freire Pimenta, SBDI-1, DEJT 24.10.2014)

De acordo com o art. 25, I, da Lei n. 8.213/91, são necessárias 12 contribuições mensais para a concessão do auxílio-doença comum ou previdenciário (código B-31). O auxílio-doença acidentário (B-91) não possui carência para o seu percebimento.

4. Discriminação no ambiente de trabalho

A discriminação é a antítese da igualdade. Em outras palavras, a negação do princípio de que todos são iguais perante a lei. Não se pode falar em democracia, justiça ou estado de direito sem que o princípio da igualdade seja lembrado e observado. Um Estado nunca será democrático, justo ou de direito se os cidadãos forem tratados desigualmente. Os privilégios de castas, grupos e classes e a discriminação por sexo, raça, cor, origem, crença religiosa, idade etc., além de macular os ideais mais elevados de qualquer sociedade, não raro põem em risco a própria sobrevivência do Estado, pela conflituosidade que gera.[18] Outros autores conceituam a discriminação como "*(...) conduta pela qual se nega à pessoa tratamento compatível com o padrão jurídico assentado para a situação concreta por ela vivenciada (...)*".[19]

---

(18) LOPES, Otávio Brito. A questão da discriminação no Trabalho. *Revista Jurídica Virtual*. Brasília, vol. 2, n. 17, out. 2000. Disponível em: <https://revistajuridica.presidencia.gov.br/index.php/saj/article/view/981>. Acesso em: 15 dez. 2020.

(19) DELGADO, Mauricio Godinho. Proteções contra discriminação na relação de emprego. In: VIANA, Márcio Tulio; RENAULT, Luiz Otávio Linhares (Coords.). *Discriminação*. São Paulo: LTr, 2000. p. 21.

A Lei Maior, art. 5º, *caput,* veda práticas discriminatórias arbitrárias, que objetivam prejudicar determinado indivíduo que se encontra em igual posição entre seus pares. Trata-se do princípio da isonomia, em sentido amplo, em aplicação da eficácia horizontal dos direitos fundamentais.

Os direitos fundamentais servem para regular relações entre Estado-cidadão (nisso consiste a eficácia vertical dos direitos fundamentais) e também para regular relações entre cidadãos (aqui reside a eficácia horizontal dos direitos fundamentais, eficácia nas relações privadas).

A eficácia horizontal dos direitos fundamentais, sinônimo de eficácia dos direitos fundamentais entre terceiros ou de eficácia dos direitos fundamentais nas relações privadas, decorre do reconhecimento de que as desigualdades estruturantes se estabelecem na relação entre o Estado e os particulares e nas relações jurídicas entre os próprios particulares. No âmbito das relações de trabalho, esse estudo emerge em importância, quando se analisa o poder empregatício (disciplinar, diretivo e regulamentar) reconhecido ao empregador (CLT, art. 2º) e os deveres empregatícios que também decorrem desse artigo.[(20)]

A Constituição Federal fixa a dignidade da pessoa humana como fundamento da República (art. 1º, inciso III), ao mesmo tempo proclamando a igualdade jurídica (art. 5º, *caput*) e prevendo a inviolabilidade a intimidade, a vida privada, a honra e a imagem das pessoas, assegurado o direito à indenização pelo dano material ou moral decorrente de sua violação (art. 5º, X).

A Lei n. 9.029, de 13 de abril de 1995, veda a adoção de qualquer prática discriminatória e limitativa para efeito de acesso à relação de emprego, ou sua manutenção, por motivo de sexo, origem, raça, cor, estado civil, situação familiar ou idade, ressalvadas, nestes casos, as hipóteses de proteção ao menor previstas no inciso XXXIII do art. 7º da Constituição Federal.

Toda essa normatização nacional é ressonância de outras normas internacionais ratificadas pelo Brasil (Decreto Legislativo n. 104, de 24.11.64) como a Convenção n. 111 da OIT, que em seu art. 1º conceitua discriminação como a *"(...) distinção, exclusão ou preferência fundada em raça, cor, sexo, religião, opinião política, ascendência nacional, origem social ou outra distinção, exclusão ou preferência especificada pelo Estado-membro interessado, qualquer que seja sua origem jurídica ou prática e que tenha por fim anular ou alterar a igualdade de oportunidades ou de tratamento no emprego ou profissão (...)".*

---

(20) BEZERRA LEITE, Carlos Henrique. Eficácia horizontal dos direitos fundamentais na relação de emprego. *Revista Justiça do Trabalho,* ano 28, n. 329, HS Editora, p. 10-14.

Retomando o texto da Lei n. 9.029/95 como importante instrumento contra a conduta do empregador de limitar o respectivo poder diretivo e efetuar dispensas discriminatórias, é importante citar os arts. 1º e 4º:

> Art. 1º Fica proibida a adoção de qualquer prática discriminatória e limitativa para efeito de acesso a relação de emprego, ou sua manutenção, por motivo de sexo, origem, raça, cor, estado civil, situação familiar ou idade, ressalvadas, neste caso, as hipóteses de proteção ao menor previstas no inciso XXXIII do art. 7º da Constituição Federal.
>
> (...)
>
> Art. 4º O rompimento da relação de trabalho por ato discriminatório, nos moldes desta Lei, além do direito à reparação pelo dano moral, faculta ao empregado optar entre:
>
> I – a readmissão com ressarcimento integral de todo o período de afastamento, mediante pagamento das remunerações devidas, corrigidas monetariamente, acrescidas dos juros legais;
>
> II – a percepção, em dobro, da remuneração do período de afastamento, corrigida monetariamente e acrescida dos juros legais.

Analisando seu conteúdo, tem-se que qualquer forma de discriminação arbitrária será coibida, trazendo alguns motivos para que essa prática ocorra, como sexo, origem, raça, cor, estado civil, situação familiar ou idade. Esse rol contido na legislação é meramente exemplificativo, *numerus apertus*.(21)

O Tribunal Superior do Trabalho também tem julgado nesse sentido, apesar das divergências internas, observadas nos seguintes julgados:

> **RECURSO DE REVISTA DA RECLAMANTE INDENIZAÇÃO POR ATO DISCRIMINATÓRIO** – O art. 3º, IV, da Constituição Federal condena os preconceitos de origem, raça, sexo, cor, idade e quaisquer outras formas de discriminação. O art. 1º da Lei n. 9.029/95, por sua vez, proíbe a adoção de qualquer prática discriminatória para efeito de acesso à relação de emprego ou a sua manutenção. Inobstante o referido artigo enumerar determinadas formas de prática discriminatória, tal rol não pode ser considerado fechado, principalmente tendo em vista o comando constitucional em análise. Logo, é sempre possível divisar novas formas de discriminação não previstas no comando legal, como ocorreu na espécie. Recurso conhecido e provido. (...). (RR – 268100-22.2008.5.12.0054, relator Juiz convocado: Sebastião Geraldo de Oliveira, Data de Julgamento: 9.11.2011, 8ª Turma, Data de Publicação: 11.11.2011)
>
> **RECURSO DE REVISTA. (...) DESPEDIDA DISCRIMINATÓRIA. INDENIZAÇÃO. ART. 1º DA LEI N. 9.029/95. ROL TAXATIVO**. Nos termos do art. 1º da Lei n. 9.029/95, fica proibida a adoção de qualquer prática discriminatória e limitativa para efeito de acesso a relação de emprego, ou sua manutenção, por motivo de sexo, origem, raça, cor, estado civil, situação familiar ou idade, ressalvadas, neste caso, as hipóteses de proteção ao menor previstas no inciso XXXIII do art. 7º da Constituição Federal. As hipóteses de despedidas

(21) Cf. GOSDAL, Thereza Cristina. Antecedentes criminais e discriminação no trabalho. *Revista Eletrônica do TRT 9*, Curitiba, ano 28, n. 49, jan/jun/2003.

discriminatórias ensejadoras da indenização pleiteada pelo autor estão previstas, taxativamente, no art. 1º da Lei n. 9.029/95, não podendo o julgador aplicar interpretação extensiva, conforme fez o Tribunal de origem. Recurso de revista conhecido e provido, no particular. (...) (RR – 81200-39.2009.5.05.0005, relator Ministro: Emmanoel Pereira, Data de Julgamento: 20.3.2013, 5ª Turma, Data de Publicação: 26.3.2013)

Toda forma de discriminação que não decorra de ação afirmativa deve ser evitada, por imposição do princípio da isonomia, em eficácia horizontal, bem como não seria crível que o legislador somente considerasse como reprovável a discriminação pelas formas indicadas no dispositivo normativo em estudo, razão pela qual o primeiro julgado é mais condizente com o sistema jurídico apresentado. O espírito da Lei n. 9.029/95 foi referir-se a situações de discriminação que causam aversão ou indignação à consciência humana, do que decorre seu caráter meramente exemplificativo.

A interpretação finalística é a via adequada à correção das imperfeições ou insuficiências da literalidade da lei, sendo que a correta visão do conteúdo dos textos legislativos se dá sob o prisma dos princípios constitucionais.

O art. 3º, IV, da Constituição Federal, ao dispor sobre a proibição de discriminação no âmbito da origem de raça, sexo, cor, idade e a *"(...) quaisquer outras formas de discriminação"* imprime à enumeração da Lei n. 9.029/95 caráter não taxativo. Se assim não fosse, teria o legislador constituinte consignado a proibição a quaisquer outras formas de discriminação "na forma da lei", vale dizer, dada a relevância do tema, não delegou ao legislador infraconstitucional o poder de discriminar as situações de proibição de discriminação, mas apenas o de mencionar exemplos.

Percebe-se, embora haja divergência, que há uma inclinação maior do Tribunal Superior do Trabalho para o combate ao abuso no exercício do poder diretivo do empregador, visando salvaguardar os princípios da dignidade da pessoa humana, valorização social do trabalho e manutenção do emprego, dentre outros, por meio o texto da Súmula n. 443:

DISPENSA DISCRIMINATÓRIA. PRESUNÇÃO. EMPREGADO PORTADOR DE DOENÇA GRAVE. ESTIGMA OU PRECONCEITO. DIREITO À REINTEGRAÇÃO. (Resolução n. 185/2012, DeJT 25.9.2012) Presume-se discriminatória a despedida de empregado portador do vírus HIV ou de outra doença grave que suscite estigma ou preconceito. Inválido o ato, o empregado tem direito à reintegração no emprego.

Essa presunção mencionada no entendimento sedimentado é relativa, admite prova em sentido contrário. Se o ato for fundamentado em motivo legal, lícito, não relacionado à condição de saúde do trabalho, é válido.[22]

Extrai-se da interpretação da Súmula n. 443 do Colendo TST que não é apenas o fato de o trabalhador possuir doença grave que atrai a presunção acerca do viés

(22) Cf. TST – RR 21508-78.2015.5.04.0021, 8ª Turma, relª. Minª. Maria Cristina Irigoyen Peduzzi, DEJT 3.3.2017.

discriminatório de sua dispensa. O quadro clínico, além de grave, deve suscitar preconceito ou estigma nas demais pessoas, de modo que se presuma a discriminação em razão do próprio senso comum que permeia o tratamento social dado a determinadas doenças. Deve ser uma doença que provoque estigma ou preconceito no seio social e que gere necessariamente sinais externos nos seus portadores:

> **AGRAVO DE INSTRUMENTO EM RECURSO DE REVISTA INTERPOSTO SOB A ÉGIDE DA LEI N. 13.015/2014 E DO NCPC – PRELIMINAR DE NULIDADE POR NEGATIVA DE PRESTAÇÃO JURISDICIONA**L. O Recurso de Revista não atende aos requisitos do art. 896, § 1º-A, I, da CLT. **DISPENSA DISCRIMINATÓRIA – DIABETES E DOENÇAS CARDÍACA E RESPIRATÓRIA – CARACTERIZAÇÃO – DANOS MORAIS.** Vislumbrada contrariedade à Súmula n. 443 do TST, dá-se provimento ao Agravo de Instrumento para processar o Recurso de Revista. I – **RECURSO DE REVISTA INTERPOSTO SOB A ÉGIDE DA LEI N. 13.015/2014 E DO NCPC – DISPENSA DISCRIMINATÓRIA – DIABETES E DOENÇAS CARDÍACA E RESPIRATÓRIA – CARACTERIZAÇÃO – DANOS MORAIS.** Infere-se da Súmula n. 443 do TST que não é apenas o fato de o trabalhador possuir doença grave que atrai a presunção de dispensa discriminatória. O quadro clínico, além de grave, deve suscitar preconceito ou estigma nas demais pessoas, de modo a se presumir a discriminação em razão do próprio senso comum que permeia o tratamento social dado a determinadas doenças, o que não ocorreu nos autos. Recurso de Revista conhecido e provido. (TST – ARR – 1142-06.2015.5.17.0005, 8ª Turma, relª. Minª. Maria Cristina Irigoyen Peduzzi, Data de Julgamento: 11.4.2018, Data de Publicação: DEJT 13.4.2018)

> **DISPENSA DISCRIMINATÓRIA. DOENÇA DE PARKINSON. REINTEGRAÇÃO. Súmula n. 443/TST.** 1. Hipótese em que o Tribunal Regional consignou que "Os documentos juntados com a inicial, em especial, o de fls. 45/47, não impugnados pela reclamada, indicam que desde a data de 20.12.2007, o reclamante apresentava sintomas da doença de Parkinson. Assim, o exame demissional realizado pela reclamada perde valor em face dos documentos juntados com a inicial". Registra que "o art. 151 da Lei n. 8213/91, considera a doença de Parkinson como doença grave, 'até que seja elaborada a lista de doenças mencionadas no inciso II do art. 26' da mesma lei". Conclui que "considerando que a reclamada não logrou comprovar, nos termos do disposto no art. 818, do Estatuto Consolidado, regularidade na dispensa operada, há de se manter a r. sentença que reconheceu a dispensa como discriminatória e determinou a reintegração do reclamante". 2. A jurisprudência desta Corte presume discriminatória a dispensa de empregado portador de doença grave que suscite estigma ou preconceito ("Presume-se discriminatória a despedida de empregado portador do vírus HIV ou de outra doença grave que suscite estigma ou preconceito. Inválido o ato, o empregado tem direito à reintegração no emprego". Súmula n. 443/TST) — caso dos autos. 3. A presunção de despedida discriminatória pode ser afastada por prova em contrário, recaindo sobre o empregador o ônus de demonstrar que o ato de dispensa se deu em desconhecimento do estado do empregado ou que decorreu de outra motivação lícita que não a sua condição de saúde. Cabe à empresa, portanto, provar que a dispensa do empregado portador de doença grave se deu por motivo plausível, razoável e socialmente justificável capaz de afastar o caráter discriminatório do término contratual. 4. Na hipótese, no entanto, não há registro de que a reclamada tenha comprovado motivação lícita para a dispensa do empregado que não a sua condição de saúde. 5. Nesse contexto, estando a decisão regional em consonância

com a jurisprudência desta Corte Superior, emergem os óbices do art. 896, § 4º (atual § 7º), da CLT e da Súmula n. 333 do TST ao conhecimento do recurso de revista. Agravo de instrumento conhecido e não provido. (TST – AIRR 1221-11.2013.5.02.0445, 1ª Turma, rel. Min. Hugo Carlos Scheuermann, DEJT 25.8.2017)

RECURSO DE REVISTA. DISPENSA DISCRIMINATÓRIA. DANOS MORAIS. O Tribunal *a quo* assentou que a dispensa do reclamante ocorreu em razão de sua condição de saúde, por ser ele portador de câncer, embora tenha consignado que não ficou comprovado o fato de a dispensa do reclamante ter sido abusiva. Este Tribunal Superior do Trabalho já teve a oportunidade de se manifestar sobre a matéria controvertida, consignando que o câncer, por si só, não possui natureza contagiosa nem estigmatizante, ou seja, que marca de forma negativa e indelevelmente, afastando, assim, a presunção de dispensa discriminatória. Recurso de revista conhecido e provido. (TST – RR – 470-61.2016.5.09.0562, 8ª Turma, relª. Minª. Dora Maria da Costa, DEJT 23.3.2018)

Assim, em princípio, a Covid-19 não é considerada doença grave e estigmatizante. Entretanto, é necessário analisar o caso concreto. Se houver prova de que o empregado foi destinatário de preconceito ou estigma, influenciando na contratação ou dispensa, por interpretação analógica aplicar-se-á o entendimento da Súmula n. 423 do TST.

5. A discriminação que emerge da pandemia da Covid-19

A pandemia causada pela Covid-19 chegou ao Brasil em meados de março de 2020, após o feriado de carnaval, especialmente em São Paulo, mas rapidamente se disseminou pelo País. Hospitais com ocupação limite dos leitos da unidade intensiva foram realidade ao longo do ano, com redução e aumento em alguns períodos e muitas perdas familiares de entes queridos. Das classes alta e média, a doença espalhou-se para a população mais necessitada em pouco tempo.(23)

O primeiro grande efeito produzido pelo isolamento social, medida imposta pelo Estado para reduzir o número de contágio ante uma doença desconhecida, com rápido contágio e uma taxa considerável de letalidade, foi o desemprego no setor doméstico. Os primeiros trabalhadores afetados foram os autônomos, em sua maioria composta por mulheres, seguidos dos vínculos empregatícios.

Em meados de abril de 2020, o Instituto Locomotiva realizou uma pesquisa quantitativa em âmbito nacional sobre o emprego doméstico durante a pandemia. O estudo apontou que 11% das famílias brasileiras contavam com o serviço de ao menos uma trabalhadora doméstica. Durante o isolamento social (por exemplo, com o Decreto Estadual de São Paulo n. 64.881, de 22.3.2020), 39% das tomadoras de serviços

(23) MELO, Maria Luisa de. Primeira vítima do RJ era doméstica e pegou coronavírus da patroa no Leblon. Notícia publicada em 19.3.2020. *Site UOL*. Disponível em: <https://noticias.uol.com.br/saude/ultimas-noticias/redacao/2020/03/19/primeira-vitima-do-rj-era-domestica-e-pegou-coronavirus-da-patroa.htm?cmpid=copiaecola>. Acesso em: 10 dez. 2020.

autônomos das diaristas e 13% das empregadoras domésticas abriram mão dos serviços sem pagamento. Nas classes A e B esse percentual sobiu para respectivamente 45% e 12%. Mas, respectivamente 39% dos tomadores domésticos e 48% dos empregadores domésticos mantiveram o pagamento, embora dispensassem as trabalhadoras do comparecimento.[24]

Na região metropolitana de São Paulo, o número de domésticas é de 616 mil, o que corresponde a 14,5% das trabalhadoras mulheres, segundo o Departamento Intersindical de Estatísticas e Estudos Socioeconômicos (DIEESE). O mesmo instituto concluiu que as trabalhadoras domésticas são um dos grupos mais vulneráveis à Covid-19, tanto em razão do desemprego como em razão da maior exposição à contaminação para o que não pararam de trabalhar.[25]

Em reportagem do G1, foi noticiada a busca por uma família mineira de trabalhadora doméstica que já tivesse sido contaminada pelo Covid-19 para a vaga de emprego de babá ou que estivesse infectada,[26] esse ponto é o mais inusitado. Sob a perspectiva do tratamento igual, houve, a partir de uma aparente preocupação com os não infectados, uma discriminação quanto a essas pessoas. Do ponto de vista do pedido de envio de uma pessoa infectada, ainda que sem os sintomas aparentes, que podem vir a aparecer, há um pedido explícito de oferta de trabalho para pessoas que estejam doentes em detrimento das que não foram infectadas.

Estudos recentes apontam que mesmo sem os sinais aparentes respiratórios ou de dor no corpo, o vírus pode atingir o coração com fibroses por até três meses.[27] Em geral, utilizar o trabalhador para um trabalho que implica esforço físico, ainda que já

---

(24) SILVA, José Cicero da. Trabalhadoras domésticas enfrentam coação de patrões durante a pandemia. Notícia publicada em 5.6.2020. *Site APUBLICA.ORG*. Disponível em: <https://apublica.org/2020/06/trabalhadoras-domesticas-enfrentam-coacao-de-patroes-durante-pandemia/>. Acesso em: 10 dez. 2020.

(25) *REPÓRTER NACIONAL*. Pesquisa aponta trabalhadoras domésticas como um dos grupos mais vulneráveis à Covid-19. Notícia publicada em 20.7.2020. Disponível em: <https://radios.ebc.com.br/reporter-nacional/2020/07/pesquisa-aponta-que-nesses-tempos-de-pandemia-trabalhadoras-domesticas-sao>. Acesso em: 10 dez. 2020.

(26) *G1*. Minas Gerais. Família com Covid-19 oferece emprego de babá com um requisito: que a pessoa já tenha sido contaminada. Notícia publicada em 7.7.2020. Disponível em: <https://g1.globo.com/mg/minas-gerais/noticia/2020/07/07/familia-com-Covid-19-oferece-emprego-de-baba-com-um-requisito-que-a-pessoa-ja-tenha-sido-contaminada-entenda.ghtml>. Acesso em: 12 dez. 2020.

(27) "Kalil dá destaque aos resultados do segundo estudo. Em um tempo médio de 71 dias após a infecção, 100 pacientes passaram por ressonância para avaliar a saúde cardíaca. Após mais de dois meses, 78% ainda apresentavam inflamação no coração." (DANTAS, Carolina. Covid atinge o coração e inflamação em músculo é achada semanas após recuperação, apontam estudos: Periódico *'Jama Cardiology'* publicou duas pesquisas que relacionam os efeitos do coronavírus Sars CoV-2 no miocárdio. Pesquisadores investigam risco de futuras complicações cardíacas. *In: G1*. Bem Estar. Notícia publicada em 27.7.2020. Disponível em: <https://g1.globo.com/bemestar/coronavirus/noticia/2020/07/27/novo-coronavirus-atinge-o-musculo-do-coracao-e-inflamacao-e-encontrada-semanas-apos-recuperacao-da-Covid-19-apontam-estudos.ghtml>. Acesso em: 14 dez. 2020).

contaminado, sintomático ou assintomático, pode agravar as sequelas deixadas pela doença causada pelo Covid-19. As normas de proteção à saúde do trabalhador não são respeitadas nesse caso. O trabalhador, em razão de um esforço não recomendável, pode ir a óbito por problemas cardíacos ou outros decorrentes da sequela deixada na saúde pelo Covid-19, associado ao esforço físico que será realizado.

Por outro lado, verifica-se que há liminarmente no anúncio uma vedação do acesso ao emprego às pessoas não infectadas pelo Covid-19. Essa discriminação seria positiva? O ordenamento pátrio comporta esse tipo de discrímen?

A partir dos julgados apresentados, verifica-se que qualquer discriminação na forma de contratação tem que ser baseada em critérios razoáveis, permitir que uma família infectada contrate apenas pessoas infectadas ou que já tiverem sido acometidas pela doença não é uma discriminação positiva, ou determinada como modo de igualar um sistema desigual. O fato de já estar infectado ou ter tido o vírus não implica ausência de nova infecção.[(28)]

O trabalho doméstico brasileiro, especialmente as relações de emprego, precisa evoluir para relações mais apartadas de um recente passado colonial. Não se pode discriminar exigindo a separação de pessoas no ato da contratação, com base na infecção ou não.

Nesse caso específico, a doença não foi considerada como estigma e talvez a ideia da família contratante fosse não contaminar outra pessoa. Porém, a discriminação baseada em critérios não acolhidos pela norma jurídica é patente, especialmente quando se trata de uma contratação de pessoa com a infecção, ou seja, doente, ainda que sem sintomas aparentes. Estudos demonstram que mesmo as pessoas denominadas assintomáticas, aquelas que não apresentam dificuldade respiratória, perda de olfato e paladar, podem ter outros órgãos prejudicados como rins, cérebro e coração.[(29)]

A pessoa doente, independentemente de sua profissão, tem o direito de recuperar sua saúde sem realizar nenhum tipo de trabalho. Como explicado, para os empregados a doença é causa de afastamento do trabalho, sendo os quinze primeiros dias

---

(28) *G1* Ribeirão Preto e Franca. USP aponta reinfecção de paciente recuperada da Covid-19 50 dias após 1º teste positivo em Ribeirão Preto. Técnica de enfermagem de 24 anos foi diagnosticada em maio e voltou a ficar doente em junho. Segundo pesquisadores da Faculdade de Medicina, quadro deve ser analisado por autoridades em saúde. Publicada em 5.8.2020. Disponível em: <https://g1.globo.com/sp/ribeirao-preto-franca/noticia/2020/08/05/usp-aponta-reinfeccao-de-paciente-recuperada-da-Covid-19-50-dias-apos-1o-teste-positivo-em-ribeirao-preto.ghtml>. Acesso em: 17 dez. 2020.

(29) *VEJA SAÚDE*. PINHEIRO, Chloé. Além da falta de ar: sequelas que o coronavírus pode deixar após a cura. Pulmão, rins e outros órgãos podem ficar prejudicados por semanas ou meses depois que a pessoa se recuperou da fase aguda da Covid-19. Veja os sintomas. Publicada em 18.8.2020. Disponível em: <https://saude.abril.com.br/medicina/alem-da-falta-de-ar-sequelas-que-o-coronavirus-pode-deixar-apos-a-cura/>. Acesso em: 17 dez. 2020.

pagos pelo empregador — a partir do décimo sexto dia, poderá obter um benefício perante a Previdência Social Brasileira.

Considerações finais

A Constituição Federal constitucionalizou esse direito especialmente nos arts. 6º, *caput*,(30) 7º, inciso XXII(31) e 197.(32) Como direito social fundamental a relevância pública da saúde traduz-se em ações e serviços que resguardem o bem maior, a vida. Também previu (art. 198) o Sistema Único de Saúde, orientado pelos princípios da universalidade, solidariedade e equidade, integrado por ações e serviços públicos de saúde que fazem parte de uma rede regionalizada e hierarquizada. Esse sistema destacou-se internacionalmente no combate à pandemia do Covid-19, por ser um sistema gratuito à disposição de toda a população brasileira.

A garantia da saúde coletiva é dever de todos os entes da Federação. As empresas deverão observar as normas de segurança e medicina do trabalho, instruindo os empregados quanto às medidas protetivas, bem como adotar medidas definidas pela administração pública com o escopo de evitar a infecção pelo Covid-19.

Cumpre aos entes da Federação a proteção ao contágio de doenças infecciosas, uma vez que a Constituição Federal atribuiu ao valor social do trabalho *status* de fundamento do Estado Democrático de Direito (art. 1º, IV, da CF/88) e previu no art. 7º, XXII, o direito social do trabalhador à redução dos riscos inerentes ao trabalho, por meio de normas de saúde, higiene e segurança.

Todas essas normas encontram compatibilidade com o art. 16, da Convenção n. 155 da Organização Internacional do Trabalho, ratificada pelo Brasil por meio do Decreto n. 1.254/1994, com ingresso no ordenamento pátrio como *status* de lei ordinária.

Também é necessário destacar que a Consolidação das Leis do Trabalho tem um capítulo específico sobre a segurança e medicina do trabalho (Direito Tutelar do Trabaho)(33) que prevê a delegação ao antigo Ministério do Trabalho, atual Secretaria

---

(30) Art. 6º São direitos sociais a educação, a saúde, a alimentação, o trabalho, a moradia, o transporte, o lazer, a segurança, a previdência social, a proteção à maternidade e à infância, a assistência aos desamparados, na forma desta Constituição.

(31) Art. 7º São direitos dos trabalhadores urbanos e rurais, além de outros que visem à melhoria de sua condição social: (...) XXII – redução dos riscos inerentes ao trabalho, por meio de normas de saúde, higiene e segurança.

(32) Art. 197. São de relevância pública as ações e serviços de saúde, cabendo ao Poder Público dispor, nos termos da lei, sobre sua regulamentação, fiscalização e controle, devendo sua execução ser feita diretamente ou através de terceiros e, também, por pessoa física ou jurídica de direito privado.

(33) Expressão bastante utilizada pelo professor Octávio Bueno Magano. MAGANO, Octávio Bueno. *Primeiras lições de direito do trabalho*, 3. ed. São Paulo: RT, 2003.

do Trabalho inserida no Ministério da Economia, do poder de estabelecer disposições complementares ao capítulo para atender à prevenção, saúde e medicina do trabalho de acordo com a peculiaridade de cada atividade econômica. Dessa forma, há a Norma Regulamentar (NR) número 6 dispondo de modo geral sobre os equipamentos de proteção individual, com destaque ainda para a NR-32 prevendo normas de segurança especiais para os profissionais que atuam em estabelecimento de saúde.

Dessa forma, o Covid-19 pode ser considerado uma doença de trabalho, se adquirida no ambiente laboral, por falta dos equipamentos de proteção necessários, como no caso dos profissionais da saúde, e embora aparentemente seja uma doença endêmica, as condições de trabalho, ao ensejar concausa, atrairão a responsabilidade objetiva ou subjetiva, a depender do enquadramento normativo e indenização civil pelo empregador.

Outro grave problema gerado pela pandemia é a discriminação na contratação de pessoas, como se pode observar no caso em que uma família ofertou numa agência de empregos de Minas Gerais, vaga para empregada doméstica com a doença ou que já tivesse sido acometida. O contrário também não poderia ser realizado, oferecer vaga para os que não fossem infectados pelo Covid-19.

O setor doméstico foi o mais afetado inicialmente pela doença, que veio do exterior por meio da classe alta, após as férias de janeiro e fevereiro de 2020, bem como feriado de carnaval, proliferando-se por todo o país. Esse é realmente o momento para se refletir sobre o modo de tratamento dessa relação de emprego, em que o sexo feminino é maioria, para que o Brasil finalmente se liberte de um passado colonial e escravocrata.

Referências

BARROS, Alice Monteiro. *Curso de direito do trabalho*. 4. ed. São Paulo: LTr, 2008.

BEZERRA LEITE, Carlos Henrique. *Curso de direito do trabalho*. 5. ed. São Paulo: Saraiva, 2014.

______. Eficácia Horizontal dos Direitos Fundamentais na Relação de Emprego. *Revista Justiça do Trabalho*, ano 28, n. 329, HS Editora, p. 10-14.

BOUCINHAS FILHO, Jorge Cavalcanti; ROCHA, Fabio Ribeiro da. *Aspectos jurídicos das medidas governamentais destinadas a preservar empregos e renda durante a pandemia*. São Paulo: ESA, 2020.

BRANDÃO, Cláudio. *Acidente do trabalho e a responsabilidade civil do empregador*. 4. ed. São Paulo: LTr, 2015.

CAIRO JUNIOR, José. *Acidente do trabalho e a responsabilidade civil do empregador*. 7. ed. São Paulo: LTr, 2014.

DALLEGRAVE NETO, José Affonso. *Responsabilidade civil no direito do trabalho*, 5. ed. São Paulo: LTr, 2015.

DANTAS, Carolina. Covid atinge o coração e inflamação em músculo é achada semanas após recuperação, apontam estudos: Periódico *'Jama Cardiology'* publicou duas pesquisas que relacionam os efeitos do coronavírus Sars CoV-2 no miocárdio. Pesquisadores investigam risco de futuras complicações cardíacas. In: *G1*. Bem Estar. Notícia publicada em 27.7.2020. Disponível em: <https://g1.globo.com/bemestar/coronavirus/noticia/2020/07/27/novo-coronavirus-atinge-o-musculo-do-coracao-e-inflamacao-e-encontrada-semanas-apos-recuperacao-da-Covid-19-apontam-estudos.ghtml>. Acesso em: 14 dez. 2020.

DELGADO, Mauricio Godinho. *Curso de direito do trabalho*. 6. ed. São Paulo: LTr, 2007.

______. Proteções contra discriminação na relação de emprego. In: VIANA, Márcio Tulio; RENAULT, Luiz Otávio Linhares (Coords.). *Discriminação*. São Paulo: LTr, 2000.

______; DELGADO, Gabriela Neves. *Constituição da República e Direitos fundamentais*. 2. ed. São Paulo: LTr, 2013.

FERREIRA, Farley Roberto Rodrigues de Carvalho. *A incapacidade laborativa temporária causada por doença e seus efeitos no contrato de trabalho*. São Paulo: Fontenele, 2017.

GOSDAL, Thereza Cristina. Antecedentes criminais e discriminação no trabalho. *Revista Eletrônica do TRT 9*, Curitiba, ano 28, n. 49, jan./jun. 2003.

LOPES, Otávio Brito. A questão da discriminação no Trabalho. *Revista Jurídica Virtual*. Brasília, vol. 2, n. 17, out. 2000. Disponível em: <https://revistajuridica.presidencia.gov.br/index.php/saj/article/view/981>. Acesso em: 15 dez. 2020.

MELO, Maria Luisa de. Primeira vítima do RJ era doméstica e pegou coronavírus da patroa no Leblon. Notícia Publicada em 19.3.2020. *Site UOL*. Disponível em: <https://noticias.uol.com.br/saude/ultimas-noticias/redacao/2020/03/19/primeira-vitima-do-rj-era-domestica-e-pegou-coronavirus-da-patroa.htm?cmpid=copiaecola>. Acesso em: 10 dez. 2020.

MELO, Raimundo Simão. *Direito ambiental do trabalho e a saúde do trabalhador*. 5. ed. São Paulo: LTr, 2013.

OLIVEIRA, Sebastião Geraldo. *Indenizações por acidente do trabalho ou doença ocupacional*. 5. ed. São Paulo: LTr, 2009.

REPÓRTER NACIONAL. Pesquisa aponta trabalhadoras domésticas como um dos grupos mais vulneráveis à Covid-19. Notícia publicada em 20.7.2020. Disponível em: <https://radios.ebc.com.br/reporter-nacional/2020/07/pesquisa-aponta-que-nesses-tempos-de-pandemia-trabalhadoras-domesticas-sao>. Acesso em: 10 dez. 2020.

ROCHA, Fabio Ribeiro da. *Efetividade do direito fundamental ao meio ambiente de trabalho seguro e adequado*. São Paulo: LTr, 2016.

ROCHA, Fabio Ribeiro da. FERREIRA, Farley Roberto Rodrigues de Carvalho. BOUCINHAS FILHO, Jorge Cavalcanti. *Análise doutrinária e jurisprudencial de tema polêmicos no direito material e processual do trabalho*. São Paulo: ESA, 2020.

ROMITA, Arion Sayão. *Direitos fundamentais nas relações de trabalho*. 4. ed. São Paulo: LTr, 2012.

Da Substituição do Depósito Recursal por Fiança Bancária. Pretensão Formulada em Sede Recursal, com Fundamento na Pandemia. Comprovação da Necessidade

Francisco Alberto da Motta Peixoto Giordani(1)

Resumo: Em época de pandemia, pedidos estão sendo formulados, de substituição do depósito recursal, já efetuado e encontrando-se o feito respectivo em 2ª Instância, por fiança bancária, o que não é algo mecânico, ou seja, basta o pedido ser formulado, para ser deferido, cumprindo a parte que o apresentou, demonstrar a indeclinável necessidade de que tal se realize.

Palavras-chave: Coronavírus — Pandemia — Covid-19 — Necessidade — Demonstração — Substituição — Depósito, instância, processo.

Como descreve, embora tendo em vista a "cidade eterna", mas que bem pinta o retrato do que se passa em locais os mais diversos do mundo, em linhas tão pungentes, Donatella Di Cesare, provocado pelo que asseverou cuidar-se de um "vírus soberano já no nome", assim veio e se instalou o patógeno que tanto está assolando a vida humana (repita-se, humana!):

> "Já estava no ar havia algum tempo. Muitas pessoas continuaram a vida ignorando-o, por descrença, por suspeita, ou apenas por resignação. De repente, tudo parou — tal como deixa de funcionar um mecanismo desgastado, que girou muitas vezes ao redor de si mesmo. Um silêncio fantasmagórico desabou, dilacerado pelo som agudo das sirenes.
>
> Apesar das cores ensolaradas, que tingem as ruas na primavera, tudo está permeado por um espanto sombrio. Desapareceram as mesas dos bares, foram diluídas as vozes dos estudantes. Sobre o asfalto abafado correm velozes os ônibus semivazios, vestígios do mundo febril de antes, como notas desafinadas.

---

(1) Desembargador Federal do Trabalho do Tribunal Regional do Trabalho da 15ª Região.

> Cada pessoa analisa quem está a seu lado, de uma janela a outra. Na calçada, dois conhecidos vão ao encontro um do outro com ímpeto espontâneo, mas a saudação se transforma em um aceno amargo que dissuade o interlocutor, que pede distância.
>
> A cidade eterna, após séculos de história, mantém a respiração. Numa apneia atordoada, numa espera angustiante."

Quem de nós, pergunto ao amigo que, com boa dose de tolerância e bondade, inicia a leitura deste singelo estudo, não vê assim o seu rincão/sua cidade e as demais que, de uma maneira ou de outra, lhe passam sob as vistas? Triste, muito triste!

A Covid-19, desnecessário muitas linhas para realçar esse fato, espraia seus tentáculos para todos os cantos e ramos de atividade, perseguindo/rondando/ameaçando a vida, que o mesmo é dizer, a todos atinge, de uma maneira ou de outra! Entretanto, isso se não dá da mesma forma/intensidade, quer quanto às pessoas, como tais consideradas, quer quanto às empresas, o que não pode ser descurado, também — e até muito especialmente — no e quanto ao direito (por ela também afetado!) toca, para fins de sua escorreita aplicação a um caso concreto, já que a aplicação mecânica de uma qualquer norma é algo que não se lhe ajusta/não lhe veste bem, tampouco é adequado, nem em ocasiões normais, quanto mais em momento de transe, como o provocado pela pandemia que assola o País, bem como o orbe!

Com isso, o que se afirma é que as leis continuam a exigir a observância de seus escopos e fins, o que, como é palmar, implica interpretação; de lembrar lúcidas ponderações de Eduardo Caminati Anders e Guilherme Teno Castilho Misale, que seguem senda segura e que, conquanto tendo em vista o direito concorrencial, de inteira aplicação aqui, o que justifica se sigam seus passos: "(...) a legislação concorrencial brasileira não deixa de ser aplicada por força da Covid-19. Em termos objetivos, não há 'isenção' antitruste automática, leia-se, pura e simplesmente em virtude do momento atual", aliás, estou mesmo em que muito relevante para o Direito do Trabalho, com reflexos no processo respectivo, o ensinamento que vem de ser reproduzido.

Claro que o momento, em *dada situação concreta e em relação a certos assuntos/temas* pode levar a uma *cuidadosa/responsável/criteriosa relativização*, como observam, também, os autores cuja visão se vem de transcrever, os quais então acrescentam: "Ressalva-se, entretanto, que à luz das circunstâncias concretas e das especificidades que acompanham a grave pandemia da Covid-19, sublinhando o senso de emergência, entendemos que há sim substrato de razoabilidade para se relativizar, com parcimônia e temporariamente, determinados institutos e pressupostos legais na seara concorrencial (assim como em outras searas do arcabouço jurídico)", destarte, não se ignora e/ou se está impermeável ao grave momento presente, apenas, em atenção mesmo ao ordenamento jurídico, procura-se preservá-lo, cumprindo-o, que é uma manifestação de respeito, evitando fragilizá-lo, admitindo deixe de ser observado à simples pronúncia e/ou argumento "pandemia"/"coronavírus"/"Covid-19", destituído da devida comprovação de seus efeitos na respectiva relação jurídica, porquanto, como asseverado nas linhas transatas, não é sempre a mesma e/ou única a intensidade com que as pessoas/empresas são atingidas, como também não é a mesma a capacidade de uma empresa manter-se durante o respeitante período, e tudo isso há de ser sopesado, mormente quando se pretenda afastar ou mitigar algum comando legal que, de regra/normalmente/naturalmente incidiria/deve incidir/há de incidir em dada situação.

Especificamente no campo contratual, há de se ter em mente que a pandemia não pode ser vista como um pronto/automático descompromisso/desvinculação/liberação em relação ao milenar princípio do *pacta sunt servanda*, liberando a quem assim o pretender, sua revisão ou mesmo rompimento, amparado em uma referência à pandemia, a caso fortuito, não, não pode ser assim!

Vive-se, como relata Salomão Resedá, um quadro em que:

> "As notícias não amistosas que circulam no mundo econômico impuseram um sentimento de revisão geral dos contratos. O desespero foi incutido na sociedade e a necessidade de romper parâmetros outrora inexistentes passou a ser algo concreto. O termo 'colapso' saiu do mundo da fantasia e bate às portas da realidade. Com isso, há a possibilidade de destruição das cláusulas dos contratos — ou, no mínimo, sua revisão — pois se vivencia uma situação de flagrante caso fortuito. Palmilhando por este caminho de teses, estaria, então, estabelecida a possibilidade de modificação da perspectiva contratual.
>
> Aliás, a frase anterior encontra um equívoco, pois, atualmente, não há que se falar em 'possibilidade'. A sensação que é passada para a sociedade é a de que há o dever de revisar os contratos (...)
>
> Parece que se instalou no país, em matéria contratual, um estado de 'pânico'. As relações contratuais ganharam uma fisionomia de algo tenebroso que devem ser questionadas, de todas as formas, por conta da pandemia que assola o mundo. Os contratos são, então, vistos como entraves que devem ser revistos. Todos querem apertar o botão vermelho para se ejetar da avença, mas a pergunta que se faz é: todos têm esse direito?"

O mesmo ilustre jurista que faz a indagação, sugere uma resposta:

> "Porém, nessa terra arrasada que, ao que parece, se desenhará, não há justificativa para a exclusão das obrigações contratuais em perspectiva genérica, sob pena de efetiva destruição da engrenagem econômica e

da instauração da plena insegurança jurídica", de modo que, continua o festejado jurista, "antes de alegar a ocorrência do caso fortuito para não cumprir o contrato, e com isso pegar — pois, na realidade, é isso que está acontecendo — o credor de surpresa, deve-se demonstrar como e em qual amplitude a Covid-19 afetou a relação contratual em específico."

Os ensinamentos de Anderson Schreiber, outro grande civilista, a essa altura, são de grande valia, por isso vale, deve-se mesmo, reproduzi-los: "Multiplicam-se, nos últimos dias, artigos jurídicos sobre o impacto do coronavírus nas relações contratuais. A maioria dos textos qualifica a pandemia como "caso fortuito ou força maior", concluindo, a partir daí, que os contratantes não estão mais obrigados a cumprir seus contratos, nos termos expressos do art. 393 do Código Civil brasileiro. Outros preferem qualificar o espantoso avanço do novo coronavírus como "fato imprevisível e extraordinário", invocando o art. 478 do Código Civil para deixar ao contratante a opção de extinguir o contrato ou exigir sua revisão judicial.

Há, nos dois casos, um erro metodológico grave, que se tornou comum no meio jurídico brasileiro: classificar os acontecimentos abstratos como "inevitáveis", "imprevisíveis", "extraordinários" para, a partir daí, extrair seus efeitos para os contratos em geral. Nosso sistema jurídico não admite esse tipo de abstração. *O ponto de partida deve ser sempre cada relação contratual em sua individualidade. É preciso, antes de se qualificar acontecimentos em teoria, compreender o que aconteceu em cada contrato: houve efetivamente impossibilidade de cumprimento da prestação pelo devedor?* Ou — hipótese que será necessariamente diversa — houve excessiva onerosidade para o cumprimento da prestação? Ou houve, ainda, algum impacto diverso sobre a relação contratual (como a frustração do fim contratual, o inadimplemento antecipado etc.)? Ou não houve, como é possível, impacto algum? São situações completamente distintas que somente podem ser aferidas à luz de cada contrato e é somente após a verificação do que ocorreu em cada relação contratual que se deve perquirir a causa (ou as causas) de tal ocorrência.

Em outras palavras: é somente à luz da impossibilidade da prestação específica de um contrato que se pode cogitar, tecnicamente, de caso fortuito ou força maior para fins de liberação do devedor. E o mesmo vale para acontecimentos ditos extraordinários ou imprevisíveis, noção que somente faz sentido juridicamente diante da aferição específica de excessiva onerosidade para o cumprimento de um determinado contrato. Não se pode classificar acontecimentos – nem aqueles gravíssimos, como uma pandemia – de forma teórica e genérica para, de uma tacada só, declarar que, pronto, de agora em diante, todos os contratos podem ser extintos ou devem ser revistos.

Aliás, mesmo nos casos concretos em que houver impossibilidade ou excessiva onerosidade, não será necessariamente a pandemia em si o evento que afeta o contrato. Em muitos casos, o impacto nos contratos está sendo gerado por restrições adotadas pela Administração Pública — fato do príncipe, na expressão consagrada na tradição publicista — em virtude da pandemia. São essas restrições e sua influência sobre cada contrato que precisam ser analisadas individualmente. E mais: mesmo quando se estiver diante de situações de impossibilidade do cumprimento da prestação ou de excessiva onerosidade para o seu cumprimento, como ocorre, por exemplo, com contratos de transporte diante de fechamento de fronteiras e outras restrições à circulação de pessoas, *é preciso ter muito cuidado com fórmulas generalizantes ou soluções abstratas, especialmente aquelas que podem ser invocadas para embasar o descumprimento de contratos em meio a um cenário de crise.*

Como diz o sábio provérbio, surgido nas procissões religiosas realizadas no interior do Brasil: "devagar com o andor que o santo é de barro". A queda acentuada das bolsas de valores, associada à baixa dos preços do petróleo, e outros tantos fatores negativos que se associaram naquilo que muitos já consideram uma "tempestade perfeita", pode tornar desinteressante a preservação de muitos contratos já firmados. Nem por isso se terá aí fundamento jurídico para rompimento ou mesmo para revisão do contrato, se não houver impacto econômico direto sobre as prestações devidas. *Não custa lembrar que, para a economia em geral e para a própria preservação das relações sociais, é imprescindível que a maior parte dos contratos já firmados seja mantida e que as prestações devidas sejam cumpridas.* O adequado abastecimento dos centros urbanos, para ficar em apenas um exemplo, depende fundamentalmente disso. O velho *pacta sunt servanda* não merece ataques desnecessários neste momento.

A propósito, convém registrar que, mesmo no âmbito daqueles contratos cujas prestações sejam economicamente afetadas pelas restrições a todos impostas neste momento, antes de qualquer pleito revisional deve-se recorrer à boa-fé objetiva e ao dever de renegociar. Soluções alternativas podem e devem ser encontradas pelos próprios contratantes para preservar o cumprimento de seus contratos, tanto mais na situação que estamos vivendo, em que o Poder Judiciário, em funcionamento restrito, deve ser acionado apenas para situações realmente urgentes. *Extinção de vínculos contratuais e revisão judicial de contratos são remédios extremos que as partes têm o dever de evitar sempre que possível, diante do imperativo de mútua cooperação e lealdade que deriva do art. 422 do Código Civil brasileiro e do princípio constitucional da solidariedade social (art. 3º, I).*

A pandemia já está exigindo de todos nós — e promete exigir ainda mais — sacrifícios pessoais e econômicos. É hora de suportarmos todos, na medida das nossas forças, esses sacrifícios. *À ciência jurídica compete servir de instrumento para soluções que preservem, tanto quanto possível, os direitos fundamentais dos cidadãos brasileiros e as bases econômicas necessárias para que esses direitos sejam exercidos em sua máxima intensidade. Para isso, é importantíssimo preservar tanto quanto possível os contratos já celebrados, evitando o risco real de que, em um cenário de crise, os instrumentos jurídicos sejam manipulados de modo oportunista por aqueles que não têm real necessidade de aplicá-los".* (Grifei)

Tendo, embora, consciência de que longa a transcrição que se vem de fazer, pelo seu alto teor elucidativo e insuperável consistência jurídica, como já realçado, havia mesmo de ser feita, e pelos mesmos motivos, peço vênia para reproduzir mais um excerto do mesmo jurista, que tenho à conta de um dos maiores da atualidade em solo pátrio, no qual ele, com pena de mestre, reafirma/repisa e mesmo robustece o posicionamento antes externado, *verbis*:

> "(...) não se pode classificar os acontecimentos em abstrato como 'inevitáveis', 'imprevisíveis', 'extraordinários', para, a partir daí, extrair seus efeitos para os contratos em geral. Nosso sistema jurídico não admite esse tipo de abstração. O ponto de vista deve ser sempre cada relação contratual em sua individualidade. É preciso, antes de qualificar acontecimentos em teoria, compreender o que aconteceu em cada contrato. Por exemplo, é somente diante da verificação da impossibilidade da prestação que se pode aludir, tecnicamente, a 'caso fortuito ou força maior' em uma relação obrigacional (Código Civil, art. 393). Do mesmo modo, somente se pode aludir, tecnicamente, a 'acontecimentos extraordinários e imprevisíveis' na discussão sobre a causa da excessiva onerosidade verificada em um contrato (Código Civil, art. 478).
>
> Em outras palavras, nosso sistema jurídico não autoriza classificar acontecimentos — nem aqueles gravíssimos, como uma pandemia — de forma teórica, abstrata e geral para, de uma tacada só, declarar que, dali em diante, todos os contratos podem ser descumpridos ou devem ser revistos. Tal abordagem, que acabou sendo adotada em muitos textos naquelas primeiras semanas da pandemia e ainda hoje encontra algum eco, não se afigura apenas temerária, mas exprime também um erro técnico-jurídico, pois o impacto concreto sobre cada relação contratual deve ser sempre o ponto de partida da investigação do jurista."

Na mesma linha, há ecoar nos ouvidos e alojar-se nas mentes, a seguinte e precisa advertência:

> "Os efeitos da Covid-19, por si sós, não abalam o programa contratual. Não se pode, de forma genérica e não contextualizada ao modelo negocial, defender a extinção contratual. É preciso muita cautela, sob pena de frustração generalizada dos contratos, considerando o ambiente de contratos conexos, interdependentes e em rede.
>
> Não há dúvida que vivenciamos transitório ambiente de elevada falta de receita, em que a maioria apresenta dificuldade em honrar seus compromissos. O grande ponto é se ausência de liquidez justificaria

a resolução não culposa dos contratos de trato sucessivo. Algumas premissas são necessárias: se o contratante já se encontrava em situação de inadimplemento anteriormente ao reconhecimento da pandemia, não se lhe socorre o argumento da força maior; b) [*sic*] não basta o reconhecimento dessa crise sanitária, é necessária a prova da sua incidência concreta no programa contratual; c) incabível se afigura a resolução das obrigações pecuniárias ao argumento da superveniência de elemento externo. Quanto a esse último tópico, merece relevo a observação de Enzo Roppo:

'O mesmo critério de responsabilidade objetiva vale quando a obrigação tem por objeto aquela particular coisa genérica que é o dinheiro (obrigações pecuniárias). Quem deve uma soma em dinheiro, a um certo prazo, e não paga tempestivamente, é responsável, mesmo se esteve privado do dinheiro necessário por causas não recondutíveis a culpa própria: por exemplo, porque gastou todos os seus recursos para curar-se de uma grave doença, ou porque perdeu todo o seu dinheiro na falência do banco onde o tinha depositado. Mais em geral, quem deve executar uma prestação numa [*sic*] pode justificar o próprio não cumprimento com a circunstância de ter ficado — mesmo sem culpa — desprovido dos meios monetários necessários para organizá-la e executá-la: a chamada impotência financeira nunca exonera a responsabilidade'."

Aqui chegando, de referir sábias e consistentes ponderações da insigne Ana Frazão, que, uma vez observadas, auxiliarão a que se evite mar revolto, nesse comenos, por si só, já muito complicado, de modo que interessante conhecer seu pensamento, assim vazado:

"Logo, é fato que o ordenamento jurídico brasileiro conta com uma gama de soluções para resolver as distintas consequências da pandemia sobre os contratos, ainda que possa haver dúvidas e mesmo divergências em relação a várias das alternativas mencionadas, que nem sempre estão unidas por um fio condutor comum.

Entretanto, se há um ponto sobre o qual existe considerável convergência, senão unanimidade, é o fato de que todas essas soluções precisam considerar as peculiaridades do caso concreto. Isso afasta preliminarmente a ideia de que a pandemia possa ser um fato que desequilibra todos os contratos na mesma extensão e, exatamente por isso, justificaria de forma apriorística o descumprimento, a resolução ou a revisão.

> Daí os cuidados que se deve ter com soluções amplas e generalizantes. Mesmo a breve experiência que já estamos tendo com a pandemia mostra que os seus impactos realmente divergem conforme o tipo e as circunstâncias dos contratos, assim como variáveis externas — como os casos em relação aos quais se cogita da aplicação da teoria do fato de príncipe. Em vários casos, a impossibilidade de cumprimento da prestação é apenas momentânea, o que igualmente não justificaria soluções.
>
> Todas essas razões mostram a cautela que deve orientar o tratamento do tema, até porque o pior cenário seria aquele em que a pandemia levasse a descumprimento maciço e indiscriminado de contratos, o que contribuiria para o colapso da economia."

Também há reter, quanto aos cuidados que cumpre sejam observados, evitando--se generalizações (o pecado da generalização fácil!) que não podem ocorrer no difícil momento que ora se atravessa, no qual sempre há, infelizmente, possibilidade de que alguém queira tirar vantagens indevidas/aproveitar da grave situação que se vivencia, em vez de agir de forma solidária e responsável, com considerações para com o outro e o todo social, a advertência do ilustre ministro Luís Felipe Salomão, que caminha na direção de que: "É preciso separar o joio do trigo, separar aquele que quer se aproveitar do momento daquele que está agindo de boa-fé".

O que passam/advertem/observam essas vozes respeitadas e autorizadas, me recordam o que, em um de seus livros, o grande pensador Zygmunt Bauman, referindo o não menos afamado Pierre Bordieu, asseverou quanto à possibilidade de se agir de maneira "cínica" ou "clínica", em determinado momento/diante de certa conjuntura, expondo essa "opção" como segue:

> "O saber pode ser usado de forma 'cínica', sendo o mundo o que é, pensemos numa estratégia que nos permitirá utilizar suas regras para tirar o máximo de vantagem; quer o mundo seja justo ou injusto, agradável ou não, isso não vem ao caso. Quando é usado 'clinicamente', esse mesmo conhecimento do funcionamento da sociedade pode nos ajudar a combater o que vemos de impróprio, perigoso ou ofensivo à nossa moralidade."

No ponto que ora nos ocupa, o uso de modo cínico se dá, irrecusavelmente, como assim há ser tido/reputado, na "divisão" feita, ao se pretender aproveitar do transe provocado pelo patógeno, o tentame de alguém em se beneficiar/tirar proveito de alguma situação/obrigação/contrato/desfazimento de ato validamente praticado, ao tempo e no modo em que o foi, sem real e insuperável necessidade, como se verifica na pretensão de substituir o depósito recursal já feito — e há algum tempo —, estando o processo em 2ª Instância, sem prova da necessidade, e em certos casos, recusando-se, abertamente mesmo, a fazê-la (a demonstração da aludida necessidade), sob o argumento de não poder ser compelido a/não haver exigência para tanto, o que ignora toda a construção doutrinária e jurisprudencial nas linhas transatas mencionadas.

A *quaestio* não é nova para o Direito, não tendo surgido no momento atual para os juristas, sendo certo que, há décadas, o preclaro Agostinho Alvim já lecionara que:

> "Outra questão importante, nesta matéria, reside em saber se a escusa supõe impossibilidade absoluta de cumprir a obrigação, ou se basta uma dificuldade fora do comum. Geralmente se diz, e com razão, que a dificuldade de cumprir a obrigação não exonera o devedor. Ainda que seja com sacrifício e aumento de ônus, terá ele que cumpri-la, e só se exonerará se lhe não for isto possível. Todavia, há certas dificuldades que quase podem se consideradas como impossibilidade, tal o aumento de ônus que o cumprimento da obrigação acarretaria ao devedor. E neste caso elas não podem deixar de constituir escusa legítima. Mendes de Almeida, no seu *Auxiliar jurídico*, p. 535, ao mencionar os axiomas e brocardos de direito, extraídos da legislação, consiga este: 'Difícil. O que é muito difícil, é como impossível. Ord. L. Tít. 1 § 8º e Tít. 60 § 3º e Alv. De 22 de junho de 1768 in princ.'. Todavia, é necessário muito cuidado para não transformar simples dificuldade em caso fortuito. Já vimos sustentar, ao nosso ver erroneamente, que, de um modo geral, a crise econômica, quando aguda, constitui caso fortuito. As dificuldades que surgem imprevistamente no mundo dos negócios, como, p. ex., o repentino retraimento dos Bancos, a brusca mudança de orientação financeira, por parte do governo, etc., nada disso escusa o devedor. Casos há, porém, que não configuram a impossibilidade absoluta e nem por isso, deixam de produzir aquela dificuldade que equivale ao impossível. Suponha-se que alguém, obrigado a despachar grande quantidade de mercadorias, vê-se diante de uma greve de ferroviários. Se lhe for possível enviar as mercadorias por estrada de rodagem , a isso está obrigado, ainda que o ônus seja maior, ou muito maior. Todavia, se não houver serviço regular por estrada de rodagem, não está ele obrigado a adquirir caminhões, ou a fretá-los de particulares, a qualquer preço. Não resta dúvida que, em casos assim, poder-se-ia dizer que não se caracterizou a impossibilidade de cumprimento, tomada a palavra ao pé da letra. Mas a diligência a que está obrigado o devedor, se, por um lado, impõe-lhe a obrigação de suportar maior ônus do que o esperado, não lhe impõe, todavia, a obrigação de arruinar-se. Acerca disso, vêm, muito a propósito, as palavras de Grisostomi (...): 'A lei obriga a um certo grau de previdência,

> de diligência; além desse grau, não há mais responsabilidade; está-se no campo do caso fortuito'. Em tal caso, o devedor não incorre em mora. Mas a exoneração só se dá quando a dificuldade assuma o aspecto de impossibilidade, como no caso que figuramos, ou outros semelhantes, que exigiram do devedor uma previdência fora do comum, ou sacrifícios insuportáveis. É matéria de fato, sujeita ao prudente arbítrio do juiz' (*Da inexecução das obrigações e suas consequências*, 3. ed. São Paulo: Ed. Jur. e Univ. Ltda., 1965, n. 207, p. 313)."

Vale realçar que o TJSP já decidiu que não há espaço para a utilização do Poder Judiciário, nesse transe pelo qual todos atravessamos, como moeda de troca, visando alterações em um contrato, nos termos da fundamentação do r. acórdão, *verbis*:

> "(...) Na hipótese em apreço, com o devido respeito, a probabilidade do direito, com todas as mais de 1.000 (mil) laudas que compõem o presente instrumento, não se faz tão evidente.
>
> O pedido da autora consiste em impor à contraparte do contrato de 'Convênio para Antecipação de Recebíveis sob a Modalidade de Cessão de Crédito e Outras Avenças' (fls. 76/93), uma moratória que pela Lei não existe. E tudo com fundamento num motivo de força maior (Covid-19) que atinge, em princípio, a todas as partes do contrato.
>
> Aqui, pelo visto, ao que parece a autora desenha um cenário de absoluta manutenção de toda sua carga produtiva, com pagamento pleno de aluguéis, salários, encargos sociais e fornecedores como se não estivesse passando pela maior crise de saúde pública do mundo contemporâneo, com diminuição de receitas, perdas de empregos, prejuízos generalizados impostos tanto a pessoas físicas, como jurídicas, estas grandes ou de pequeno porte.
>
> Nessa perspectiva, a despeito o emprego dos argumentos *ad terrorem* da demandante, não há como se entender a questão senão como fruto de uma açodada busca da solução jurisdicional com desvio de finalidade, ou seja, deixando entrever que dispara ações para todos os credores como moeda de troca para início de diálogo sobre as possíveis soluções de autocomposição (...)
>
> Nesse sentido, se a parte que se diz vulnerada pela força maior a todos imposta (Covid-19), deixa de oferecer princípio de sacrifício próprio em prol não apenas de seu contexto geral, mas da outra contraparte no contrato, resta malferida a ideia de isonomia processual (CPC, art. 7º) e material (CF, art. 5º, *caput*), impossibilitando ao juízo simplesmente suspender de plano os efeitos contratuais liminarmente em relação a um dos contratantes.
>
> Finalmente, ainda dentro da ótica da antecipação de tutela, falacioso o argumento de que a força maior transfigura a natureza da garantia, podendo ser liberadas as travas bancárias que lastreiam todos os recursos que, num determinado contrato bancário, já foram antecipados às mãos do tomador mediante a cessão fiduciária dos recebíveis.
>
> Ante o exposto, e pelo mais que dos autos consta, nego provimento ao recurso."

Aponto, ainda, outra decisão, também do Tribunal de Justiça de São Paulo, que realça a imprescindibilidade da demonstração — variando esta, claro está, de acordo com a *quaestio* debatida — da necessidade, quando se postula alguma mudança — cessação ou suspensão — de um conserto, com ementa assim redigida, "AGRAVO DE INSTRUMENTO. COMPRA E VENDA DE IMÓVEL. Tutela de urgência para a sustação dos pagamentos do financiamento do imóvel. Descabimento. Ausência de elementos concretos a justificar a alegada impossibilidade financeira em razão da pandemia do Covid-19. Ausentes os requisitos exigidos pelo art. 300 do CPC, não se mostra possível a concessão de tutela de urgência. Recurso Desprovido" , valendo, outrossim, pelo seu alto teor elucidativo e consistência, a transcrição do seguinte excerto da fundamentação:

> "Não obstante a pandemia do novo coronavírus (Covid-19), que assola o mundo, não é cabível sua evocação de maneira genérica, sem qualquer comprovação documental, com vistas à cessação ou suspensão dos contratos em curso.
>
> (...) Ademais, o contrato em análise encerra um sinalagma, com obrigações recíprocas aos contratantes. Logo, autorizar a medida pretendida pela recorrente resultaria na imputação da álea do negócio apenas à contraparte."

Igualmente do Tribunal de Justiça bandeirante, a decisão cuja ementa ocupa as próximas linhas: "Pedido de suspensão da exigibilidade de obrigações contraídas junto à instituição financeira, pelo prazo de 180 dias, em razão dos efeitos deletérios provocados pela pandemia da Covid-19. Hipótese em que não resultou evidenciada, ao menos por ora, a existência de relação de causalidade entre o descumprimento da obrigação em exame na causa e os efeitos deletérios provocados pela pandemia da Covid-19. Imprescindibilidade da dilação probatória para a completa elucidação da questão posta em juízo, ausente assim pressuposto mínimo imprescindível à concessão da tutela de urgência postulada pelo agravante. Inexistência de prova que evidencie a plausibilidade do direito invocado. Tutela de urgência indeferida, por bem traduzir o percurso percorrido para o não acolhimento do recurso, segue parte da fundamentação adotada:

> "Versam os autos sobre tutela cautelar antecedente em que postula o autor a suspensão dos pagamentos das obrigações contraídas junto à instituição financeira, pelo prazo de cento e oitenta dias, fundamentando seu pleito nos efeitos causados pela crise advinda da pandemia da Covid-19.
>
> Houve por bem a douta juíza da causa indeferir a tutela de urgência postulada pelo autor e o agravo de instrumento não comporta provimento.
>
> E isto porque, postula o agravante, em cognição sumária própria desta fase processual, a prematura composição da lide, com a aceleração da entrega de prestação jurisdicional consubstanciada em acolhimento de significativa parcela da demanda a ser proposta, já em seu limiar, desconsiderada até mesmo a sujeição do feito ao contraditório e à regular dilação probatória, não fosse bastante a circunstância de que, como já visto, não

resultou evidenciada, ao menos por ora, a existência de relação de causalidade entre o descumprimento da obrigação em foco e os efeitos deletérios provocados pela pandemia da Covid-19.

Cumpre destacar, neste passo, que, consoante assentado com propriedade pela magistrada, dos elementos até então existentes nos autos, não é mesmo possível aferir a verificação dos requisitos necessários à concessão da tutela de urgência, especialmente porque não trouxe o autor para os autos nem mesmo começo de prova da alegação de redução dos seus rendimentos, não bastando para tanto a simples alegação de que padece com os efeitos da crise ocasionada pela pandemia da Covid-19.

Sob outro enfoque, não pode deixar de ser considerado que se todos os devedores viessem a juízo individualmente para, por força da pandemia, submeterem seus credores a moratórias compulsórias, existe o risco inverso de agravamento da crise ou, mesmo, de colapso do mercado (*lato sensu*). É que, se cada devedor invocar o mesmo argumento para não cumprir suas obrigações, o acolhimento de seu pleito importará em transferir o ônus a terceiro e assim por diante, estabelecendo cadeia infindável de descumprimento de obrigações contratuais validamente constituídas."

Singra pelas mesmas águas, como se pode inferir com a leitura da ementa de acórdão proferido por uma de suas Câmaras, o Tribunal de Justiça de Minas Gerais, é ver:

"EMENTA: AGRAVO DE INSTRUMENTO – AÇÃO DE RESCISÃO CONTRATUAL – ALEGAÇÃO DE DESCUMPRIMENTO DO CONTRATO – NECESSÁRIA DILAÇÃO PROBATÓRIA – RESCISÃO COM FUNDAMENTO NO ESTADO DE CALAMIDADE PÚBLICA OCASIONADO PELA PANDEMIA DE COVID-19 – FUNDAMENTO INIDÔNEO – RECURSO IMPROVIDO. – Para fins de concessão de tutela provisória de urgência mostra-se necessária a presença dos requisitos previstos no art. 300 do CPC, quais sejam, a probabilidade do direito e o perigo de dano ou risco ao resultado útil do processo. – É importante atentar, ainda, para um terceiro requisito, de caráter negativo, insculpido no § 3º, do art. 300 do CPC, já que não será concedida a tutela de urgência antecipada quando houver risco de irreversibilidade dos efeitos da decisão. – Não há que se falar em concessão de tutela de urgência consistente na imediata suspensão das parcelas de contrato de compra e venda fundada em inadimplemento contratual pela parte adversa quando o requerente não logrou demonstrar de plano o alegado descumprimento. – *Eventual decisão que modifique contratos já em execução com fundamento na ocorrência da pandemia de Covid-19 só deve ser proferida se a parte provar que a alteração de suas condições fáticas de deu única e exclusivamente em razão dos efeitos econômicos por ela causados.* – Recurso improvido". (Grifo não consta do original); e da fundamentação, vale a transcrição do excerto que segue:

"A ocorrência de evento futuro e incerto — qual seja, o efeito econômico ocasionado pela pandemia — não pode ser utilizado como fundamento para a modificação ou autorização, por parte do Poder Judiciário, para todo e qualquer negócio jurídico celebrado pelas partes dentro dos limites da autonomia da vontade. Em regra, contratos devem ser cumpridos, devendo o Judiciário atuar no sentido de dar efetividade ao princípio da preservação dos contratos. Ademais, eventual decisão que modifique contratos já em execução com fundamento na ocorrência da pandemia de Covid-19 só deve ser proferida se a parte provar que a alteração de suas condições fáticas se deu única e exclusivamente em razão dos efeitos econômicos causados pela necessidade de isolamento social e de uma eventual onerosidade excessiva criada por força dessas circunstâncias. Carece de razoabilidade utilizar da pandemia como justificativa para modificar situações jurídicas que em tempos normais não se modificariam, sem que exista lastro entre os efeitos econômicos ocasionados pelo Covid-19 e os efeitos fáticos sobre o negócio jurídico."

Em outro interessante julgado, o TJMG, manteve-se na mesma rota:

"EMENTA: AGRAVO DE INSTRUMENTO - TUTELA DE URGÊNCIA - SUSPENSÃO DE PAGAMENTO DE PARCELAS DE CONTRATO DE FINANCIAMENTO DE VEÍCULO - PANDEMIA DE Covid-19 - TEORIA DA IMPREVISÃO - AUSÊNCIA DE MORA NO PERÍODO ANTERIOR AO ISOLAMENTO SOCIAL - DEFERIMENTO DA MEDIDA - POSSIBILIDADE - FIXAÇÃO DE MULTA - CABIMENTO - LIMITAÇÃO - NECESSIDADE. A tutela provisória de urgência pode ter natureza antecipatória, quando tiver por objetivo antecipar, no todo ou em parte, os efeitos pretendidos com a sentença de mérito. Para que seja concedida é necessário que sejam preenchidos os seus requisitos legais, quais sejam: a) existência de elementos que evidenciem a probabilidade do direito; b) perigo de dano. Havendo demonstração da verossimilhança das alegações do consumidor, no sentido de que, em decorrência da pandemia de Covid-19, o pagamento das prestações do contrato de financiamento de veículo tornou-se excessivamente oneroso e sendo demonstrada sua boa-fé, já que não havia mora anterior ao início das medidas de isolamento social, mostra-se possível o deferimento da medida de prorrogação das parcelas. É devida a fixação de multa para a hipótese de descumprimento da obrigação de fazer no prazo estabelecido, sendo cabível, todavia, sua limitação, de forma a não configurar enriquecimento ilícito. V.V. *As consequências jurídicas da Pandemia da Covid-19 nas relações jurídicas privadas devem ser analisadas, caso a caso, de maneira criteriosa pelo Julgador. Não há como se impor a todas as relações jurídicas o mesmo resultado, eis que, cada uma delas terá suas próprias particularidades que serão decorrentes de como cada parte foi, de fato, afetada pela crise.* Ausentes os requisitos necessários ao deferimento da tutela de urgência previstos no art. 300, do CPC, infere-se que o seu indeferimento é medida que se impõe". (Grifei)

E de sua fundamentação consta, em trecho esclarecedor, por isso aqui reproduzido:

"Por fim, cumpre salientar que é cediço que a situação de emergência na saúde vivenciada por todos em razão da Pandemia da Covid-19 atingiu, além da saúde, a situação financeira e econômica da sociedade. Todavia, as consequências jurídicas dessa Pandemia nas relações jurídicas privadas devem ser analisadas, caso a caso, de maneira criteriosa pelo Julgador. *Não há como se impor a todas as relações jurídicas o mesmo resultado, eis que, cada uma terá suas próprias particularidades que serão decorrentes de como cada parte foi, de fato, afetada pela crise. Assim, não se pode generalizar e aplicar o mesmo entendimento a situações que são apenas, aparentemente, semelhantes."* (Grifei)

Claro está, portanto, que não basta a parte esgrimir com o Covid-19, para mudar um contrato, desonerar-se/livrar-se e/ou modificar, mitigando uma obrigação, o que, à evidência, vale também e muito para o campo processual, daí constarem, neste, os ensinamentos e as decisões acima reproduzidos, de mister/imprescindível, robusta/ampla comprovação dos efeitos e em qual medida/intensidade, na economia contratual e sua inafastabilidade.

Sem margem para dúvida legítima, a necessidade de prova de abalo insuperável, o que não equivale a maiores e mais intensas dificuldades/onerosidades em cumprir o contrato/atender a obrigação, agiganta-se, em geral, quando de vinculação de emprego se trata e, por natural extensão, do respeitante processo judicial, e no que ora releva, em não se perdendo de vista a relevância e fins do depósito recursal em uma reclamatória trabalhista, como uma garantia, parcial que seja, do efetivo recebimento de seu crédito, pelo trabalho já dispendido, cuja força de trabalho/energia/o pedaço de sua vida não retornam mais ao trabalhador, e não olvidando ainda da dura/triste realidade, do elevadíssimo percentual de ações em que, reconhecido o direito postulado, na execução resta frustrado o direito do obreiro de então recebê-lo, o que operador algum do direito do trabalho pode alegar desconhecimento! Acresça-se que, nos aflitivos dias que correm, com aumento do problema do desemprego, a necessidade do trabalhador em receber o que judicialmente lhe foi reconhecido, que sempre é enorme, torna-se mais vital ainda! Por isso, indeclinável a demonstração que se vem de referir, para ver/ter deferida a substituição do depósito recursal pela fiança bancária, quando o feito já se encontra em 2ª Instância, atento ao tempo que isso demandará, prejudicando princípios e objetivos constitucionais e processuais, e principalmente a necessidade impostergável de que isso se dê, para o que comprovação robusta haveria/há de acompanhar a respeitante pretensão, sempre que formulada, podendo-se apontar, como possíveis de produzi-la, a CNDT, certidões fiscais e balanços dos últimos 5 anos, pena de, como corolário, restar inviabilizado o acolhimento de pedido nesse sentido formulado.

Admita-se, em sede de argumentação, que se afirme a existência de uma *praesumptio* atuando em prol da necessidade da substituição; estou em que difícil (*rectius*: não empolga) esgrimir com esse argumento, porquanto, à medida que, como acima apontado, o ordenamento jurídico brasileiro, em situações como a ora enfocada, exige a demonstração específica, atinente ao caso concreto, de que os efeitos da pandemia realmente impossibilitam o cumprimento da obrigação, essa, digamos assim, individualização, já se mostra incompatível com uma generalizada presunção, que não combina, antes, provoca inconciliável cizânia, com a necessidade, já apontada, do elevado grau de incidência dos efeitos do Covid-19, em determinada situação, a obstar, insuperavelmente, o adimplemento da obrigação ajustada, a impor alguma revisão e/ou resolução; aqui, oportuno, para "reforçar" o que vem de ser dito desde as primeiras linhas deste singelo trabalho, a menção a ensinamentos de Nelson Eizirik e Marcus de Freitas Henriques acerca de revisão dos contratos, com referências ao art. 393, do Código Civil, no sentido de que:

> "Nos termos do art. 393 do Código Civil alguns requisitos devem estar presentes para a materialização dos institutos e, consequentemente, para a exoneração de responsabilidade do devedor.

> O primeiro deles é a necessidade. Ou seja, *não é qualquer evento, por mais gravoso que seja, capaz de liberar o devedor do cumprimento das obrigações. Somente o evento que efetivamente impossibilitar o cumprimento da obrigação exonera o devedor.*
>
> (...) Uma situação que produza a *mera dificuldade ou agravamento do ônus apresentado pela prestação não se qualifica* como caso fortuito ou força maior a legitimar o afastamento da responsabilidade de devedor.
>
> (...) Vale ressaltar que a análise da ocorrência de caso fortuito e força maior deve ser feita casuisticamente, levando-se também em consideração determinados aspectos subjetivos do devedor, já que *é possível que determinados eventos ou suas consequências possam ser evitados por um devedor e não por outro.*" (Grifos nossos)

De todo modo, ainda que se insista em uma presunção, a incidir no caso *sub examen*, admitida para prosseguir na argumentação, ter-se-ia/ter-se-á de cingi-la/limitá-la/restringi-la às empresas individuais e microempresas, arrancando do pressuposto de que, essas sim, estão sofrendo/sofram, muito rapidamente ou ao menos mais rápido, os efeitos do coronavírus, *praesumptio* essa que não se aplica, do mesmo modo, para empresas de maior porte, as quais deverão, insiste-se, robustamente comprovar, com os documentos necessários para tanto, que estão já passando por sérias dificuldades, não só financeiras, como também econômicas, pois o ordenamento jurídico, em seus diversos ramos, continua em vigor, só podendo ser exceptuada uma norma, quando outra, princípio e/ou regra autorize, sucesso que, ainda que se entenda verificar-se na primeira situação aventada, não tem como, sem mais, ter-se que esteja presente também no segundo caso.

Mais, atento a que se tem sob as vistas quadro em que o depósito recursal já foi, há algum tempo efetuado e se encontra o respeitante feito em grau de recurso, retirá-lo, nesse comenos, de onde se encontra, implicaria (*rectius*: implica), maltrato aos princípios da duração razoável e da eficiência do processo, logo, malferindo o quanto estatuído nos arts. 5º, LXXVII, da Magna Carta e aos arts. 4ª, 6º e 139, II, do Codex de Processo, o que também se ergue como óbice ao acolhimento de pretensões desse jaez; quadro esse em que as cores se tornam mais vivas ainda, se o processo em que tal pedido foi formulado, já foi enviado para inclusão em pauta de julgamento; situações haverá, sem que se cometa o pecado de uma indevida generalização, poder-se-á retardar bem a decisão colegiada, o que cumpre ser evitado!

Outrossim, há de ser considerado que essa obrigatoriedade de demonstração da necessidade da substituição do depósito recursal por fiança bancária, a cargo do empregador que a postule, bem e melhor se harmoniza com o sistema da Lei

n. 13.467/2017, podendo-se mencionar, à guisa de demonstração, o disciplinado pelo art. 790, § 4º, do Diploma Consolidado, que foi pela aludida *lex* inserido:

> "Art. 790. (...)
>
> § 4º O benefício da justiça gratuita será concedido à parte que comprovar insuficiência de recursos para o pagamento das custas do processo."

Há outros artigos da CLT que poderiam/podem ser citados, por adotarem a mesma linha, terem o mesmo espírito, como se dá com o art. 790-B, *caput*; as dificuldades, de regra, não contam (não se olvide do que pode ser tido como exceção, consubstanciada no art. 790, § 3º), e a prova da necessidade, como se vê do transcrito art. 790, § 4º, não cede, desde logo, a uma presunção; claro que esse insensível dispositivo pode sofrer/sofre temperamentos mais rentes à realidade, por meio de interpretação, conforme quem o faça e seus conceitos sobre os fins/objetivos do respeitante dispositivo e seu horizonte, seus limites, quando confrontados/analisados numa visão de sistema, e considerando a Magna Carta como um todo, sem fatiá-la, interpretando-a aos pedaços, mas o que releva, por agora, é fixar a linha adotada pelo legislador, que é da prova, sem presunção a favor do trabalhador: se assim procedeu, também há de ser vista, de igual modo/com as mesmas lentes, a *quaestio* atinente à substituição do depósito recursal pela fiança bancária, veja-se, em comenos algum está sendo sustentado o não cabimento da substituição, apenas, com base nos ensinamentos reproduzidos (por isso que o foram!) está sendo apontada a indeclinável comprovação da necessidade, para que possa prosperar e ser acolhida a respeitante pretensão, e não por conta dos dispositivos da CLT ainda há pouco citados, dos quais se lembrou apenas para indicar que o legislador optou pela necessidade da prova em situações nas quais seria bem razoável – e certamente mais afeiçoado à natureza e razão de ser do processo do trabalho – inclinar-se por uma *praesumptio* para guiar o operador do direito, o que, se não observado também no tema em exame, poderá fazer com que passe/cresça/se instale, entre nós – e não de forma injustificada –, em sede de Direito do Trabalho, é dizer, em relação a todo o corpo de trabalhadores do Brasil, a designação de "Estado-Centauro", empregada por Loïc Wacquant, quando de suas análises e visão acerca da política punitiva e mesmo da questão penal nos Estados Unidos da América, e que, transportada para o Direito do Trabalho pátrio e o modo de ver seus trabalhadores, pode ser visto como "Estado-Centauro", em uma de suas manifestações, no sentido de uma cabeça liberal, para as aspirações patronais, mas com corpo autoritário para as dos obreiros, em outra, como de cabeça liberal para o Direito Individual do Trabalho, e corpo autoritário para o Direito Coletivo do Trabalho, ou, ainda, com legislação liberal, quanto aos poderes patronais, no curso das relações de emprego, e autoritário, quanto aos deveres dos empregados, nessas mesmas relações!

Como bem observado por Noam Chomsky, "as pessoas têm que se perguntar sobre as prováveis consequências de seus atos", o que, como é palmar, também — e muito — se aplica a uma qualquer decisão judicial, e especificamente no que ao direito do trabalho toca: há sempre e invariavelmente de se perguntar/perquirir/indagar/avaliar/sopesar suas repercussões e consequências, para que, ao aplicá-la, não se acabe por desfigurar/contrariar a razão de ser desse ramo do direito e/ou do processo do trabalho; autorizar, no caso em análise, a substituição, sem maiores exames ou comprovação da necessidade, já em fase recursal, não poderia iludir, ao final, a própria razão de ser do depósito recursal, o motivo que o justifica? Não cumpre seja isso evitado, e só pode sê-lo com a devida/necessária demonstração de inarredável necessidade de quem formulou a respectiva pretensão? Ou, ainda, não feriria (*rectius*: não fere, profundamente), implicando maltrato — como referido em linhas pretéritas, mas vale/há de se repisar —, ao quanto estatuído nos arts. 5º, LXXVII, da Magna Carta e aos arts. 4º, 6º e 139, II, do Codex de Processo? Monto praça em que só poderia/pode ser afirmativa a resposta a ambas as indagações!

Como, de maneira muito percuciente, observa Paolo Giordano, "O contágio, na fria abstração matemática, também é um grande jogo. Um jogo macabro, mas ainda um jogo, com suas regras, suas estratégias, seus objetivos (continuar sendo nós mesmos/não adoecermos) e com, obviamente, nós, os jogadores. Um jogo que poderíamos chamar: o dilema da quarentena", e nesse jogo, cumpre evitar o blefe, no que aqui nos importa, quanto à substituição do depósito pela fiança bancária, o que faz necessário se perquira se suas regras estão sendo observadas, com a efetiva comprovação da necessidade/urgência/imprescindibilidade, à falta, absoluta de outros meios, do que pretendido, para que não se frustrem, quer os objetivos visados com sua existência/exigência (do depósito recursal na Justiça do Trabalho), quer os princípios constitucionais da solidariedade, da dignidade da pessoa humana e o princípio protetor do direito do trabalho, este último, como se não desconhece, revigorado/robustecido/fortalecido com os dois primeiros mencionados, em suas perspectivas material e processual.

Aliás, olvidar não se pode, da "responsabilidade estendida", a que se refere o autor que venho, agora, de citar; de fato, na quadra atual, a responsabilidade, que já vem, de há uns tempos, sendo mais exigida, até por conta da alteridade/solidariedade e mesmo e/ou como um dos efeitos da globalização, que exige maiores prevenção/precaução, equilibrando-a, ou ao menos procurando/tentando equilibrar seus efeitos sobre as pessoas, designadamente, as mais vulneráveis, entre todos os fatores que, já se sabe, estão imprimindo-lhe novas feições/domínios/territórios, há de ser mais aberta/alargada ainda, no transe pelo qual atravessamos todos, em decorrência do, como acima referido, "vírus soberano", em que não se pode ignorar (aliás, é algo que não é de hoje que já não se pode mais relegar ao olvido!), a estreita, inevitável mesmo, ligação entre os seres humanos.

Estou em que esse quadro, pintado nas linhas acima, há de emprestar suas cores, também e inevitavelmente, ao Direito do Trabalho, a uma qualquer relação de emprego, tingindo-lhes com as dos princípios já referidos (da solidariedade, dignidade da pessoa humana e protetor), os quais lhes dão/darão a necessária sustentação, exigindo um comportamento responsável, para o que, desde logo, é preciso um agir escorreito, sem querer embair o outro e/ou se aproveitar de um momento em que todos sofrem por conta de uma cepa que a todos ameaça e prejudica, sim, mas em níveis diferentes, a exigir, para que as relações humanas, em sentido lato, possam continuar a ter lugar, demonstração específica de que a situação concreta exige, inevitavelmente (repita-se: inevitavelmente!), essa ou aquela medida; por óbvio que esse comportamento há de repercutir/refletir no âmbito do respeitante processo, o processo do trabalho, obstando a substituição do depósito recursal por fiança bancária, quando o feito já se encontra em segunda instância, sem prova de premente/impostergável necessidade, não atendida com base em argumentações genéricas, quase como bordão, sem prova robusta/inabalável específica da situação em que discutida.

A ideia (*rectius*: a veleidade) do homem em supor/crer ter dominado/ter o controle do mundo/da natureza, mostra, no momento presente quão balofa é, parecemos, em certas horas, crianças de tenra idade, que, ao brincar, acreditam poder tudo submeter e fazer obedecer, pessoas e coisas imaginárias... aliás, isso já vem sendo demonstrado, em dolorosos episódios, de umas décadas a esta parte, como superiormente notado pelo grande pensador Edgar Morin:

> "Antes da década de 1970 e do Relatório Meadows sobre a degradação da bioesfera terrestre, o homem acreditava ter dominado a natureza. Antes da década de 1980 os economistas oficiais [sempre presentes?!] garantiam que estava excluída toda e qualquer crise; antes de 2020, a humanidade havia relegado as grandes epidemias à Idade Média.
>
> Nossa fragilidade estava esquecida; nossa precariedade, ocultada. O mito ocidental do homem cujo destino é tornar-se 'senhor e dono da Natureza' desmorona diante de um vírus. Esse mito já tinha sido ferido no coração pela consciência ecológica que vem demonstrando há algumas décadas que, quanto mais senhores nos tornamos da bioesfera, mais nos tornamos dependentes dela; quanto mais a degradamos, mais degradamos a nossa vida.
>
> No entanto, a convicção de que o progresso tecnoeconômico constitui por si só o progresso humano e de que a livre concorrência e o crescimento econômico são condições mestras do aumento do bem-estar social continua a dirigir o mundo ocidental e chega a provocar o delírio eufórico do transumanismo. Este prediz que o homem atingirá a imortalidade e controlará todas as coisas por meio da inteligência artificial. Essa promessa leva ao paroxismo o mito da necessidade

histórica do progresso e do domínio pelo homem, não só da natureza, mas também de seu destino. Ora, o extremo poder da técnica e da ciência não abole a debilidade humana diante da dor e da morte. Embora possamos atenuar a dor e retardar a morte pelo envelhecimento, nunca poderemos eliminar os acidentes fatais em que nosso corpo será aniquilado; nem nos livrar de bactérias e vírus, que estão o tempo todo se automodificando para resistir a medicamentos, antibióticos, antivirais, vacinas. Somos jogadores/joguetes, possuidores/possuídos, poderosos/fracos."

Por que essa transcrição, poder-se-á indagar? A resposta está nas lições que dela se pode extrair, quanto ao direito em geral e ao direito do trabalho, no particular.

A mente inquieta, não resistindo, emendará, muito provavelmente, uma segunda pergunta: Como assim?

A lição — essa a resposta — que se pode extrair do quanto dito pelo insigne pensador, está em que ignorar e/ou apequenar o direito, o direito do trabalho inclusive, e achar que outros ramos do saber podem, sem seu concurso ou tornando-o servil a seus desígnios, dirigir os destinos de todos, como trabalhadores, homens de negócios/empresários (mormente os médios, não os ligados/responsáveis pelas grandes empresas, que possuem alargado campo de atuação, suas amplas relações, em vários espaços geográficos inclusive), é um grande e complicado equívoco, já que a função do direito, de propiciar a harmonia e o equilíbrio sociais, passa por observar/respeitar a dignidade da pessoa humana e o livre desenvolvimento de sua personalidade, sendo que, para que possa ser percorrido, necessita de uma existência digna, solidária, com valores e princípios que não norteiam outras ciências, ao menos do mesmo modo e intensidade que no direito! Daí, a reserva com a qual hão de ser vistas quaisquer reduções/restrições de direitos, mesmo em tempos de pandemia, as quais, ainda nesta quadra histórica em que o homem vê desnudadas/exibidas suas fraquezas/fragilidades/vulnerabilidades — um vírus "conteve" o mundo! —, para que possam ser pensadas, haverão de restar, em cada caso concreto, cumpridamente demonstradas, já que nem seus efeitos, nem as forças para a suportarem são as mesmas, não podendo o momento justificar, com o apenas arguí-lo, o descumprimento/inadimplemento de obrigações assumidas, ainda que devam sê-lo de forma mais gravosa/difícil, mas ainda assim possível, lembrando, nesse passo, que as obrigações/os contratos, entre duas ou mais partes, comumente, salvo algumas reduzidas situações, repercutem em outras, no mundo dos negócios, no meio social, de modo que, não satisfeitas, sua repercussão onde se der/verificar, aumentará — mais ainda! — os efeitos da crise que ora se atravessa.

Atentando ao que, com muita perspicácia, adverte Yuval Noah Harari, na linha de que: "O maior risco que enfrentamos não é o vírus, mas os demônios interiores da humanidade: o ódio, a ganância e a ignorância. Podemos reagir à crise propagando ódio: por exemplo, culpando estrangeiros e minorias pela pandemia. Podemos reagir à crise estimulando a ganância: por exemplo, explorando a oportunidade para aumentar os lucros, como fazem as grandes corporações. E podemos reagir à crise disseminando ignorância: por exemplo, espalhando e acreditando em ridículas teorias da conspiração. Se assim reagirmos, será muito mais difícil lidar com a crise atual, e o mundo pós-Covid-19 será um mundo desunido, violento e pobre", ter-se-á, indubitavelmente, outro fundamento para afirmar a comprovação da necessidade da substituição do depósito recursal, já realizado e há algum tempo, estando o processo para ser julgado em 2ª Instância, por fiança bancária, qual seja, e sem cometer o equívoco da generalização, sempre perigoso, como assinalado em linhas transatas, não há como deixar de considerar que sempre poderá haver/há pessoas que, por variegados motivos, mas sempre estratosfericamente distantes da solidariedade, bastas vezes referida neste singelo estudo, tentarão/tentam se aproveitar de momentos difíceis para todos e/ou para outros, para tirar vantagens pessoais, como, *exempli gratia*, uma empresa que, já antes da pandemia, estava em dificuldades financeiras, no famoso "prejuízo", tornando a continuidade dos negócios não mais interessante para seu titular, ou este, diante de um quadro mais sombrio, decorrente da própria pandemia, não queira se expor, correr riscos, preferindo deixar/sair do negócio, o que, em si, seria/é compreensível, mas — e aí já passaria a não mais sê-lo, compreensível/aceitável — procurando "recolher" todo o numerário que pudesse levantar, deixando possíveis prejuízos para os outros e para a coletividade, o que, para ser evitado — e em respeito aos que assim não se portam, mas, antes, respeitam os direitos dos demais e procuram cumprir/honrar suas obrigações —, impõe seja feita, na situação enfocada, a prova da necessidade da substituição do depósito recursal pela fiança bancária, estando já o feito em 2ª Instância; cumpre registrar que, a não ser assim, a confiança, "entendida como a expectativa mútua de que, numa troca, nenhuma parte irá explorar a vulnerabilidade da outra", restará, irretorquivelmente abalada, e em cadeia, é dizer, dos empregados para com seus empregadores, das empresas que cumprem/assumem seus deveres/obrigações, e com maiores/mais pesados sacrifícios em relação às que assim não procedem, e da sociedade, quanto aos poderes que contam evitem situações desse jaez, mas acabam não logrando fazê-lo eficazmente.

Como assinalei no parágrafo anterior, a solidariedade foi mencionada várias vezes no desenvolvimento do presente artigo, o que não surpreende, atento a que ela acompanha o homem desde tempos imemoriais, tendo umbilical ligação com sua natureza/constituição/essência, ao menos a partir de quando o homem foi tomando alguma consciência de si, de sua humanidade, pelo menos para com os seus, os de seu grupo, sendo que, especificamente no que agora importa, interessante fixar que a solidariedade, aqui, para além de seus contornos sempre presentes e que a caracterizam, apresenta dois aspectos e/ou exerce duas funções bem específicas, a saber: i) obsta a que se procure, egoisticamente, tirar proveito do momento presente, ignorando-a (a solidariedade), ao não acolher pedido de substituição de depósito recursal, já efetuado há algum tempo e estando o feito respectivo em 2ª Instância, por não comprovada a premente e inadiável necessidade de que isso seja feito; e ii) em presente indeclinável necessidade, justifica/autoriza a substituição pretendida.

No comenos que ora se atravessa, muito importante a consciência de que, "como já sabemos, a natureza ainda é muito desconhecida e o comportamento social dos indivíduos em situações extremas também o é, frente à impossibilidade de controle nos resta criar condições para podermos minimizar a catástrofe", o que, observado/adaptado e então aplicado à situação que se tem sob as vistas, leva/faz com que/robusteça/justifique mesmo a necessidade de comprovação da necessidade da substituição do depósito por fiança bancária, estando já o feito em 2ª Instância, já que o comportamento de muitos pode ser desconhecido (ainda que se desconfie de qual seja em alguns casos...) e assim evitar e/ou ao menos minimizar prejuízos, de diversas ordens, para alguns trabalhadores!

Por fim, há de se realçar que de extrema relevância, como sempre, a atuação dos operadores do direito, em seus variados campos de atuação, o que sempre e invariavelmente é, e que está, sempre e invariavelmente, crescendo mais e mais em importância, uma vez que, sempre e invariavelmente, vão surgindo e proliferando os ataques/agressões/desrespeito à dignidade da pessoa humana e aos seus direitos fundamentais, bem como aos demais direitos que o ordenamento jurídico lhe confere, mas que se torna mais ainda de importância capital, em tempos de pandemia, quando: "Em nome de salvar a economia se aniquilam vidas, se desconsidera qualquer pacto federativo, se abre mão de direitos, se flexibilizam direitos. Foi neste momento que as várias instituições jurídicas como Ministério Público, Defensoria e o Poder Judiciário passaram a atuar para buscar um equilíbrio no caos, por exemplo, quando municípios brasileiros criaram barreiras para que pessoas de outras cidades não entrassem nas cidades onde o 'vírus' não estava ainda identificado. A atuação dos operadores jurídicos foi fundamental para evitar maiores desastres humanitários", aqui, a busca de equilíbrio está, como visto, na possibilidade, desde que comprovada a inarredável necessidade de que seja feita, da substituição do depósito recursal por fiança bancária, quando o processo já se encontra em 2ª Instância, o que significa que já feito há algum tempo.

A Caraterização da Covid-19 em Doença Ocupacional

Gabriela Amorim Paviani[(1)]

Resumo: O meio ambiente, diante de sua imensidão, é fracionado em vários aspectos, englobando o meio ambiente laboral, o qual, em suma, diz respeito ao espaço em que os indivíduos realizam suas atividades laborais. O ambiente de trabalho hígido, no ordenamento jurídico brasileiro, é um direito fundamental, e na esfera internacional, um direito humano, seja por ser onde os indivíduos passam grande parte de sua vida, seja pela imprescindibilidade de garantia do direito à vida, à dignidade, à segurança e à saúde a qualquer trabalhador. Após a decretação do estado pandêmico causado pela Covid-19, tornaram-se imperiosas alterações normativas, as quais, em parte, buscavam a flexibilização do direito ao meio ambiente laboral hígido. A discussão, foco do presente estudo, diz respeito ao enquadramento da Covid-19 como doença ocupacional, haja vista os princípios inerentes ao meio ambiente de trabalho e os efeitos jurídicos trabalhistas e previdenciários de uma possível (des)caracterização. Para tanto, empregou-se o método lógico dedutivo, a partir de referências doutrinárias e jurisprudenciais relevantes à temática.

Palavras-chave: Meio ambiente laboral — Princípios — Covid-19 — Doença ocupacional.

Introdução

O direito ao meio ambiente, que engloba o meio ambiente laboral, é produto de transformações valorativas da própria sociedade. Em decorrência das discussões da Conferência das Nações Unidas de 1972 sobre o Meio Ambiente Humano e com a instituição da Constituição Federal de 1988, o meio ambiente digno e salutar tornou-se um direito humano e fundamental.

Devido ao surgimento dos primeiros casos da Covid-19, doença respiratório infecciosa, derivada de uma nova espécie de coronavírus, e com a posterior decretação

(1) Mestre em Direito Negocial pela Universidade Estadual de Londrina (UEL). Especialista em Direito Empresarial pela Universidade Estadual de Londrina (UEL). Especialista em Direito e Processo de Trabalho pela Universidade Estácio de Sá.

do estado de pandemia pela Organização Mundial da Saúde (OMS) em 2020, tornaram-se necessárias alterações normativas na busca pela adequação à nova realidade, a exemplo da Medida Provisória n. 927/2020, a qual já não está mais em vigor.

As relações laborais tiveram que ser readaptadas, e com isso, o meio ambiente de trabalho. A polêmica se instaura quanto à caracterização ou não da Covid-19 em doença ocupacional, haja vista os efeitos trabalhistas e previdenciários derivados por tal enquadramento, além da vedação de uma flexibilização dos direitos trabalhistas, principalmente, quanto ao ambiente laboral.

1. Do meio ambiente laboral

O direito ao meio ambiente é fruto das modificações sociais, o qual adquiriu relevância no Brasil a partir da Lei da Política Nacional do Meio Ambiente (Lei n. 6.938), em 1981, e passou a ser constitucionalizado com o advento da Constituição Federal de 1988.

Salienta-se que foi com a Conferência das Nações Unidas sobre o Meio Ambiente Humano, em Estocolmo, no ano de 1972, que o termo meio ambiente foi tratado de modo específico como um direito humano, conforme se vê no enunciado do seu Princípio n. 1:

> O homem tem o direito fundamental à liberdade, à igualdade e ao desfrute de condições de vida adequadas, em um meio ambiente de qualidade tal que lhe permita levar uma vida digna, gozar de bem-estar e é portador solene de obrigação de proteger e melhorar o meio ambiente, para as gerações presentes e futuras.[2]

Em 1988, a atual Constituição brasileira recepcionou esse princípio, de modo que o meio ambiente, inclusive o laboral, passou a ter viés de um direito fundamental, haja vista os arts.: 225, *caput*, 7º, XXII e 200, VII, todos da CF/1988.

A concepção de meio ambiente é ampla, considerando-se seus vários aspectos, perfazendo-se em meio ambiente natural ou físico, artificial, cultural e do trabalho. Tal vastidão é proposital, posta a extensão de espécies de vida conglomeradas no espeço físico. Conforme Norma Sueli Padilha, "o conceito de meio ambiente é amplíssimo, na exata medida em que se associa à expressão sadia qualidade de vida. Trata-se, pois, de um conceito jurídico indeterminado, que, propositalmente colocado pelo legislador, visa criar um espaço positivo de incidência da norma".[3]

Em seu aspecto normativo, o meio ambiente é definido, consoante a Lei n. 6.938/81, art. 3º, I, por ser "o conjunto de condições, leis, influências e interações

---

(2) ONU. *Declaração de Estocolmo sobre o ambiente humano*. Disponível em: <http://www.silex.com.br/leis/normas/estocolmo.htm>. Acesso em: 10 de dez. 2020.

(3) PADILHA, Norma Sueli. *Do meio ambiente do trabalho equilibrado*. São Paulo: LTr, 2002. p. 21.

de ordem física, química e biológica, que permite, abriga e rege a vida em todas as suas formas".(4)

Por sua vez, o meio ambiente laboral, espécie do gênero meio ambiente, é o ambiente em que o indivíduo exerce sua mão de obra, ou seja, o local onde a atividade laborativa é realizada. De tal feita, notório que o conceito de meio ambiente de trabalho não é limitado pelo conceito de empregado.(5)

Raimundo Simão de Melo, a respeito do direito ambiental laboral como um direito fundamental, afirma que este consiste em um:

> (...) direito difuso fundamental inerente às normas sanitárias e de saúde do trabalhador (CF, art. 196), que por isso, merece a proteção dos Poderes Públicos e da sociedade organizada, conforme estabelece o art. 225 da Constituição Federal. É difusa a sua natureza, ainda, porque as consequências decorrentes da sua degradação, como, por exemplo, acidentes de trabalho, embora com repercussão imediata no campo individual, atingem, finalmente, toda a sociedade, que paga a conta fina.(6)

De tal modo, por mais que a Covid-19 tenha acarretado diversas alterações do cotidiano, flexibilizar o direito a um meio ambiente laboral salutar torna-se uma infração a garantias constitucionais ao ser humano, uma ameaça à saúde e à vida dos indivíduos.

2. Princípios aplicados ao meio ambiente laboral

A aplicação da teoria do risco, em conjunto com o princípio da vulnerabilidade, ganha relevância no campo laboral, principalmente porquanto do dano e das lesões, ainda não totalmente conhecidos, ocasionados pela Covid-19.

A concepção de risco é relacionada com a probabilidade de que determinado episódio, seja aguardado ou não, realiza-se no plano físico, persistindo a existência de um grau de potencialidade da intercorrência.

De acordo com José Esteve Pardo, ao correlacionar com fatores históricos, o risco pode ser subdividido em três espécies: os possíveis efeitos danosos derivados da tecnologia, cujo objeto só é levado em consideração pela ciência jurídica de quando da concretização do dano; o patente dano ao meio ambiente derivado dos riscos promovidos pelo meio de produção de bens e serviços da sociedade industrial; e por fim

---

(4) BRASIL. *Lei n. 6.938, de 31 de agosto de 1981*.

(5) ROCHA, Julio Cesar de Sá da. *Direito Ambiental e meio ambiente do trabalho:* dano, prevenção e proteção jurídica. São Paulo: LTr, 1997. p. 30.

(6) MELO, Raimundo Simão de. *Direito Ambiental do Trabalho e a saúde do trabalhador*. São Paulo: LTr, 2004. p. 32.

a capacidade deletéria do consumo em massa, característica intrínseca da sociedade pós-industrial.[7]

Com o decorrer do tempo, valorando-se o grau de probabilidade de que o efeito nocivo ocorra, passa a ser ponderada a incerteza quanto à intensidade da consequência negativa, de modo que a teoria do dano ganha força na sociedade contemporânea e principalmente na seara ambiental, de maneira que há uma alteração no modo de concepção jurídica cartesiana e positivista, até então prevalente no direito ambiental, por um chamamento do princípio da precaução[8] e da prevenção.[9]

De acordo com Brüseke, a teoria do risco ambiental, mais do que a probabilidade de que o risco ocorra, está atrelada à incerteza do evento, o qual não é certo e muito menos determinado.

> O risco ambiental não pode ser confundido com o anúncio de um fato *x* na hora *y*. O risco não expressa uma corrente de determinações que conduzam necessariamente a um resultado prognosticado. Por isso, falar sobre riscos, no campo ambiental, tem sempre o caráter de um alerta que mobiliza argumentativamente a imaginação de movimentos lineares que levam impreterivelmente à catástrofe, ou pelo menos, a um dano irreparável, se... Se nós não fizermos alguma coisa.[10]

Deste modo, no contexto da realidade e possíveis sequelas derivadas da Covid-19, a teoria do risco ambiental deve ser abalizada em conjunto com a vulnerabilidade (fragilidade) socioambiental ao se analisarem as condições do meio ambiente laboral,

---

(7) PARDO, José Esteve. *Técnica, riesgo y derecho:* tratamiento del riesgo tecnológico em el derecho ambiental. Barcelona: Ariel, 1999.

(8) O princípio da precaução foi instituído na Conferência das Nações Unidas sobre Meio Ambiente e Desenvolvimento de 1992, a qual promoveu a elaboração da Declaração do Rio sobre meio ambiente e desenvolvimento. Ganha destaque nessa seara o *Princípio 15*: Com a finalidade de proteger o meio ambiente, os Estados deverão aplicar amplamente o critério de precaução conforme suas capacidades. Quando houver perigo de dano grave ou irreversível, a falta de certeza científica absoluta não deverá ser utilizada como razão para que seja adiada a adoção de medidas eficazes em função dos custos para impedir a degradação ambiental (...) e *Princípio 17*: Deverá ser empreendida a avaliação de impacto ambiental, em termos de instrumento nacional, a despeito de qualquer atividade proposta que provavelmente produza impacto negativo considerável no meio ambiente e que esteja sujeita à decisão de uma autoridade nacional competente ("Declaração do Rio de Janeiro sobre Meio Ambiente e Desenvolvimento. 1992").

(9) A respeito do Princípio da Prevenção de Danos, pondera Antunes (2011, p. 50): "(...) não significa — em absoluto — a eliminação de danos. A existência de danos ambientais originados por um empreendimento específico é avaliada em conjunto com os benefícios que são gerados pelo mencionado empreendimento e, a partir de uma análise balanceada de uns e outros, surge a opção política consubstanciada no deferimento ou indeferimento do licenciamento ambiental".

(10) BRÜSEKE, Franz Josef. Risco social, risco ambiental, risco individual. In: *Ambiente & Sociedade*, Campinas, v. 1, n. 1, 1997, p. 117-134.

portanto, tais princípios são elementos determinadores para o enquadramento da doença como ocupacional ou não.

Ressalta-se que a terminologia vulnerabilidade pode ser empregada em vários âmbitos (política, ambiental, bélica e socioeconômica). Ocorre que diante da situação posta pela Covid-19, é perceptível que a depender do fato, este abarque uma ou várias tipologias de vulnerabilidade (política, ambiental ou socioeconômica).

Entretanto, independentemente da vulnerabilidade, é notório que ela sempre está atrelada ao risco. De acordo com Rebelo:

> Com maior ou menor importância, a vulnerabilidade está sempre presente e, por conseguinte, o risco também. A vulnerabilidade é intrínseca à noção de risco e quase não vemos a necessidade de falar em "aleatório", "acaso", "casualidade" ou "perigosidade". Qualquer das fórmulas acima referidas deixa de ter importância e só por uma questão de metodologia elas poderão aceitar-se — trata-se de garantir um modo de jogar com diversos graus de vulnerabilidade (por exemplo, muito pequena, pequena, média, grande ou muito grande).(11)

O reconhecimento da vulnerabilidade dos trabalhadores diante de uma possível exposição a ambientes laborais contaminados pelo coronavírus possibilita apreender suas necessidades e combatê-las, não somente no sentido de reparação do dano, mas como prevenção.

3. Distinções entre doença ocupacional e acidente de trabalho

A doença ocupacional, também denominada de doença profissional, é a moléstia que possui relação direta com a atividade laboral exercida pelo indivíduo ou com o meio ambiente de trabalho ao qual é submetido. "Trata-se da situação de contágio, infecção ou doença adquirida pelo empregado de forma imprevista, casual, fortuita durante o exercício de sua atividade, dentro do ambiente e horário de trabalho".(12)

Esclarece-se a distinção existente entre a doença profissional e do trabalho. A primeira possui uma ligação íntima com a atividade profissional do trabalhador, de maneira que pode ocorrer independentemente do local em que trabalha. Já a segunda

---

(11) REBELO, Fernando. *Riscos naturais e acção antrópica:* estudos e reflexões. Coimbra: Imprensa da Universidade de Coimbra, 2003. p. 145.

(12) VIEIRA, Nayandra Kelly Remígio. A Responsabilidade objetiva do empregador pelos danos causados ao empregado em decorrência de acidente do trabalho. *Revista Complejus*, Natal, v. 1, n. 2, 2011, p. 112-127. Disponível em: <http://www.amatra21.org.br/Arquivos%5CRevista%5CRevista%20Complejus%202.pdf#page=57>. Acesso em: 10 dez. 2020.

é derivada das condições do ambiente em que a atividade é exercida, portanto, não possui correlação direta com a ocupação profissional.(13)

Ao se utilizar como objeto de análise o grau de exposição e a possibilidade de contágio pelo novo coronavírus, os obreiros que exercem atividades com alto grau de sujeição ao Covid-19, tais como os médicos e enfermeiros, tal enfermidade é considerada como doença profissional típica. Já quando o empregado adquire a doença por desídia do empregador (descumprimento de orientações da OMS, exposição ao risco, não fornecimento ou exigência de obrigatoriedade de EPIs) trata-se de doença do trabalho atípica.

O acidente de trabalho, por sua vez, é "aquele que ocorre pelo exercício do trabalho ou no local do trabalho, provocando lesão corporal ou perturbação funcional que cause a morte, ou a perda ou redução, permanente ou temporária, da capacidade para o trabalho".(14)

A Lei n. 8.213/1991, em seu art. 19, conceitua acidente de trabalho:

> Art. 19. Acidente do trabalho é o que ocorre pelo exercício do trabalho a serviço de empresa ou de empregador doméstico ou pelo exercício do trabalho dos segurados referidos no inciso VII do art. 11 desta Lei, provocando lesão corporal ou perturbação funcional que cause a morte ou a perda ou redução, permanente ou temporária, da capacidade para o trabalho.

Algumas doenças ocupacionais e de trabalho são equiparadas a acidente de trabalho, de acordo com o disposto no art. 20 da Lei n. 8.213/1991:

> Art. 20. Consideram-se acidente do trabalho, nos termos do artigo anterior, as seguintes entidades mórbidas:
>
> I – doença profissional, assim entendida a produzida ou desencadeada pelo exercício do trabalho peculiar a determinada atividade e constante da respectiva relação elaborada pelo Ministério do Trabalho e da Previdência Social;
>
> II – doença do trabalho, assim entendida a adquirida ou desencadeada em função de condições especiais em que o trabalho é realizado e com ele se relacione diretamente, constante da relação mencionada no inciso I.

Em regra, a responsabilidade do empregador pelo acidente de trabalho é subjetiva, ou seja, para que haja a indenização do dano ao empregado, é necessário comprovação da culpa (negligência, imperícia e imprudência), o mesmo se aplica às doenças ocupacionais (incluindo-se a Covid-19). Ocorre que diante do princípio da vulnerabilidade do empregado, tido como parte insuficiente da relação empregatícia e da teoria do risco, prevalece a inversão do ônus da prova, a designar o empregador

(13) MARTINEZ, Wladimir Novaes. *Comentários à lei da previdência social*. São Paulo: LTr, 1992. p. 99.

(14) CUNHA, Sérgio Sérvulo da. *Dicionário Compacto do Direito*. 8. ed. São Paulo: Saraiva, 2009. p. 10.

a tarefa de comprovar a inexistência do nexo causal entre a atividade laborativa e o acidente/contaminação.

Perfazendo o nexo causal entre a atividade realizada e a doença ocupacional ou acidente, o obreiro terá direito, além de uma possível indenização, a possibilidade de requerimento dos seguintes benefícios previdenciários: auxílio-doença, auxílio-acidente ou ainda aposentadoria por invalidez. A discussão caminha quanto à caracterização da Covid-19 em doença ocupacional.

4. Alterações normativas e a Covid-19 como doença ocupacional

O final do ano de 2019 foi marcado pelo surgimento dos primeiros casos de uma doença respiratório infecciosa, derivada de uma nova espécie de coronavírus. O número crescente de casos de Covid-19, denominação dada à enfermidade causada pelo Sars-CoV-2,(15) fez com que fosse decretado em 11 de março de 2020 o estado de pandemia pela Organização Mundial de Saúde (OMS).

Com relação ao Brasil, a Lei n. 13.979, de 6 de fevereiro de 2020, foi responsável por regulamentar e estabelecer medidas para o enfrentamento emergencial da saúde pública de importância internacional, de maneira que as autoridades poderão adotar, no âmbito de suas competências, certas medidas de combate ao Covid-19, tais como: isolamento; quarentena; determinação de realização compulsória de exames médicos, testes laboratoriais; coleta de amostras clínicas; uso obrigatório de máscaras de proteção individual, entre outras.(16)

Em 20 de março de 2020, o Congresso Nacional, por meio do Decreto n. 6, passou a reconhecer a extensão do estado de calamidade pública e seus efeitos até 31 de dezembro de 2020, além de ter sido constituída a Comissão Mista no âmbito do Congresso Nacional (integrada por 6 deputados e 6 senadores), cujo objetivo se perfaz em conduzir e fiscalizar a situação fiscal e a execução orçamentária e financeira das medidas relacionadas à emergência de saúde pública relacionadas ao Covid-19.(17) Importante salientar que por meio de tal decreto o Governo Federal fica dispensado ao cumprimento das metas fiscais dispostas na Lei Orçamentária de 2020 (Lei n. 13.898/2019),(18) viabilizando-se concessão extraordinária no orçamento, especialmente porquanto das medidas de combate à pandemia.

---

(15) COVID significa Corona Virus Disease (doença do coronavírus), enquanto "19" se refere a 2019, quando os primeiros casos em Wuhan, na China, foram divulgados publicamente pelo governo chinês no final de dezembro. *In*: FIO CRUZ. "Por que a doença causada pelo novo vírus recebeu o nome de Covid-19?" Disponível em: <https://portal.fiocruz.br/pergunta/por-que-doenca-causada-pelo-novo-virus-recebeu-o-nome-de-Covid-19#:~:text=COVID%20significa%20COrona%20VIrus%20Disease,chin%C3%AAs%20no%20final%20de%20dezembro>. Acesso: 15 dez. 2020.

(16) BRASIL. *Lei n. 13.979, de 6 de fevereiro de 2020.*

(17) BRASIL. *Decreto Legislativo n. 6, de 2020.*

(18) BRASIL. *Lei n. 13.898, de 11 de novembro de 2019.*

Indiscutível que o cenário pandêmico acarretou diversos efeitos nas relações trabalhistas, primordialmente quanto ao meio ambiente laboral e aos vínculos empregatícios. Porquanto, em 22 de março de 2020 entra em vigor a Medida Provisória n. 927, que dispunha sobre medidas trabalhistas para enfrentamento do estado de calamidade pública. Destaca-se que apesar de tal medida ter caducado em julho de 2020, ela é relevante para compreender o posicionamento do Supremo Tribunal Federal (STF) e do Legislativo quanto à temática.

A MP n. 927/2020 foi o instituída com o fito de flexibilizar a legislação trabalhista em razão do estado pandêmico, conferindo autonomia ao empregador para celebrar acordos individuais com seus empregados, a fim de se adaptar às novas condições impostas e proporcionar um ambiente sem risco, alterando-se com isso normatividades e criando-se medidas excepcionais, tais como: mudança da carga horária laboral, possibilidade de antecipação de férias, dispensa do recolhimento do FGTS e modificação da remuneração.

Ocorre que a MP n. 927/2020 trouxe consigo diversos debates, especialmente no que se refere ao não enquadramento da Covid-19 como doença ocupacional, à luz do disposto no art. 29 da referida norma (Art. 29. Os casos de contaminação pelo coronavírus (Covid-19) não serão considerados ocupacionais, exceto mediante comprovação do nexo causal).

Muitos argumentam que a medida provisória possui a característica da temporalidade, ou seja, visa suprir um acontecimento emergencial, portanto, não se trata de uma supressão de direitos laborais ou uma ofensa constitucional. De acordo com Priscila Mathias Fichtner e Elaine Maria de Jesus, o desígnio da MP n. 927/2020 é "consolidar regra já existente na legislação pátria e afastar a imputação objetiva e imediata ao empregador, que já enfrenta grave crise econômica, trazendo — de certo modo — segurança jurídica de que o simples fato de o trabalho presencial continuar não irá gerar eventual enxurrada de demandas".[19]

De outra banda, diversas confederações e partidos ajuizaram ações diretas de inconstitucionalidade (ADIs) no Supremo Tribunal Federal (STF),[20] sob a alegação de inconstitucionalidade do art. 29 da MP n. 927/2020, ante uma ameaça aos direitos sociais e princípios fundamentais elencados constitucionalmente, devendo-se prevalecer valores máximos, tais quais a dignidade humana e a justiça social.

---

(19) FICHTNER, Priscila Mathias; JESUS, Elaine Maria de. A Covid-19, afinal, é uma doença ocupacional? *Revista Consultor Jurídico*, 2020, p. 2.

(20) Citam-se as referidas ADIs: ADI n. 6.342 - Partido Democrático Trabalhista; ADI n. 6.344 - Rede Sustentabilidade; ADI n. 6.346 - Confederação Nacional dos Trabalhadores Metalúrgicos; ADI n. 6.352 - Partido Solidariedade; ADI n. 6.354 - Confederação Nacional dos Trabalhadores da Indústria.

Em um Estado Democrático de Direito, como o Brasil, prevalecem, concomitantemente, as liberdades individuais do sujeito e o bem-estar social, incluindo-se em seu âmago o direito à dignidade humana e à saúde. Ele "está associado aos clamores da sociedade, de modo a intervir em amplos setores, sejam culturais, jurídicos ou econômicos, a fim de garantir a prevalência da igualdade material perante a formal a todo e qualquer cidadão".[(21)]

A justiça social é instrumento que viabiliza e fundamenta o Estado Democrático de Direito, assegurando a livre-iniciativa, concomitantemente com o trabalho:

> Art. 1º A República Federativa do Brasil, formada pela união indissolúvel dos Estados e Municípios e do Distrito Federal, constitui-se em Estado Democrático de Direito e tem como fundamentos:
>
> (...)
>
> IV – os valores sociais do trabalho e da livre-iniciativa.

Salienta-se que a justiça social está associada aos princípios da ordem econômica (art. 170 da CF/1988),[(22)] na medida em que, apesar de ser assegurada a livre-iniciativa, é ponderosa a valorização do trabalho humano, portanto, a saúde, a higiene, a segurança, ou seja, as devidas condições ambientais laborais a todo e qualquer trabalhador.[(23)] Logo, a função da ordem econômica, nas palavras de Tércio Sampaio, "é o

(21) KEMPFER, Marlene; PAVIANI, Gabriela Amorim. *Marketing* social frente aos desafios do estado social: conciliar interesses públicos e privados econômicos. In: PILAU SOBRINHO, Liton Lanes; POMPEU, Gina Vidal Marcilio (Orgs.). *Desenvolvimento econômico sustentável, globalização e transformações na ordem social e econômica I*. Valência: Tirant lo Blanch, 2020. p. 7.

(22) Art. 170. A ordem econômica, fundada na valorização do trabalho humano e na livre-iniciativa, tem por fim assegurar a todos existência digna, conforme os ditames da justiça social, observados os seguintes princípios:
I – soberania nacional;
II – propriedade privada;
III – função social da propriedade;
IV – livre concorrência;
V – defesa do consumidor;
VI – defesa do meio ambiente, inclusive mediante tratamento diferenciado conforme o impacto ambiental dos produtos e serviços e de seus processos de elaboração e prestação; (Redação dada pela Emenda Constitucional n. 42, de 19.12.2003)
VII – redução das desigualdades regionais e sociais;
VIII – busca do pleno emprego;
IX – tratamento favorecido para as empresas de pequeno porte constituídas sob as leis brasileiras e que tenham sua sede e administração no País. (Redação dada pela Emenda Constitucional n. 6, de 1995)
Parágrafo único. É assegurado a todos o livre exercício de qualquer atividade econômica, independentemente de autorização de órgãos públicos, salvo nos casos previstos em lei.

(23) PAVIANI, Gabriela Amorim; KEMPFER, Marlene. Considerações acerca da ordem econômica brasileira: da necessária atuação estatal no domínio econômico. *Revista do Instituto de Direito Constitucional e Cidadania*, Londrina, v. 3, n. 2, jul./dez. 2018, p. 183-201. Disponível em: <https://revistadoidcc.com.br>. Acesso em: 15 dez. 2020.

próprio bem-estar social e a justiça social. A primeira deve garantir que o processo econômico, enquanto produtor, não impeça, mas ao contrário, se oriente para o bem-estar e a justiça sociais".[(24)]

Ademais, o art. 7º da Constituição Federal eleva a redução dos riscos e a garantia de um ambiente laboral salutar ao nível fundamental (Art. 7º – São direitos dos trabalhadores urbanos e rurais, além de outros que visem à melhoria de sua condição social: (...) XXII – redução dos riscos inerentes ao trabalho, por meio de normas de saúde, higiene e segurança).

Em abril de 2020, o Supremo Tribunal Federal (STF) firmou o entendimento quanto à inconstitucionalidade do art. 29 da MP n. 927/2020, ante a grande flexibilização e ameaça aos direitos trabalhistas, especificamente o direito ambiental laboral, gerando a possibilidade de se caracterizar a Covid-19 como doença ocupacional.

> MEDIDA CAUTELAR NAS AÇÕES DIRETAS DE INCONSTITUCIONALIDADE NS. 6.342, 6.344, 6.346, 6.348, 6.352 E 6.354. DIREITO CONSTITUTIONAL E DIREITO DO TRABALHO. MEDIDA PROVISÓRIA 927/2020. MEDIDAS TRABALHISTAS PARA ENFRENTAMENTO DO ESTADO DE CALAMIDADE PÚBLICA RECONHECIDO PELO DECRETO LEGISLATIVO 6/2020. NORMAS DIRECIONADAS À MANUTENÇÃO DE EMPREGOS E DA ATIVIDADE EMPRESARIAL. ART. 29. EXCLUSÃO DA CONTAMINAÇÃO POR CORONAVÍRUS COMO DOENÇA OCUPACIONAL. RESPONSABILIDADE OBJETIVA DO EMPREGADOR. ART. 31. SUSPENSÃO DA ATUAÇÃO COMPLETA DOS AUDITORES FISCAIS DO TRABALHO. AUSÊNCIA DE RAZOABILIDADE. SUSPENSÃO DA EFICÁCIA DOS ARTS. 29 E 31 DA MP N. 927/2020. CONCESSÃO PARCIAL DA MEDIDA LIMINAR. 1. A Medida Provisória n. 927/2020 foi editada para tentar atenuar os trágicos efeitos sociais e econômicos decorrentes da pandemia do coronavírus (Covid-19), de modo a permitir a conciliação do binômio manutenção de empregos e atividade empresarial durante o período de pandemia. 2. O art. 29 da MP n. 927/2020, ao excluir, como regra, a contaminação pelo coronavírus da lista de doenças ocupacionais, transferindo o ônus da comprovação ao empregado, prevê hipótese que vai de encontro ao entendimento do Supremo Tribunal Federal em relação à responsabilidade objetiva do empregador em alguns casos. Precedentes. 3. *Não se mostra razoável a diminuição da atividade fiscalizatória exercida pelos auditores fiscais do trabalho, na forma prevista pelo art. 31 da MP n. 927/2020, em razão da necessidade de manutenção da função exercida no contexto de pandemia, em que direitos trabalhistas estão sendo relativizados.* 4. Medida liminar parcialmente concedida para suspender a eficácia dos arts. 29 e 31 da Medida Provisória n. 927/2020.[(25)]

Em contrapartida, uma parcela dos juristas argumenta que a Covid-19 se enquadra entre as doenças endêmicas, à luz do art. 20, § 1º, *"d"*, da Lei n. 8.213/1991,

---

(24) FERRAZ JR., Tércio Sampaio. A legitimidade na Constituição de 1988. In: FERRAZ JR., Tércio Sampaio; DINIZ, Maria Helena; GEORGAKILAS, Ritinha Stevenson. *Constituição de 1988:* legitimidade, vigência, eficácia e supremacia. São Paulo: Atlas, 1989. p. 53.

(25) SUPREMO TRIBUNAL FEDERAL. ADI: n. 6.354 DF 0088875-56.2020.1.00.0000, relator: MARCO AURÉLIO, Data de Julgamento: 29.4.2020, Tribunal Pleno, Data de Publicação: 11.11.2020. Disponível em: <https://jurisprudencia.stf.jus.br/pages/search/sjur436241/false>. Acesso em: 15 dez. 2020.

portanto, não se equipararia a acidente de trabalho, muito menos a doença do trabalho:

> § 1º Não são consideradas como doença do trabalho:
>
> *a)* a doença degenerativa;
>
> *b)* a inerente a grupo etário;
>
> c) a que não produza incapacidade laborativa;
>
> *d) a doença endêmica adquirida por segurado habitante de região em que ela se desenvolva, salvo comprovação de que é resultante de exposição ou contato direto determinado pela natureza do trabalho.*

Conquanto a Covid-19 não se relacione ao grupo das doenças endêmicas, está caracterizada pela frequência em certas regiões, pertencendo ao grupo de doenças pandêmicas, considerando-se a transitoriedade e a possibilidade de infecção a um número incerto de pessoas. De tal forma, a Covid-19 não se encaixa nas exceções previstas no art. 20, § 1º, d, da Lei n. 8.213/1991.

Em agosto de 2020, o Ministério da Saúde propalou a Portaria n. 2.309, para classificar a Covid-19 como doença ocupacional.[26] Ocorre que, em seguida, uma nova portaria foi publicada (Portaria n. 2.345), retirando a Covid-19 da lista de doenças ocupacionais, o que provocou novas dúvidas e debates.

Em dezembro de 2020, o Ministério da Economia, por meio da Secretaria Especial de Previdência e Trabalho, emitiu a Nota Técnica SEI n. 56.376/2020, reconhecendo a possibilidade de caracterização da Covid-19 como doença ocupacional:

> à luz das disposições da Lei n. 8.213, de 24 de julho de 1991, a depender do contexto fático, a Covid-19 pode ser reconhecida como doença ocupacional, aplicando-se na espécie o disposto no § 2º do mesmo art. 20, quando a doença resultar das condições especiais em que o trabalho é executado e com ele se relacionar diretamente; podendo se constituir ainda num acidente de trabalho por doença equiparada, na hipótese em que a doença seja proveniente de contaminação acidental do empregado pelo vírus SARS-CoV-2 no exercício de sua atividade (art. 21, inciso III, Lei n. 8.213, de 1991); em qualquer dessas hipóteses, entretanto, será a Perícia Médica Federal que deverá caracterizar tecnicamente a identificação do nexo causal entre o trabalho e o agravo, não militando em favor do empregado, a princípio, presunção legal de que a contaminação constitua-se em doença ocupacional.

Assim, a Covid-19 pode ser considerada uma doença ocupacional, devendo-se analisar, porém, em cada caso concreto, as condições laborativas.

---

(26) U07.1 Doença causada pelo coronavírus SARS-CoV-2 (Covid-19): Exposição a coronavírus SARS-CoV-2 em atividades de trabalho. MINISTÉRIO DA SAÚDE. Portaria n. 2.309, de 28 de agosto de 2020.

Conclusão

O estado pandêmico ocasionado pela Covid-19 promoveu alterações nas relações sociais, e, sem dúvida, teve efeitos nas relações trabalhistas e previdenciárias. Com o fito de promover as adaptações necessárias ao combate ao coronavírus, foram publicadas várias normatividades, com destaque para a MP n. 927/20.

O Supremo Tribunal Federal, ao determinar a ineficácia e inconstitucionalidade do art. 29 da MP n. 927/20, desdobrou na viabilidade da caracterização da Covid-19 em doença ocupacional, concepção também adotada pelo Ministério da Economia na recente Nota Técnica SEI n. 56.376/2020. Assim, cabe ao empregador, ante o princípio da vulnerabilidade e pela aplicação da teoria do risco, comprovar a ausência de vínculo causal entre a atividade laborativa e a doença.

Conclui-se, desta forma, que a caracterização ou não da Covid-19 em doença ocupacional é casuística, devendo ser analisado o caso concreto, ponderando-se pela análise do cumprimento das medidas sanitárias necessárias ao combate e prevenção à contaminação da doença, tais como: distanciamento, entrega e fornecimento de equipamentos de proteção individual, obrigatoriedade de uso de máscara.

O direito a um meio ambiente laboral hígido e seguro é um direito fundamental e humano, e não deve ser flexibilizado pela pandemia da Covid-19, de modo que é dever do empregador cumprir todos os protocolos de saúde e manter a administração da saúde de seus empregados, sob pena de responsabilização.

Referências

BRASIL. *Constituição da República Federativa do Brasil de 1988*. Disponível em: <http://www.planalto.gov.br/ccivil_03/constituicao/constituicao.htm>. Acesso em: 12 dez. 2020.

______. *Lei n. 13.979, de 6 de fevereiro de 2020*. Disponível em: <http://www.planalto.gov.br/ccivil_03/_ato2019-2022/2020/lei/l13979.htm>. Acesso em: 12 dez. 2020.

______. *Lei n. 8.213, de 24 de julho de 1991*. Disponível em: <http://www.planalto.gov.br/ccivil_03/leis/l8213cons.htm>. Acesso em: 12 dez. 2020.

______. *Decreto Legislativo n. 6, de 2020*. Disponível em: <http://www.planalto.gov.br/ccivil_03/portaria/DLG6-2020.htm#:~:text=DECRETO%20LEGISLATIVO%20N%C2%BA%206%2C%20DE,18%20de%20mar%C3%A7o%20de%202020>. Acesso: 15 dez. 2020.

______. *Lei n. 13.898, de 11 de novembro de 2019*. Disponível em: <http://www.planalto.gov.br/ccivil_03/_ato2019-2022/2019/lei/L13898.htm>. Acesso: 15 dez. 2020.

______. *Medida provisória n. 927, de 22 de março de 2020*. Disponível em: <http://www.planalto.gov.br/ccivil_03/_ato2019-2022/2020/mpv/mpv927.htm>. Acesso em: 10 dez. 2020.

BRÜSEKE, Franz. Josef. Risco social, risco ambiental, risco individual. *Ambiente & Sociedade*, Campinas, v. 1, n. 1, 1997, p. 117-134.

CUNHA, Sérgio Sérvulo da. *Dicionário Compacto do Direito*. 8. ed. São Paulo: Saraiva, 2009.

FERRAZ JR., Tércio Sampaio. A legitimidade na Constituição de 1988. In: FERRAZ JR., Tércio Sampaio; DINIZ, Maria Helena; GEORGAKILAS, Ritinha Stevenson. *Constituição de 1988:* legitimidade, vigência, eficácia e supremacia. São Paulo: Atlas, 1989.

FICHTNER, Priscila Mathias; JESUS, Elaine Maria de. A Covid-19, afinal, é uma doença ocupacional? *Revista Consultor Jurídico*, 2020.

FIO CRUZ. Por que a doença causada pelo novo vírus recebeu o nome de Covid-19? Disponível em: <https://portal.fiocruz.br/pergunta/por-que-doenca-causada-pelo-novo-virus-recebeu-o-nome-de-Covid-19#:~:text=COVID%20significa%20COrona%20VIrus%20Disease,chin%C3%AAs%20no%20final%20de%20dezembro>. Acesso: 15 dez. 2020.

KEMPFER, Marlene; PAVIANI, Gabriela Amorim. *Marketing* social frente aos desafios do estado social: conciliar interesses públicos e privados econômicos. In: PILAU SOBRINHO, Liton Lanes; POMPEU, Gina Vidal Marcilio (Orgs.). *Desenvolvimento econômico sustentável, globalização e transformações na ordem social e econômica I*. Valência: Tirant lo Blanch, 2020.

MARTINEZ, Wladimir Novaes. *Comentários à lei da previdência social*. São Paulo: LTr, 1992.

MELO, Raimundo Simão de. *Direito Ambiental do Trabalho e a saúde do trabalhador*. São Paulo: LTr, 2004.

MINISTÉRIO DA SAÚDE. *Portaria n. 2.309, de 28 de agosto de 2020*. Disponível em: <https://www.in.gov.br/en/web/dou/-/portaria-n-2.309-de-28-de-agosto-de-2020-275240601>. Acesso em 15 dez. 2020.

______. *Portarian. 2.345, de 2 de setembro de 2020*. Disponível em: <https://abmes.org.br/arquivos/legislacoes/Portaria-2345-MS-2020-09-02.pdf>. Acesso em: 15 dez. 2020.

MINISTÉRIO DA ECONOMIA. "Nota Técnica SEI n. 56.376/2020". Disponível em: <https://www.gov.br/economia/pt-br/assuntos/noticias/2020/previdencia/dezembro/nota-tecnica-esclarece-sobre-caracterizacao-da-Covid-19-como-doenca-ocupacional>. Acesso em: 15 dez. 2020.

PADILHA, Norma Sueli. *Do meio ambiente do trabalho equilibrado*. São Paulo: LTr, 2002.

PARDO, José Esteve. *Técnica, riesgo y derecho: tratamiento del riesgo tecnológico em el derecho ambiental*. Barcelona: Ariel, 1999.

PAVIANI, Gabriela Amorim Paviani; KEMPFER, Marlene. Considerações acerca da ordem econômica brasileira: da necessária atuação estatal no domínio econômico. *Revista do Instituto de Direito Constitucional e Cidadania*, Londrina, v. 3, n. 2, jul./dez. 2018, p. 183-201. Disponível em: <https://revistadoidcc.com.br>. Acesso em: 15 dez. 2020.

ROCHA, Julio Cesar de Sá da. *Direito Ambiental e meio ambiente do trabalho:* dano, prevenção e proteção jurídica. São Paulo: LTr, 1997.

REBELO, Fernando. *Riscos naturais e acção antrópica:* estudos e reflexões. Coimbra: Imprensa da Universidade de Coimbra, 2003.

SUPREMO TRIBUNAL FEDERAL. ADI: 6354 DF 0088875-56.2020.1.00.0000, relator: MARCO AURÉLIO, Data de Julgamento: 29.4.2020, Tribunal Pleno, Data de Publicação: 11.11.2020. Disponível em: <https://jurisprudencia.stf.jus.br/pages/search/sjur436241/false>. Acesso em: 15 dez. 2020.

VIEIRA, Nayandra Kelly Remígio. A Responsabilidade objetiva do empregador pelos danos causados ao empregado em decorrência de acidente do trabalho. *Revista Complejus*, Natal, v. 1, n. 2, 2011, p. 112-127. Disponível em: <http://www.amatra21.org.br/Arquivos%5CRevista%5CRevista%20Complejus%202.pdf#page=57>. Acesso em: 10 dez. 2020.

Penosidade no Trabalho: Hipóteses de Incidência e Vetores para Uma Sistematização Normativa

Gianítalo Germani[(1)]
Homero Batista Mateus da Silva[(2)]

Resumo: O presente artigo chama a atenção para o incômodo limbo legislativo em que se encontra, no Brasil, o trabalho penoso, muito embora elevado ao patamar constitucional em 1988 e esteja historicamente presente na normatividade da Organização Internacional do Trabalho. Destaca-se a ausência de regulamentação e de parâmetros sobre a penosidade do ambiente de trabalho. Exceto por normas esparsas e embrionárias, a legislação brasileira é insuficiente quanto aos princípios e às singularidades que deveriam nortear o exercício das atividades extenuantes, assim entendidas aquelas com desgaste físico e mental particularmente intensos e outras atividades de grau elevado de sofrimento humano. Neste artigo são sugeridos quatro vetores para essa sistematização normativa: peso, sobrecarga, pausas e redução de jornada.

Palavras-chave: Penosidade — Adicional de penosidade — Trabalho infantil — Trabalho da mulher — Ergonomia.

1. Introdução

O inciso XXIII do art. 7º da Constituição de 1988 trata de três espécies de "adicional de remuneração" para os agravos à saúde: um para as atividades insalubres, outro para as perigosas, o terceiro para as atividades penosas, todos "na forma da lei" (BRASIL: 1988).

Os adicionais de insalubridade e de periculosidade encontraram campo fértil na praxe das relações de trabalho pátrias, cumprindo algum papel entre o incentivo à prevenção e a mera conversão em salário. De certo é que ambos têm expressiva previsão na legislação e na jurisprudência.

---

(1) Advogado. Mestre em Direitos Humanos. Doutorando em Direito do Trabalho.

(2) Juiz do Trabalho. Professor universitário.

Ao adicional de penosidade, com o mesmo assento constitucional, foi reservado o limbo legislativo infraconstitucional e jurisprudencial. A doutrina é praticamente pacífica quanto à sua inaplicabilidade imediata por falta de lei regulamentadora (DELGADO: 2016, p. 841; SILVA: 2017, p. 201, com menção contrária em LOBO, 2015, p. 130 e ss). Paralelamente, o trabalho penoso conta com previsão expressa há décadas na normatividade da Organização Internacional do Trabalho.

No presente trabalho abordamos esse problema-pergunta: o silêncio legislativo infraconstitucional brasileiro é consentâneo com a realidade, ao ponto de justificar tratamento diferenciado em relação aos outros dois adicionais (insalubridade e periculosidade) do inciso XXIII do art. 7º da Constituição da República?

Trabalhamos com a hipótese de que a ideia de penosidade — melhor dizer, a penosidade como característica de determinados misteres — não deixa de ser, malgrado o silêncio do legislador infraconstitucional, uma realidade cotidiana que demanda melhor atenção.

Como metodologia de busca da resposta, efetuamos pesquisa bibliográfica e consolidação de dados empíricos coletados na práxis laboral.

Ao cabo, para a uma primeira ideia dos campos de aplicação do conceito de trabalho penoso e visando a uma futura sistematização normativa, sugerimos quatro vetores de análise do ambiente de trabalho: peso, sobrecarga, pausas e redução de jornada.

2. Etimologia e conceituação do instituto

O nome do instituto não ajuda a sua boa fama. Penosidade remete a penalidade — a duras penas — e se associa à conhecida etimologia da palavra "trabalho" — de *tripalium*, instrumento medieval de tortura —, já há muito vencida pela história como algo inerentemente negativo.

O léxico pátrio, hoje, embora também associe a ideia de penosidade com sacrifício e tormenta, toma-a como sinônima de expressões mais leves ao imaginário: difícil, árduo (SACCONI: 2010, p. 1.570). Mas trabalho difícil ou trabalho árduo não são expressões que dão conta da especialidade que faz com que a penosidade tenha ganhado, embora fugindo de sua origem associada a pena, assento constitucional entre as condições que ameaçam o bem maior da vida (insalubres) ou a própria vida (perigosas).

Em outras línguas ganhou uma origem mais fiel — o inglês *hazardous labour* vem do francês *hasard* e do árabe *sahr*, remetendo ao que em português traduziríamos melhor, então, como o trabalho cuja execução carrega algum tipo de *azar*.

Mas não é um tema que comporte a ideia poética da sorte ou destino. Especialmente *árduo*, ou até *perverso*, o que se está a tratar é de trabalho que leva à exaustão, física ou mental. Estudos de saúde coletiva abordam a temática a partir do fator intensidade (PINA e STOTZ: 2014, p. 153), indistintamente física ou mental. Pensamos que essa é uma característica do trabalho penoso, mas não a única.

Congregando as diversas variantes, chegamos à definição que aqui melhor nos aproveita: trabalho penoso é o que leva a um desgaste físico ou mental particularmente intenso, ou que é executado com grau elevado de sofrimento humano, em especial o que leva à exaustão.

Nos tópicos seguintes trataremos de hipóteses práticas que potencialmente reclamariam sua aplicação, além de algumas peculiaridades da legislação nacional que tangencia o tema.

3. Penosidade aplicada ao trabalhador menor

Referimos que o adicional de penosidade encontra previsão expressa no inciso XXIII do art. 7º da Constituição. Lá está assim:

> XXIII – adicional de remuneração para as atividades penosas, insalubres ou perigosas, na forma da lei;

Já o inciso XXXIII do mesmo artigo constitucional, ao proteger o menor de 18 anos, diz:

> XXXIII – proibição de trabalho noturno, perigoso ou insalubre a menores de dezoito e de qualquer trabalho a menores de dezesseis anos, salvo na condição de aprendiz, a partir de quatorze anos;

Nada dizendo sobre o trabalho penoso citado dez incisos antes, estará o silêncio constitucional permitindo o trabalho penoso do menor?

O deslize — vamos dizer assim — da Constituição de 1988 precisa ser lido a partir dos tratados da Organização Internacional do Trabalho sobre o tema ratificados pelo Brasil. A Convenção n. 138, de 1973, sobre idade mínima de admissão ao emprego, é a norma básica do trabalho infantil no âmbito internacional e traça parâmetros de idade com certa margem de discricionariedade para os países convenentes (OIT: 1973). Adotada 26 anos depois, a Convenção n. 182, mais conhecida simplesmente como *tratado das piores formas de trabalho infantil*, é a norma internacional pela qual os países convenentes, incluso o Brasil, se comprometem a vedar o trabalho infanto-juvenil penoso (OIT: 1999).

A Convenção n. 182 não lista, com pretensão universalizante, as tais piores formas de trabalho infantil, tarefa que cabe a cada país signatário segundo sua realidade. O Brasil assinou o tratado sem elaborar uma lista, o que foi suprido por muitos anos com o art. 405 da CLT — com suas referências evidentemente datadas a trabalho "em teatros de revistas, cinemas, cassinos, cabarés, *dancings*, cafés-concertos e estabelecimentos análogos" — e cujo inciso I, acrescido em 1967, se refere a um quadro dos trabalhos perigosos ou insalubres, mas não penosos.

Suprindo essa lacuna, em 2008 foi publicado no País o Decreto n. 6.481 — Lista das Piores Formas de Trabalho Infantil, ou lista TIP —, com 93 atividades vedadas aos menores (BRASIL: 2008). O trabalho doméstico, por exemplo, citado expressamente no art. 1º, parágrafo único, da Lei Complementar n. 150/2015 (BRASIL: 2015), já era vedado aos menores desde pelo menos o Decreto n. 6.481 citado.

A Lista das Piores Formas de Trabalho Infantil, em sua versão nacional, enfrenta as vedações de trabalho penoso dos menores em quatro eixos:

- todas as formas de escravidão ou práticas análogas à escravidão, o que inclui a venda e o tráfico de crianças ou adolescentes, sujeição por dívida, servidão, trabalho forçado e recrutamento forçado para conflitos armados;
- a utilização, a demanda e a oferta de pessoas com menos de 18 anos para a prostituição, a produção de pornografia ou atuações pornográficas;
- a utilização ou o recrutamento e a oferta de crianças e adolescentes para atividades ilícitas, especialmente a produção e o tráfico de drogas;
- trabalhos que possam prejudicar a saúde, a segurança e a moral das crianças ou adolescentes.

4. Sistemática de remuneração

Vozes respeitáveis defendem a remuneração adicional do trabalho em condições adversas à vida (pelo adicional de periculosidade) e à saúde (pelo adicional de insalubridade) como uma opção válida para o controle dessas adversidades. Vigoraria a ideia de que o trabalho mais caro nessas condições desestimula o empregador a aceitá-las, o que equivaleria a dizer, então, que estimula a prevenção.

Aqui não vamos nos dedicar a esse debate, mas uma ressalva é devida: se a taxação do trabalho mais caro estimula a prevenção, não o fará — ou o fará pouco — com 10 ou 20% do salário mínimo. Não raro, é certo, representa um adicional que faz diferença no orçamento doméstico – o que explica a ousadia de se argumentar, aqui e ali, que o trabalho em condições insalubres ou perigosas é do interesse do trabalhador, atento mais ao alívio financeiro imediato que ao risco à saúde ou à vida do prazo mais longo.

Mas é certo também que a perversão desse sistema habita em uma massa salarial baixa, é dizer, na capacidade de um percentual do salário mínimo incrementar — ou a falta dele representar a quebra de — um orçamento doméstico, e não em uma tendência ignóbil dos trabalhadores que de bom grado trocariam sua saúde por dinheiro.

A virtude reside em tirar ou ao menos mitigar a fonte agressiva em vez de transformar o agravo em bônus salarial.

De certo é que o trabalho penoso, mesmo não contemplado com um adicional especificamente a ele vinculado, tal como o trabalho insalubre e o perigoso, não deixa, por isso, de estar no dia a dia da realidade nacional.

O corte de cana por tonelada ou a digitação por número de toques, para ficarmos em dois exemplos, são trabalhos que envolvem o conceito de penosidade. São realidades que não se resumem a estabelecer-se um conceito de metas factíveis. Não por outra razão, em um caso específico, a Orientação Jurisprudencial n. 235 da SDI-1 do Tribunal Superior do Trabalho ganhou uma vírgula para estabelecer uma exceção: todos os trabalhadores por produção, ao atuarem em horas extras, ganham apenas o adicional, e não as horas extras em si, *exceto os cortadores de cana*, que ganham ambos.

A exceção não tem outra explicação senão a penosidade desse trabalho. Mas não seria desarrazoado estender-se a *ratio* dessa ressalva da OJ n. 235 para outras atividades igualmente penosas. O ganho por quilo, tonelada ou metro cúbico, na medida em que permite ao trabalhador jogar com sua exaustão física pelo retorno do ganho financeiro imediato — chame-se-o ganância ou sobrevivência —, atrai esse raciocínio.

5. Vetores da penosidade

A ideia de penosidade perpassa diversas atividades, como os exemplos dados anteriormente deixam claro. Se e quando o conceito de atividade penosa vier a ser elaborado para efeito de regulamentação na forma prometida pelo inciso XXIII do art. 7º da Constituição, fará melhor em evitar a listagem simplória de atividades.

Sugerimos a classificação da penosidade no trabalho segundo quatro vetores:

- peso
- sobrecarga
- pausas
- redução de jornada

Dedicamos algumas ideias a cada um deles.

5.1. Peso

A sobrecarga de peso é uma fonte de penosidade contemplada expressamente na Convenção n. 127 da OIT, porém em termos suficientemente genéricos para que cada país dê números a sua realidade (OIT: 1967). A CLT, no art. 198, em redação contemporânea da implementação das Normas Regulamentadoras (1977), diz que o peso máximo que um empregado (homem e maior de idade) pode remover individualmente é de 60 quilos (BRASIL: 1943). A NR-11, regulamentação anexa à CLT, complementa com um limite de distância percorrida com esse peso — 60 metros. Mas por quanto tempo um trabalhador transporta, continuamente, 60 quilos por vários metros? É possível fazê-lo por 8 horas?

As mesmas perguntas valem para o trabalho da mulher (25 quilos quando o transporte do peso é ocasional, ou 20 quilos quando contínuo — art. 390 da CLT) e para o trabalho de crianças e adolescentes, às quais se aplicam os mesmos limites do trabalho da mulher (CLT, art. 405, § 5º) mas para quem a Convenção n. 182 da OIT e o Decreto n. 6.481 reduziram o peso transportável a 15 quilos (para meninos) e 11 quilos (para meninas) quando do trabalho ocasional, ou 9 e 7 quilos, respectivamente, para o trabalho contínuo.

O fundamento desses limites todos não é outro senão a ideia de penosidade do trabalho *pesado*.

5.2. Sobrecarga

O conceito de sobrecarga veio substituir, no uso comum da praxe judiciária, as expressões LER (lesões por esforços repetitivos) e DORT (distúrbios osteomusculares relacionados ao trabalho).

Consiste na concentração em uma determinada parte do corpo de quantidade significativa da energia empregada no trabalho — ou mais de 30 segundos ininterruptos, ou mais de 50% da jornada.

A repetição de movimentos não é da natureza humana. A depender da intensidade com que ocorre, desembocará igualmente na ideia de penosidade.

As ciências da saúde têm desenvolvido estudos peculiares com base no vetor da sobrecarga. A odontologia do trabalho, por exemplo, estuda-a por meio da investigação da formação da arcada dentária. Passa da dezena o número de profissões que de regra levam à perda total da arcada dentária, seja pela absorção de produtos degradantes dos dentes, seja pela pressão que o trabalhador, no esforço físico ou na tensão psíquica, exerce sobre a arcada dentária. Um odontologista do trabalho, por exemplo, apontaria com certa facilidade o profissional que trabalha no policiamento de rua somente pela deformação específica da arcada.

Os Serviços Especializados em Engenharia de Segurança e em Medicina do Trabalho (SESMT), previstos na Norma Regulamentadora 4, dependendo do seu dimensionamento e do enquadramento das atividades da empresa, poderiam contemplar a presença do odontólogo do trabalho.

5.3. Pausas

O tempo escasso é uma potencial fonte de adoecimento de qualquer pessoa — que o digam os habitantes de uma região metropolitana. Não haveria como estar fora desse pequeno grupo de vetores para se pensar a penosidade no trabalho.

O antídoto que se extrai do próprio elemento agressivo é a pausa.

As pausas tradicionais são as de revigoramento, descanso e alimentação entre turnos de trabalho. Menos conhecidas são as pausas obrigatórias para que o trabalho não se caracterize como penoso – como as pausas térmicas do trabalho em fornos, olarias e até dos insuspeitos forneiros de pizzaria. Todas essas atividades estão de alguma forma contempladas no Anexo 3 da Norma Regulamentadora n. 15, que estabelece limites de tolerância para exposição ao calor.

Outro exemplo de pausa diretamente ligada à saúde é aquela destinada à descompressão do trabalhador hostilizado por cliente da empresa ou terceiro (item 5.4.5 do Anexo II da Norma Regulamentadora n. 17). A NR a prevê expressamente apenas para o trabalhador em teleatendimento/*telemarketing*, mas a necessidade de descompressão é realidade generalizada.

Esse vetor lida com circunstâncias até curiosas: os fumantes podem ser menos propensos à incidência de tendinite. Longe de autorizar a ideia de que o cigarro traz algum benefício ao corpo humano, trata-se simplesmente da hipótese de que a pausa para satisfazer o vício — geralmente uma saída do posto e para fora da sala de trabalho — acaba por acarretar necessariamente uma pausa a mais no trabalho repetitivo.

Para além das formas com que os processos produtivos prescrevem e os trabalhadores realizam os tempos de trabalho, a perversão do sistema está na conversão da pausa em dinheiro, uma poupança módica e contínua em troca da saúde exaurida. A pausa de resfriamento do corpo do trabalhador em fornos é tão *irrecuperável* — a palavra-chave é essa — quanto a pausa para aleitamento não usufruída pelo bebê e pela nutriz.

5.4. Redução de jornada

Por fim, temos a ideia de redução da jornada como uma das variáveis do estudo da penosidade no ambiente de trabalho. Aqui também o elemento de estudo é o tempo, porém mais especificamente no dimensionamento da jornada, ou carga horária diária.

A diminuição da jornada é uma estratégia usada pelo legislador há décadas como praticamente única saída para que determinadas profissões não sejam inevitavelmente associadas a determinadas doenças.

Os exemplos contemplados em lei especial são muitos: ao aeroviário de pista é dado o limite de 6 horas de trabalho desde o Decreto n. 1.232, de 1962 (BRASIL: 1962); ao ascensorista de elevadores, 6 horas desde a Lei n. 3.270, de 1957 (BRASIL: 1957); ao bancário do caixa, 6 horas desde bem antes do advento da Consolidação das Leis do Trabalho; ao trabalhador em minas no subsolo, 6 horas desde a redação original da CLT, de 1943.

Por outro lado, há exemplos de profissionais em atividades exaustivas não contemplados pelo alívio da diminuição da jornada — que talvez lhes fosse a única medida mitigadora da penosidade. Os mecânicos manutencistas de caminhões de lixo estão no topo da lista dentre os profissionais com altas taxas de alcoolismo; os trabalhadores na colheita de morangos atuam necessariamente de cócoras, preferencialmente ao meio-dia e em ambiente que atrai animais peçonhentos. A lista dos exemplos, dos curiosos aos engasgantes, talvez não seja pequena.

Em muitos desses casos, embora fosse intuitivo se pensar assim, não é o Direito do Trabalho que capitaneia a mudança. A progressiva eliminação do trabalho do cortador de cana foi impulsionada pelo Direito Ambiental. As limitações do *telemarketing* tiveram à frente o Direito do Consumidor. Como os manutencistas de caminhão de lixo, são categorias e atividades sem *lobby* e sem organização para reivindicação, talvez por isso esquecidos tanto na promessa de regulamentação do inciso XXIII do art. 7º da Constituição quanto pelas reformas da legislação trabalhista.

6. Conclusão

A penosidade constante de determinadas atividades não deixou de ser notada pelo legislador constituinte de 1988, assim como por leis nacionais esparsas e pelas Convenções da OIT. Mas não há uma sistematização de conceitos e parâmetros que a coloque na vitrine em que foram parar os temas correlatos do trabalho insalubre e do trabalho perigoso.

Diferentemente dos adicionais de insalubridade e de periculosidade, o adicional de penosidade, também previsto no inciso XXIII do art. 7º da Constituição, não recebeu regulamentação infraconstitucional até o momento.

Compilando exemplos de situações em que há trabalho penoso — é dizer, aquele que leva a um desgaste físico ou mental particularmente intenso, ou que é executado com grau elevado de sofrimento humano, em especial o que leva à exaustão —, mostramos que o descaso legislativo não se justifica.

Como contribuição a uma potencial regulamentação do tema, neste artigo sugerimos quatro vetores de estudo e sistematização dos diferentes conceitos de penosidade no trabalho — peso, sobrecarga, pausas e redução de jornada —, mirando que um dia, quiçá, o tema da necessidade de eliminação do trabalho penoso e mesmo alguma forma eventual de remuneração complementar compensatória deixem de alimentar o vasto acervo da lírica constitucional brasileira.

7. Referências

ALBUQUERQUE, Marcela Seidel; CHECON, Yolanda Paganini. Adicional de penosidade. *Ciência Jurídica do Trabalho*, Belo Horizonte, ano 13, n. 83, p. 207-223, set./out. 2010.

ALVARENGA, Rúbia Zanotelli de. *Trabalho penoso e Direito do Trabalho*. Direitos humanos e meio ambiente do trabalho. São Paulo: LTr, 2016. p. 165-172.

BRASIL. Decreto-lei n. 5.452, de 1º de maio de 1943. Aprova a Consolidação das Leis do Trabalho. Disponível em: <http://www.planalto.gov.br/ccivil_03/decreto-lei/Del5452compilado.html>. Acesso em: 16 ago. 2020.

BRASIL. Congresso Nacional. *Constituição da República Federativa do Brasil de 1988*. Disponível em: <http://www.planalto.gov.br/ccivil_03/constituicao/constituicaocompilado.html>. Acesso em: 16 ago. 2020.

______. *Decreto n. 1.232, de 22 de junho de 1962*. Regulamenta a profissão de Aeroviário. Disponível em: <http://www.planalto.gov.br/ccivil_03/decreto/historicos/dcm/dcm1232.htm#:~:text=dcm%201232>. Acesso em: 17 ago. 2020.

______. *Decreto n. 6.481, de 12 de junho de 2008*. Regulamenta os arts. 3º, alínea *"d"*, e 4º da Convenção n. 182 da Organização Internacional do Trabalho (OIT) que trata da proibição das piores formas de trabalho infantil e ação imediata para sua eliminação, aprovada pelo Decreto Legislativo no 178, de 14 de dezembro de 1999, e promulgada pelo Decreto n. 3.597, de 12 de setembro de 2000, e dá outras providências. Disponível em: <http://www.planalto.gov.br/ccivil_03/_ato2007-2010/2008/decreto/d6481.html>. Acesso em: 16 ago. 2020.

______. *Decreto n. 10.088, de 5 de novembro de 2019*. Consolida atos normativos editados pelo Poder Executivo Federal que dispõem sobre a promulgação de convenções e recomendações da Organização Internacional do Trabalho – OIT ratificadas pela República Federativa do Brasil. Disponível em: <http://www.planalto.gov.br/ccivil_03/_Ato2019-2022/2019/Decreto/D10088.htm#:~:text=DECRETO%20N%C2%BA%2010.088%2C%20DE%205,pela%20Rep%C3%BAblica%20Federativa%20do%20Brasil>. Acesso em: 16 ago. 2020.

______. Presidência da República. *Lei n. 3.270, de 30 de setembro de 1957*. Fixa em seis (6) o número de horas de trabalho diário dos cabineiros de elevador e dá outras providências. Disponível em: <http://www.planalto.gov.br/ccivil_03/leis/1950-1969/L3270.htm#:~:text=LEI%20N%C2%BA%203.270%2C%20DE%2030>. Acesso em: 17 ago. 2020.

______. *Lei Complementar n. 150, de 1º de junho de 2015*. Dispõe sobre o contrato de trabalho doméstico; altera as Leis ns. 8.212, de 24 de julho de 1991, 8.213, de 24 de julho de 1991, e 11.196, de 21 de novembro de 2005; revoga o inciso I do art. 3. da Lei n. 8.009, de 29 de março de 1990, o art. 36 da Lei n. 8.213, de 24 de julho de 1991, a Lei n. 5.859, de 11 de dezembro de 1972, e o inciso VII do art. 12 da Lei n. 9.250, de 26 de dezembro 1995; e dá outras providências. Disponível em: <http://www.planalto.gov.br/ccivil_03/leis/lcp/lcp150.htm>. Acesso em: 16 ago. 2020.

______. Senado Federal. *Lei n. 8.112, de 11 de dezembro de 1990*. Dispõe sobre o regime jurídico dos servidores públicos civis da União, das autarquias e das fundações públicas federais. Disponível em: <http://www.planalto.gov.br/ccivil_03/leis/L8112compilado.htm>. Acesso em: 16 ago. 2020.

CALVO, Adriana. A busca da efetividade do direito fundamental à proteção do trabalhador no ambiente penoso: reflexões pós-positivistas sobre o adicional de penosidade. In: ALMEIDA, Renato Rua de; CALVO, Adriana (Assist. Coord.). *Aplicação da teoria do diálogo das fontes no direito do trabalho*. São Paulo: LTr, 2015. p. 9-18.

DELGADO, Mauricio Godinho. *Curso de Direito do Trabalho*. 15. ed. São Paulo: LTr, 2016.

FACCIOLI, Pedro Henrique Godinho; RAVENA, Paula Bueno. *Direito do trabalho na jurisprudência do TST:* análise de temas atuais e polêmicos. Salvador: JusPodivm, 2019.

LOBO, Bárbara Natália Lages. O adicional de penosidade sob a óptica da teoria constitucional contemporânea: a efetivação dos direitos fundamentais. *Revista de Direito Brasileira*, ano 5, vol. 11, 2015, p. 117-137. Disponível em: <https://www.indexlaw.org/index.php/rdb/article/view/2760/2645>. Acesso em: 15 ago. 2020.

MARQUES, Christiani. *A proteção ao trabalho penoso*. Orientador: Pedro Paulo Teixeira Manus. 2005. 315 p. Tese (Doutorado) – PUC-SP, 2005, São Paulo, PUCSP, 2005.

MELO, Raimundo Simão de. *Trabalho penoso:* prevenção e reparação pelo desgaste sofrido pelo trabalhador. Direitos humanos e relações sociais trabalhistas. São Paulo: LTr, 2018. p. 314-326.

OLIVEIRA, Sebastião Geraldo de. Adicional de remuneração para as atividades penosas, insalubres ou perigosas, na forma da Lei. In: TEIXEIRA FILHO, João de Lima; MARTINEZ, Luciano (Coords.). *Comentários à Constituição de 1988 em matéria de direitos sociais trabalhistas (arts. 6º a 11):* uma homenagem aos 30 anos da Constituição da República e aos 40 anos da Academia Brasileira de Direito do Trabalho. São Paulo: LTr, 2019. p. 262-280.

ORGANIZAÇÃO INTERNACIONAL DO TRABALHO. *C127 – Peso máximo das cargas*. Genebra, 1967. Disponível em: <http://www.ilo.org/brasilia/convencoes/WCMS_235578/lang--pt/index.htm>. Acesso em: 17 ago. 2020.

______. *C138 – Idade mínima para admissão*. Genebra, 1973. Disponível em: <http://www.ilo.org/brasilia/convencoes/WCMS_235872/lang--pt/index.htm>. Acesso em: 16 ago. 2020.

______. *C182 – Proibição das Piores Formas de Trabalho Infantil e Ação Imediata para sua Eliminação*. Genebra, 1999. Disponível em:<http://www.ilo.org/brasilia/convencoes/WCMS_236696/lang--pt/index.htm>. Acesso em: 16 ago. 2020.

PINA, José Augusto; STOTZ, Eduardo Navarro. *Intensificação do trabalho e saúde do trabalhador*: uma abordagem teórica. Revista Brasileira de Saúde Ocupacional. São Paulo, v. 39, n. 130, p. 150-160, jul./dez. 2014. Disponível em: <https://www.scielo.br/scielo.php?script=sci_arttext&pid=S0303-76572014000200150&lng=en&nrm=iso>. Acesso em: 15 ago. 2020.

PORTILHO, Raphaela Magnino Rosa; SOUSA, Ricardo José Leite de; TRESSE, Vitor Schettino. *A integridade física e psíquica do trabalhador:* como reconstruir os requisitos das indenizações de penosidade, insalubridade e periculosidade para além de critérios econômicos. Direito do trabalho nos 25 anos da Constituição. Rio de Janeiro: Lumen Juris, 2014. p. 257-284.

SACCONI, Luiz Antonio. *Grande dicionário Sacconi da língua portuguesa*. São Paulo: Nova Geração, 2010.

SILVA, Homero Batista Mateus da. *Curso de direito do trabalho aplicado*. 3. ed. São Paulo: Revista dos Tribunais, 2017. v. 3 [saúde e segurança do trabalho]. p. 201.

Meio Ambiente do Trabalho em Tempos de Pandemia do Novo Coronavírus — Responsabilidades, Reparações e Juízo Competente

Hélio Grasselli[1]

Resumo: Propõe o presente artigo o estudo das responsabilidades, das reparações e do juízo competente para as ações decorrentes da pandemia da codiv-19, causada pelo novo coronavírus SARS-CoV-2. O trabalho principia pela exposição do contexto factual da pandemia, adentra na discussão a respeito da responsabilidade do empregador e do poder público, perpassando pelas excludentes de responsabilidade contratual, tais como força maior, caso fortuito e *factum principis*. Em seguida, passamos à análise dos danos causados ao trabalhador pela doença Covid-19 e das consequentes reparações de ordem extrapatrimonial e material. Discorremos, ainda que de maneira breve, sobre a proteção aos contratos de trabalho sob a perspectiva e normas da Organização Internacional do Trabalho. Por fim, reafirmamos a competência material da Justiça do Trabalho para conciliar e julgar as ações decorrentes da pandemia, e propomos soluções para mitigação dos efeitos dessa crise sanitária mundial.

Palavras-chave: Coronavírus. Covid-19. Pandemia. Doença ocupacional. Direito dos trabalhadores. Responsabilidades. Reparações. Juízo competente. Força maior. Caso fortuito. Fato do príncipe e *factum principis*.

1. Introdução

No dia 30 de janeiro de 2020 a Organização Mundial da Saúde (OMS) declarou que o surto de um novo coronavírus, SARS-CoV-2, causador da doença Covid-19, surgido na China, constituía uma emergência de saúde pública de importância internacional.

---

(1) Juiz titular da 1ª Vara do Trabalho de São José do Rio Preto. Professor em cursos de pós-graduação. Mestre pela PUC/SP e doutorando pela USP – Faculdade de Direito do Largo de São Francisco, em São Paulo.

Apesar desse alerta, até o início de março de 2020 o Brasil vivia em ritmo normal, com uma exuberante e prolongada festa de Carnaval, em meio às mazelas que há muito tempo estão presentes em nossa vida social: violência, corrupção, desemprego, recessão, saúde e previdência precarizados, péssimo nível educacional, fome e desesperança.

Com o aumento do surto da Covid-19, foi editada em 6 de março de 2020 a Lei n. 13.979 que, dentre outras matérias, concedeu às autoridades estaduais e municipais a possibilidade de estabelecer o isolamento e a quarentena da população.

Logo a seguir, em 11 de março de 2020, considerando a disseminação mundial dessa nova doença, que se espalhara por diferentes continentes, com transmissão sustentada de pessoa para pessoa, a OMS caracterizou a Covid-19 como uma pandemia.

A essa época, não tínhamos mais memória de pandemias com alto grau de mortalidade, já que a última com essa virulência tinha sido a "gripe espanhola", que assolou nosso País entre 1918 e 1920 e, mundialmente, ceifou mais de cinquenta milhões de vidas humanas.

Além dos reflexos para os sistemas de saúde de todo o mundo, que mais cedo ou mais tarde acabaram por colapsar, além de consequências na dinâmica econômica e na circulação de pessoas, tanto nos âmbitos local, nacional e internacional, a Covid-19 trouxe profundas e significativas mudanças no mundo do trabalho.(2)

Como ensina Guilherme Guimarães Feliciano, "a partir do momento em que se reconhecia nacionalmente o fenômeno da transmissão comunitária, a dispersão do coronavírus adquiriu outro patamar, tornando-se uma questão efetivamente ambiental [...]".(3)

Em razão da pandemia, muitas pessoas perderam seus empregos, principalmente nos setores que demandam a presença física de trabalhadores e clientes, tais como turismo, hotéis, bares, restaurantes, cinemas, casas de shows, *buffets*, transportes aéreo, rodoviário e fluvial, *shopping centers* e assemelhados. Outras passaram a exercer suas funções de forma remota, por meio do teletrabalho, dentro da própria residência. Outro tanto, ao contrário, teve acentuado aumento de trabalho, tais como profissionais de saúde e entregadores, com a respectiva intensificação dos riscos de contrair a nova doença.

---

(2) BRIDI, Maria Aparecida. A pandemia Covid - 19: crise e deterioração do mercado de trabalho no Brasil. *Estudos Avançados*, São Paulo: Instituto de Estudos Avançados da USP, vol. 34, n. 100, 2020, p. 141-165. Disponível em: <https://www.revistas.usp.br/eav/article/view/178763/165381>. Acesso em: 22 dez. 2020.

(3) FELICIANO, Guilherme Guimarães e EBERT, Paulo Roberto Lemgruber. Coronavírus e meio ambiente de trabalho: de pandemias, pantomimas e panaceias. *Revista do Tribunal Regional do Trabalho da 3ª Região*, Belo Horizonte, edição especial, t. I, p. 193-233, jul. 2020.

Por essa razão, a crise sanitária que atingiu o Brasil deve constituir um marco nas relações de trabalho, assim como o foi a Reforma Trabalhista de 2017.

Não se pode olvidar que, mesmo antes da pandemia, o País já vivia profunda recessão, com declínio do PIB e aumento do desemprego.

A Covid-19 fez com que essa situação negativa recrudescesse ainda mais, chegando a níveis alarmantes, com encerramento de atividades, fechamento definitivo de estabelecimentos comerciais e elevação do endividamento e do desemprego.

Como é ínsito a todo e qualquer ser humano, diante das catástrofes, procuramos primeiramente indagar de quem é a culpa. Será que existe um culpado ou estamos diante de um fato da natureza, imprevisível e inevitável?

Ao longo deste singelo artigo procuraremos respostas a essas indagações, ressaltando que o eixo temático deste trabalho é discorrer sobre as responsabilidades, reparações e juízo competente para eventuais ações.

Nessa quadra, vamos nos pronunciar sobre o cumprimento dos contratos em época de pandemia, notadamente dos contratos de trabalho, com ênfase nas reparações trabalhistas em sentido estrito e, também, nas reparações civis e trabalhistas decorrentes dos danos causados pela doença, tanto na esfera material como na moral.

Para tanto, vamos incursionar nas excludentes da força maior, do caso fortuito e no fato do príncipe, passando pela proteção conferida pelas normas internacionais, notadamente normas da Organização Internacional do Trabalho (OIT).

2. A pandemia e o cumprimento dos contratos

Indagamos se, mesmo diante da pandemia do coronavírus Covid-19, os contratos de trabalho devem continuar sendo cumpridos.

Numa perspectiva ideal, é óbvio que a resposta é afirmativa.

Todavia, numa perspectiva fenomênica, no mundo do ser, no campo dos fatos, a questão não é tão simples assim.

O sinalagma que rege as relações contratuais sofreu sensível abalo pela diminuição ou mesmo impedimento das atividades do empresário, com nítido reflexo nas suas receitas.

Esse evidente desequilíbrio impõe a busca de soluções para superar esse difícil período pelo qual passa a humanidade.

Não basta apenas invocar o princípio da alteridade inserto no art. 2º da CLT. A assunção dos riscos da atividade econômica, pelo empregador, deve ser entendida como característica do contrato de trabalho em épocas de normalidade econômica e social; não num contexto de pandemia.

Além disso, no Direito do Trabalho, a existência de força maior, caso fortuito e fato do príncipe não implicam, como no Direito Civil, exclusão da responsabilidade, mas quando muito, na mitigação das indenizações devidas.

Aqui se impõe um juízo de ponderação entre a livre-iniciativa e o valor social do trabalho, constitucionalmente garantidos.

Nesse mister, surgem inúmeras dúvidas e questionamentos, *v.g.*, se o empregador é obrigado a continuar pagando salários mesmo sem a contraprestação do trabalho, ou se pode fazê-lo com redução proporcional à diminuição da jornada de trabalho nas hipóteses em que isso é possível. Quem seria o responsável pelo pagamento das indenizações nos casos de ruptura contratual? Será que o empregado é obrigado a trabalhar em *home office* ou a se expor nas atividades que agora podem ser consideradas de risco? A solução seria a suspensão do contrato sem pagamento de salários ou com pagamento de uma ajuda financeira? Haveria aporte de recursos governamentais?

As respostas passam pelo estudo de soluções jurídicas para questões afins.

Desde logo, impõe-se ressaltar que a Medida Provisória 27, de 22 de março de 2020, embora com vigência encerrada, estipula no seu art. 1º, parágrafo único, que a Covid-19, para fins trabalhistas, constitui hipótese de força maior, nos termos do disposto no art. 501 da CLT, em conformidade com o estado de calamidade pública, reconhecido pelo Decreto Legislativo 6, de 20 de março de 2020.

Apesar disso, impõe-se o estudo minudente das excludentes da responsabilidade, máxime porque a mencionada medida provisória não está mais em vigor.

3. Força maior e caso fortuito

Com o advento da pandemia da Covid-19, causada pelo coronavírus SARS-CoV-2, a questão envolvendo o cumprimento de contratos ganhou relevância tanto na esfera cível como na trabalhista.

Quando o contrato foi firmado, as condições fáticas eram totalmente diversas daquelas que vigoram hoje.

Por isso é de se perguntar se essa mudança implicaria caso fortuito, força maior ou *factum principis* para, com olhos nas teorias da imprevisão (cláusula *rebus sic stantibus*) e da onerosidade excessiva, justificar o seu inadimplemento ou a revisão daquilo que foi avençado.

Desde logo, importa salientar que a doutrina não vê grande relevância na distinção entre as excludentes caso fortuito e força maior.

A esse respeito, Pontes de Miranda leciona que "a distinção só teria de ser feita, só seria importante, se as regras jurídicas a respeito daquela e desse fossem diferentes, então, ter-se-ia de definir força maior e caso fortuito, conforme a comodidade da exposição".(4)

Há muito, Caio Mario da Silva Pereira já dizia que "preferível será, todavia, não obstante aceitar que abstratamente se diferenciem, admitir que na prática os dois termos correspondem a um só efeito, como observa Alfredo Colmo, que em última análise é a negação da imputabilidade".(5)

De fato, o Código Civil brasileiro não faz nenhuma distinção entre essas duas excludentes. Consoante se infere do parágrafo único, do art. 393, "o caso fortuito ou de força maior verifica-se no fato necessário, cujos efeitos não era possível evitar ou impedir".

Nada obstante, Washington de Barros Monteiro(6) considera como de força maior os fenômenos relacionados às causas naturais, como terremoto, inundação, seca, geada, chuva de granizo, vulcão, tufão, incêndios não provocados e, como caso fortuito, o que resulte de fato alheio, embora não determinável ou identificável, mas inevitável enquanto evento danoso, como a greve, o motim, a guerra.

Por sua vez, autores também de escol, como Álvaro Villaça Azevedo, defendem o contrário. Diz o ilustrado professor:

> Pelo que acabamos de perceber, caso fortuito é o acontecimento provindo da natureza, sem qualquer intervenção da vontade humana, como por exemplo, a inundação de um rio, em consequência do que se arrasta uma ponte, impossibilitando tal fato o devedor, com seu caminhão de transportar o objeto da prestação ao local certo, no dia certo. Esse devedor restará exonerado da responsabilidade de indenizar. Por outro lado, a força maior é o fato de terceiro, ou do credor, é a atuação humana, não do devedor, que impossibilita o cumprimento obrigacional.(7)

Para o ministro do TST Alexandre Agra Belmonte, força maior é fortuito humano:

> É o fato humano alheio e transcendente à vontade das partes, sem possibilidade de imputação a pessoa determinada, com concentração da ocorrência em relação ao acontecimento em si mesmo, e que vem a interferir numa relação jurídica sem possibilidade de ser evitado,

(4) MIRANDA, Pontes. *Tratado de direito privado*. t. XXII. São Paulo: Revista dos Tribunais, 2012. p. 158-159.

(5) PEREIRA, Caio Mário da Silva. *Responsabilidade Civil*. 7. ed. Rio de Janeiro: Forense, 1996. p. 304.

(6) MONTEIRO, Washington de Barros. *Curso de Direito Civil*. 4º vol. São Paulo: Saraiva, 1978. p. 332.

(7) VILLAÇA, Álvaro Azevedo. *Curso de direito civil:* Teoria geral das obrigações e responsabilidade civil. vol. II, 13. ed. São Paulo: Saraiva, 2019.

como invasão de território, guerra ou guerra civil, pânico coletivo, racionamento de energia elétrica.[8]

Prossegue o autor traçando uma dicotomia desse evento em força maior interna e força maior externa. Exemplifica com as seguintes hipóteses:

> Força maior interna: se em razão de pânico coletivo ocorrido no estabelecimento do empregador, um trabalhador é pisoteado e falece, a empresa será responsável se o dano for decorrente do fato do estabelecimento não ter áreas de escape em caso de incêndio ou tumulto. Trata-se de força maior interna, cuja imprevidência do empregador ingressa na relação jurídica então mantida com o falecido.
>
> Força maior externa: Todavia, se em razão de pânico coletivo ocorrido no estabelecimento do empregador e por ele não causado, em ambiente ou atividade que não é de risco, e um trabalhador é pisoteado e falece, a empresa não é responsável, por se tratar de força maior externa.[9]

O professor Sérgio Cavalieri Filho,[10] por sua vez, faz a mesma dicotomia em relação ao caso fortuito, trazendo as figuras do fortuito externo e fortuito interno. Entende que este é "o fato imprevisível e, por isso, inevitável, que se liga à organização da empresa, que se relaciona com os riscos da atividade".

Prosseguindo, fornece como exemplos o estouro de um pneu do ônibus, o incêndio do veículo, o mal súbito do motorista.

Diz ainda que fortuito externo "é também fato imprevisível e inevitável, mas estranho à organização do negócio", fornecendo como exemplos tempestades e enchentes.

Para esse autor, a diferença está em que o fortuito interno não exclui a responsabilidade, enquanto o fortuito externo geralmente a exclui.

Em interessante artigo publicado em março de 2020, o advogado Fábio de Souza Aranha Cascione pondera que:

> Tanto o caso fortuito como a força maior podem ser entendidos como ações de causas que se situam fora do alcance da vontade de uma parte, obrigada a realizar uma certa prestação, impedindo-a de seu cumprimento. Instituto jurídico milenar, já presente no Direito

(8) BELMONTE, Alexandre Agra. Imprevisão, força maior, fato do príncipe e as normas excepcionais e temporárias para enfrentamento dos impactos da Covid-19 nas relações de trabalho. In: BELMONTE, Alexandre Agra; MARTINEZ, Luciano; MARANHÃO, Ney (Coords.). *O Direito do Trabalho na crise da Covid-19.* Salvador: JusPodivm, 2020. p. 435-457.

(9) *Ibidem*, p. 441.

(10) CAVALIERI FILHO, Sérgio. *Programa de Responsabilidade Civil.* 8. ed. São Paulo: Atlas, 2008. p. 176 e 302.

> Romano o *casus fortuitus* se caracterizava como escusa no cumprimento de obrigação frente a acontecimento imprevisto, decorrente de ação humana, como as guerras, ou decorrentes da natureza, como os fenômenos meteorológicos (grandes tempestades, furacões etc.). Era o embrião do que hoje chamamos de caso fortuito. E convivia, também no período romano, ao lado do *causus majores* (*vis major est cui humana infirmitas resistire non potest)* entendida como aquela força mais forte, que a ação humana não pode resistir: a propalada força maior. Muitas codificações da Europa continental não distinguem o emprego das expressões "caso fortuito" e "força maior", ora mencionando um conceito ora outro, de forma indistinta, para as mesmas situações. O atual Código Civil Brasileiro ("CC") restou por unir os dois conceitos no parágrafo único do art. 393, como se a mesma coisa fossem, cabendo à doutrina e à jurisprudência fazer a diferenciação. Em linhas gerais, em direito obrigacional, tanto o caso fortuito como a força maior podem ser entendidos como ações de causas que se situam fora do alcance da vontade de uma parte, obrigada a realizar uma certa prestação, impedindo-a de seu cumprimento. Tem como requisito, tudo que não pode ser previsto quando da criação da obrigação, e mesmo que fosse previsto, é sempre aquele acontecimento cujos efeitos não seria possível evitar ou impedir. Produz como consequência a isenção de responsabilidade da parte impedida da execução da obrigação, excluindo-se a sua culpa. Vale dizer, interrompe-se o nexo de causalidade entre inadimplemento e dano ocasionado à outra parte que sofreu a inexecução. E se não há o nexo de causalidade, não há o dever de indenizar.[11]

O Código Civil brasileiro cuida da matéria nos seguintes dispositivos:

> Art. 317 – Quando, por motivos imprevisíveis, sobrevier desproporção manifesta entre o valor da prestação devida e o do momento de sua execução, poderá o juiz corrigi-lo, a pedido da parte, de modo que assegure, quanto possível, o valor real da prestação.
>
> Art. 393 – O devedor não responde pelos prejuízos resultantes de caso fortuito ou força maior, se expressamente não se houver por eles responsabilizado.
>
> Parágrafo único. O caso fortuito ou de força maior verifica-se no fato necessário, cujos efeitos não era possível evitar ou impedir.
>
> Art. 478 – Nos contratos de execução continuada ou diferida, se a prestação de uma das partes se tornar excessivamente onerosa, com extrema vantagem para a outra, em virtude de acontecimentos extraordinários e imprevisíveis, poderá o devedor pedir a resolução do contrato. Os efeitos da sentença que a decretar retroagirão à data da citação.

---

(11) CASCIONE, Fábio de Souza Aranha. Caso fortuito, força maior e a Covid-19. *Migalhas*. Disponível em: <https://migalhas.uol.com.br/depeso/323084/caso-fortuito--forca-maior-e-a-Covid-19>. Acesso em: 22 dez. 2020.

Art. 479 – A resolução poderá ser evitada, oferecendo-se o réu a modificar equitativamente as condições do contrato.

Trata-se, a toda evidência, da positivação das teorias da imprevisão e da onerosidade excessiva.

A primeira firmada na cláusula *rebus sic stantibus* (as coisas assim estando), vale dizer, o cumprimento do contrato pode ser exigido se as condições fáticas vigorantes à época da sua formação permanecerem as mesmas.

De outra parte, a segunda visa resguardar as bases do negócio (Teoria de Oertmann).

A esse respeito, o professor José Fernando Simão(12) pondera que "a cláusula, de origem canônica, nasce como forma de relativizar, abrandar, o princípio *pacta sunt servanda*, ou seja, o princípio pelo qual todos os acordos devem ser cumpridos".

E continua asseverando ser "uma ideia lógica e precisa: se o contrato nasceu com certa base objetiva, ou seja, determinadas circunstâncias circundantes, e tais circunstâncias se alteram por um fato imprevisível, o contrato pode ser resolvido ou revisto".

É o mesmo ensinamento que se extrai de Pontes de Miranda, quando afirma:

> O princípio de adimplir-se o que se prometeu exige que não se levem em conta os sacrifícios dos devedores. Deve, pague. Mas esse absolutismo levaria a soluções que destoam dos propósitos de adaptação social, que tem todo sistema jurídico. Não nos referimos à *equidade*, porque esse conceito perturbaria, profundamente, a pesquisa para a solução do problema da base dos negócios jurídicos; sem nos referimos a indagações sobre a cláusula *rebus sic stantibus*, porque solução ligada a esse conceito somente poderia consistir em se ter *sempre* por inserta, ainda que tacitamente, ou implicitamente, a cláusula.(13)

Na esfera trabalhista, as coisas não são bem assim. A começar pelas excludentes de responsabilidade.

No Direito Civil, a ocorrência de força maior ou caso fortuito excluem a responsabilidade.

No Direito do Trabalho, não; quando muito haverá uma diminuição da indenização pela quebra do contrato, ainda que sem culpa do empregador. Além disso, não

(12) SIMÃO, José Fernando. O contrato nos tempos da Covid-19. Esqueçam a força maior e pensem na base do negócio. *JusBrasil*. Disponível em: <https://flaviotartuce.jusbrasil.com.br/artigos/828283451/o-contrato-nos-tempos-da-Covid-19>. Acesso em: 27 dez. 2020.

(13) MIRANDA, Pontes. *Tratado de direito privado*. t. XXV. São Paulo: Revista dos Tribunais, 2012. p. 294.

há previsão para o caso fortuito. A legislação consolidada alude apenas à força maior e ao fato do príncipe.

Com efeito, a Consolidação das Leis do Trabalho (CLT) dispõe que:

> Art. 501 – Entende-se como força maior todo acontecimento inevitável, em relação à vontade do empregador, e para a realização do qual este não concorreu, direta ou indiretamente.
>
> § 1º A imprevidência do empregador exclui a razão de força maior.
>
> § 2º À ocorrência do motivo de força maior que não afetar substancialmente, nem for suscetível de afetar, em tais condições, a situação econômica e financeira da empresa não se aplicam as restrições desta Lei referentes ao disposto neste Capítulo.
>
> Art. 502 – Ocorrendo motivo de força maior que determine a extinção da empresa, ou de um dos estabelecimentos em que trabalhe o empregado, é assegurada a este, quando despedido, uma indenização na forma seguinte:
>
> I – sendo estável, nos termos dos arts. 477 e 478;
>
> II – não tendo direito à estabilidade, metade da que seria devida em caso de rescisão sem justa causa;
>
> III – havendo contrato por prazo determinado, aquela a que se refere o art. 479 desta Lei, reduzida igualmente à metade.
>
> Art. 503 – É lícita, em caso de força maior ou prejuízos devidamente comprovados, a redução geral dos salários dos empregados da empresa, proporcionalmente aos salários de cada um, não podendo, entretanto, ser superior a 25% (vinte e cinco por cento), respeitado, em qualquer caso, o salário-mínimo da região.

Do texto legal é possível inferir que para a caracterização da força maior deverão estar presentes os seguintes requisitos: inevitabilidade do evento, o impacto econômico-financeiro substancial e a ausência de culpa patronal.

Além disso, o legislador cuidou de duas situações distintas.

A primeira, chamada pela doutrina[14] de "força maior simples", ocorre quando há um motivo de força maior, mas esse motivo não implica a extinção da empresa ou do estabelecimento nem afeta de forma substancial sua situação econômica e financeira.

Por sua vez, a segunda, denominada pela doutrina de "força maior qualificada", ocorre quando o motivo de força maior, além de afetar substancialmente as finanças do empregador, determina a extinção da empresa ou do estabelecimento onde trabalha o empregado.

Na primeira hipótese, as indenizações decorrentes da extinção do contrato de trabalho são devidas de forma integral.

(14) FRANCO FILHO, Georgenor de Sousa e MARANHÃO, Ney. Covid-19: força maior e fato do príncipe. In: BELMONTE, Alexandre Agra; MARTINEZ, Luciano; MARANHÃO, Ney (Coords.). *O Direito do Trabalho na crise da Covid-19*. Salvador: JusPodivm, 2020. p. 459-470.

Na segunda hipótese, as indenizações são devidas pela metade.

É preciso lembrar que a CLT, ao aludir à indenização pela metade, o faz em relação à indenização de um salário por ano de serviço, indenização essa que vigorava à época de sua redação, quando ainda não havia sido instituído o FGTS.

Disso resulta dúvidas a respeito do alcance do referido termo legal. Todas as verbas rescisórias seriam devidas pela metade na ocorrência de força maior qualificada?

A doutrina diverge a esse respeito.

Alguns entendem que a redução alcança apenas a multa de 40% do FGTS, já que esta veio, a partir de 5 de outubro de 1988, substituir a garantia de emprego e a indenização a que aludia a CLT.(15)

Outros entendem, ainda, que além da multa, também seriam devidas pela metade as férias proporcionais e o aviso prévio, este embasado na Súmula n. 44 do TST.(16)

Entendemos que a legislação constitui exceção e, por isso, deve ser interpretada restritivamente, isto é, mostra-se devida, pela metade, apenas a multa fundiária de 40%.

É preciso destacar, também, que na hipótese de força maior ou prejuízos devidamente comprovados, é lícito à empresa promover a redução geral dos salários dos empregados, não podendo, entretanto, ser superior a 25% (vinte e cinco por cento), respeitado, em qualquer caso, o salário-mínimo da região, como estabelece o art. 503 da CLT.

Nessa senda, é de se indagar sobre a necessidade de acordo coletivo para implementar a redução. Entendemos que sim, pois, com o advento do art. 7º, inciso VI, da Constituição Federal, essa providência se tornou imperativa.

4. Fato do príncipe

Noutro quadrante, temos a excludente do fato do príncipe.

Essa excludente de responsabilidade guarda suas raízes no Direito Administrativo, embora a perspectiva administrativista seja diversa da perspectiva jus laboral.

O tema chama a atenção nesse momento de pandemia, em que lojas, *shopping centers* e comércio em geral permanecem fechados ou funcionam com restrições.

(15) LUDWIG, Guilherme Guimarães. O fato do príncipe e as normas administrativas de suspensão de funcionamento de estabelecimentos na pandemia do Covid-19. In: BELMONTE, Alexandre Agra; MARTINEZ, Luciano; MARANHÃO, Ney (Coords.). *O Direito do Trabalho na crise da Covid-19*. Salvador: JusPodivm, 2020. p. 459-470.

(16) FRANCO FILHO, Georgenor de Sousa e MARANHÃO, Ney. *Ibid*.

A questão que se põe em debate é a de saber se os prejuízos advindos com o fechamento dos estabelecimentos ou a restrição de suas atividades devem ou podem ser suportados pelo Poder Público.

Sobre o tema, dispõe o art. 486, da CLT, *in verbis*:

> Art. 486 – No caso de paralisação temporária ou definitiva do trabalho, motivada por ato de autoridade municipal, estadual ou federal, ou pela promulgação de lei ou resolução que impossibilite a continuação da atividade, prevalecerá o pagamento da indenização, que ficará a cargo do governo responsável.
>
> § 1º Sempre que o empregador invocar em sua defesa o preceito do presente artigo, o tribunal do trabalho competente notificará a pessoa de direito público apontada como responsável pela paralisação do trabalho, para que, no prazo de 30 (trinta) dias, alegue o que entender devido, passando a figurar no processo como chamada à autoria.
>
> § 2º Sempre que a parte interessada, firmada em documento hábil, invocar defesa baseada na disposição deste artigo e indicar qual o juiz competente, será ouvida a parte contrária, para, dentro de 3 (três) dias, falar sobre essa alegação.
>
> § 3º Verificada qual a autoridade responsável, a Junta de Conciliação ou Juiz dar-se-á por incompetente, remetendo os autos ao Juiz Privativo da Fazenda, perante o qual correrá o feito nos termos previstos no processo comum.

Quanto à natureza jurídica, entendemos como José Martins Catharino para quem essa excludente é uma subespécie de "força maior *stricto sensu*, oriunda da vontade e ação de terceiro. A caracterização do *factum principis* exige a presença concomitante de dois elementos 'ligados entre si por nexo causal': a) ato de autoridade pública (a causa); e b) paralisação definitiva ou temporária da prestação de serviços do empregado de modo a tornar impossível o prosseguimento do contrato de emprego".(17)

Quanto ao conceito de fato do príncipe, adotamos aquele trazido pelo ministro do Tribunal Superior do Trabalho, Alexandre Agra Belmonte, *in verbis*:

> Fato do príncipe é ato unilateral da autoridade pública — municipal, estadual ou federal — capaz de alterar ou extinguir relações jurídicas privadas já constituídas, para atendimento ao interesse público, a exemplo da desapropriação. Cuida-se de espécie de força maior, de efeitos inevitáveis, qualificada pela origem: autoridade administrativa, no exercício do interesse público.(18)

De modo semelhante ao que faz com a força maior, o autor também costuma dividir o fato do príncipe em externo e interno:

---

(17) CATHARINO, José Martins. *Compêndio de Direito do Trabalho*, 2º vol., 3. ed. São Paulo: Saraiva, 1992. p. 277.

(18) BELMONTE, Alexandre Agra. Imprevisão, força maior, fato do príncipe e as normas excepcionais e temporárias para enfrentamento dos impactos da Covid-19 nas relações de trabalho. In: BELMONTE, Alexandre Agra; MARTINEZ, Luciano; MARANHÃO, Ney (Coords.). *O Direito do Trabalho na crise da Covid-19.* Salvador: JusPodivm, 2020. p. 442.

> Fato do príncipe externo interfere na relação jurídica privada, mas transfere à autoridade pública a responsabilidade da indenização, a exemplo da desapropriação.
>
> Fato do príncipe interno conserva a responsabilidade nas mãos do sujeito passivo da relação jurídica por ele afetada. Como exemplos, a interdição ou fechamento de estabelecimento ou prédio que ponha em risco a saúde dos seus usuários.
>
> Somente o fato do príncipe interno é que obriga o empregador.(19)

Num primeiro momento, logo que surgiu a pandemia da Covid-19, muitos se apressaram em vindicar a aplicação do *factum principis*, carreando a responsabilidade das indenizações para o poder público, sob a alegação de que os estabelecimentos não puderam funcionar em razão de decretos municipais ou estaduais.

De fato, numa leitura mais apressada, essa conclusão teria amparo na legislação mencionada.

Todavia, quando incursionamos pelo Direito Administrativo, é possível extrair conceitos que também devem ser aplicados ao Direito do Trabalho, como, *v.g.*, o conceito de ato discricionário.

É prudente investigar se a ação do Estado constitui exercício discricionário das atribuições administrativas, ou seja, se há alguma margem de escolha na concretização do interesse público e da eficiência administrativa.

Bandeira de Mello ensina que "a discrição administrativa pode residir na hipótese da norma, no caso da ausência de indicação explícita do pressuposto de fato, ou no caso de o pressuposto de fato ter sido descrito através de palavras que recobrem conceitos vagos, fluidos ou imprecisos".(20)

Nesse desiderato, não podemos nos esquecer que, "com base nas premissas supra, é possível concluir que não há uma escolha propriamente discricionária da Administração Pública quanto a proceder ou não à suspensão, mas um autêntico dever de salvaguardar o interesse público com eficiência, vinculado ao ordenamento jurídico brasileiro".(21)

---

(19) BELMONTE, Alexandre Agra. Imprevisão, força maior, fato do príncipe e as normas excepcionais e temporárias para enfrentamento dos impactos da Covid-19 nas relações de trabalho. In: BELMONTE, Alexandre Agra; MARTINEZ, Luciano; MARANHÃO, Ney (Coords.). *O Direito do Trabalho na crise da Covid-19.* Salvador: JusPodivm, 2020. p. 442.

(20) BANDEIRA DE MELLO, Celso Antônio. *Discricionariedade e controle jurisdicional*, 2. ed. São Paulo: Malheiros, 1993. p. 20.

(21) LUDWIG, Guilherme Guimarães. O fato do príncipe e as normas administrativas de suspensão de funcionamento de estabelecimentos na pandemia do Covid-19. In: BELMONTE, Alexandre Agra; MARTINEZ, Luciano e MARANHÃO, Ney (coord.). *O Direito do Trabalho na crise da Covid-19.* Salvador: JusPodivm, 2020. p. 480.

Nesse sentido, trazemos a lume o disposto no art. 196 da Constituição Federal que dispõe a saúde como "direito de todos e dever do Estado, garantido mediante políticas sociais e econômicas que visem à redução do risco de doença e de outros agravos e ao acesso universal e igualitário às ações e serviços para sua promoção, proteção e recuperação".

E isso já foi reconhecido pelo Supremo Tribunal Federal, conforme se extrai da ementa a seguir:

> O direito à saúde — além de qualificar-se como direito fundamental que assiste a todas as pessoas — representa consequência constitucional indissociável do direito à vida. O Poder Público, qualquer que seja a esfera institucional de sua atuação no plano da organização federativa brasileira, não pode mostrar-se indiferente ao problema da saúde da população, sob pena de incidir, ainda que por censurável omissão, em grave comportamento inconstitucional. A interpretação da norma programática não pode transformá-la em promessa constitucional inconsequente.[22]

Nessas circunstâncias, entendemos que as determinações legais de restrição ao funcionamento de determinados estabelecimentos de modo algum podem ser consideradas como fato do príncipe, já que "atendendo aos parâmetros técnicos estabelecidos pelas autoridades médicas, a determinação de suspensão de funcionamento de estabelecimentos concretiza, em plena conformidade com os cânones da eficiência administrativa, o dever fundamental do Estado de garantir a saúde de toda a sociedade, na medida em que fomenta o isolamento social temporário como estratégia de evitar a sobrecarrega dos recursos limitados do sistema de saúde — a única solução admitida".[23]

O Tribunal Superior do Trabalho já teve inúmeras oportunidades de se manifestar sobre questões semelhantes e, em todas elas, o fez para afastar a excludente do *factum principis*.

Podemos conferir a esse respeito os seguintes julgados:

> RECURSO DE REVISTA – INDEFERIMENTO DO PEDIDO DE CHAMAMENTO DA UNIÃO PARA COMPOR A LIDE – FATO DO PRÍNCIPE – BINGO – PREVISIBILIDADE DA PROSCRIÇÃO DA ATIVIDADE. A intervenção do Poder Público pela edição da Medida Provisória n. 168/2004, que determinou o fechamento das casas de bingo, objetivou simplesmente disciplinar, diante do descumprimento da Lei Federal n. 9.981/2001, a atividade de exploração de jogos de bingo cuja prática já era considerada ilícita, o que torna absolutamente previsível a extinção da atividade desenvolvida. Correta a decisão que indefere o

---

(22) STF RE 271.286-AgR, rel. Min. Celso de Mello, julgamento em 12.9.2000, Segunda Turma, DJ de 24.11.2000.

(23) LUDWIG, Guilherme Guimarães. O fato do príncipe e as normas administrativas de suspensão de funcionamento de estabelecimentos na pandemia do Covid-19. In: BELMONTE, Alexandre Agra; MARTINEZ, Luciano e MARANHÃO, Ney (coord.). *O Direito do Trabalho na crise da Covid-19*. Salvador: JusPodivm, 2020. p. 481.

pedido de chamamento à lide da União, não havendo falar em violação do art. 5º, inciso II, XXXV, XXXVII e LV, da Constituição da República. (...) (RR-102040-24.2005.5.04.0010, 8ª Turma, relatora Ministra Maria Cristina Irigoyen Peduzzi, DEJT 4.4.2008). No mesmo sentido: AIRR-24440-39.2005.5.02.0023, 1ª Turma, relatora Juíza convocada Dora Costa, DEJT 25.05.2007; AIRR-244840-09.2004.5.12.0036, 5ª Turma, relatora Juíza convocada Rosa Maria Weber Candiota da Rosa, DEJT 26.8.2005.

"FACTUM PRINCIPIS". CONFIGURAÇÃO. REVOLVIMENTO DE FATOS E PROVAS. NULIDADE NÃO CARACTERIZADA. Não se confunde o fato do príncipe com o poder conferido à Administração Pública, tendo sempre em vista a preservação do interesse público, de fiscalizar e interditar estabelecimentos de saúde que não atuem dentro dos limites da Lei. Se a Reclamada, por sua exclusiva culpa, deu causa à interdição perpetrada pelo órgão fiscalizador, deve assumir a responsabilidade por sua incúria, na administração do negócio. O próprio art. 501 da CLT, em seu § 1º, dispõe que "a imprevidência do empregador exclui a razão de força maior". Descabida, portanto, a evocação do § 1º do art. 486 daquele Texto, que remanesce incólume. Sendo esta a realidade delineada no acórdão regional, impossível o conhecimento do recurso de revista, que se concentra na avaliação do direito posto em discussão. Assim, em tal via, já não são revolvidos fatos e provas, campo em que remanesce soberana a instância regional. Esta é a inteligência do Enunciado n. 126 do TST. Recurso de revista não conhecido. (RR-723431-36.2001.5.09.5555, 3ª Turma, relator Juiz convocado Alberto Luiz Bresciani de Fontan Pereira, DEJT 26.9.2003).

5. Enquadramento da Covid-19 como doença do trabalho ou doença profissional

Inicialmente, cumpre ressaltar que a doença ocupacional é um gênero do qual são espécies a doença profissional e a doença do trabalho, conforme previstas na legislação previdenciária, no art. 20, I e II, da Lei n. 8.213/91, cujo enquadramento decorre da existência de nexo causal presumido ou não.

A Covid-19 foi inicialmente reconhecida pelo Ministério da Saúde como doença ocupacional relacionada ao trabalho, consoante se infere da Portaria n. 2.309, de 28 de agosto de 2020, que atualizou a Lista de Doenças Relacionadas ao Trabalho (LDRT), destinada a orientar os profissionais do Sistema Único de Saúde acerca da caracterização das relações entre as doenças e as ocupações profissionais.

Dias depois, causando total perplexidade na comunidade jurídica, referida portaria foi tornada sem efeito por meio da Portaria n. 2.345, de 2 de setembro de 2020.

Essa polêmica que envolve a Covid-19 se arrasta desde a suspensão pelo Supremo Tribunal Federal, em 29 de abril de 2020, dos efeitos de parte da Medida Provisória n. 927, de 22.3.2020 (com vigência expirada), que determinou que os casos de contaminação pelo coronavírus não seriam considerados ocupacionais, exceto mediante comprovação do nexo causal.

Como é cediço, na esteira do que dispõe o art. 337, § 3º, do Decreto n. 3.048/99, o nexo causal presumido apenas poderá ser reconhecido quando relacionado ao Nexo

Técnico Epidemiológico Previdenciário (NTEP), em conformidade com a relação disposta taxativamente na Lista C. do Anexo II, do mesmo texto legal.

De outra parte, também não deve ser esquecida a previsão inserta no art. 20, § 1º, alínea *"d"*, da Lei n. 8.213/91, que dispõe que não são consideradas como doença do trabalho as doenças endêmicas adquiridas pelos segurados. Embora haja uma pandemia da Covid-19, a norma legal tem pertinência temática, já que as consequências de uma pandemia são muito mais graves que aquelas presentes nas endemias.

Diante disso, entendemos que somente no caso concreto poderemos inferir se a Covid-19 é ou não uma doença ocupacional.

Como veremos a seguir, essa inferência passa pela responsabilidade objetiva ou subjetiva do empregador, conforme a atividade comercial exercida e a função desempenhada pelo trabalhador.

Apesar disso tudo, a Organização Internacional do Trabalho (OIT) entende que a Covid-19 e o transtorno de estresse pós-traumático contraídos pela exposição ocupacional poderiam ser considerados doenças ocupacionais, na medida em que os trabalhadores sofram com essas condições e estejam incapacitados para trabalhar como resultado de atividades relacionadas ao trabalho, eles devem ter direito a uma indenização monetária, a assistência médica e a serviços pertinentes, segundo o estabelecido na Convenção sobre os Benefícios no caso de Acidentes do Trabalho e Enfermidades Profissionais.[24]

6. Reparações de ordem material e moral

Quando falamos em acidente de trabalho típico ou em doenças profissionais a ele equiparadas, despertamos a reflexão para as espécies de responsabilidade civil-trabalhista.

Começando pela Constituição Federal, o art. 7º, em seus incisos XII e XXVIII dispõe sobre a "redução dos riscos inerentes ao trabalho, por meio de normas de saúde, higiene e segurança", bem como sobre a previsão de "seguro contra acidentes de trabalho, a cargo do empregador, sem excluir a indenização a que este está obrigado, quando incorrer em dolo ou culpa".

A exegese desses dispositivos constitucionais leva à conclusão de que o empregador é corresponsável pela oferta de um meio ambiente de trabalho seguro e saudável, devendo indenizar o empregado quando incorrer em dolo ou culpa, exsurgindo daí a responsabilidade subjetiva.

(24) OIT. *Employment Injury Benefits Convention*, 1964 [Schedule I amended in 1980] (N. 121).

Com o passar dos anos, doutrina e jurisprudência evoluíram e passaram a admitir, também, a existência de responsabilidade objetiva capaz de obrigar o empregador a indenizar quando a atividade exercida acarretar ao empregado um ônus maior do que aquele que recai sobre os demais membros da sociedade. E o fizeram com respaldo na cabeça do art. 7º da Constituição Federal que, ao elencar os direitos dos trabalhadores, não excluiu outros "que possam melhorar sua condição social", bem como fundamentados no parágrafo primeiro do art. 8º, da CLT, que preconiza ser o direito comum fonte subsidiária do Direito do Trabalho.

Foi a tomada pelo Direito do Trabalho da Teoria do Risco Negocial prevista no parágrafo único do art. 927 do Código Civil, a saber: "Aquele que, por ato ilícito (arts. 186 e 187), causar dano a outrem, fica obrigado a repará-lo. Parágrafo único. Haverá obrigação de reparar o dano, independentemente de culpa, nos casos especificados em lei, ou quando a atividade normalmente desenvolvida pelo autor do dano implicar, por sua natureza, risco para os direitos de outrem."

A esse respeito, o Colendo Tribunal Superior do Trabalho já há muito pacificou sua jurisprudência, conforme se pode inferir da seguinte ementa:

> RESPONSABILIDADE CIVIL. CARACTERIZAÇÃO. TRANSPORTE PÚBLICO. COBRADOR DE ÔNIBUS. ASSALTO. DANOS MORAIS. ATIVIDADE DE RISCO. RESPONSABILIDADE OBJETIVA DO EMPREGADOR. INDENIZAÇÃO. O quadro fático delineado pelo Tribunal Regional demonstra que o reclamante sofreu um episódio de assalto durante a jornada de trabalho, na função de motorista de transporte público. Registrou, no entanto, que inexiste dolo ou culpa por parte do empregador pela ocorrência de assaltos sofridos pelo empregado no curso do desempenho de suas funções, os quais decorrem da deficiência estatal na gestão de segurança pública, cuja responsabilidade não pode ser transferida ao empregador. Todavia, entende-se que o dever do Estado em promover a segurança pública não exclui a responsabilidade civil da empresa, que decorre do risco acentuado imanente à atividade empresarial, que expõe seus empregados à potencialidade de danos no desempenho de suas funções. Nessas circunstâncias, o dano se dá *in res ipsa* (pela força dos próprios atos), ou seja, independe da demonstração do abalo psicológico sofrido pela vítima, demandando tão somente a comprovação dos fatos que ensejaram o pedido de indenização. De outra parte, em que pese a não haver norma expressa a disciplinar a responsabilidade objetiva do empregador nas relações de trabalho, esta Corte Superior veio a firmar o entendimento de que a regra prevista no art. 7º, XXVIII, da Constituição Federal deve ser interpretada de forma sistêmica aos demais direitos fundamentais, e, a partir dessa compreensão, admite a adoção da teoria do risco (art. 927, parágrafo único, do Código Civil), para as chamadas atividades de risco empresarial. Assim, prevalece no Direito do Trabalho a Teoria do Risco Negocial, que enseja a atribuição da responsabilidade objetiva ao empregador, impondo a este a obrigação de indenizar os danos sofridos pelo empregado, independentemente de culpa, quando a atividade da empresa propicie, por si só, riscos à integridade física do empregado. No caso, não há dúvida de que a atividade econômica da reclamada oferece risco acentuado à integridade física de seus empregados, uma vez que o transporte urbano é sabidamente visado

> por criminosos, ante a facilidade de se acessar o dinheiro do caixa. A questão já não comporta mais discussão, tendo em vista o julgamento, pelo Pleno do TST, no Processo E-RR-184900-63.2007.5.16.0015, rel . Min. Lelio Bentes Corrêa. Precedentes. Recurso de revista conhecido por violação do art. 927, parágrafo único, do Código Civil e provido. CONCLUSÃO: Agravo de instrumento da empresa conhecido e desprovido e recurso de revista do reclamante integralmente conhecido e provido. (ARR-1805-41.2014.5.19.0002, 3ª Turma, relator Ministro Alexandre de Souza Agra Belmonte, DEJT 18.12.2020)

No que se refere à Covid-19, essas balizas que delimitam as responsabilidades objetiva e subjetiva devem ser observadas.

Nessa senda, se o empregado presta serviços em atividades que, diante da pandemia, são consideradas atividades de risco, como, *v.g.*, atividades envolvendo profissionais da saúde, do transporte público, bombeiros, entregadores e policiais, dentre outros, terá a seu favor a presunção de que eventual contaminação pelo vírus causador da Covid-19 ocorreu no local de trabalho, deslocando-se o ônus da prova para o empregador que poderá demonstrar o contrário. Trata-se aqui da aplicação da Teoria do Risco Negocial, vale dizer, da responsabilidade objetiva.

De outra parte, se o trabalho é realizado em estabelecimentos cuja atividade não é considerada como de risco, *v.g.*, escriturários, operários de uma fábrica, trabalhadores do campo, arquitetos, engenheiros, advogados, dentre outros, a eventual contaminação pelo vírus da Covid-19 desencadeará a responsabilidade do empregador apenas na hipótese de o empregado provar que o patrão não cumpriu seu dever constitucional de promover um ambiente de trabalho seguro e saudável. É a aplicação da responsabilidade subjetiva.

Nessas circunstâncias, caberá ao trabalhador a prova de que a empresa não tomou medidas de proteção, tais como fornecimento e exigência de uso de máscaras, desinfecção com álcool em gel, distanciamento seguro dos postos de trabalho, aferição de temperatura etc.

Essa solução é necessária porque o vírus causador da Covid-19 pode estar presente tanto no estabelecimento onde trabalha o empregado, como, também, no transporte público utilizado pelo operário, na igreja por ele frequentada, na sua residência, no seu bairro e em outros locais por ele acessados.

No que pertine às reparações, entendemos que, dependendo da casuística, podem ser devidas indenizações por danos materiais, morais, existenciais e até mesmo estéticos, na esteira do que dispõem os arts. 223-B e 223-C, da CLT, bem como arts. 949 e 950 do Código Civil.

Imaginemos a hipótese de um profissional da saúde que, por presunção, adquiriu o vírus causador da Covid-19 no hospital em que trabalhava e, por essa razão, veio a falecer. Os sucessores do *de cujus* poderão intentar ação buscando indenizações por danos morais e materiais, nesta incluídos os danos emergentes, tais como despesas médicas e hospitalares, despesas com funeral etc. Além disso, os dependentes buscarão indenização em forma de pensão mensal a ser fixada de acordo com a expectativa de vida do falecido, parametrizada pelo IBGE, ou o pagamento em parcela única, como permite a lei.

Noutro giro, se esse mesmo trabalhador sobreviver, atrairá para si a possibilidade de buscar indenizações por danos emergentes, alcançando as despesas até o fim da convalescença, e pelos lucros cessantes do período em que esteve impossibilitado de trabalhar, valendo notar que os benefícios previdenciários eventualmente recebidos não podem ser compensados com a indenização. Se houver perda ou redução permanente de sua capacidade laboral, os lucros cessantes ensejarão indenização por meio de pensão vitalícia ou de indenização paga de uma só vez. Além disso, como sói acontecer nesses casos, terá direito a buscar indenização por danos extrapatrimoniais, vale dizer, por danos morais, danos estéticos e, se for o caso, até mesmo danos existenciais, modalidade que acabou sendo positivada pela Reforma Trabalhista de 2017.

A mesma solução reparatória alcança as hipóteses em que a infecção que resultou na Covid-19 ocorreu comprovadamente no local de trabalho ou por negligência do empregador no controle da saúde dos seus empregados. A questão tem variação apenas no que toca ao ônus da prova.

Importa ressaltar, também, que em nosso sentir os familiares do empregado infectado pela doença, dependendo de sua extensão e de eventuais sequelas, poderão buscar indenização por dano moral em ricochete, já que podem experimentar angústia, sofrimento e até mesmo danos existenciais próprios.

Na esfera coletiva, para a prevenção da Covid-19 ou como aplicação do princípio da precaução, devem ser manejadas pelos entes legitimados as ações civis públicas ou, conforme o caso, as ações civis coletivas, tutelando direitos difusos, coletivos e até mesmo direitos individuais homogêneos.

É a hipótese, por exemplo, do Ministério Público do Trabalho ajuizar ação postulando que a empresa seja obrigada a adotar medidas sanitárias para enfrentamento da Covid-19.

7. Juízo competente

No que se refere ao juízo competente, não há muita cizânia a respeito do tema.

Em regra, as ações que evolvem dano local e que buscam a inibição ou que visem evitar a continuidade ou a remoção do ilícito, devem ser ajuizadas na Justiça do Trabalho do local onde os serviços são prestados, vale dizer, onde ocorreu ou deverá ocorrer o dano.

O mesmo se diga das ações ressarcitórias que buscam a reparação por danos materiais ou extrapatrimoniais causados aos trabalhadores, na esteira do que dispõe o art. 651 da CLT.

A dúvida existente diz respeito aos trabalhadores que não são empregados, mas tão somente prestam serviços por meio de outros modais, diversos da relação de emprego. Em princípio, entendemos que o art. 114 da Constituição Federal impõe a competência da Justiça do Trabalho mesmo nessas hipóteses, já que a diretriz constitucional alude à relação de trabalho e não apenas à relação de emprego.

Devem ser excepcionadas, aí, aquelas situações já definidas pela jurisprudência, inclusive do Supremo Tribunal Federal, e que alcançam os representantes comerciais autônomos, os profissionais liberais, os servidores públicos estatutários e os contratados temporariamente, cuja competência, *data vênia* ao arrepio da lei, foi atribuída à Justiça Comum estadual ou federal, conforme o caso.

Finalmente, há discordância doutrinária a respeito do juízo competente quando estiver presente a hipótese do *factum principis*. Parte da doutrina entende que a competência será da Justiça Comum, em conformidade com o que dispõe o art. 486, § 3º, da CLT. Outros entendem que, por se tratar de controvérsia decorrente da relação de trabalho, a competência é da Justiça do Trabalho, conforme a diretriz do art. 114 da Constituição Federal.

Defendemos a competência da Justiça do Trabalho dada a amplitude do conceito de conflitos decorrentes da relação de trabalho e, também, porque o art. 486, § 3º, da CLT, foi editado em época bem anterior à atual Carta Magna.

8. Algumas normas de proteção ao emprego e à saúde estabelecidas pela OIT

Em tempos de pandemia, a Organização Internacional do Trabalho (OIT) também está presente trazendo direcionamentos e normas de proteção à saúde e ao emprego.

Desde logo, cumpre ressaltar que um dos pilares das normas protetivas do emprego estaria na Convenção n. 158 da OIT, segundo a qual "não se dará término à relação de trabalho de um trabalhador a menos que exista para isso uma causa justificada relacionada com sua capacidade ou seu comportamento ou baseada nas necessidades de funcionamento da empresa, estabelecimento ou serviço". É a chamada despedida por motivo socialmente justificável.

O Brasil ratificou essa convenção em 1995 e que acabou sendo promulgada pelo Decreto n. 1.855/96.

Essa diretriz contrariava frontalmente o direito potestativo de despedida até então existente no País, tanto que em 1996, pelo Decreto n. 2.100/96, o governo de Fernando Henrique Cardoso denunciou essa convenção, revogando a adesão do Brasil.

Em 2009 essa revogação foi objeto de uma ação direta de inconstitucionalidade perante o Supremo Tribunal Federal (ADI n. 1.625-3), sob o fundamento de que o decreto revogador era irregular, na medida em que o Poder Legislativo não teria sido consultado. A questão ainda se encontra *sub judice*, com julgamento incluído na pauta do dia 17 de março de 2021.

Isso tudo leva à conclusão de que no Brasil, tirante os casos legais de estabilidade ou garantias provisórias de emprego, permanece o direito de despedir sem um motivo socialmente justificável.

Na hipótese específica da Covid-19, os trabalhadores acometidos por essa enfermidade têm, por força legal, a suspensão dos respectivos contratos se a impossibilidade laboral perdurar por mais de 15 dias, hipótese em que terão direito ao benefício previdenciário do auxílio-doença ou do auxílio-doença-acidentário conforme se configure ou não a doença profissional equiparada a acidente. Se em tempo inferior, têm os contratos interrompidos, sendo devidos os respectivos salários que deverão ser pagos pelo empregador.

Essa sistemática está de acordo com a diretriz trazida pelas Convenções ns. 102 e 130 da OIT.(25)

Por sua vez, a Recomendação n. 205 da OIT enfatiza que as respostas às crises precisam garantir o respeito por todos os direitos humanos e pelo Estado de direito, incluindo o respeito pelos princípios e direitos fundamentais no trabalho e pelas Normas Internacionais do Trabalho.

A OIT estima que até 25 milhões de empregos possam ser perdidos em todo o mundo como resultado da pandemia da Covid-19. Diante disso, a promoção de uma política ativa que vise promover o pleno emprego, produtivo e livremente escolhido, de acordo com a Convenção n. 122 sobre política de emprego, precisará incluir medidas seletivas para estabilizar economias e abordar problemas de emprego, incluindo estímulos fiscais e monetários destinados a estabilizar meios de subsistência e de renda, assim como salvaguardar a continuidade das empresas.(26)

De se notar que, na perspectiva da OIT, em caso de redução temporária nas horas de trabalho, os governos devem tomar medidas para estender benefícios de seguro-desemprego aos trabalhadores que enfrentam perdas de renda devido ao desemprego

---

(25) Veja, particularmente, a Parte III da Convenção n. 130 e parte III da Convenção n. 102.

(26) ORGANIZAÇÃO INTERNACIONAL DO TRABALHO (OIT). *As normas da OIT e a Covid-19.* Disponível em: <https://www.ilo.org/brasilia/noticias/WCMS_745248/lang--pt/index.htm>. Acesso em: 28 dez. 2020.

parcial, principalmente em casos de redução temporária nas horas de trabalho e de suspensão ou redução de renda em consequência de uma suspensão temporária do trabalho.[27]

Na esteira do que dispõe a Convenção n. 155 da OIT, os empregadores terão a responsabilidade global de garantir que se adotem todas as medidas de prevenção e proteção factíveis para reduzir ao mínimo os riscos ocupacionais durante a pandemia, bem como fornecer, quando necessário e na medida do razoável e possível, roupas e equipamentos de proteção adequados, sem custo algum para o trabalhador. Os empregadores têm, também, a responsabilidade de proporcionar informação adequada e treinamento apropriado no âmbito de SST, de consultar os trabalhadores sobre aspectos de SST relacionados ao seu trabalho, de prever medidas para enfrentar situações de urgência, e de notificar os casos de doenças ocupacionais à inspeção do trabalho.[28]

Note-se, outrossim, que os empregados têm o direito de se retirar do trabalho quando o exercício das funções acarretar um risco anormal à saúde e à segurança. Nesse sentido está o disposto no art. 13 da Convenção n. 155 da OIT.[29]

9. Conclusões

A vida é cheia de vicissitudes. Ora as mudanças vêm para o bem, ora para o mal. Quem em sã consciência diria, no início de janeiro de 2020, que teríamos um ano conturbado em que o acontecimento principal seria a crise sanitária instalada pela Covid-19? Tirando alguns cientistas chineses, que já sabiam da existência do vírus, ninguém mais.

No entanto, os fatos estão aí. No momento em que escrevemos este artigo, final de dezembro de 2020, a pandemia recrudesceu e agora faz um número ainda maior de mortos: em nível mundial, segundo estatísticas que certamente refletem menos que a realidade, temos aproximadamente quase um milhão e oitocentas mil vidas perdidas, precisamente 1.778.064 até 25 de dezembro de 2020. No Brasil, até agora, são 192.681 mortes, com média diária beirando os mil óbitos.

Diante desse quadro nefasto e quase inacreditável, surge a esperança da vacina, método mais eficaz para a prevenção da doença.

---

(27) OIT – Convenção n. 168, art. 10.

(28) *Ibidem*, p.11.

(29) O Comitê de Peritos sobre a Aplicação de Convenções e Recomendações (CEACR) indicou que em vários países a natureza do trabalho em questão também pode influenciar no exercício do direito de interromper o trabalho. Por exemplo, em vários países, esse direito não pode ser exercido se o risco for uma circunstância normal do emprego (como é o caso, por exemplo, do pessoal de combate a incêndios); nesses casos, os trabalhadores só podem se recusar a trabalhar se o risco de lesões graves que se assumiu tiver aumentado significativamente em uma situação concreta, ou seja, que o risco de lesões seja significativamente mais provável.

Estados Unidos da América do Norte, quase todos os países da Europa, Ásia e alguns países da América Latina iniciaram a vacinação do seu povo, dando prioridade aos profissionais da saúde e aos integrantes dos grupos de risco.

No Brasil, até o final de 2020, ainda não tinha sido iniciada a campanha de vacinação, apesar das vacinas já estarem em solo brasileiro e até mesmo estarem sendo fabricadas no estado de São Paulo pelo Instituto Butantan. Falta a aprovação da agência reguladora ANVISA.

É uma situação paradoxal. A vacina existe para prevenir a infecção e evitar mortes. Mesmo assim a burocracia interna não libera a vacinação mesmo diante do escandaloso número de mortes: cerca de mil óbitos por dia. Nesse aspecto pensamos que seria preferível a liberação com termo prévio de consentimento do indivíduo a ser vacinado do que esperar o longo processo burocrático de aprovação. Quantas mortes seriam evitadas?

Pois bem.

Os contratos de trabalho foram seriamente afetados pela pandemia da Covid-19. Nem todos cometem crimes, se divorciam ou empreendem. Mas quase todos trabalham exsurgindo daí uma miríade de conflitos. Nesse aspecto não podemos olvidar que a população brasileira economicamente ativa, segundo a PNADc do IBGE, passa de 106 milhões de pessoas.

A situação comporta duas vertentes: de um lado aqueles que mantiveram seus empregos, embora com sensível diminuição de renda e, de outro, aqueles que perderam seus postos e, consequentemente, sua fonte de sustento.

Para socorrer essas duas situações, urge que o Governo Federal continue a prestar auxílio financeiro às empresas e aos trabalhadores.

Não somos insensíveis à questão econômica e ao crescimento do gasto público sem a correspondente fonte de receitas. Ninguém deseja que a alta inflação, que já assolou o País em passado relativamente recente, recrudesça por conta da pandemia da Covid-19. Mas a vida é feita de escolhas e, nesse momento de crise sanitária, de caos mundial, impõe-se uma atitude governamental firme e eficaz. Os aportes financeiros terão que vir mesmo ao custo do aumento do gasto público que, posteriormente, poderá ser novamente reduzido, quiçá com o aumento ou imposição de novos impostos, notadamente sobre as classes mais afortunadas.

Mesmo diante da crise sanitária os contratos de trabalho devem continuar a ser cumpridos, dando-se proeminência ao princípio da manutenção dos contratos e às possibilidades legais de redução da jornada e de salário.

Soluções legais, como a instituição de banco de horas, redução da jornada, teletrabalho e a possibilidade de suspensão dos contratos, com percepção de ajuda financeira paga em parte pelas empresas e em parte pelo Estado por meio do Programa Emergencial de Manutenção do Emprego e da Renda, baseada em parâmetros utilizados no seguro-desemprego, mostraram-se bastante eficazes.

Mesmo ao custo de aproximadamente 275 bilhões de reais para o Governo Federal, impõe-se sua prorrogação e continuidade. Conserva-se o emprego e, ao mesmo tempo, permite-se a sobrevivência da empresa até que a crise seja superada e os bons ventos da saúde e da economia soprem novamente.

Para a outra vertente, aquela que abarca os desempregados, este estudo demonstrou que a Covid-19 não implica a adoção da excludente de responsabilidade denominada fato do príncipe e que atrairia a responsabilização do poder público.

Na verdade, estamos diante de um evento de força maior que, no âmbito civil, constituiria excludente de responsabilidade, liberando o devedor do cumprimento da avença pela aplicação da teoria da imprevisão, alicerçada na cláusula *rebus sic stantibus*, ou, pelo menos, impondo a revisão dos contratos pela onerosidade excessiva.

No Direito do Trabalho, pode-se concluir que a situação é diversa, pois na vertente juslaboralista não há liberação do devedor no cumprimento do contrato, isto é, as partes não são conduzidas ao *status quo ante*. Ao contrário, o contrato continua com as devidas adaptações ou, na impossibilidade, é resolvido com o pagamento de indenização, ainda que pela metade.

Seja numa como noutra hipótese, a empresa é responsável pelo adimplemento das verbas salariais e rescisórias, bem como por eventual dano causado à vida ou à integridade física do empregado por não propiciar um ambiente de trabalho seguro e sadio, atraindo a responsabilidade objetiva nos casos em que as atividades são de risco, ou aplicando-se a teoria da responsabilidade subjetiva que demanda a demonstração, pelo empregado, de culpa ou dolo do empregador.

As reparações dos danos decorrentes da Covid-19 alcançam tanto as indenizações por danos morais, estéticos e existenciais, como, também, as indenizações por danos materiais, aí incluídos os lucros cessantes e os danos emergentes.

O juízo competente para as ações de reparação de danos é a Justiça do Trabalho, mesmo naquelas situações em que não há relação de emprego, mas tão somente relação de trabalho, excetuando-se, é claro, aquelas situações já consolidadas pela jurisprudência do Supremo Tribunal Federal em que a competência foi atribuída à Justiça Comum, tais como servidores públicos estatutários, representantes comerciais autônomos e profissionais liberais.

Que venha a vacina, que possamos estar vivos para recebê-la e que vejamos o restabelecimento da situação anterior à da pandemia. Éramos felizes e não sabíamos!

São Paulo, 29 de dezembro de 2020.

Referências bibliográficas

BANDEIRA DE MELLO, Celso Antônio. *Discricionariedade e controle jurisdicional.* 2. ed. São Paulo: Malheiros, 1993. p. 20.

BELMONTE, Alexandre Agra. Imprevisão, força maior, fato do príncipe e as normas excepcionais e temporárias para enfrentamento dos impactos da Covid-19 nas relações de trabalho. In: BELMONTE, Alexandre Agra; MARTINEZ, Luciano; MARANHÃO, Ney (Coords.). *O Direito do Trabalho na crise da Covid-19.* Salvador: JusPodivm, 2020.

BRIDI, Maria Aparecida. A pandemia Covid-19: crise e deterioração do mercado de trabalho no Brasil. *Estudos Avançados*, São Paulo, Instituto de Estudos Avançados da USP, vol. 34, n. 100, 2020, p. 141-165. Disponível em: <https://www.revistas.usp.br/eav/article/view/178763/165381>. Acesso em: 22 dez. 2020.

CASCIONE, Fábio de Souza Aranha. Caso fortuito, força maior e a Covid-19. *Migalhas.* Disponível em: <https://migalhas.uol.com.br/depeso/323084/caso-fortuito--forca-maior-e-a-Covid-19>. Acesso em: 22 dez. 2020.

CATHARINO, José Martins. *Compêndio de Direito do Trabalho.* 2º vol., 3. ed. São Paulo: Saraiva, 1992. p. 277.

CAVALIERI FILHO, Sérgio. *Programa de Responsabilidade Civil.* 8. ed. São Paulo: Atlas, 2008. p.176 e 302.

FELICIANO, Guilherme Guimarães; EBERT, Paulo Roberto Lemgruber. Coronavírus e meio ambiente de trabalho: de pandemias, pantomimas e panaceias. *Revista do Tribunal Regional do Trabalho da 3ª Região*, Belo Horizonte, edição especial, t. I, p. 193-233, jul. 2020.

FRANCO FILHO, Georgenor de Sousa; MARANHÃO, Ney. Covid-19: força maior e fato do príncipe. In: BELMONTE, Alexandre Agra; MARTINEZ, Luciano; MARANHÃO, Ney (Coords.). *O Direito do Trabalho na crise da Covid-19.* Salvador: JusPodivm, 2020. p. 459-470.

LUDWIG, Guilherme Guimarães. O fato do príncipe e as normas administrativas de suspensão de funcionamento de estabelecimentos na pandemia do Covid-19. In: BELMONTE, Alexandre Agra; MARTINEZ, Luciano; MARANHÃO, Ney (Coords.). *O Direito do Trabalho na crise da Covid-19.* Salvador: JusPodivm, 2020. p. 459-470.

MIRANDA, Pontes. *Tratado de direito privado.* t. XXV. São Paulo: Revista dos Tribunais, 2012, p. 294.

______. *Tratado de direito privado.* t. XXII. São Paulo: Revista dos Tribunais, 2012. p. 158-159.

MONTEIRO, Washington de Barros. *Curso de Direito Civil*, 4º vol. São Paulo, Saraiva, 1978, p. 332.

ORGANIZAÇÃO INTERNACIONAL DO TRABALHO (OIT). *Employment Injury Benefits Convention*, 1964 [Schedule I amended in 1980] (N. 121).

______. *As normas da OIT e a Covid-19*. Disponível em: <https://www.ilo.org/brasilia/noticias/WCMS_745248/lang--pt/index.htm>. Acesso em: 28 dez. 2020.

PEREIRA, Caio Mário da Silva. *Responsabilidade Civil*. 7. ed. Rio de Janeiro: Forense, 1996. p. 304.

SIMÃO, José Fernando. O contrato nos tempos da Covid-19. Esqueçam a força maior e pensem na base do negócio. *JusBrasil*. Disponível em: <https://flaviotartuce.jusbrasil.com.br/artigos/828283451/o-contrato-nos-tempos-da-Covid-19>. Acesso em: 27 dez. 2020.

VILLAÇA, Álvaro Azevedo. *Curso de direito civil:* Teoria geral das obrigações e responsabilidade civil. vol. II, 13. ed. São Paulo: Saraiva, 2019.

O Meio Ambiente do Trabalho e a Responsabilidade Penal do Empregador por Violação às Normas de Segurança e Medicina do Trabalho: Análise dos Aspectos Penais e Previdenciários Diante da Pandemia do Covid-19

Jair Aparecido Cardoso[1]
Marina Calanca Servo[2]
Sebastião Sérgio da Silveira[3]

Resumo: A pandemia do Covid-19 fez com que diversas situações sociais e econômicas fossem revistas e repensadas. Com o cenário jurídico não foi diferente, principalmente com relação ao direito do trabalho. Em razão disso, muitas medidas foram tomadas, tanto por parte do setor público, como também pelo setor privado, e tais fatos fomentaram discussões jurídicas diversas, suscitando institutos que há muito não se falava, como o fato do príncipe, por exemplo. A tônica da discussão, porém, gravitou sobre a responsabilidade civil do empregador, tema que ganhou maior relevo nas discussões jurídicas e acadêmicas. Este ensaio tem por objetivo contribuir com o debate, todavia, pela ótica penal, para fornecer subsídios à discussão da responsabilidade penal do empregador por violação às normas de proteção ao meio ambiente do trabalho,

---

(1) Professor da Faculdade de Direito de Ribeirão Preto – USP. Líder do GEDTRAD – Grupo de pesquisa: A transformação do Direito do Trabalho na sociedade pós-moderna e seus reflexos no mundo do trabalho.

(2) Mestra em Direito pela Faculdade de Direito de Ribeirão Preto – USP (FDRP/USP). Pós-graduada em Direito Penal e Processual Penal, pela Faculdade de Direito Professor Damásio de Jesus. Docente em instituição de ensino superior. Membro integrante do GEDTRAD – Grupo de pesquisa: A transformação do Direito do Trabalho na sociedade pós-moderna e seus reflexos no mundo do trabalho. Autora de livro e artigos da área jurídica. Advogada.

(3) Professor da Faculdade de Direito de Ribeirão Preto – USP. Bacharel em Ciências Jurídicas pela Unaerp, mestre e doutor em Direito pela PUC-SP e pós-doutor pela Faculdade de Direito da Universidade de Coimbra (Portugal). Promotor de Justiça de Ribeirão Preto; Professor titular da Unaerp, onde é coordenador do curso e do programa de pós-graduação em Direito.

especialmente agora, em tempos de pandemia. Para tanto, pautamo-nos por uma metodologia dialética descritiva, para análise da legislação atinente à espécie, para ao final, por meio da lógica dedutiva, traçar algumas hipóteses conclusivas, com o objetivo de fomentar a discussão sobre o tema, particularmente no meio ambiente do trabalho.

Palavras chaves: Meio ambiente do trabalho — Responsabilidade penal por acidente do trabalho e doenças profissionais — Covid-19.

1. Introdução

A contaminação pelo coronavírus (SARS-Cov-2) pode provocar diversas e graves disfunções e comprometimentos orgânicos, com considerável índice de mortalidade. Segundo informações do Ministério da Saúde, essa doença apresenta um espectro clínico variando de infecções assintomáticas a quadros graves. Segundo essa mesma fonte, o coronavírus é um tipo de vírus que acometia animais, raramente seres humanos. Todavia, *possivelmente no ano de 2019, iniciou-se a transmissão em massa do vírus para seres humanos, sendo que o polo precursor da contaminação foi a região de Wuhan na China*, de onde se espalhou para todos os rincões do mundo,[(4)] ganhando *status* de pandemia, conforme rapidamente reconhecido pela Organização Mundial de Saúde.

A pandemia deveria ter provocado uma união mundial para o seu combate. Não obstante, o que se tem visto é o contrário, ou seja, o cenário mundial é de discórdia e isso acabou contaminando o ambiente interno no Brasil, onde correntes políticas, negacionistas, cientistas e o público em geral se digladiam em torno de tudo que diz respeito à pandemia. Portanto, é muito razoável que possamos reconhecer que se trata da pandemia da discórdia.

O presente trabalho não objetiva discutir as questões relacionadas diretamente com a pandemia de Covid-19 no plano público ou privado e sim com as suas consequências no campo do Direito do Trabalho, principalmente sob o enfoque penal.

Sem o intento de esgotar a discussão sobre o tema, mesmo porque complexo e recente no cenário mundial, causando diversas perspectivas e formas de pensar, tem-se como objetivo, neste ensaio, a análise da responsabilidade penal do empregador, nos casos de contaminação do trabalhador pelo coronavírus no meio ambiente do trabalho.

Para se chegar ao mister proposto, impõem-se rápidas digressões e considerações sobre meio ambiente do trabalho, responsabilidade penal do empregador em relação às normas de segurança e medicina do trabalho, como forma de propiciar a análise do aspecto do contágio pelo coronavírus neste contexto.

(4) BRASIL. Ministério da Saúde. *Sobre a doença.* Disponível em: <https://coronavirus.saude.gov.br/sobre-a-doenca>. Acesso em: 12 dez. 2020.

Em outras palavras, considerando que as contaminações pela Covid-19 são uma realidade na vida dos brasileiros, inclusive no meio ambiente do trabalho, a questão que se busca enfocar no presente trabalho é sobre a incidência do Direito Penal em caso de ações ou omissões de empregadores nesse contexto.

Atento aos seus objetivos, o trabalho pauta-se por metodologia dialética descritiva, com análise da legislação atinente à espécie para traçar, ao final, em busca de lógica dedutiva, algumas hipóteses conclusivas, com o objetivo de alimentar a discussão palpitante sobre o tema.

2. A relevância do meio ambiente do trabalho

Numa perspectiva antropológica, o trabalho pertence à condição originária do homem, constituindo em ferramenta eficaz contra a pobreza, tornando o indivíduo que dele se ocupa digno de seu resultado. Por isso mesmo, foi reconhecido por Hannah Arendt como sendo o principal meio de sobrevivência; o trabalho gera o desenvolvimento das potencialidades e a integração do indivíduo na sociedade, sendo relevante para a construção do sujeito que encontra, no labor, sua identidade social e sentimento de pertencimento.(5) Nesse aspecto o trabalho desprende-se da sua origem etimológica (pena, castigo, dor), para evoluir para um sentido de libertação, edificação e de dignidade. Foi por meio dessa mesma corrente social que a Organização Internacional do Trabalho (OIT), em 1999, formulou o conceito de trabalho decente que *sintetiza a sua missão histórica de promover oportunidades para que homens e mulheres obtenham um trabalho produtivo e de qualidade, em condições de liberdade, equidade, segurança e dignidade humanas, sendo considerado condição fundamental para a superação da pobreza, a redução das desigualdades sociais, a garantia da governabilidade democrática e o desenvolvimento sustentável.*(6) É nessa mesma fonte que encontramos a assertiva de que esse conceito é *central para o alcance dos Objetivos de Desenvolvimento Sustentável (ODS) definidos pelas Nações Unidas, especialmente o ODS 8, que busca "promover o crescimento econômico sustentado, inclusivo e sustentável, emprego pleno e produtivo e trabalho decente para todas e todos".*

Portanto, o meio ambiente do trabalho ganha essencial relevância para outorga dessa condição libertadora do homem do trabalho.

---

(5) ARENDT, Hannah, 1906-1975. *A condição humana*, 13. ed. rev. Rio de Janeiro: Forense Universitária, 2019. p. 157-158. Tradução de Roberto Raposo.

(6) OIT. *Trabalho decente.* Disponível em: <https://www.ilo.org/brasihttps://www.ilo.org/brasilia/temas/trabalho-decente/lang--pt/index.htm>. Acesso em: 10 nov. 2020.

Porém, para Saldanha (2017), a depender do meio ambiente[7] no qual o indivíduo exerce a sua atividade, o mesmo trabalho que produz identidade, que tem um componente de satisfação e libertação, também pode acarretar adoecimento, desconstrução e sofrimento, mediados diretamente pelo modelo de produção capitalista e pela organização do processo produtivo. Os autores destacam que: "*materializa-se então o sentimento de homens descartáveis, parafusos, máquinas, que ao se detectar um defeito devem ser substituídos por outros, para que assim, com novas peças prontas para uso, a produção continue. Ainda que o preço disso seja cada vez mais homens adoecidos, incapacitados e com sonhos interrompidos*".[8]

Assim, podemos concluir que, o mesmo trabalho que dignifica o homem, também pode danificá-lo, e esses danos podem ir além do físico, atingindo-o também no psicológico, e não raro de maneira irreparável, quando o meio ambiente em que ele é exercido está privado das observâncias necessárias da salubridade.

José Afonso da Silva[9] destaca a relevância do local em que se desenvolve a atividade laboral, e no qual o trabalhador passa boa parte de sua vida, e por isso mesmo, deve se revestir de qualidade e salubridade. A par desse contexto, a garantia constitucional do ambiente ecologicamente equilibrado,[10] é necessária a preservação da qualidade do local no qual ocorre uma das principais manifestações do homem com o seu meio, concedendo eficácia ao direito fundamental à vida, à saúde e ao trabalho. O meio ambiente é para o "homem", e não ao contrário; por isso mesmo ele deve ser criado e cultivado para a presente e futura geração, em todos os seus sentidos e espécies.

O meio ambiente do trabalho, como uma das espécies do gênero meio ambiente, abrange o local no qual as pessoas desempenham suas atividades laborais, remuneradas

(7) Os aspectos do meio ambiente se dividem em natural (solo, água, ar, flora e a fauna), artificial (espaço urbano construído), cultural (formação de cultura de um povo) e do trabalho (atividade laboral exercida), demonstrando a proteção legal tanto da qualidade do meio ambiente (objeto imediato) quanto a saúde, segurança e bem-estar do cidadão (objeto mediato). Nesse sentido, v. MELO, Raimundo Simão. *Direito ambiental do trabalho e a saúde do trabalhador:* responsabilidades legais, dano material, dano moral, dano estético, indenização pela perda de uma chance, prescrição. 3. ed. São Paulo: LTr, 2008. p. 25 e FELICIANO, Guilherme Guimarães. Meio ambiente do trabalho: aspectos gerais e propedêuticos. *Revista do Tribunal Regional do Trabalho da 15ª Região,* Campinas, n. 20, p. 160-203, jul./set. 2002, p. 168.

(8) SALDANHA, Jorge Henrique Santos; LIMA, Mônica Angelim Gomes de; NEVES, Robson da Fonseca. O Sonho Metalúrgico? Trabalho, desenvolvimento e adoecimento no contexto de um complexo automotivo. In: LIMA, Mônica Angelim Gomes de; FREITAS, Maria do Carmo Soares de; PENA, Paulo Gilvane Lopes; TRAD, Sérgio (Orgs.). *Estudos de saúde, ambiente e trabalho:* aspectos socioculturais. Salvador: EDUFBA, 2017. Edição do Kindle, n.p.

(9) SILVA, José Afonso da. *Direito ambiental constitucional.* 3. ed. São Paulo: Malheiros, 2000. p. 23.

(10) Art. 225, CF/88: "Todos têm direito ao meio ambiente ecologicamente equilibrado, bem de uso comum do povo e essencial à sadia qualidade de vida, impondo-se ao poder público e à coletividade o dever de defendê-lo e preservá-lo para as presentes e futuras gerações".

ou não, cujo equilíbrio se baseia na salubridade, ou seja, na ausência de agentes que comprometam a incolumidade psicofísica e interfiram na qualidade de vida dos trabalhadores.

A Constituição consagra a garantia fundamental à "redução dos riscos inerentes ao trabalho por meio de normas de saúde, higiene e segurança".(11) Conforme Guilherme Guimarães Feliciano e Paulo Roberto Lemgruber Ebert,(12) tal assertiva realiza no plano laboral o princípio jurídico-ambiental da melhoria contínua ou do risco mínimo regressivo e, como um dos aspectos mais relevantes para o objeto desta reflexão, "traduz-se, para os empresários, nos deveres de antecipação, de planejamento e de prevenção dos riscos labor-ambientais", inclusive para evitar ou minimizar as situações de potencial adoecimento, especialmente agora, na pandemia do coronavírus. A mesma assertiva encontramos nas lições do papa Leão XIII, para quem *"(...) é necessário, com medidas prontas e eficazes, vir em auxílio dos homens das classes inferiores, atendendo a que eles estão, pela maior parte, numa situação de infortúnio e de miséria imerecida (...)"*. (Leão XIII, § 2º)

No local de trabalho, as pessoas enfrentam exposições ambientais mais duradouras e arriscadas(13) tendo em vista a centralidade do trabalho na vida do indivíduo, o que demonstra a relevância do meio ambiente laboral e da saúde ocupacional.

O desenvolvimento da Revolução Industrial marcou etapas evolutivas e significativas com relação à produção, mas escancarou também a fragilidade humana. Por essa razão, a evolução tecnológica teve que levar em conta diversos aspectos dos componentes da máquina, inclusive seu operador, o qual, por ser humano é falível, sujeito às intempéries da vida, precisa de atenção, proteção e manutenção, como qualquer outro equipamento. A assertiva não quer dizer que o homem é mais um componente inanimado do instrumento de produção, pelo contrário, afirma-se que ele é um componente fundamental da produção, mas que possui vida e deve exercer o seu direito de existir em sociedade.

Por essa razão, o trabalho digno pressupõe um descanso também digno, e um ambiente salutar e salubre.

Para o homem não basta existir, ele precisa exercer esse seu direito existencial, interagir com a sociedade em que vive, ter a oportunidade de optar por um local melhor para expor a sua existência, com plena liberdade, e não ser forçado, pela condição

(11) Inciso XXII do art. 7º da CF/88.

(12) FELICIANO, Guilherme Guimarães; EBERT, Paulo Roberto Lemgruber. Coronavírus e meio ambiente de trabalho: o 'novo normal' no juslaboralismo. *Conjur,* 1º jun. 2020. Disponível em: <https://www.conjur.com.br/2020-jun-01/feliciano-ebert-coronavirus-meio-ambiente-trabalho#top>. Acesso em: 6 dez. 2020.

(13) PERRY, Melissa; HU, Howard. Workplace health and safety. In: H. Frumkin (Org.). *Environmental health:* From global to local. San Fransisco: John Wileyand sons, 2010. p. 730.

da necessidade do trabalho, a viver em um ambiente inóspito e insalubre. É por essa mesma razão que temos de refutar de plano a ideia de monetização permissiva de um ambiente insalubre. Essa atitude cerceia a liberdade existencial, o que por via oblíqua fere a dignidade humana. O trabalhador, por razões externas às suas aspirações (pleno exercício da liberdade de escolha) deixa de exercer a sua abundância existencial (Jo 10.10), para ceder aos caprichos do capital.

Mesmo considerando a atenção voltada ao meio ambiente do trabalho, o Brasil registra ainda marca recordista no cenário mundial no que tange ao acidente do trabalho e às doenças ocupacionais. Segundo nos informa a Associação Nacional de Medicina do Trabalho (ANAMT), o Brasil ocupa o quarto lugar no *ranking* mundial nas estatísticas de acidente do trabalho.[14] Não é por outro motivo que a legislação previdenciária catalogou em espaço próprio os acidentes e as doenças ocupacionais. O reconhecimento legal dos acidentes e doenças ocupacionais não veio para abonar a atitude desidiosa do empregador. A previsão legal destina-se ao trabalhador, para que dentro do princípio da seletividade previdenciária possa se socorrer da assistência necessária.

Essa previsão previdenciária ao trabalhador acidentado não exime o empregador da sua responsabilidade civil e penal, também catalogadas na legislação pátria. Como antecipado, objetiva-se aqui, até mesmo por conta do mote eleito à reflexão, a análise do catálogo penal, e por derivação lógica a questão da incidência da pandemia do coronavírus nesse contexto, pelo fato de o governo ter catalogado no cenário jurídico a doença como detentora do nexo causal, para fins de caracterização de doença ocupacional, e no dia seguinte extinguir a inclusão feita. Essa é a motivação desta reflexão.

Para tanto iniciaremos com a análise do tipo penal catalogado, e suas imputações, para, ao final, abordar a questão do nexo de causalidade do coronavírus como doença ocupacional, que na verdade está ligado ao aspecto previdenciário.

3. A responsabilidade penal do empregador por acidentes do trabalho e doenças ocupacionais

No que tange ao Direito Penal do Trabalho, a premissa inicial é a existência de uma tipicidade especial ou a subsunção de ações ou omissões ocorridas no local de trabalho ou em função dele, a outros tipos subsidiários previstos no Direto Repressivo Ordinário, ou seja, "segmento do Direito Penal especial predisposto à tutela jurídica

(14) ANAMT. *Brasil é quarto lugar no* ranking *mundial de acidentes de trabalho*. Disponível em: <https://www.anamt.org.br/portal/2018/04/19/brasil-e-quarto-lugar-no-ranking-mundial-de-acidentes-de-trabalho/>. Acesso em: 12 dez. 2020.

fragmentária (*ultima ratio*) da dignidade humana da pessoa trabalhadora e da organização geral do trabalho".[15]

Por um lado, temos tipificações específicas, como as previstas nos arts. 197 a 207 do Código Penal, que tratam dos crimes contra a organização do trabalho, tais como os delitos de: atentado contra a liberdade do trabalho; atentado contra liberdade de contrato de trabalho e boicotagem violenta; atentado contra a liberdade de associação; paralisação de trabalho, seguida de violência ou perturbação da ordem; paralisação de trabalho de interesse coletivo; sabotagem; frustração de direito assegurado por lei trabalhista; frustração de lei sobre a nacionalização do trabalho. Por outro lado, temos os delitos comuns, também previstos no Código Penal, para regular as questões éticas sociais, não especificamente para o trabalho, mas que podem ocorrer no local do trabalho ou em função dele, como é o caso da previsão do crime de homicídio (CP, art. 121), de lesão corporal (CP, art. 129) e infração de medida sanitária preventiva (CP, art. 269), por exemplo. Essas previsões penais, por se tratar das previsões conhecidas como crimes comuns, podem ocorrer por diversos motivos, que não de trabalho, mas quando ocorre no local do trabalho ou em função dele, atrai a responsabilidade do empregador para o caso, a qual será analisada nesta órbita, sem prejuízos de outros aspectos legais, não envolvendo, portanto, a questão da responsabilidade objetiva ou subjetiva típica do direito civil, aplicável para os casos que envolvam responsabilidade civil, nem os aspectos previdenciários. Todavia, a ação ou omissão ocorreu no meio ambiente do trabalho, elo que liga diversos aspectos decorrentes do ato ou fato, tais como as consequências penais, civis e previdenciárias.

Curial notar, todavia, que a decisão de condenação do empregador ou seu preposto pelo fato típico penal produz efeitos civis, para os fins de indenização devida à vítima ou seus sucessores (CP, art. 91 e CPP, art. 73).

Em relação a isso é forçoso destacar ainda que a responsabilidade penal é pessoal e será caracterizada quando a ação ou omissão decorrer por culpa ou dolo do empregador (pessoa física) ou seu preposto, podendo ser caracterizada pela ação ou omissão com relação às normas de segurança e medicina do trabalho. Não se objetiva discutir aqui a questão da responsabilidade penal do empregador empresa (pessoa jurídica), por ser mote para outra digressão.

Além dos crimes de resultado, existem os crimes de perigo, como a omissão na observância dos requisitos da segurança e medicina do trabalho, aos quais podem ser carreadas duas situações possíveis, a prevista no art. 132 do Código Penal, por expor a vida ou a saúde de outrem a perigo direto e iminente, o qual pode ser um crime de responsabilidade do empregador se essa omissão ocorrer no recinto da empresa, ou até

(15) FELICIANO, Guilherme Guimarães. Refundando o Direito Penal do Trabalho: Primeiras aproximações. *Revista da Faculdade de Direito da Universidade de São Paulo*, v. 104 p. 339-375, jan./dez. 2009, p. 341.

mesmo a contravenção penal prevista no § 2º do art. 19 da Lei n. 8.213/91, quando a empresa deixa de cumprir as normas de segurança e medicina do trabalho.

Na jurisprudência existem precedentes exuberantes que admitem a responsabilização de empregadores por resultados culposos decorrentes de suas ações ou omissões. Nesse sentido, merece destaque:

> HOMICÍDIO CULPOSO (Art. 121, § 3º, DO CÓDIGO PENAL). ACIDENTE DE TRABALHO. CONSTRUÇÃO DE FÁBRICA. QUEDA. EQUIPAMENTOS DE SEGURANÇA. TREINAMENTO. NÃO FORNECIMENTO. EMPREGADOR. RESPONSABILIDADE. ABSOLVIÇÃO. INVIABILIDADE. RECURSO DESPROVIDO. 1. O operário que executa trabalhos em construção civil deve estar provido dos devidos equipamentos de segurança (cinto de três pontas, bota, capacete e luva de raspa), além se ser obrigatória a instalação de cabo-guia de aço, adequado para fixação do respectivo cinto. 2. Imprescindível àquele que executa serviços em obras o devido treinamento, ministrado por técnico em segurança do trabalho. 3. Não há que falar em absolvição do réu, pois configurada a negligência, uma vez que ele, na condição de sócio-gerente da empresa e por conduzir pessoalmente a obra, não forneceu à vítima os equipamentos de segurança necessários, bem como o devido treinamento antes do início dos trabalhos, conduzindo à previsibilidade do resultado. 4. Recurso desprovido. (TJ-DF – APR: 71777220078070010 DF 0007177-72.2007.807.0010, relator: SILVÂNIO BARBOSA DOS SANTOS, Data de Julgamento: 4.11.2010, 2ª Turma Criminal, Data de Publicação: 22.11.2010, DJ-e p. 244)

> HOMICÍDIO CULPOSO. MORTE DECORRENTE DE ACIDENTE DE TRABALHO. CORTE DE ÁRVORES. NEGLIGÊNCIA DO EMPREGADOR SUFICIENTEMENTE DEMONSTRADA. INFRINGÊNCIA ÀS NORMAS REGULAMENTADORAS QUE TUTELAM O MEIO AMBIENTE DO TRABALHO, CRIADAS PELO MINISTÉRIO DO TRABALHO. DECRETO CONDENATÓRIO ESCORREITO. QUANTITATIVO PENAL CORRETAMENTE FIXADO. SENTENÇA CONFIRMADA. APELO DESPROVIDO. "O agente que tinha a obrigação de tomar os cuidados necessários para evitar a ocorrência do infortúnio deve ser responsabilizado quando se omite em respeitar as normas regulamentadoras que norteiam o ambiente de trabalho". (TJ-PR – ACR: 2665405 PR Apelação Crime – 0266540-5, relatora: Maria José de Toledo Marcondes Teixeira, Data de Julgamento: 7.10.2004, Terceira Câmara Criminal (extinto TA), Publicação: 22.10.2004 DJ: 6.731)

> HOMICÍDIO CULPOSO. AUTORIA E MATERIALIDADE BEM DEMONSTRADAS PELAS PROVAS DOS AUTOS. NEGLIGÊNCIA QUE ROMPEU COM O DEVER DE CUIDADO OBJETIVO. FATO CRIMINOSO PREVISÍVEL NAS CIRCUNSTÂNCIAS APURADAS, RATIFICADAS POR EXAME PERICIAL. DOSIMETRIA DA PENA FIXADA NO MÍNIMO LEGAL PARA A ESPÉCIE. PRIMARIEDADE, ANTECEDENTES E GRADUAÇÃO DA PENA QUE RECOMENDAM A CONCESSÃO DO REGIME ABERTO. SUBSTITUIÇÃO DA CORPORAL POR UMA RESTRITIVA DE DIREITO, CONSISTENTE EM PRESTAÇÃO DE SERVIÇOS À COMUNIDADE E MULTA. RECURSO PROVIDO. "Narra a inicial acusatória que os acusados são proprietários da rede comercial Supermercado Cuca, empresa para a qual a vítima trabalhava registrado sob a função de estoquista. Para tanto, era-lhe exigido que subisse em prateleiras metálicas com mais de 5 metros de altura. Os réus, todavia, não elaboraram ordens de serviço sobre segurança e medicina do trabalho, não deram ciência aos empregados acerca da prevenção de

atos inseguros, deixaram de fornecer treinamento e equipamento de proteção individual, bem como deixaram que o ofendido operasse empilhadeiras sem ser habilitado e sem registro formal para tanto, contrariando normas de segurança do trabalho. Diante das circunstâncias negligentes dos denunciados, a vítima, desprovida de equipamento de segurança, subiu em uma prateleira a 3,5 metros de altura do solo a fim de arrumar mercadorias posicionadas incorretamente por operador de empilhadeira não habilitado. No entanto, desequilibrou-se e caiu, batendo a cabeça no chão. A queda causou-lhe traumatismo crânio-encefálico, decorrendo sua morte". (TJ-SP - Apelação Criminal n. 0000998-05.2007.8.26.0266 - Itanhaém. Apelante: Ministério Público. Apelados: Adelson Ferreira Passos e Valdelan dos Passos. Voto n. 24.284 - Relator MARCO NAHUM. Data do Julgamento: 10.12.2012)

Da mesma forma, são conhecidos precedentes que admitem a responsabilidade do empregador por crimes de perigo, inclusive de perigo abstrato. Nesse sentido:

> Por outro lado, a conduta ilícita prevista no art. 56, , da Lei n. 9.605/1998 é de perigo abstrato. Não é exigível, pois, para o aperfeiçoamento do crime, a ocorrência de lesão ou de perigo de dano concreto na conduta de quem produz, processa, embala, importa, exporta, comercializa, fornece, transporta, armazena, guarda, tem em depósito ou usa produto ou substância tóxica, perigosa ou nociva à saúde humana ou ao meio ambiente, em desacordo com as exigências estabelecidas em leis ou nos seus regulamentos. (STJ, REsp n. 1.439.150/RS, rel. Ministro ROGERIO SCHIETTI CRUZ, SEXTA TURMA, julgado em 05.10.2017, DJe 16.10.2017)

Muitos outros exemplos poderiam ser colados, mas desnecessário ao mister aqui perseguido, que objetiva demonstrar que o ato ou fato, por ação ou omissão, ocorrido no local de trabalho, ou em função dele (meio ambiente do trabalho), pode suscitar consequências diversas, na esfera penal, civil e previdenciária.

Forçoso convir, portanto, que mesmo os crimes comuns, ocorridos no ambiente do trabalho, podem trazer consequências ao autor do delito, e a responsabilização do empregador. Mister se faz destacar, todavia, que a legislação previdenciária traz normatização específica a respeito dos acidentes do trabalho e doenças profissionais, como veremos a seguir.

4. A previsão previdenciária do acidente do trabalho e doenças profissionais

A Lei n. 8.213/91 define, em seu art. 19, o acidente do trabalho, como sendo o acidente que ocorre com o empregado, inclusive o avulso e o doméstico, pelo exercício do trabalho, provocando lesão corporal ou perturbação funcional que cause a morte ou a perda ou redução, permanente ou temporária da capacidade para o trabalho.

Portanto, a morte ou lesão decorrente da atividade laboral são considerados acidentes de trabalho. A definição trazida pelo dispositivo mencionado parece ser clara e não gerar muitas dúvidas, mas o que deve ser observado nesse aspecto é o quanto disposto nos parágrafos deste dispositivo, e nos dispositivos celetistas a respeito do mesmo tema. O § 1º preconiza que é de responsabilidade da empresa a adoção e uso de medidas individuais ou coletivas de proteção e segurança do trabalho. Por sua vez o inciso I do art. 157 destaca que é de responsabilidade da empresa cumprir e fazer cumprir as normas de segurança e medicina do trabalho, sendo que a inobservância a essa obrigação caracteriza contravenção penal, na via administrativa, sem prejuízo das consequências civis e penais em caso de ocorrência do acidente.

Além dessa breve observação, a respeito da qual não nos aprofundaremos, interessa-nos aqui o quanto disposto no art. 20 da mesma norma, ao referir-se ao acidente do trabalho por equiparação, trazendo a definição de doença profissional e do trabalho, como sendo:

> I – doença profissional, assim entendida a produzida ou desencadeada pelo exercício do trabalho peculiar a determinada atividade e constante da respectiva relação elaborada pelo Ministério do Trabalho e da Previdência Social;
>
> II – doença do trabalho, assim entendida a adquirida ou desencadeada em função de condições especiais em que o trabalho é realizado e com ele se relacione diretamente, constante da relação mencionada no inciso I.

Assim, temos uma distinção clara do que seja doença profissional e doença do trabalho. A primeira são as doenças que decorrem necessariamente do exercício de uma profissão. A sua caracterização como doença profissional prescinde de comprovação de nexo de causalidade porque existe relação de sua causa com a atividade exercida pelo trabalhador, presumindo-se que ela decorre de determinado trabalho. E essa situação já vem reconhecida pela própria previdência. A doença do trabalho, por sua vez, não se liga à atividade, mas sim ao local de trabalho, e por essa razão o trabalhador adquire determinadas doenças típicas em razão do local no qual exercem suas funções, por exemplo, as doenças cancerígenas decorrentes de minas, refinações de níquel, amianto, radioatividade etc.

Sem nos atermos à profundidade dessas questões, destacamos aqui essas são previsões previdenciárias para que, atendendo aos seus princípios, especialmente o da seletividade, elegem algumas situações específicas na classificação das doenças para que o órgão público, seguindo um ato administrativo vinculado, conceda os benefícios de acordo com a previsão legal, sem prejuízo, todavia, das consequências cíveis e penais que tais acidentes ou doenças possam acarretar ao causador do dano.

Curial, todavia, destacar, que segundo entendimento doutrinário e jurisprudencial, para a doença profissional, o nexo causal está implícito, ao passo que na doença do trabalho não. Sobre esse assunto parece não residir muita celeuma, mas esta começa a surgir quando a MP n. 927 de 22 de março de 2020, em seu art. 29, frisou que *os casos de contaminação pelo coronavírus (Covid-19) não serão considerados ocupacionais, exceto mediante comprovação do nexo causal.* Certo é que essa disposição foi suspensa pelo STF, de onde decorre a interpretação de que a contaminação do coronavírus não pode ser presumida.(16)

Ocorre, todavia, que no dia 1º de setembro de 2020, a Portaria n. 2.309/2020, atualizou a lista de doenças relacionadas ao trabalho, listando a Covid-19, causada pelo coronavírus, como doença ocupacional relacionada ao trabalho, mas no dia seguinte, dia 2 de setembro, veio nova portaria, a de número 2.345/2020, tornando sem efeito esta previsão. A comunidade científica abriu amplo debate sobre o assunto, pois realmente é difícil estimar com precisão o local da contaminação, considerando as mais diversas situações possíveis na vida do trabalhador: cultura familiar de prevenção da doença, deslocamento por meio de transporte público, atividades de lazer sem a devida precaução etc. A comunidade científica, especialmente na área da saúde, defende que não se pode precisar o local do contágio do coronavírus, e por essa razão não se pode atribuir a responsabilidade ao empregador.(17)

Por essa razão, entende-se como extremamente difícil carrear ao empregador a responsabilidade da contaminação do coronavírus, por simples presunção. Dessa assertiva, todavia, decorre outra questão: Por que então essa polêmica toda? Qual a consequência disso?

A questão, para o empregador, a princípio, considerando o baixo índice de mortalidade, seria a consequência prevista no art. 118 da lei em análise que prevê: *O segurado que sofreu acidente do trabalho tem garantida, pelo prazo mínimo de doze meses, a manutenção do seu contrato de trabalho na empresa, após a cessação do auxílio-doença acidentário, independentemente de percepção de auxílio-acidente.*

Todavia, essa não é a única consequência, pois vindo a óbito o empregado poderia abrir margem para responsabilização do empregador civil e criminalmente.

Parece não ser essa a consequência que se desenhou, pois realmente ficaria complicado para o empregador, embora o seu poder diretivo, gerenciar a vida do empregado fora do local da empresa, especialmente nas atividades não ligadas ao trabalho. Se o empregado tem o direito de exercer livremente o seu direito existencial, não poderia transferir eventuais consequências dessa sua liberdade de viver dignamente ao empregador. A responsabilidade social da empresa também deve ter limites razoáveis

(16) BRASIL. Supremo Tribunal Federal. *Ação Direta de Inconstitucionalidade n. 6.342 Distrito Federal.* ADI n. 6.342 DF. Reqte.(s) Partido Democrático Trabalhista. Relator: Min. Marco Aurélio. Data de publicação DJE 11.11.2020. Disponível em: <https://portal.stf.jus.br/processos/detalhe.asp?incidente=5880968>. Acesso em: 10 dez. 2020.

(17) FIESP. *Especialistas entendem que, sem nexo causal, Covid-19 não é doença do trabalho.* 6. out. 2020. Disponível em: <https://www.fiesp.com.br/sietex/noticias/especialistas-entendem-que-sem-nexo-causal--Covid-19-nao-e-doenca-do-trabalho/#:~:text=De%20acordo%20com%20Freire%2C%20%C3%A9,do%20trabalho%2C%20salvo%20se%20comprovado>. Acesso em: 10 out. 2020.

a se permitir a segurança econômica do empreendimento. Entendimento diferente feriria o próprio espírito da MP n. 927/20 para preservação do emprego e da renda e para enfrentamento do estado de calamidade pública estabelecido pelo coronavírus.

Vencida essa discussão, outra se torna presente, que é a previsão do inciso III do art. 21, que diz:

> Art. 21. Equiparam-se também ao acidente do trabalho, para efeitos desta Lei:
>
> (...)
>
> III – a doença proveniente de contaminação acidental do empregado no exercício de sua atividade;

Se é alarmante o número de pessoas contaminadas pelo coronavírus, de maneira geral, é alarmante também o número de contaminados entre os profissionais da saúde, médicos, enfermeiros e auxiliares ligados ao nosocômio, com alto índice de incidência também de mortalidade. Aqui se abre uma polêmica terrível, mas que deverá ser enfrentada. Forçoso convir que os profissionais ligados à área da saúde têm consciência dos riscos de contágio, e da mesma forma os hospitais públicos e privados também não ignoram tais possibilidades, e é por essa razão que assistimos com frequência a cenas de profissionais da área muito bem "paramentados" para exercerem seu mister, atribuindo-se a causa das contaminações a situações diversas, até mesmo ao se despirem daquela proteção. Enfim, especulações das mais diversas, mas o fato é que muitas pessoas ligadas à área da saúde se infectaram e muitas foram a óbito. Como fica então esse quadro, diante dessa situação?

Se houve negligência do hospital, não há que se questionar da sua responsabilidade, mas a pandemia chegou a ser considerada, como fenômeno mundial, a uma terceira guerra mundial, sendo que no início de sua contenção, além dos respiradores, muitos EPIs (Equipamento de Proteção Individual) estavam em falta no mercado. Se muitos entendimentos sofreram alterações em razão da pandemia, entendemos que a teoria do risco deve ser abrandada neste momento, para que uma nova interpretação de responsabilidade emerja no sentido de não responsabilizar os hospitais e clínicas que enfrentaram o tratamento da Covid-19, exceto se comprovada sua ação ou omissão no correto encaminhamento das providências de segurança e medicina do trabalho, que no caso, também merece um protocolo diferenciado e específico.

Por fim, merece ser considerado que em tema de reparação infortunística, no caso de trabalhador que atua em atividade de risco, o Supremo Tribunal Federal, em precedente recente, entendeu que tem aplicação o art. 927, parágrafo único, do Código Civil, que estabelece a responsabilidade civil objetiva, ou seja, "haverá obrigação de reparar o dano, independentemente de culpa, nos casos especificados em lei, ou

quando a atividade normalmente desenvolvida pelo autor do dano implicar, por sua natureza, risco para os direitos de outrem".[18]

Conclui-se, portanto, que por ser uma previsão da legislação previdenciária a responsabilidade do Estado e a do empregador, no caso de atividade de risco do empregado, é objetiva, enquanto na órbita civil e penal a responsabilidade é subjetiva e depende da comprovação de dolo ou culpa do empregador.

5. A responsabilidade criminal do empregador diante dos riscos de contaminação

Conforme mencionado, a responsabilidade penal abordada neste trabalho recai sobre a pessoa física responsável pela implementação das medidas acautelatórias a serem observadas visando ao controle e mitigação dos riscos de transmissão da Covid-19 nos ambientes de trabalho.

O Código Penal prevê a caracterização de infrações penais diante de práticas vinculadas ao desrespeito às medidas sanitárias (art. 268, CP) bem como a criação de risco à vida e/ou saúde da vítima (art. 132, CP). O primeiro delito mencionado está previsto no art. 268, CP, e é caracterizado diante da infração de medida sanitária preventiva, quando o sujeito ativo[19] infringe determinação do poder público destinada a impedir introdução ou propagação de doença contagiosa,[20] o que caracteriza, a teor do art. 268 do CP, a infração de medida sanitária preventiva, com a seguinte descrição: *Infringir determinação do poder público, destinada a impedir introdução ou propagação de doença contagiosa.*

Para a configuração delitiva, não é necessário que os funcionários ou terceiros dentro do estabelecimento tenham sofrido a contaminação. Nesse delito, a caracterização se dá nas situações em que o empregador, ao exercer as suas atividades profissionais, deixa de adotar medidas para prevenção recomendadas e determinadas pelo poder público, para controle e mitigação dos riscos de transmissão de doenças contagiosas, como a Covid-19. Tal fato pode ocorrer pela simples ausência de orientação e ausência de efetivação do distanciamento e de redução de contato pessoal entre trabalhadores nos postos de trabalho e demais dependências da empresa, da ausência de

---

(18) BRASIL. Supremo Tribunal Federal. *Recurso Extraordinário n. 828.040.* Rel. Min. Alexandre de Moraes. Tribunal Pleno. Julgado em 12.3.2020. Processo Eletrônico Repercussão Geral — Mérito DJe-161.

(19) Ao se referir ao sujeito ativo, o mesmo consiste no autor da conduta delitiva enquanto o sujeito passivo consiste na vítima, atingida direta ou indiretamente pela prática criminosa.

(20) De acordo com Bittencourt, "interesse e dever do Estado prevenir, através de ações específicas, coordenadas pelo Ministério da Saúde por meio da Secretaria de Vigilância em Saúde, o contágio de doenças transmissíveis, impedindo a sua proliferação de forma descontrolada". BITENCOURT, Cezar Roberto. *Tratado de direito penal, 4ª parte especial:* dos crimes contra a dignidade sexual até dos crimes contra a fé pública. 6. ed. rev. e ampl. São Paulo: Saraiva, 2012-b. p. 738.

intensificação na higienização, ventilação, limpeza e desinfecção dos ambientes, de fornecimento gratuito de máscaras de proteção individual aos funcionários e colaboradores, sem prejuízo de outros equipamentos de proteção individual estabelecidos pelas normas de segurança e saúde do trabalho, entre outras medidas.

O termo infringir é utilizado no sentido de violar, ignorar, descumprir determinação do poder público, sendo que o tipo penal tem como finalidade impedir (obstruir ou tornar impraticável) a introdução ou a propagação de doença contagiosa, como é o caso da Covid-19, que se transmite de um indivíduo a outro por contato direto ou indireto.

Trata-se de norma penal em branco, haja vista que depende das medidas impostas, pelo poder público, às organizações visando preservar a segurança e a saúde dos trabalhadores, em ambientes de trabalho, em tempos de Covid-19, para complementá-la, de modo que se conheça o real alcance do tipo penal, com as condutas que, ao serem praticadas, possam caracterizar a figura delitiva.

Nesse caso, é possível identificar o complemento por leis, decretos, portarias, regulamentos ou qualquer diploma legal destinado a impedir a introdução ou a propagação de doença contagiosa, como, em especial, na Lei n. 13.979, de 6 de fevereiro de 2020, que dispõe sobre as medidas para enfrentamento da emergência de saúde pública de importância internacional decorrente do coronavírus, responsável pelo surto de 2019, e a sua regulação, pela Portaria n. 356/2020 do Ministério da Saúde. Temos ainda a Portaria Conjunta n. 20, de 18 de junho de 2020 e a Portaria Interministerial 5, de 17 de março de 2020, sendo que a primeira estabelece orientações gerais para prevenção, controle e mitigação dos riscos de transmissão da Covid-19 nos ambientes de trabalho, ao passo que a segunda dispõe sobre a compulsoriedade das medidas de enfrentamento da emergência de saúde pública previstas na Lei n. 13.979, de 6 de fevereiro de 2020.

Percebe-se, pela redação do tipo penal, que o delito pode ser caracterizado antes de existir a doença contagiosa no local ("impedir introdução [...] de doença contagiosa") ou mesmo, após o seu ingresso e existência, quando são violadas normas que buscam impedir que a doença se dissemine ainda mais[21] ("impedir [...] propagação de doença contagiosa").

Trata-se de um crime em que o sujeito passivo (vítima) é tanto a sociedade, que é colocada em risco, quanto, em um segundo momento, o Estado, por ter determinações

(21) Tal distinção é relevante para que seja possível analisar a caracterização do delito de epidemia, previsto no art. 267, CP, que é configurado diante da conduta do sujeito ativo que causa a epidemia, mediante a propagação de germes patogênicos. Assim, diferente do crime de infração de medida sanitária preventiva (art. 268, CP), o delito de epidemia somente é configurado quando o sujeito ativo dá causa (ou origem) a epidemia que, até então, era inexistente em determinada comunidade ou local.

de combate e prevenção a doenças contagiosas violadas, quando é dever do Estado tutelar a saúde pública, nos termos do art. 196, CF.[22]

E a prática viola o bem jurídico denominado saúde pública, sendo dever do Estado, mediante políticas sociais e econômicas, atuar com o fito de redução do risco de doença e de outros agravos, bem como ofertar o acesso universal e igualitário a ações e serviços para sua promoção, proteção e recuperação.

Consoante Bitencourt,[23] para que "a infração da determinação do poder público possa vir a ser considerada crime, nos termos do art. 268, é necessário demonstrar a idoneidade do comportamento infrator para produzir um potencial resultado ofensivo à preservação do bem jurídico saúde pública", sob pena de admissão de infração de norma administrativa constitutiva de delito o que, para o autor, outorgaria à administração pública a possibilidade de legislar em matéria penal, com afronta ao princípio de reserva legal.

No caso da Covid-19, a propagação do vírus pode ocorrer por pessoas assintomáticas e se dá pelo comportamento humano, por ausência de distanciamento físico, ausência do uso de máscaras e de álcool em gel e também, conforme afirma Aldacy Rachid Coutinho,[24] por toda ação que não atenda aos parâmetros fixados em norma vigente em período de pandemia, capaz de criar um risco efetivo de propagação de doença contagiosa. Assim, aqui se defende, com a devida vênia dos que entendem de forma diversa, que a caracterização criminosa independe da efetiva introdução ou propagação de doença contagiosa, sendo crime de perigo abstrato.

Ainda com relação à configuração do crime, um dos aspectos mais relevantes consiste no elemento subjetivo orientador da conduta do agente.

Em regra, a prática de uma infração penal é punida somente quando o autor da conduta quis ou assumiu o risco de produzir o resultado criminoso, o que é denominado como prática dolosa (art. 18, I, CP). Porém, de forma excepcional, o ordenamento jurídico brasileiro prevê, para alguns crimes, a possibilidade de caracterização da conduta

(22) O direito social à saúde é apresentado no art. 196 CF/88, como sendo um direito a informar a atuação estatal, em todos os âmbitos, tendo em vista que a sadia qualidade de vida se mostra como condição fundamental para que seja possível o exercício dos demais direitos, dentre eles, o do trabalho. Nos termos do art. 196: "a saúde é direito de todos e dever do Estado, garantido mediante políticas sociais e econômicas que visem à redução do risco de doença e de outros agravos e ao acesso universal e igualitário às ações e serviços para sua promoção, proteção e recuperação".

(23) BITENCOURT, Cezar Roberto. *Tratado de direito penal, 4ª parte especial:* dos crimes contra a dignidade sexual até dos crimes contra a fé pública. 6. ed. rev. e ampl. São Paulo: Saraiva, 2012-b. p. 739-740.

(24) COUTINHO, Aldacy Rachid. Pandemia, trabalho e responsabilidade criminal. *Revista do Tribunal Regional do Trabalho da 3ª Região.* Belo Horizonte, edição especial, t. I, p. 103-132, jul. 2020, p. 122. Disponível em: <http://as1.trt3.jus.br/bd-trt3/bitstream/handle/11103/55822/Revista%20TRT-3%20Covid%2019%20tomo-1-103-132.pdf?sequence=1&isAllowed=y>. Acesso em: 02 dez. 2020.

na modalidade culposa, quando o agente dá causa ao resultado criminoso diante de um descuido. É importante ressaltar que a punição dessa modalidade é uma exceção, quando expressamente prevista no tipo penal (art. 18, II e parágrafo único, CP).

O crime de infração de medida sanitária preventiva somente é caracterizado na modalidade dolosa. Porém, é imprescindível ressaltar que não é necessário que o empregador, ao violar as medidas impostas pelo poder público, aja com a intenção de introduzir ou disseminar a contaminação pela doença. Basta, para a caracterização do crime, que o sujeito ativo tenha conhecimento que infringe determinação do poder público e, ainda assim, viola tais determinações e deixa de fornecer equipamentos necessários para a proteção dos funcionários ou o faz de forma insuficiente, assumindo o risco de causar a contaminação dos trabalhadores e de terceiros.

Por fim, Bitencourt[25] ressalta que, havendo o resultado morte ou lesão grave causados de forma dolosa, se a morte da vítima é consequência de um contágio massivo, o resultado morte não pode ser visto como a única consequência necessária da infração da medida sanitária, pois a saúde e a vida de um número indeterminado de pessoas também foram expostas, concretamente, a uma situação de perigo, de modo que o agente deverá responder por ambos, na modalidade de concurso formal (art. 70, CP), sendo que a pena a ser aplicada depende da valoração do elemento subjetivo do tipo, isto é, concretamente se os crimes concorrentes resultaram ou não de desígnios autônomos. Para ele: *A aplicação das regras do concurso formal de crimes justifica-se porque existe uma relação de autonomia entre os crimes contra bens jurídicos supraindividuais (coletivos) e os crimes contra bens jurídicos individuais. Dessa forma, quando uma mesma conduta realiza dois crimes, um deles contra um bem jurídico coletivo, e outro contra um bem jurídico individual, em regra, ambos os crimes são puníveis, segundo as regras do concurso de crimes.*

Existe ainda a possibilidade de tipificação do crime de perigo para a vida ou saúde de outrem, previsto no art. 132 do Código Penal, que é caracterizado diante da prática, do autor da conduta, ao *expor a vida ou a saúde de outrem a perigo direto e iminente.*

Esse delito encontra fundamento no inciso XXII do art. 7º, da CF/88, que dispõe como direito dos trabalhadores a redução dos riscos inerentes ao trabalho, por meio de normas de saúde, higiene e segurança.

Enquanto no dispositivo anterior (art. 268, CP), a violação às normas sanitárias preventivas alcançam um número indefinido de pessoas que podem ser contaminadas,

(25) BITENCOURT, Cezar Roberto. *Tratado de direito penal, 4ª parte especial:* dos crimes contra a dignidade sexual até dos crimes contra a fé pública. 6. ed. rev. e ampl. São Paulo: Saraiva, 2012-b. p. 749-751.

neste delito a prática coloca em risco a vida e saúde de pessoas determinadas, como, por exemplo, os funcionários da empresa que não tem a disponibilização de álcool em gel, máscaras de proteção ou a efetivação de quaisquer outras práticas preventivas que, diante da ausência gerem situação de perigo de contaminação, sendo exemplificado por Damásio(26) que "o patrão pode sonegar ao empregado aparelhos próprios à segurança de seu trabalho, daí surgindo o perigo concreto".

Contudo, importa ressaltar que aqui também não é preciso que a contaminação da vítima de fato ocorra. Basta que a saúde ou a vida da(s) vítima(s) seja(m) exposta(s) a uma situação real de perigo, por dolo direto ou eventual do sujeito ativo que deixa de fornecer (ou fornece de forma insuficiente) os equipamentos de proteção à contaminação, de modo que independe da existência de um funcionário que ateste positivo para a contaminação pela Covid-19, considerando que é crime formal.(27)

O termo expor significa submeter uma pessoa ou um grupo de pessoas (individualizáveis) à situação em que um dano à sua saúde é de provável ocorrência, sendo necessário ainda, para a caracterização do crime, que o comportamento do sujeito ativo coloque em perigo a vida ou saúde da vítima.

Neste caso, o empregador e/ou o responsável pela implementação das medidas de prevenção de contágio na empresa pode ser responsabilizado criminalmente tanto pela violação das medidas determinadas ao retorno das atividades, nos termos do art. 268, CP, por possibilitar a disseminação do vírus, quanto também, diante da ausência de implementação das medidas ou quando não tenham sido aplicadas de forma efetiva, nos termos do art. 132, CP, tendo em vista o risco que gera aos funcionários da empresa, em concurso formal de crimes (art. 70, CP), uma vez que, com a mesma conduta, a prática atinge vítimas e bens jurídicos diversos.(28)

---

(26) JESUS, Damásio de. *Direito penal vol. 2 – Parte especial:* crimes contra a pessoa a crimes contra o patrimônio — arts. 121 a 183 do CP. Atualização André Estefam. 36. ed. São Paulo: Saraiva Educação, 2020. p. 243.

(27) No crime formal, também denominado crime de consumação antecipada, o resultado da prática é previsto, mas é dispensável para a consumação do delito que ocorra com a realização da conduta narrada. Assim, o resultado jurídico consumador do delito ocorre de forma concomitante à prática da conduta (CUNHA, 2016, p. 164). A título de exemplo, contenta-se o tipo penal em prever punição para o agente que expuser a vida ou saúde da vítima a perigo, ainda que, efetivamente, nenhuma lesão ocorra no mundo naturalístico, em outras palavras, que nenhuma lesão se materialize.

(28) No sentido do cabimento de concurso formal de crimes, que não é prejudicado pela natureza subsidiária do art. 132, CP, Cezar Roberto Bitencourt destaca: "Não concordamos com as afirmações simplistas de que esse crime não admite concurso de crimes em razão da sua natureza subsidiária, pois são temas completamente distintos. O concurso de crimes é inadmissível, com efeito, entre a norma subsidiária e a norma principal; afora essa circunstância, não vemos nenhum impedimento político-dogmático". BITENCOURT, Cezar Roberto. *Tratado de direito penal, 2ª parte especial:* dos crimes contra a pessoa. 12. ed. rev. e ampl. São Paulo: Saraiva, 2012-a. p. 617.

Diante da natureza subsidiária[29] do delito previsto no art. 132, CP, o sujeito ativo que, dolosamente, colocar em risco a vida ou saúde do funcionário para que contraia o vírus e acabe falecendo ou que sofra lesões como consequência da contaminação, responderá pelo crime mais grave que será de homicídio (na modalidade consumada ou tentada) ou pela lesão corporal (na modalidade consumada ou tentada), de acordo com a gravidade do resultado e do contexto praticado. Essa situação extravasa o objeto deste trabalho e, por isso, não iremos aprofundar.

Considerações finais

Diante do cenário estabelecido pela pandemia, em que se popularizou falar em um "novo normal", restou evidente a necessidade de se inventar muitas coisas novas, como as vacinas, por exemplo, além de muitas outras serem reinventadas ou adaptadas. Com o cenário jurídico não é diferente, principalmente quando se fala do trabalho humano, que se desenvolve em locais específicos, e por isso mesmo envolve diversos ramos do direito, tanto no que respeito ao aspecto do meio ambiente do trabalho, como também do previdenciário, administrativo, penal e civil.

Evidente que a abordagem específica e aprofundada de cada uma dessas áreas daria uma dissertação revestida de profundidade e densidade, o que deixa claro que a intenção aqui não foi aprofundar nas mazelas específicas de cada área, mas trazer uma contribuição que possa servir de guia para futuras reflexões acadêmicas, quiçá também servir para outras reflexões. O certo, todavia, é que por ser um fenômeno novo, de caráter mundial e inesperado, e que tornou o ano de 2020 totalmente atípico, a pandemia força a um novo pensar, que suscita um consciente coletivo e solidário, considerando que ninguém concorreu com culpa para esse inusitado desfecho, e por isso é evidente que não poderemos pensar o direito aplicável para uma situação de normalidade, para regrar as éticas sociais, em notório momento de caos e incertezas.

Devemos buscar nos referenciais legais e na base doutrinária e jurisprudencial um ponto de partida, mas devemos também evoluir para um consenso que acolha o sentimento das vítimas da pandemia, que somos todos nós, pois mesmo aqueles que não foram infectados tiveram que suportar suas consequências com o isolamento e outras medidas mais, o que acabou por adoecer também boa parte da sociedade.

---

(29) Rogério Sanches Cunha esclarece que "uma lei tem caráter subsidiário relativamente a outra (principal) quando o fato por ela incriminado é também incriminado por outra, tendo um âmbito de aplicação comum, mas abrangência diversa. A relação entre as normas (subsidiária e principal) é de maior ou menor gravidade". Assim, pela subsidiariedade, a norma denominada como subsidiária (menos grave) somente é aplicada na ausência ou impossibilidade de aplicação da norma principal mais grave. CUNHA, Rogério Sanches. *Manual de direito penal:* parte geral (arts. 1º ao 120). 4. ed. rev., ampl. e atual. Salvador: JusPodivm, 2016. p. 143. No caso do art. 132, CP, a subsidiariedade é expressa tendo em vista que a própria lei faz a sua ressalva, deixando transparecer seu caráter subsidiário, de modo que somente se aplica a pena prevista para o delito de perigo para a vida ou saúde de outrem, "se o fato não constitui crime mais grave".

Que a pandemia traga, como algo positivo, não a assertiva popular de um "novo normal", mas a certeza de que o homem deve ser o centro das relações sociais, e sua dignidade deve ser respeitada, seja ele tomador ou fornecedor do trabalho humano.

Referências

ASSOCIAÇÃO NACIONAL DE MEDICINA DO TRABALHO. Brasil é quarto lugar no *ranking* mundial de acidentes de trabalho. Disponível em: <https://www.anamt.org.br/portal/2018/04/19/brasil-e-quarto-lugar-no-ranking-mundial-de-acidentes-de-trabalho/>. Acesso em: 12 dez. 2020.

ARENDT, Hannah, 1906-1975. *A condição humana.* 13. ed. rev. Rio de Janeiro: Forense Universitária, 2019. Tradução Roberto Raposo.

BITENCOURT, Cezar Roberto. *Tratado de direito penal, 2ª parte especial:* dos crimes contra a pessoa. 12. ed. rev. e ampl. São Paulo: Saraiva, 2012-a.

______. *Tratado de direito penal, 4ª parte especial:* dos crimes contra a dignidade sexual até dos crimes contra a fé pública. 6. ed. rev. e ampl. São Paulo: Saraiva, 2012-b.

BRASIL. Ministério da Saúde. *Sobre a doença.* Disponível em: <https://coronavirus.saude.gov.br/sobre-a-doenca>. Acesso em: 12 dez. 2020.

______. Supremo Tribunal Federal. *Ação Direta de Inconstitucionalidade n. 6.342 Distrito Federal.* ADI n. 6.342 DF. Reqte.(s) Partido Democrático Trabalhista. Relator: Min. Marco Aurélio. Data de publicação DJE 11.11.2020. Disponível em: <https://portal.stf.jus.br/processos/detalhe.asp?incidente=5880968>. Acesso em: 10 dez. 2020.

CARDOSO, Jair Aparecido. Os Desafios da Justiça do Trabalho no Resgate da Dignidade do Trabalhador em condições análogas à de escravo. In: BORGES, Paulo César Corrêa (Org.). *Formas contemporâneas de trabalho escravo.* São Paulo: NETPDH; Cultura Acadêmica, 2015. p. 261-269.

COUTINHO, Aldacy Rachid. Pandemia, trabalho e responsabilidade criminal. *Revista do Tribunal Regional do Trabalho da 3ª Região*, Belo Horizonte, edição especial, t. I, p. 103-132, jul. 2020. Disponível em: <http://as1.trt3.jus.br/bd-trt3/bitstream/handle/11103/55822/Revista%20TRT-3%20Covid%2019%20tomo-1-103-132.pdf?sequence=1&isAllowed=y>. Acesso em: 02 dez. 2020.

CUNHA, Rogério Sanches. *Manual de direito penal:* parte geral (arts. 1º ao 120). 4. ed. rev., ampl. e atual. Salvador: JusPodivm, 2016.

FELICIANO, Guilherme Guimarães; EBERT, Paulo Roberto Lemgruber. Coronavírus e meio ambiente de trabalho: o 'novo normal' no juslaboralismo. 1º jun. 2020. Disponível em: <https://www.conjur.com.br/2020-jun-01/feliciano-ebert-coronavirus-meio-ambiente-trabalho#top>. Acesso em: 06 dez. 2020.

______. Refundando o Direito Penal do Trabalho: Primeiras Aproximações. *Revista da Faculdade de Direito da Universidade de São Paulo*, v. 104 p. 339 – 375 jan./dez. 2009.

______. Meio ambiente do trabalho: aspectos gerais e propedêuticos. *Revista do Tribunal Regional do Trabalho da 15ª Região*, Campinas, n. 20, p. 160-203, jul./set. 2002.

FIESP. *Especialistas entendem que, sem nexo causal, Covid-19 não é doença do trabalho*. 6 out. 2020. Disponível em: <https://www.fiesp.com.br/sietex/noticias/especialistas-entendem-que-sem-nexo-causal-Covid-19-nao-e-doenca-do-trabalho/#:~:text=De%20acordo%20com%20Freire%2C%20%C3%A9,do%20trabalho%2C%20salvo%20se%20comprovado>. Acesso em: 10 out. 2020.

JESUS, Damásio de. *Direito penal vol. 2 – Parte especial:* crimes contra a pessoa a crimes contra o patrimônio — arts. 121 a 183 do CP. 36. ed. São Paulo: Saraiva Educação, 2020. Atualização André Estefam.

MELO, Raimundo Simão. *Direito ambiental do trabalho e a saúde do trabalhador:* responsabilidades legais, dano material, dano moral, dano estético, indenização pela perda de uma chance, prescrição. 3. ed. São Paulo: LTr, 2008.

NEVES, Ingrid Cruz de Souza; NEVES, Isabelli Cruz de Souza; SILVA, Rinaldo Mouzalas de Souza e. Direito Ambiental do Trabalho: O meio ambiente do Trabalho, uma aproximação interdisciplinar. In: FELICIANO, Guilherme Guimarães *et al.* (Coord.). *Direito ambiental do trabalho, v. 2:* apontamentos para uma teoria geral. São Paulo: LTr, 2015. p. 13-20.

ORGANIZAÇÃO INTERNACIONAL DO TRABALHO. *Trabalho decente*. Disponível em: <https://www.ilo.org/brasihttps://www.ilo.org/brasilia/temas/trabalho-decente/lang--pt/index.htm>. Acesso em: 10 nov. 2020.

PERRY, Melissa; HU, Howard. Workplace health and safety. In: H. Frumkin (Org.). *Environmental health: From global to local*. San Fransisco: John Wileyand Sons, 2010. p. 729-767.

SALDANHA, Jorge Henrique Santos; LIMA, Mônica Angelim Gomes de; NEVES, Robson da Fonseca. O Sonho Metalúrgico? Trabalho, desenvolvimento e adoecimento no contexto de um complexo automotivo. In: LIMA, Mônica Angelim Gomes de; FREITAS, Maria do Carmo Soares de; PENA, Paulo Gilvane Lopes; TRAD, Sérgio (Orgs.). *Estudos de saúde, ambiente e trabalho:* aspectos socioculturais. Salvador: EDUFBA, 2017. Edição do Kindle.

SEVERO, Valdete Souto. Meio ambiente do trabalho: uma visão sistêmica de um direito humano e fundamental. In: FELICIANO, Guilherme Guimarães *et al.* (Coord.). *Direito ambiental do trabalho, v. 2:* apontamentos para uma teoria geral. São Paulo: LTr, 2015. p. 63-79.

SILVA, José Afonso da. *Direito ambiental constitucional*. 3. ed. São Paulo: Malheiros, 2000.

A Incolumidade Psicofísica do Trabalhador como Direito Fundamental

José Antônio Ribeiro de Oliveira Silva[1]

Sumário: 1. Introdução. 2. Noção de direitos humanos e de direitos fundamentais. 3. Fundamento dos direitos humanos — a dignidade humana. 4. O direito à saúde do trabalhador no contexto das gerações ou dimensões de direitos humanos. 5. A saúde do trabalhador como um direito humano e sua conformação. 6. A incolumidade psicofísica do trabalhador como direito fundamental. 7. O meio ambiente do trabalho e o princípio da prevenção. 8. O conteúdo essencial do direito à saúde do trabalhador. 9. Conclusão.

1. Introdução

Dentre os direitos sociais que foram reconhecidos à pessoa humana e há um século estão catalogados nas Constituições contemporâneas como direitos fundamentais,[2] o direito à saúde assume especial relevância, porquanto de pouca valia os direitos de liberdade se a pessoa não tem uma vida saudável que lhe permita fazer suas escolhas. Basta lembrar que, estando doente, a pessoa não pode trabalhar e, se desempregada, não terá forças para exercer o seu direito ao trabalho, outro direito humano fundamental. Ademais, conforme a doença que lhe tenha acometido, não poderá exercer determinadas atividades profissionais, diminuindo o seu leque de escolha quando da procura de trabalho, pouca valia tendo nesses casos a liberdade preconizada no inciso XIII do art. 5º da Constituição Federal.

(1) José Antônio Ribeiro de Oliveira Silva é juiz titular da 6ª Vara do Trabalho de Ribeirão Preto (SP). Doutor em Direito do Trabalho e da Seguridade Social pela Universidad de Castilla-La Mancha (UCLM), na Espanha - Título revalidado pela Universidade de São Paulo (USP). Mestre em Direito Obrigacional Público e Privado pela Unesp. Professor contratado do Departamento de Direito Privado da USP de Ribeirão Preto, de 2018 a 2019, e da Escola Judicial do TRT-15.

(2) Os direitos sociais foram erigidos em norma constitucional pela primeira vez em 1917, com a Constituição do México, e logo em seguida com a Constituição de Weimar, na Alemanha, em 1919. A Constituição brasileira de 1988 traz um rol de direitos sociais em seu art. 6º, destacando-se, ali, os direitos à educação, à saúde, ao trabalho e à previdência social.

Dessas breves considerações se pode dessumir que *a saúde do trabalhador*, como espécie da saúde em geral, *é um direito humano fundamental* e, como tal, é inviolável, devendo ser observado rigorosamente tanto pelo empregador quanto pelo Estado em sua atividade regulatória e de fiscalização. E que quaisquer violações a esse direito fundamental, principalmente se resultado de acidente do trabalho, devem encontrar uma resposta satisfatória do sistema jurídico, pela voz interpretativa da doutrina e da jurisprudência.

Neste pequeno artigo pretende-se desenvolver um estudo dessa temática, apresentando, primeiro, uma noção de direitos humanos, entendidos como os valores fundamentais de todo e qualquer sistema jurídico, com alicerce no *princípio da dignidade da pessoa humana*. Buscar os seus fundamentos também é preciso, para se encontrar, ao lado de seu fundamento ético-político, um de ordem moral — a ideia de dignidade do ser humano. Com base nestas reflexões, será possível sustentar que a saúde do trabalhador também se trata de um direito humano, compreendida no catálogo de necessidades básicas das pessoas, na *teoria do mínimo existencial*, em respeito à sua dignidade ontológica.

Posteriormente, pretende-se fornecer uma noção do direito à saúde, em geral, bem como do direito à saúde do trabalhador, como espécie, a fim de se ter caminho seguro na busca do conteúdo essencial deste direito, na prevenção e na recuperação da saúde. E no campo da saúde do trabalhador há *dois aspectos essenciais* que devem ser analisados: *o direito à abstenção e o direito a inúmeras prestações*, da parte do Estado e do empregador, consubstanciando *o direito de prevenção*, no seu conteúdo essencial.

O mais importante de toda essa análise é que haja efetividade na proteção à saúde do trabalhador, em respeito ao direito fundamental a uma vida digna, fundamento último de qualquer sistema jurídico. Essa é a grande preocupação que permeia o breve artigo que segue.

2. Noção de direitos humanos e de direitos fundamentais

Antônio Augusto Cançado Trindade[3] observa que a ideia de direitos humanos é tão antiga como a própria história das civilizações, tendo se manifestado em culturas distintas e em momentos históricos sucessivos, na afirmação da dignidade da pessoa humana. Com efeito, pode-se mesmo afirmar que os direitos humanos são uma *conquista histórica*. Por isso Celso Lafer[4] preconiza que esses direitos tiveram

(3) CANÇADO TRINDADE, Antônio Augusto. *Tratado de Direito Internacional dos Direitos Humanos. v. I.* Porto Alegre: Sergio Antonio Fabris Editor, 1997. p. 17.

(4) LAFER, Celso. *A reconstrução dos direitos humanos:* um diálogo com o pensamento de Hannah Arendt. São Paulo: Cia. das Letras. p. 124.

reconhecimento em cada época, representando, assim, uma conquista histórica e política. São uma construção, uma invenção da humanidade, ligada à organização da comunidade política.[5]

O postulado ético de Immanuel Kant[6] está no princípio de toda explanação sobre os direitos humanos, no momento em que aquele filósofo enunciou que *o homem não pode ser empregado como um meio* para a realização de um fim, *pois é um fim em si mesmo*, haja vista que, apesar do caráter profano de cada indivíduo, ele é sagrado, *porquanto na sua pessoa pulsa a humanidade*. Esse postulado conduz à dignidade da pessoa humana. Daí decorre que toda pessoa:

> [...] tem *dignidade* e não um *preço*, como as coisas. A humanidade como espécie, e cada ser humano em sua individualidade, é propriamente insubstituível: não tem equivalente, não pode ser trocado por coisa alguma.[7] (destaques no original)

Por isso Miguel Reale,[8] o maior jusfilósofo brasileiro, afirmou que o valor da pessoa humana é mesmo um *valor-fonte*, o fundamento último da ordem jurídica, na medida em que *o ser humano é o valor fundamental*, algo que vale por si mesmo, identificando-se seu ser com sua valia.

Os direitos humanos são, portanto, *valores fundamentais de todo e qualquer sistema jurídico*, pelo menos num Estado democrático de Direito. Repousam sobre o valor maior da *dignidade da pessoa humana*, um princípio praticamente absoluto para o mundo do direito.

José Afonso da Silva[9] anota que a *dignidade da pessoa humana* é um valor supremo, que atrai o conteúdo de todos os direitos fundamentais do homem, desde o direito à vida.

---

(5) LAFER, Celso. *A reconstrução dos direitos humanos:* um diálogo com o pensamento de Hannah Arendt. São Paulo: Cia. das Letras. p. 134.

(6) O postulado ético de Kant foi exposto em sua obra *Fundamentação da Metafísica dos Costumes*, uma introdução à *Crítica da Razão Prática*. Para Immanuel Kant, "o homem — e, de uma maneira geral, todo o ser racional — existe como fim em si mesmo, e não apenas como meio para o uso arbitrário desta ou daquela vontade. [...] Os seres, cuja existência não assenta em nossa vontade, mas na natureza, têm, contudo, se são seres irracionais, um valor meramente relativo, como meios, e por isso denominam-se *coisas*, ao passo que os seres racionais denominam-se *pessoas*, porque a sua natureza os distingue já como fins em si mesmos, ou seja, como algo que não pode ser empregado como simples meio e que, portanto, nessa medida, limita todo o arbítrio (e é um objeto de respeito)". KANT, Immanuel. *Fundamentação da Metafísica dos Costumes.* São Paulo: Martin Claret, 2006. p. 58-59. Tradução de Leopoldo Holzbach.

(7) COMPARATO, Fábio Konder. *A afirmação histórica dos direitos humanos.* 3. ed., rev. e atual. São Paulo: Saraiva, 2003. p. 21-22.

(8) REALE, Miguel. *Filosofia do direito.* 14. ed. atual. São Paulo: Saraiva, 1991. p. 210.

(9) SILVA, José Afonso da. *Curso de direito constitucional positivo.* 27. ed., rev. e atual. até a Emenda Constitucional n. 52, de 8.3.2006. São Paulo: Malheiros, 2006. p. 105.

Norberto Bobbio[10] sustenta que os direitos humanos são direitos históricos, nascidos em certas circunstâncias, na luta em defesa de novas liberdades contra velhos poderes, e nascidos de modo gradual. Afirma que os direitos não nascem todos de uma vez e nem de uma vez por todas, tendo em vista que surgem como proteção diante das ameaças à liberdade da pessoa ou como remédios para suprir as indigências humanas, ou seja, como *exigências*, sendo que estas só nascem quando surgem determinados carecimentos. As exigências dos direitos são apenas estas duas: *impedir os malefícios do poder ou dele obter benefícios.*

Segundo Pérez Luño,[11] jusfilósofo espanhol, os direitos humanos são verdades demonstradas por meio dos ditames da reta razão, expressando um conjunto de faculdades jurídicas e políticas próprias de todos os seres humanos e em todos os tempos.

Com efeito, não é a positivação, tampouco sua constitucionalização, que os torna dignos dessa adjetivação: *humanos*. São direitos humanos porque indissociáveis da pessoa humana, ou de sua dignidade. Vale dizer, *a dignidade da pessoa somente estará assegurada quando respeitados esses direitos*. De tal modo que a positivação, conquanto valiosíssima para a exigibilidade dos direitos humanos, não tem o condão de lhes conferir esse rótulo, ainda que se mude a nomenclatura para direitos *fundamentais*.

Entretanto, de se reconhecer que a expressão direitos *fundamentais* é a preferida pelos constitucionalistas e até mesmo pelos doutrinadores de direito do trabalho. Ademais, quando se está a falar de direitos humanos positivados na Constituição, nada obsta que a eles se dê a adjetivação de direitos *fundamentais*. Penso que *a distinção essencial* entre direitos humanos e direitos fundamentais assenta na ideia de que *aqueles têm como titulares apenas a pessoa humana, obra de Deus*, ao passo que os direitos fundamentais também têm como titulares as pessoas jurídicas, criação do ser humano.

De tal modo que, a título de conclusão e sem nenhuma pretensão de esgotar tão ampla matéria, pode-se fornecer (apenas) uma *noção geral de direitos humanos*. Penso que direitos humanos são *um conjunto de direitos, garantias, faculdades*, positivados ou não no sistema jurídico, *sem os quais a dignidade da pessoa humana estará seriamente ameaçada*, açambarcando toda uma gama de liberdades essenciais, bem como *direitos mínimos* à afirmação da pessoa para a concretização do ideal de igualdade. Sem os direitos sociais mínimos, *a igualdade será meramente retórica*. Sem as liberdades, *a igualdade não se justifica.*

---

(10) BOBBIO, Norberto. *A era dos direitos*. Rio de Janeiro: Campus, 1992. p. 5-7. Tradução de Carlos Nelson Coutinho.

(11) PÉREZ LUÑO, A. E. *La tercera generación de derechos humanos*. Navarra: Editorial Aranzadi, 2006. p. 13.

3. Fundamento dos direitos humanos — A dignidade humana

Conquanto Norberto Bobbio[(12)] enuncie que o fundamento dos direitos humanos é um problema mal formulado, afirmando ser ilusória a busca de um fundamento absoluto desses direitos, o problema da fundamentação dos referidos direitos é ainda atual. Em obra publicada na Espanha no ano de 2006, apontou-se o equívoco de Bobbio, ao afirmar que o problema dos fundamentos dos direitos humanos teve sua solução na Declaração Universal dos Direitos do Homem, aprovada pela Assembleia-Geral das Nações Unidas, em 10 de dezembro de 1948. Isso porque a locução "direitos humanos" revela certa ambiguidade, encontrando-se referência a direitos naturais, direitos fundamentais, direitos subjetivos, direitos morais, liberdades públicas etc. "Não parece possível implementar eficazmente os direitos humanos se não sabemos previamente em que consistem",[(13)] *de tal modo que se deve buscar o seu fundamento.*

Gregório Robles[(14)] também critica o posicionamento de Bobbio, asseverando que não "se pode separar o fundamento do fundamentado, já que o primeiro determina o conteúdo do segundo". Esse autor sustenta que, além do fundamento político (ou de ética política) — o consenso em torno da DUDH —, "está o fundamento moral, que é o fundamento absoluto dos direitos. Este fundamento é, em minha opinião, a ideia de dignidade da pessoa humana. Ou, para ser mais exato, a ideia de dignidade do *ser humano*" (destaque no original), haja vista que o ser humano "é um fim em si mesmo. É um valor em si mesmo, e não uma 'coisa' ou uma 'utilidade' ao serviço de outras realidades".

Ángela Aparisi,[(15)] ainda na obra coletiva objeto de análise, após refutar a tese de Bobbio, aponta que várias são as razões pelas quais se pode afirmar que o estudo do fundamento dos direitos humanos não é uma questão meramente supérflua ou inútil, destacando-se seu aporte de que é precisamente a constante violação de tais direitos que põe a descoberto a falta de fundamentos sólidos e a ausência de convicções geralmente compartilhadas, demonstrando a necessidade da justificação e fundamentação dos direitos humanos.

A justificação última dos direitos humanos é, pois, a *dignidade da pessoa natural*, em tudo aquilo que se mostra imprescindível à sua existência.

---

(12) BOBBIO, Norberto. *A era dos direitos*, p. 5.

(13) PUERTO, Manuel J. Rodríguez. ¿Qué son los derechos humanos? In: QUIRÓS, José Justo Megías (Coord.). *Manual de derechos humanos:* los derechos humanos en el siglo XXI. Navarra: Editorial Aranzadi, 2006. p. 14-15.

(14) ROBLES, Gregório. La olvidada complementariedad entre deberes y derechos. In: QUIRÓS, José Justo Megías (Coord.). *Manual de derechos humanos*: los derechos humanos en el siglo XXI. p. 39-41.

(15) APARISI, Ángela. Fundamento y justificación de los derechos humanos. In: QUIRÓS, José Justo Megías (Coord.). *Manual de derechos humanos:* los derechos humanos en el siglo XXI. p. 163-164.

O objetivo dos direitos humanos é *possibilitar o pleno desenvolvimento da personalidade, para cada pessoa*, ou, de outro modo, oferecer-lhe as condições materiais e morais para que possa alcançar o máximo desenvolvimento possível, de acordo com sua vontade. Fala-se, então, em "bens humanos básicos", como a vida, *a saúde*, a segurança social, *o trabalho*, a alimentação, a habitação, o vestuário, a liberdade de consciência, a educação.

Daí se verifica que *a referência a alguns valores é constante*, como a vida, a liberdade, a igualdade, bem como a educação, *a saúde*, *o trabalho*, a moradia, a segurança, a alimentação e o vestuário, direitos preconizados nos arts. 5º, 6º e 7º da Constituição Federal brasileira.

Vieira de Andrade[(16)] foi o primeiro a procurar estabelecer a estreita correlação entre os direitos humanos e o princípio da dignidade da pessoa humana. Ele distingue os direitos fundamentais, em seu conjunto, dos demais, por terem uma estrutura, uma função e uma intenção próprias. Assevera que a consagração de um conjunto de direitos fundamentais tem uma *intenção* específica:

> [...] explicitar uma ideia de Homem, decantada pela consciência universal ao longo dos tempos, enraizada na cultura dos homens que formam cada sociedade e recebida, por essa via, na constituição de cada Estado concreto. Ideia de Homem que no âmbito da nossa cultura se manifesta juridicamente num princípio de valor, que é o primeiro da Constituição portuguesa: o *princípio da dignidade da pessoa humana*. (destaque no original)

Percebe-se, assim, a referência constante ao *princípio-guia*: o da dignidade da pessoa humana — o fundamento dos direitos humanos. Nesse princípio se pode identificar, portanto, todos os direitos, onde quer que estejam previstos, ou ainda que não positivados — normalmente nascidos da criação jurisprudencial —, merecedores da adjetivação *humanos* ou *fundamentais*. Na definição do conteúdo essencial dos direitos humanos está a preocupação com a esfera de liberdades e de direitos materiais sem a qual não há asserção da pessoa humana enquanto tal. Por isso a referência constante, conforme a ideologia de cada doutrinador, a *alguns valores humanos básicos*, como a vida (princípio de tudo), a liberdade (toda a gama de liberdades difundida na disciplina dos direitos individuais) e a igualdade, aqui entendida como *igualdade real*, para cuja realização se torna imprescindível a satisfação de direitos sociais básicos, como a educação, *a saúde*, *o trabalho*, a moradia, a segurança social, a alimentação e o vestuário.

---

(16) VIEIRA DE ANDRADE, J. C. *Os Direitos Fundamentais na Constituição Portuguesa de 1976*. Coimbra: Livraria Almedina, 1983. p. 84-85.

4. O direito à saúde do trabalhador no contexto das gerações ou dimensões de direitos humanos

Os valores humanos básicos identificam a categoria de direitos humanos *da época contemporânea*, cujo reconhecimento foi gradativo, numa evolução histórica que acompanhou o evoluir da própria humanidade. Assim é que houve primeiramente a positivação dos direitos de liberdade, posteriormente dos direitos sociais e no estágio atual estão sendo positivados os direitos de solidariedade. A doutrina clássica concebe, para explicar didaticamente essa evolução, as denominadas gerações de direitos humanos,[(17)] falando em direitos de primeira geração, dentre os quais as liberdades de religião e de pensamento, ao lado do direito à vida e à propriedade; de segunda geração, compreendendo os direitos sociais dos trabalhadores e alguns direitos de ordem econômica e cultural, como o direito à saúde e à educação; por fim, os de terceira geração, a partir da Declaração Universal dos Direitos Humanos de 1948, como o direito à paz, ao meio ambiente, ao desenvolvimento etc.

Atribui-se a Karel Vasak, diretor do Departamento Jurídico da Unesco, a concepção geracional dos direitos humanos, quando ministrou, em 2 de julho de 1979, a Aula Inaugural da Décima Sessão do Instituto Internacional de Direitos Humanos de Estrasburgo, defendendo a ideia de "direitos humanos de terceira geração". Ele colocou ênfase nos direitos humanos de terceira geração, que completariam as liberdades civis e políticas da primeira, bem como os direitos econômicos, sociais e culturais da segunda.[(18)]

Quanto aos direitos humanos de primeira dimensão (geração), também chamados de direitos de liberdade, praticamente todos os doutrinadores enfatizam que foram os grandes movimentos revolucionários do século XVIII que resultaram no reconhecimento em caráter mais abrangente (dito universal) dos direitos humanos denominados de *liberdades públicas.* A Declaração de Direitos da Virgínia, de 12 de junho de 1776, a Declaração de Independência dos Estados Unidos da América do Norte, de 4 de julho de 1776, e a Revolução Francesa, com sua Declaração dos Direitos do Homem e do Cidadão, de 26 de agosto de 1789, foram *o marco histórico da afirmação dos direitos de liberdade, de igualdade formal e de propriedade* (um direito inviolável e sagrado — art. 17 da Declaração dos Direitos do Homem e do Cidadão — exigência dos revolucionários burgueses).

(17) A referência às gerações de direitos humanos tem aqui a exclusiva finalidade de explicar didaticamente a evolução histórica dos mencionados direitos, a única serventia que pode ter a tal teoria. Além do mais, atualmente se fala em dimensões de direitos humanos, pois o termo "geração" apresenta a falsa ideia de que uma geração iria sucedendo e suplantando a anterior, o que seria inconcebível, pois todos esses direitos são imprescindíveis à pessoa humana.

(18) PÉREZ LUÑO, A. E. *La tercera generación de Derechos Humanos*, p. 15.

Em suma, os direitos à vida, à liberdade e à propriedade constituem a *essência dos direitos denominados de primeira geração*, ou a clássica tríade do pensamento individualista, cujo desenvolvimento levou ao reconhecimento de inúmeros direitos civis e políticos nos século XIX e XX, "não havendo Constituição digna desse nome que os não reconheça em toda a extensão"(19) no estágio atual da civilização, neste terceiro milênio.

No que concerne aos *direitos sociais*, como *direitos de igualdade material*, passaram à ordem do dia apenas no final do segundo quartel do século XIX, surgindo posteriormente a chamada *segunda dimensão de direitos humanos*. A liberdade de mercado, maior aspiração da ascendente burguesia, propiciou o desenvolvimento do regime capitalista de produção nos séculos XVIII e XIX. Porém, na busca frenética por produtividade e majoração do lucro, deu-se a *exploração desumana* dos seres humanos trabalhadores, espoliados em seus direitos mais fundamentais, dentre os quais a saúde e a própria vida, em muitos casos.

As péssimas condições de trabalho a que foram submetidos os trabalhadores, incluindo mulheres e crianças, deixavam expostas as chagas do sistema capitalista. Por isso se conta somente a "primeira história" da época das revoluções, de sucesso e progresso fantástico, advindo da revolução científica e tecnológica, que propiciou o aumento da produção e da produtividade, ao lado da consolidação da democracia moderna e da abolição dos privilégios nobiliárquicos.(20) Não a "segunda história", do pauperismo da classe trabalhadora, de sua absoluta miséria.(21)

Foi essa situação de miséria, de aviltamento da condição humana dos trabalhadores pelos capitalistas, que levou às lutas por direitos sociais. As duríssimas e muitas vezes desumanas condições de vida e de trabalho do proletariado, resultantes da Revolução Industrial, fez com que se tomasse consciência de que a salvaguarda da dignidade humana exige libertar o ser humano não só do medo, da opressão e da tirania, mas também da necessidade econômica, da fome, da miséria, da falta de cultura.(22) Paulo Bonavides(23) pontifica que os direitos de segunda geração ou dimensão

(19) BONAVIDES, Paulo. *Curso de Direito Constitucional*. 19. ed. atual. São Paulo: Malheiros, 2006. p. 563.

(20) MEDEIROS, João Leonardo Gomes. *A economia diante do horror econômico*. 2004. 204 f. Tese (Doutorado em Economia). Instituto de Economia, Universidade Federal do Rio de Janeiro, Rio de Janeiro, 2004. p. 23.

(21) O Capítulo VIII da obra *O Capital*, de Marx, é consulta obrigatória para quem pretende compreender a situação de miséria e doenças que levaram às lutas pelo reconhecimento dos direitos sociais e por que devem ser assegurados de fato. São estarrecedores os relatórios oficiais de saúde pública inglesa, destacando-se o de 1863. MARX, Karl. *O Capital:* crítica da economia política. Livro I. 22. ed. Rio de Janeiro: Civilização Brasileira, 2004. Tradução de Reginaldo Sant'Anna.

(22) FERNANDEZ, Maria Encarnación. Los derechos económicos, sociales y culturales. In: QUIRÓS, José Justo Megías (Coord.). *Manual de Derechos Humanos:* los derechos humanos en el siglo XXI. p. 103-104.

(23) BONAVIDES, Paulo. *Curso de Direito Constitucional*, p. 564.

"nasceram abraçados ao princípio da igualdade, do qual não se podem separar, pois fazê-lo equivaleria a desmembrá-los da razão de ser que os ampara e estimula".

A segunda dimensão de direitos humanos surge, assim, em decorrência da deplorável situação da população pobre das cidades industrializadas da Europa Ocidental, que era constituída, basicamente, por trabalhadores expulsos do campo, processo que teve origem nos cercamentos levados a efeito naquele continente, com o objetivo de criar mão de obra disponível para a indústria, pois os camponeses, expulsos do campo, tornaram-se muitas vezes mendigos nas cidades.(24)

De outra mirada, a exploração da classe trabalhadora, decorrente da industrialização, propiciou *a conscientização dos operários e as lutas por melhores condições de trabalho*. O resultado dessa ação coletiva dos trabalhadores foi a resposta dada pelo Estado, ainda no século XIX, seja mediante políticas sociais, seja pela edição de leis protetivas dos trabalhadores, dando início ao intervencionismo estatal nas relações jurídicas entre empregados e empregadores. Esse intervencionismo deu origem ao denominado constitucionalismo social. Primeiro, exigiram-se prestações positivas por parte do Estado (serviços públicos); posteriormente, houve a positivação dos direitos sociais, incluindo-se os direitos específicos dos trabalhadores, nas Cartas políticas do século XX.

Dessa explanação se percebe que somente no século XX, em 5 de fevereiro de 1917, com a promulgação da (nova) Constituição do México, *mais de 127 anos após a Revolução Francesa*, é que verdadeiramente se deu reconhecimento histórico aos direitos sociais, como o direito ao trabalho, *à saúde*, à educação e à previdência social, na Lei Fundamental de um país. E por isso são denominados direitos humanos de segunda geração. Foi a Constituição mexicana de 1917 "a primeira a atribuir aos direitos trabalhistas a qualidade de direitos fundamentais, juntamente com as liberdades individuais e os direitos políticos",(25) nos seus arts. 5º e 123, contendo um *rol de direitos mínimos do trabalhador* (art. 123). E mais, foi a primeira a instituir a função social da propriedade (art. 27), bem como a criar a responsabilidade dos empregadores por acidentes do trabalho, lançando, "de modo geral, as bases para a construção do moderno Estado Social de Direito".(26)

Entretanto, a Constituição de Weimar — aprovada em 31 de julho de 1919, pouco depois da ratificação do Tratado de Versalhes pela Alemanha, ocorrida em 9 de

(24) Cf. KARL MARX sobre a forma de acumulação primitiva, o ponto de partida do modo de produção capitalista. *O Capital:* crítica da economia política. Vol. I, Livro Primeiro, Tomo 2, Capítulo XXIV. Apresentação de Jacob Gorender; coord. e rev. de Paul Singer; tradução de Regis Barbosa e Flávio R. Kothe. São Paulo: Abril Cultural, 1984. p. 261-275.

(25) COMPARATO, Fábio Konder. *A afirmação histórica dos direitos humanos*, p. 174.

(26) *Ibidem*, p. 177.

julho daquele ano — é, com certeza, *a fonte mais conhecida de reconhecimento dos direitos sociais*, sobretudo do direito ao trabalho, à educação e à seguridade social.

Assim, estavam *reconhecidos os direitos sociais mais importantes*, quais sejam: os direitos ao trabalho, *à saúde*, à educação e à previdência social. Inaugurava-se, portanto, o chamado *Estado social de Direito*, o *Welfare State*.

Sem embargo, a turbulência socioeconômica iniciada no final da década de 1960 fez com que a partir daí ganhasse novamente força o *laissez faire*, culminando no triunfo do capitalismo liberal no final do século XX, *colocando em xeque o Estado social de Direito* e, por via de consequência, os próprios direitos sociais, cujo reconhecimento foi fruto de árduas lutas iniciadas ainda no século XIX.(27)

5. A saúde do trabalhador como um direito humano e sua conformação

Por tudo o que já visto, é possível afirmar que a saúde do trabalhador, como conteúdo do continente saúde em geral, *trata-se de um direito humano*. Como tal é inalienável, imprescritível e irrenunciável. E é *um direito natural* de todos os trabalhadores, em todos os tempos e lugares, ainda que sua positivação tenha ocorrido tardiamente, como se viu. Se a saúde do trabalhador é algo a ele inerente, imanente, em respeito à sua dignidade essencial e até mesmo para uma boa prestação de serviços ao empregador, *trata-se de um direito natural*, no sentido de intrínseco à conformação de sua personalidade e de seu desenvolvimento como pessoa. É um direito imprescindível para o ser humano. De tal forma que assim se insere no continente maior dos direitos humanos, como conteúdo destes, vale dizer, como um dos *valores fundamentais do sistema jurídico*, sem o qual a dignidade da pessoa humana estará seriamente ameaçada.

Esse direito é dotado de um *conteúdo essencial*, identificado nas condições mínimas que devem ser atendidas para a sua satisfação, já que componente do rol de necessidades básicas do ser humano. O direito à saúde do trabalhador tem um conteúdo essencial bastante extenso, configurando um *direito individual subjetivo* à sua proteção. Na complementaridade entre os direitos à vida (com suas projeções exteriores — a integridade físico-funcional e moral), à saúde em sentido estrito e ao meio ambiente equilibrado, é que se identifica o conteúdo essencial do direito em questão. Nessa conformação teve papel decisivo a Organização Internacional do Trabalho, adotando convenções e recomendações para a proteção à saúde do trabalhador.

Ademais, as normas de proteção à saúde do trabalhador são de *ordem pública*. De maneira que a saúde do trabalhador, como direito básico, *fundamental*, tem de ser atendida em quaisquer circunstâncias, em nome do princípio-guia do sistema jurídico

(27) Em virtude de se tratar apenas de um artigo sobre a saúde do trabalhador, não serão analisados aqui os chamados direitos humanos de terceira geração.

brasileiro, qual seja, o da *dignidade da pessoa humana*, indissociável do próprio direito à vida, o fundamento último de todo Estado de Direito. Essa complementaridade entre os direitos à vida (integridade físico-funcional e moral), à saúde do trabalhador e ao meio ambiente do trabalho também pode ser extraída de uma interpretação sistemática da nossa Constituição Federal (arts. 1º, 5º, 6º, 7º, 200 e 225), na qual se encontra, portanto, um *fundamento máximo* àquele direito. Nesses dispositivos se encontra, então, a nítida interdependência entre os referidos direitos — vida, saúde do trabalhador e meio ambiente do trabalho equilibrado —, interpretação levada a efeito com base no princípio ontológico da *dignidade da pessoa humana*, um valor praticamente absoluto no sistema jurídico nacional.

O princípio da dignidade da pessoa humana é o *ápice da construção jusfilosófica na evolução cultural da humanidade*, encontrando-se bem conformado na doutrina atual. Ingo W. Sarlet[(28)] observa que a ordem constitucional em vigor, que consagra a ideia da dignidade da pessoa humana, parte do pressuposto de que a pessoa, tão somente em virtude de sua condição humana, é titular de direitos que devem ser reconhecidos e respeitados pelos outros e pelo Estado, remanescendo aí uma *fundamentação metafísica* da mencionada dignidade, derivada do pensamento cristão e humanista.

O referido princípio significa, em uma *síntese* muito apertada, que *a pessoa humana é dotada de direitos essenciais sem cuja realização não terá forças suficientes para a conformação de sua personalidade e o seu pleno desenvolvimento como pessoa*. Vale dizer, não será respeitada como pessoa, como tal. Há *direitos inatos*, indissociáveis da condição de pessoa humana, *pessoa que merece o maior respeito possível, simplesmente por ser, por existir*. Esses direitos consubstanciam o que se tem convencionado chamar de *mínimo existencial*.

Isso significa que o Estado passa a reduzir seu tamanho como prestador de serviços públicos, dedicando-se apenas *ao mínimo* que dele se pode exigir — a doutrina neoliberal do *Estado mínimo*. Por isso agora a doutrina jurídica se põe a encontrar qual é o *catálogo mínimo de direitos fundamentais* que compõe o conteúdo essencial da dignidade da pessoa humana, na perspectiva de que os demais podem esperar por satisfação.

Conquanto não se possa concordar com essa tarefa reducionista de direitos, mormente na área dos direitos sociais, a nova dogmática pode ser utilizada no sentido inverso, para se conferir *efetividade material aos chamados direitos sociais mínimos*, situação longe de ser alcançada em países periféricos como o Brasil, no qual nunca houve, *de fato*, a implantação de um verdadeiro Estado social de Direito. E pode a Justiça do Trabalho desenvolver uma jurisprudência criativa muito importante nesse

(28) SARLET, Ingo. *Dignidade da pessoa humana e direitos fundamentais na Constituição Federal de 1988*. 4. ed., rev. e atual. Porto Alegre: Livraria do Advogado, 2006. p. 38-41.

contexto. Basta ver que recentemente a PGR, na ADI 5.766, questionando a constitucionalidade dos arts. 790-B, § 4º, 791-A, § 4º, e 844, § 2º, da CLT, introduzidos pela Lei n. 13.467/2017, invocou, como um dos principais argumentos, a teoria do mínimo existencial, pois "compensar" salários e verbas rescisórias, assim como outras verbas trabalhistas de natureza alimentar, para o pagamento de honorários periciais e de sucumbência, ou até de custas processuais, seria um *atentado ao mínimo existencial dos trabalhadores.*

Com efeito, os doutrinadores procuram identificar o chamado mínimo existencial social, inclusive fazendo referência às *necessidades básicas* do ser humano. Agora, o que se entende por *necessidades básicas*? O mais importante é definir, *concretamente*, quais as necessidades básicas, inadiáveis, que compõem o mínimo existencial proposto pela doutrina.

A satisfação dos direitos sociais mínimos, na implantação de um *autêntico* Estado social de Direito, é o caminho mais seguro para *a concretude da teoria do mínimo existencial.* Pelo menos a satisfação dos direitos básicos dos trabalhadores, empregados ou não — aí incluídos os benefícios previdenciários, o *direito à saúde laboral* e o direito à educação gratuita, pelo menos no nível fundamental. Sem a realização dos direitos sociais que configuram o chamado *patamar civilizatório mínimo,* na feliz expressão de Mauricio Godinho Delgado,(29) não há que se falar em direitos humanos "sociais" ou de "segunda geração".

Em suma, pode-se afirmar que *a Constituição Federal brasileira definiu muito bem o referido mínimo existencial social*, quando no seu art. 6º consagrou os direitos sociais à educação, *à saúde, ao trabalho*, à moradia,(30) ao lazer, à segurança, à previdência social, à proteção da maternidade e da infância, e à assistência social aos desamparados. Mais rigorosa, ainda, quando elencou as *necessidades vitais básicas* dos trabalhadores, urbanos e rurais, e de sua família, no inciso IV do seu art. 7º, as quais são identificadas como sendo a moradia, a alimentação, a educação, *a saúde*, o lazer, o vestuário, a higiene, o transporte e a previdência social, razão pela qual o salário mínimo fixado por lei *deveria* atender todas essas necessidades, simplesmente porque *vitais.*

De tal modo que a saúde do trabalhador, como espécie do gênero ou conteúdo do continente, compõe, ineludivelmente, o chamado *conteúdo essencial da dignidade da pessoa humana*, não podendo, jamais, ser postergada sua proteção e, em caso de doença, o tratamento mais adequado deve ser o mais breve possível.

(29) DELGADO, Mauricio Godinho. *Curso de direito do trabalho.* 4. ed. São Paulo: LTr, 2005. p. 1.321.

(30) O direito à moradia foi introduzido no catálogo do art. 6º pela Emenda Constitucional n. 26, de 14 de fevereiro de 2000.

6. A incolumidade psicofísica do trabalhador como direito fundamental

Por certo que o direito à saúde laboral compreende a proteção do Estado e do empregador à saúde física e mental ou psíquica do trabalhador. E, por isso, pode-se afirmar que o trabalhador tem *direito fundamental à sua incolumidade psicofísica* no ambiente laboral. Contudo, mister colacionar uma noção do que é o direito à saúde como gênero ou continente, primeiramente, para que se possa bem compreender a dimensão da incolumidade psicofísica do trabalhador, em todos os seus aspectos de proteção.

Pois bem, por longo espaço de tempo a saúde foi entendida simplesmente como o estado de quem se encontra sadio, sem doença.[31] Entrementes, a partir de 1946, com a criação da Organização Mundial da Saúde (OMS) — cuja existência oficial começou em 7 de abril de 1948, quando da ratificação de sua constituição por vinte e seis países[32] —, houve um passo à frente na definição da saúde, haja vista que aquela agência especializada da ONU forneceu um *conceito positivo* do direito, em sua carta de fundação, qual seja: "a saúde é um estado de completo bem-estar físico, mental e social, e não somente a ausência de afecções ou enfermidades".[33]

Em seguida a Declaração Universal dos Direitos Humanos, proclamada pela Assembleia-Geral das Nações Unidas, em 10 de dezembro de 1948, assegurou como um *direito humano a saúde e o bem-estar*, em seu art. XXV, n. 1, sendo que o Pacto Internacional sobre Direitos Econômicos, Sociais e Culturais, aprovado na XXI Sessão da Assembleia-Geral das Nações Unidas, em Nova Iorque, no dia 19 de dezembro de 1966, reconheceu em seu art. 12, n. 1, *o direito de toda pessoa a desfrutar o mais elevado nível possível de saúde física e mental.*

A saúde, portanto, é o mais completo *bem-estar físico e funcional* da pessoa, sendo que, dentre as diversas funções do organismo, encontram-se as do encéfalo, ou do cérebro, se se preferir. Pois bem, a função mental ou psíquica do organismo humano é apenas uma dentre tantas funções, razão pela qual a menção constante a saúde física *e mental* na área jurídica, na psicologia e em outras áreas do conhecimento humano mostra-se incompleta. A *anatomia* do corpo humano diz respeito ao seu aspecto físico: cabeça, tronco, membros (superiores e inferiores), órgãos (olhos, ouvidos, nariz,

(31) Segundo os léxicos, a expressão saúde provém do latim *salute*, que significa salvação, conservação da vida. Por isso sempre foi tida como o estado da pessoa cujas funções orgânicas, físicas e mentais se acham em situação normal, ou como o estado do que é sadio ou são. FERREIRA, Aurélio Buarque de Holanda. *Novo dicionário da língua portuguesa*. 2. ed., rev. e aum., 23. impr. Rio de Janeiro: Nova Fronteira, 1986. p. 1.556.

(32) ROSEN, George. *Uma história da saúde pública*. São Paulo: Hucitec: Ed. da Universidade Estadual Paulista, 1994. p. 344-345. Tradução de Marcos Fernandes da Silva Moreira, com a colaboração de José Ruben de Alcântara Bonfim. A OMS assumiu os poderes e os deveres da Organização de Saúde da Liga das Nações, que havia sido criada em 1923.

(33) *Constitución de la Organización Mundial de la Salud*. Disponível em: <http://www.who.int/gb/bd/S/S_documents.htm>. Acesso em: 16 mar. 2007.

boca, coração, cérebro etc.), aparelhos (digestivo, respiratório, circulatório, reprodutor, encéfalo etc.), sistemas (nervoso, muscular, arterial, ósseo, dentário etc.). E a *fisiologia* é o estudo da funcionalidade do corpo humano, ou seja, de suas funções, do funcionamento dos órgãos. Quem diz órgão diz função e vice-versa.

> O Órgão é a parte do corpo que serve para sensações e funções do homem, por exemplo, os olhos, ouvidos, pele, etc. Por meio dos órgãos, no organismo, operam-se as funções especiais e distintas, e, ao contrário, vários órgãos podem destinar-se a uma só função.(34)

A saúde ou incolumidade do corpo humano abrange todos os seus tecidos, órgãos e também as *infinitas funções* desses órgãos, pois função "é o mecanismo de atuação de órgãos, aparelhos e sistemas". Dentre as funções podem ser citadas as seguintes: respiratória, circulatória, digestiva, excretora, reprodutora, locomotora, sensitiva (visão, audição, olfato, paladar e tato), *psíquica*, mastigatória, função de preensão etc. E a saúde mental, relacionada à *atividade funcional do encéfalo*, abrange a consciência, a atenção, a concentração, a orientação, a percepção, a memória, a afetividade, a inteligência, a vontade, a linguagem, nas palavras do Prof. João Bosco Penna.(35) Destarte, o mais adequado seria sempre mencionar saúde física *e funcional* (inclusive mental ou psíquica). Contudo, como já se tornou recorrente o emprego da locução *saúde ou incolumidade psicofísica*, neste trabalho se optou por essa nomenclatura.

Enfim, é pacífico que o conceito atual de saúde compreende os seus *aspectos negativo e positivo*. Por isso Canotilho e Vital Moreira(36) afirmam que o direito à proteção da saúde, como os direitos sociais em geral, comporta duas vertentes:

> [...] uma, de natureza negativa, que consiste no direito a exigir do Estado (ou de terceiros) que se abstenham de qualquer acto que prejudique a saúde; outra, de natureza positiva, que significa o direito às medidas e prestações estaduais visando à prevenção das doenças e o tratamento delas.

Afirma-se que a função negativa identifica a saúde como um direito de defesa, ao passo que a função positiva do direito o qualifica como um direito prestacional. E essas funções precisam estar bem delimitadas no sistema jurídico de cada país.

No sistema jurídico brasileiro, observa-se que somente na Constituição Federal de 1988 é que a saúde foi positivada como um direito fundamental, em seu art. 6º.

---

(34) PENNA, João Bosco. *Lesões corporais:* caracterização clínica e médico legal. Leme: LED Editora de Direito, 1996. p. 148-149.

(35) *Ibidem*, p. 124 e 169.

(36) GOMES CANOTILHO; J. J.; MOREIRA, Vital. *Constituição da República Portuguesa Anotada.* 2. ed. rev. e ampl. V. 1. Coimbra: Coimbra Editora, 1984. p. 342-343.

A CF/88 criou um título específico para a Ordem Social (Título VIII) e neste assegurou o direito à saúde como um *direito de seguridade social*, mais precisamente como um "direito de todos e dever do Estado, garantido mediante políticas sociais e econômicas que visem à redução do risco de doença e de outros agravos e ao acesso igualitário às ações e serviços para sua promoção, proteção e recuperação", nos termos de seu art. 196. Cuidou como de relevância pública as ações e serviços de saúde (art. 197), que, segundo o art. 198, constituem um sistema único (SUS). Dentre as atribuições do SUS, arroladas no art. 200, destaca-se a de colaborar na *proteção do meio ambiente, nele compreendido o do trabalho* (inciso VIII).

Quanto às leis infraconstitucionais, a mais importante é a Lei n. 8.080, de 19 de setembro de 1990 — Lei Orgânica da Saúde —, que regulamenta o Serviço Único de Saúde, dispondo seu art. 3º que:

> A saúde tem como fatores determinantes e condicionantes, entre outros, a alimentação, a moradia, o saneamento básico, o meio ambiente, o trabalho, a renda, a educação, o transporte, o lazer e o acesso aos bens e serviços essenciais; os níveis de saúde da população expressam a organização social e econômica do País.

Há, induvidosamente, uma estreita relação entre o direito à saúde e o direito à vida. O que se protege na tutela da saúde é, em última instância, o direito humano à vida e à incolumidade física e funcional (inclusive mental ou psíquica). A interpretação sistemática da Constituição Federal brasileira isso revela, encontrando-se nela, pois, um *fundamento máximo* à mencionada proteção, como já se afirmou.

É importante ter a consciência de que o direito à vida digna é a matriz de todos os demais direitos fundamentais da pessoa humana. O direito à vida

> [...] é um fator preponderante, que há de estar acima de quaisquer outras considerações como as de desenvolvimento, como as de respeito ao direito de propriedade, como as da iniciativa privada. Também estes são garantidos no texto constitucional, mas, a toda evidência, não podem primar sobre o direito fundamental à vida, que está em jogo quando se discute a tutela da qualidade do meio ambiente. É que a tutela da qualidade do meio ambiente é instrumental no sentido de que, através dela, o que se protege é um valor maior: *a qualidade da vida.*[37]

Em suma, pode-se afirmar que o direito à vida e suas projeções exteriores, as referidas integridades física e moral (mental ou psíquica), convergem com o direito à saúde, para se tornar um só.

Pois bem, se a saúde é o mais completo bem-estar físico, mental e social que o Estado deve proporcionar às pessoas, porquanto o ser humano tem um direito fundamental ao gozo do grau máximo de saúde que se pode alcançar em determinado tempo

---

(37) SILVA, José Afonso da. *Direito ambiental constitucional.* 5. ed. São Paulo: Malheiros, 2004. p. 70.

e lugar; se o direito à proteção da saúde comporta duas vertentes, uma de natureza negativa e outra de natureza positiva, *também o direito à saúde do trabalhador deve ser examinado nessa perspectiva,* por ser uma espécie daquela.

A assertiva de que a saúde do trabalhador é espécie da saúde em geral, ou que se trata de conteúdo deste continente, pode ser extraída da interpretação das normas destinadas à disciplina da matéria, em nível constitucional e principalmente na legislação infraconstitucional.

A Constituição de 1988, de forma inédita, positivou a saúde como um direito fundamental, posto como um direito social (arts. 6º e 196 a 200). Relativamente à saúde do trabalhador, além da disciplina mais avançada do que nas Constituições anteriores (art. 7º, incisos XXII e XXVIII),[38] a Constituição atual contém um capítulo específico sobre a *proteção do meio ambiente* (art. 225), um dos fatores fundamentais à garantia da saúde, quiçá o mais importante, preconizando que *no meio ambiente geral está compreendido o meio ambiente do trabalho* (art. 200, inciso VIII — artigo que versa sobre o Sistema Único de Saúde).

Também na legislação infraconstitucional brasileira verifica-se a confluência do direito à saúde do trabalhador com o direito à saúde em geral, pelo exame da Lei Orgânica da Saúde (Lei n. 8.080/90). O art. 3º da indigitada lei é de extrema relevância, ao conformar o núcleo essencial do direito, positivando os fatores determinantes e condicionantes do direito à saúde, dentre os quais *o meio ambiente e o trabalho.*

A saúde do trabalhador é, assim, uma espécie da saúde em geral, tanto que o SUS tem de prover, dentre suas atividades, as predispostas à proteção e recuperação dessa saúde (art. 6º, I, *"c"*, e § 3º — o qual elenca tais atividades).

7. O meio ambiente do trabalho e o princípio da prevenção

O meio ambiente do trabalho deve ser cuidado para a proteção à incolumidade psicofísica do trabalhador, como se verá com precisão mais adiante.

Contudo, de saída convém assinalar que o direito à proteção do meio ambiente é muito recente, tanto que compreendido na chamada terceira dimensão de direitos fundamentais. A internacionalização da luta por um meio ambiente equilibrado entrou em cena apenas na década de 1970. No ano de 1972, entre os dias 5 a 16 de junho, a Conferência das Nações Unidas sobre o Meio Ambiente Humano, reunida em Estocolmo, proclamou relevantíssima Declaração, com vistas *à proteção e ao melhoramento do meio ambiente humano.*

---

(38) Esses dispositivos asseguram o direito social dos trabalhadores urbanos e rurais *à redução dos riscos inerentes ao trabalho*, por meio de normas de saúde, higiene e segurança (art. 7º, XXII), bem como o direito ao seguro contra acidentes do trabalho e à reparação dos danos por parte do empregador (inciso XXVIII).

José Afonso da Silva[39] anota que a Declaração de Estocolmo abriu caminho para que as Constituições posteriores reconhecessem o meio ambiente ecologicamente equilibrado como um direito fundamental, dentre os direitos sociais, com sua característica de "*direitos a serem realizados* e *direitos a não serem perturbados*". (destaques no original)

Quanto ao meio ambiente em geral, foi promulgada no Brasil, em 1981, a Lei n. 6.938, de 31 de agosto daquele ano, cujo art. 3º, inciso I, define o meio ambiente como "o conjunto de condições, leis, influências e interações de ordem física, química e biológica, que permite, abriga e rege a vida em todas as suas formas".

Raimundo Simão de Melo[40] observa que o legislador fez opção por um *conceito jurídico aberto*, a fim de criar um espaço positivo de incidência da norma legal, lembrando que essa lei está em plena harmonia com a Constituição Federal de 1988, cujo art. 225, *caput*, buscou tutelar todos os aspectos do meio ambiente (natural, artificial, cultural e do trabalho).

No que concerne ao *meio ambiente do trabalho*, Celso Antônio Pacheco Fiorillo[41] o define como

> [...] o local onde as pessoas desempenham suas atividades laborais, sejam remuneradas ou não, cujo equilíbrio está baseado na salubridade do meio e na ausência de agentes que comprometam a incolumidade físico-psíquica dos trabalhadores, independentemente da condição que ostentem (homens ou mulheres, maiores ou menores de idade, celetistas, servidores públicos, autônomos etc.).

A preocupação com o ambiente do trabalho é antiga no direito laboral. Por certo que não havia a compreensão completa e generalizada que hoje se tem sobre o meio ambiente em geral e, em particular, o do trabalho, o que se alcançou na década de 1970, como já referido.

A evolução das legislações nacionais e da normatização internacional pela OIT revela a crescente preocupação com o ambiente do trabalho, *culminando nas Convenções ns. 148, 155 e 161*, nas quais se acentuou o campo de proteção à saúde do trabalhador e se lhe conferiu um *caráter abrangente*, para todos os trabalhadores, e de todos os setores da atividade econômica. E mais recentemente foi aprovada a Convenção n. 187, que ainda não foi objeto de ratificação pelo Brasil.

---

(39) SILVA, José Afonso da. *Direito ambiental constitucional*, p. 69-70.

(40) MELO, Raimundo Simão de. *Direito ambiental do trabalho e a saúde do trabalhador:* responsabilidades legais, dano material, dano moral, dano estético. São Paulo: LTr, 2004. p. 27.

(41) FIORILLO, Celso Antônio Pacheco. *Curso de direito ambiental brasileiro*. São Paulo: Saraiva, 2000. p. 21.

A *Convenção n. 148* disciplina que a legislação nacional do Estado-membro que ratificar a Convenção deve dispor sobre a adoção de medidas preventivas e limitativas dos riscos profissionais no local de trabalho devidos àqueles agentes (art. 4º). Tratando das medidas de prevenção e de proteção, disciplina o art. 8º que a autoridade competente deve fixar os *limites de exposição* àqueles agentes, o que foi cumprido pelo Brasil, por meio da NR-15, norma que fixa os limites de exposição a todos os agentes insalubres. No art. 9º se prescreveu que, "na medida do possível, dever-se-á eliminar todo o risco devido à contaminação do ar, ao ruído e às vibrações no local de trabalho". Apenas quando as medidas referidas no art. 9º não forem suficientes para reduzir os agentes agressivos a limites de exposição aceitáveis, é que "o empregador deverá proporcionar e conservar em bom estado o equipamento de proteção pessoal apropriado" (art. 10). De tal modo que, *em primeiro lugar se deve buscar a eliminação do risco* e, somente quando isso não seja possível, num segundo momento se deve providenciar a *neutralização* do agente agressivo, mediante o fornecimento de equipamento de proteção.

Entrementes, foi a *Convenção n. 155 da OIT o grande marco internacional* na proteção à saúde dos trabalhadores, tendo em vista que a referida Convenção, conforme seu art. 1º, "aplica-se a todas as áreas de atividade econômica". De acordo com o art. 3º, letra *"b"*, dessa Convenção, *o termo "trabalhadores" abrange todas as pessoas empregadas, inclusive os funcionários públicos*. Seu art. 4º obriga todos os Estados-Membros a formularem, colocarem em prática e *reexaminarem periodicamente* uma "política nacional coerente em matéria de segurança e saúde dos trabalhadores e o meio ambiente de trabalho"; essa política deve ter como objetivo prevenir os acidentes e os danos à saúde derivados do trabalho, tendo ainda como meta a ser alcançada a *redução ao mínimo, na medida em que for razoável e possível*, das causas dos riscos inerentes ao meio ambiente do trabalho. A preocupação com a *efetividade da política nacional de proteção* foi tanta que se estipulou a obrigação de os Estados-Membros, dentre outras tarefas, elaborar *estatísticas anuais sobre acidentes do trabalho e doenças ocupacionais*, bem como realizar sindicâncias toda vez que um acidente do trabalho, um caso de doença ocupacional ou qualquer outro dano à saúde indique uma situação grave, sendo obrigatória, ainda, a *publicação anual de informações sobre as medidas adotadas para a aplicação da política nacional* referida (art. 11, letras *"c"*, *"d"* e *"e"*).[42]

Mais tarde a Conferência Internacional do Trabalho, na reunião de 1985, aprovou a *Convenção n. 161*, que tornou obrigatória a criação de "Serviços de saúde no trabalho". De acordo com ela, os empregadores têm a obrigação de criar "Serviços de saúde no trabalho", com funções essencialmente preventivas e encarregados de aconselhar tanto eles (empregadores) quanto os trabalhadores e seus representantes

(42) Por isso a Previdência Social publica anualmente estatísticas sobre acidentes do trabalho e doenças ocupacionais, em seu banco de dados (DATAPREV).

na empresa, especialmente sobre: 1º) os requisitos necessários para estabelecer e manter um ambiente de trabalho seguro e salubre, de modo a favorecer uma *saúde física e mental ótima* em relação ao trabalho; e 2º) a adaptação do trabalho às capacidades dos trabalhadores, levando em conta seu *estado de saúde física e mental* (art. 1º da referida Convenção).

E mais recentemente, *reconhecendo a magnitude, em nível mundial,* das lesões, doenças e mortes ocasionadas pelo trabalho, bem como a necessidade de prosseguir a ação destinada a reduzir o índice de acidentes e doenças ocupacionais, a Conferência-Geral da Organização Internacional do Trabalho, em sua 95ª reunião, adotou, com data de 15 de junho de 2006, a *Convenção n. 187*. Segundo estimativas da OIT, morrem todos os dias mais de 6.000 trabalhadores vítimas de doenças ou acidentes relacionados com o trabalho.

O *objetivo da mencionada Convenção*, de acordo com o seu art. 2º, é o de que todo Estado-membro que a ratifique promova a *melhoria contínua da segurança e da saúde no trabalho*, com o fim de prevenir as lesões, as doenças e as mortes provocadas por acidentes, mediante o desenvolvimento de uma política, um sistema e um programa nacionais, com consulta às organizações mais representativas de empregadores e de trabalhadores. A respeito da *política nacional*, o art. 3º estipula que os trabalhadores têm direito a um meio ambiente do trabalho seguro e saudável, razão pela qual a política destinada a esse fim deve ter como *princípios básicos* os seguintes: a) avaliação dos riscos ou perigos no local de trabalho; b) o combate, em sua origem, a estes riscos ou perigos; c) o desenvolvimento de uma cultura nacional de prevenção em matéria de segurança e saúde que inclua informação, consultas e formação profissional. Dentre as inúmeras exigências que devem ser cumpridas pelo *sistema nacional de proteção à saúde do trabalhador*, arroladas no art. 4º, destacam-se as de se estabelecerem mecanismos para garantir a observância da legislação nacional, aí incluídos os sistemas de inspeção, bem como mecanismos de apoio para a melhora progressiva das condições de segurança e saúde no trabalho, "nas microempresas, nas pequenas e médias empresas, e na economia informal". No que diz respeito ao *programa nacional*, deverá promover o desenvolvimento de uma cultura nacional de prevenção, contribuir para a eliminação dos perigos e riscos do ambiente de trabalho, ou sua redução ao mínimo possível, razoável e factível, assim como incluir objetivos, metas e indicadores de progresso (art. 5º).

A Conferência-Geral da OIT adotou, para complementar essa Convenção, também em 15 de junho de 2006, a *Recomendação n. 197*. Na Recomendação se preconiza que o sistema nacional de proteção observe as convenções e recomendações catalogadas no seu Anexo, por serem de extrema importância para o mencionado "marco promocional", mormente *a Convenção n. 155 (sobre segurança e saúde dos trabalhadores) de 1981, a Convenção n. 81 (sobre a inspeção do trabalho) de 1947 e a Convenção n. 129 (sobre a inspeção do trabalho na agricultura) de 1969.*[43]

O que se verifica nessa breve explanação sobre a Convenção n. 187 e sua respectiva recomendação é uma intensa preocupação da OIT com os acidentes e doenças ocupacionais ocorridos nas micro, pequenas e médias empresas, preocupando-se ainda com os trabalhadores da economia informal, temas que devem ser bem disciplinados no programa nacional a ser desenvolvido para que se estabeleça, *de fato*, o marco promocional da segurança e saúde no trabalho. Essa disciplina, embora deva considerar as limitações das pequenas empresas, não pode, absolutamente, olvidar-se do *princípio da dignidade da pessoa humana* e de que *a saúde laboral é um direito humano de todos os trabalhadores*, independentemente do tamanho da empresa.

8. O conteúdo essencial do direito à saúde do trabalhador

Como já verificado, a saúde do trabalhador é um direito humano fundamental de natureza negativa e positiva, que exige tanto do empregador quanto do Estado não somente a abstenção de práticas que ocasionem a doença física e mental ou psíquica do trabalhador, mas também uma positividade, isto é, a adoção de medidas preventivas de tal doença. Eis aí *os dois aspectos essenciais* do mencionado direito: a) *o direito à abstenção*; b) e *o direito à prestação*, por sua vez subdividido em direito à prevenção e direito à reparação.

Se para a garantia do direito à saúde o Estado tem de cumprir algumas obrigações básicas, *também no campo da saúde do trabalhador ele tem de cumprir essas mesmas obrigações*, porquanto se trata de espécie da saúde em geral. Por isso o SUS tem diversas atribuições relacionadas à saúde laboral, de acordo com o art. 6º, § 3º, da Lei n. 8.080/90.

No que se refere às obrigações básicas do empregador, para a garantia do direito à saúde do trabalhador, ele tem de cumprir todas as prescrições normativas sobre o tema, estejam elas na Constituição, nas leis infraconstitucionais, nas regulamentações, nas chamadas normas "coletivas", ou nas disposições de caráter internacional, como os tratados, convenções e recomendações. Porém, é melhor identificar as normas aí contidas com aqueles dois aspectos dantes mencionados, do direito à abstenção e à prestação, incluindo neste o direito à prevenção, para que a abrangência dessa proteção reste pelo menos mais didática.

No tocante ao primeiro aspecto, tem o trabalhador o *direito de abstenção* do empregador *quanto ao fator tempo de trabalho*: a) não exigência de prestação de horas extras habituais (art. 7º, XIII e XIV, da CF); b) não exigência de labor nos intervalos

(43) A Convenção n. 129 ainda não foi ratificada pelo Brasil, que tem, no entanto, um dos setores agrícolas mais produtivos do mundo, empregando, em consequência, inúmeros trabalhadores rurais.

intra e entrejornadas; c) não exigência de trabalho nos dias de repouso semanal e feriados, tampouco nos períodos de férias (art. 7º, XV e XVII); d) não exigência de trabalho da mulher durante o período de licença-maternidade (art. 7º, XVIII); e) não exigência de trabalho noturno, perigoso ou insalubre a menores de 18 anos (art. 7º, XXXIII). E também *direito à abstenção quanto ao fator saúde mental ou psíquica*, sendo que o direito de não agressão a essa saúde compreende: a) o não tratamento rigoroso, vexatório, quando das ordens e fiscalização do serviço; e b) a não exigência de produtividade superior às forças físicas e mentais do trabalhador.

Quanto às *prestações* a que está obrigado o empregador, trata-se de um imenso caudal de normas, envolvendo: a) a obrigação de prevenção; e b) a obrigação de reparação. Esta envolve a responsabilidade do empregador pelos danos de natureza física ou funcional (inclusive mental) causados ao empregado, em decorrência de acidente do trabalho ou doença ocupacional, matéria que foge aos estreitos limites deste artigo.

Relativamente à prevenção, o Brasil possui uma das mais avançadas e extensas legislações de proteção à saúde do trabalhador, especialmente no que se relaciona ao meio ambiente do trabalho. E a principal obrigação do Estado quanto a essa matéria é a de *fiscalizar o cumprimento das normas de proteção* por parte do empregador.

Quanto a essas normas, de se recordar que em 1977 a Lei n. 6.514 deu nova redação ao Capítulo V do Título II da CLT — capítulo não alterado pela Lei n. 13.467/2017 —, o qual disciplina sobre a *Segurança e Medicina do Trabalho*, sendo que em 1978 a Portaria n. 3.214, do (extinto) Ministério do Trabalho, aprovou as NRs (Normas Regulamentadoras) do referido capítulo, normas que foram *recepcionadas* pela Constituição de 1988. Atualmente são 36 (trinta e seis) normas regulamentadoras. No que se relaciona à prevenção, podem ser destacadas as seguintes NRs:

a) NR-3 — a qual regulamenta o art. 161 da CLT, tratando da possibilidade de embargo e interdição, na medida em que o gerente regional do trabalho, diante de laudo técnico do serviço competente que demonstre grave e iminente risco para o trabalhador, poderá interditar estabelecimento, setor de serviço, máquina ou equipamento, ou ainda embargar obra, "indicando na decisão tomada, com a brevidade que a ocorrência exigir, as providências que deverão ser adotadas para prevenção de acidentes do trabalho e doenças profissionais" (item "3.1");

b) NR-4 — prevê a obrigatoriedade de que as empresas públicas e privadas que possuam empregados regidos pela CLT mantenham Serviços Especializados em Engenharia de Segurança e em Medicina do Trabalho (SESMT), "com a finalidade de promover a saúde e proteger a integridade do trabalhador no local de trabalho" (item "4.1"), conforme o risco da sua atividade principal e a quantidade de empregados (Quadros I e II);

c) NR-5 — dispõe sobre a obrigatoriedade de que as empresas organizem e mantenham funcionando em seus estabelecimentos uma Comissão Interna de Prevenção de Acidentes (CIPA), cujo objetivo está descrito no item "5.1";

d) NR-6 — torna obrigatório o fornecimento gratuito de equipamento de proteção individual (EPI), adequado ao risco e em perfeito estado de conservação e funcionamento (item "6.2");

e) NR-7 — a qual estabelece a obrigatoriedade de elaboração e implementação, por parte dos empregadores, do Programa de Controle Médico de Saúde Ocupacional (PCMSO), com o objetivo de promoção e preservação da saúde do conjunto dos seus trabalhadores (item "7.1.1");

f) NR-9 — que estabelece a obrigatoricdade de elaboração e implementação, por parte de todos os empregadores e instituições que admitam trabalhadores como empregados, do Programa de Prevenção de Riscos Ambientais (PPRA), o qual tem como finalidade a preservação da saúde e da integridade dos trabalhadores, "através da antecipação, reconhecimento, avaliação e consequente controle da ocorrência de riscos ambientais existentes ou que venham a existir no ambiente de trabalho, tendo em consideração a proteção do meio ambiente e dos recursos naturais" (item "9.1.1");

g) NR-17 — importante regulamentação sobre ergonomia, que estabeleceu parâmetros a fim de permitir "a adaptação das condições de trabalho às características psico-fisiológicas dos trabalhadores, de modo que proporcione um máximo de conforto, segurança e desempenho eficiente" (item "17.1"), estipulando que as condições de trabalho "incluem aspectos relacionados ao levantamento, transporte e descarga de materiais, ao mobiliário, aos equipamentos e às condições ambientais do posto de trabalho e à própria organização do trabalho" (item "17.1.1"), tratando desses aspectos nos itens "17.2" a "17.6";

h) NR-31 — instituída pela Portaria MTE 86, de 3 de março de 2005[(44)] – essa NR tem por objetivo estabelecer os preceitos a serem observados na organização e no ambiente de trabalho, "de forma a tornar compatível o planejamento e o desenvolvimento das atividades da agricultura, pecuária, silvicultura, exploração florestal e aquicultura, com a segurança e saúde e meio ambiente do trabalho" (item "31.1.1").

---

(44) Essa Portaria revogou a Portaria MTb n. 3.067, de 12 de abril de 1988, a qual tinha, com quinze anos de atraso, regulamentado as condições de labor do trabalhador rural, tendo em vista que já o art. 13 da Lei n. 5.889/73 (Estatuto do Trabalho Rural) havia delegado competência para que o então Ministro do Trabalho elaborasse as normas preventivas de segurança e saúde no trabalho rural. GONÇALVES, Edwar Abreu. *Manual de segurança e saúde no trabalho*, 3. ed. São Paulo: LTr, 2006. p. 917.

Em conclusão, *o conteúdo essencial do direito à saúde do trabalhador* abrange os seguintes aspectos:

1º) direito à abstenção: a) *do Estado* — a não interferência no exercício do direito; b) *do empregador* — *quanto ao fator tempo de trabalho*, a abstenção de exigir trabalho em horas extras habituais, nos intervalos intra e entrejornadas, nos dias de repouso semanal e feriados, nos períodos de férias, assim como de exigir trabalho da mulher durante a licença-maternidade e dos menores de 18 anos trabalho noturno, perigoso ou insalubre; *quanto ao fator saúde mental*, a abstenção de tratamento rigoroso quando das ordens e fiscalização do serviço, bem como de exigir produtividade superior às forças físicas do trabalhador;

2º) direito de prevenção: a) *do Estado* — as prestações atribuídas ao SUS (na forma do § 3º do art. 6º da Lei n. 8.080/90), a obrigação de editar normas de saúde, higiene e segurança para a redução dos riscos inerentes ao trabalho, bem como de proteger o meio ambiente em geral e principalmente de fiscalizar o cumprimento das normas de ordem pública por parte do empregador; b) *do empregador* — a obrigação de cumprir tais normas, especialmente as NRs, para a proteção do meio ambiente do trabalho e da saúde do trabalhador, assim como de contratar seguro contra acidentes do trabalho.

9. Conclusão

O objetivo principal deste artigo é o de demonstrar que a saúde do trabalhador, em seus aspectos físico e psíquico, trata-se de um *direito humano fundamental*, em atenção ao princípio ontológico da dignidade da pessoa humana, fundamento maior do Estado Democrático (e Social) de Direito em que se consubstancia a República Federativa do Brasil.

Os direitos humanos são *valores fundamentais de todo e qualquer sistema jurídico*, cujo fundamento último é o da *dignidade da pessoa humana*, um princípio praticamente absoluto no mundo jurídico.

Quando se discorre sobre direitos humanos há sempre referência a *alguns valores básicos ou fundamentais*, como a vida, a liberdade, a igualdade, bem como a educação, *a saúde, o trabalho*, a moradia, a segurança, a alimentação e o vestuário, direitos fundamentais previstos nos arts. 5º, 6º e 7º da Constituição brasileira.

O princípio da dignidade da pessoa humana, *ápice da construção jusfilosófica na evolução cultural da humanidade*, é o mais profundo alicerce dessa temática. Tal princípio significa, em síntese, que *a pessoa humana é dotada de direitos essenciais sem cuja realização não terá forças suficientes para a conformação de sua personalidade e seu pleno desenvolvimento*. Tais direitos consubstanciam o que se tem convencionado chamar de *mínimo existencial*, sendo possível falar em um *núcleo essencial da dignidade humana*.

Com efeito, pode-se afirmar que a Constituição brasileira definiu muito bem o referido mínimo existencial social, em seu art. 6º, definindo ainda com mais rigor as *necessidades vitais básicas* dos trabalhadores no inciso IV do seu art. 7º. De tal modo que a saúde do trabalhador, como espécie do gênero ou conteúdo do continente saúde em geral, compõe, seguramente, o chamado *conteúdo essencial da dignidade da pessoa humana.*

E *a saúde*, com efeito, deve ser considerada como o *bem-estar físico-funcional da pessoa*, sendo incompleta a alusão à saúde mental, porquanto há diversas funções do organismo humano, sendo uma delas a função mental ou psíquica, de modo que a saúde abrange o bem-estar *anatômico* do corpo humano, quanto ao seu aspecto físico, bem como o seu bem-estar *fisiológico*, ou seja, de todas as funções, de todos os órgãos do referido corpo. Por certo que a função mental ou psíquica é a mais destacada no aspecto fisiológico da saúde, e por isso tratei da *incolumidade psicofísica do trabalhador como um direito fundamental*, pois além de imprescindível ao ser humano que trabalha, está positivado em todo o nosso sistema jurídico.

O mais importante nessa temática, no entanto, é a concepção de que o conceito de saúde compreende os seus *aspectos negativo e positivo*, tendo as pessoas direito a uma abstenção de práticas que a violem, assim como direito a prestações destinadas a sua efetivação. *Também a saúde do trabalhador*, como espécie, deve ser compreendida como um direito humano fundamental de natureza negativa e positiva.

Na positividade da Constituição brasileira de 1988 se verifica que a mesma proteção dada à saúde em geral é também destinada à saúde do trabalhador, numa interpretação sistemática dos arts. 6º, 7º, XXII e XXVIII, 196 a 200 e 225. De igual modo, a Lei Orgânica da Saúde, tratando do SUS, especifica as ações para a proteção da saúde do trabalhador, mais especificamente no § 3º do seu art. 6º. Também o meio ambiente do trabalho encontra a mesma proteção disposta para o meio ambiente em geral, em face do *princípio da prevenção*, em cumprimento às *Convenções ns. 148, 155, 161 e 187 da OIT*.

Por fim, o *conteúdo essencial do direito à saúde do trabalhador* tem dois aspectos essenciais, quais sejam:

1º) o direito à abstenção: a) *do Estado* — a não interferência no exercício do direito; b) *do empregador* – b.1) *quanto ao fator tempo de trabalho*, a abstenção de exigir trabalho em horas extras habituais, nos intervalos intra e entrejornadas, nos dias de repouso semanal e feriados, nos períodos de férias, assim como de exigir trabalho da mulher durante a licença-maternidade e dos menores de 18 anos trabalho noturno, perigoso ou insalubre; b.2) *quanto ao fator saúde mental*, a abstenção de tratamento rigoroso quando das ordens e fiscalização do serviço, bem como de exigir produtividade superior às forças físicas e mentais do trabalhador;

2º) o direito de prevenção: a) *do Estado* — as prestações atribuídas ao SUS (na forma do § 3º do art. 6º da Lei n. 8.080/90), a obrigação de editar normas de saúde, higiene e segurança para a redução dos riscos inerentes ao trabalho, bem como de proteger o meio ambiente em geral e de fiscalizar o cumprimento das normas de ordem pública por parte do empregador; b) *do empregador* — a obrigação de cumprir referidas normas, especialmente as NRs, para a proteção do meio ambiente do trabalho e da saúde do trabalhador, assim como de contratar seguro contra acidentes do trabalho.

Do exposto, conclui-se que há um *farto manancial legislativo e de normas internacionais para a proteção da saúde do trabalhador*, em seus igualmente importantes *aspectos físico e psíquico*, como um dos bens mais relevantes de todo o sistema jurídico, já que consubstancia uma vertente primordial dos direitos humanos. É necessário, pois, que os atores jurídicos utilizem as normas postas e, na falta destas, tenham a criatividade para oferecer a devida proteção a esse bem essencial, *a incolumidade psicofísica do trabalhador*, à luz do *princípio ontológico* da dignidade da pessoa humana.

Referências

APARISI, Ángela. Fundamento y justificación de los derechos humanos. In: QUIRÓS, J. J. M. (Coord.). *Manual de derechos humanos:* los derechos humanos en el siglo XXI. Navarra: Editorial Aranzadi, 2006.

BOBBIO, Norberto. *A era dos direitos.* Rio de Janeiro: Campus, 1992. Tradução de Carlos Nelson Coutinho.

BONAVIDES, Paulo. *Curso de Direito Constitucional.* 19. ed., atual. São Paulo: Malheiros, 2006.

CANÇADO TRINDADE, Antonio Augusto. *Tratado de Direito Internacional dos Direitos Humanos, v. 1.* Porto Alegre: Sergio Antonio Fabris Editor, 1997.

COMPARATO, Fábio Konder. A afirmação histórica dos direitos humanos. 3. ed., rev. e ampl. São Paulo: Saraiva, 2003.

DELGADO, Mauricio Godinho. *Curso de direito do trabalho.* 4. ed. São Paulo: LTr, 2005.

FERNANDEZ, Maria Encarnación. Los derechos económicos, sociales y culturales. In: QUIRÓS, J. J. M. (Coord.). *Manual de derechos humanos:* los derechos humanos en el siglo XXI. Navarra: Editorial Aranzadi, 2006.

FERREIRA, Aurélio Buarque de Holanda. *Novo dicionário da língua portuguesa.* 2. ed., rev. e aum., 23. impr. Rio de Janeiro: Nova Fronteira, 1986.

FIORILLO, Celso Antônio Pacheco. *Curso de direito ambiental brasileiro.* São Paulo: Saraiva, 2000.

GOMES CANOTILHO, J. J.; MOREIRA, Vital. *Constituição da República Portuguesa anotada, v. 1.* 2. ed. rev. e ampl. Coimbra: Coimbra Editora, 1984.

GONÇALVES, Edwar Abreu. *Manual de segurança e saúde no trabalho.* 3. ed. São Paulo: LTr, 2006.

KANT, Immanuel. *Fundamentação da Metafísica dos Costumes.* São Paulo: Martin Claret, 2006. Tradução de Leopoldo Holzbach.

LAFER, Celso. *A reconstrução dos direitos humanos:* um diálogo com o pensamento de Hannah Arendt. São Paulo: Cia. das Letras, 1988.

MARX, Karl. *O capital:* crítica da economia política, v. 1, livro primeiro, tomo 2 (Capítulos XIII a XXV). São Paulo: Abril Cultural, 1984. Apresentação de Jacob Gorender; coord. e rev. de Paul Singer; tradução de Regis Barbosa e Flávio R. Kothe.

______. *O capital:* crítica da economia política, livro I. 22. ed. Rio de Janeiro: Civilização Brasileira, 2004. Tradução de Reginaldo Sant'Anna.

MEDEIROS, João Leonardo Gomes. *A economia diante do horror econômico.* 2004. 204 f. Tese (Doutorado em Economia). Instituto de Economia, Universidade Federal do Rio de Janeiro, Rio de Janeiro, 2004.

MELO, Raimundo Simão de. *Direito ambiental do trabalho e a saúde do trabalhador:* responsabilidades legais, dano material, dano moral, dano estético. São Paulo: LTr, 2004.

PENNA, João Bosco. *Lesões corporais:* caracterização clínica e médico legal. Leme: LED Editora de Direito, 1996.

PÉREZ LUÑO, Antonio-Enrique. *La tercera generación de derechos humanos.* Navarra: Editorial Aranzadi, 2006.

PUERTO, Manuel J. Rodríguez. ¿Qué son los derechos humanos? In: QUIRÓS, J. J. M. (Coord.). *Manual de derechos humanos:* los derechos humanos en el siglo XXI. Navarra: Editorial Aranzadi, 2006.

REALE, Miguel. *Filosofia do direito.* 14. ed., atual. São Paulo: Saraiva, 1991.

ROBLES, Gregório. La olvidada complementariedad entre deberes y derechos. In: QUIRÓS, J. J. M. (Coord.). *Manual de derechos humanos:* los derechos humanos en el siglo XXI. Navarra: Editorial Aranzadi, 2006.

ROSEN, George. *Uma história da saúde pública.* São Paulo: Hucitec: Ed. da UNESP, 1994. Tradução de Marcos Fernandes da Silva Moreira, com a colaboração de José Ruben de Alcântara Bonfim.

SARLET, Ingo Wolfgang. *Dignidade da pessoa humana e direitos fundamentais na Constituição Federal de 1988.* 4. ed., rev. e atual. Porto Alegre: Livraria do Advogado, 2006.

SILVA, José Afonso da. *Direito ambiental constitucional.* 5. ed. São Paulo: Malheiros, 2004.

______. *Curso de direito constitucional positivo.* 27. ed., rev. e atual até a Emenda Constitucional n. 52, de 8.3.2006. São Paulo: Malheiros, 2006.

VIEIRA DE ANDRADE, J. C. *Os Direitos Fundamentais na Constituição Portuguesa de 1976.* Coimbra: Livraria Almedina, 1983.

A Preservação do Meio Ambiente do Trabalho no Contexto da Pandemia da Covid-19: Um Foco Especial na Atuação da OIT

Larissa Matos[(1)]

Resumo: O artigo tratará da preservação do meio ambiente do trabalho no cenário da Covid-19 (*corona vírus disease*), abordando as medidas de prevenção e precaução e os protocolos oficiais de combate ao novo coronavírus, com especial atenção à atuação da Organização Internacional do Trabalho (OIT). Para tanto, o trabalho será dividido entre os seguintes subtópicos: o papel da OIT, o mundo do trabalho diante da Covid-19 e a preservação do meio ambiente do trabalho saudável. Espera-se, dessa forma, e dentro da perspectiva que o ambiente humano é único, contribuir para a compreensão do tema, que é de grande importância social.

Palavras-chaves: Meio ambiente do trabalho — OIT — Pandemia.

1. Introdução

O meio ambiente do trabalho, como uma das vertentes do meio ambiente humano,[(2)] é direito fundamental, previsto expressamente na Constituição Federal do

---

(1) Advogada do Sales Matos Advocacia. Doutoranda em Direito do Trabalho pela USP, com doutorado sanduíche em curso na Universidade de Barcelona (programa CAPES-PRINT). Mestre em Direito do Trabalho pela Universidad de Palermo. Integrante do corpo docente da ABRAT. Professora de pós-graduação. Membro do Núcleo de estudos da USP "O trabalho além do direito do trabalho: dimensões da clandestinidade jurídico-laboral".

(2) O meio ambiente humano é composto pelo meio ambiente natural, artificial, cultural e do trabalho. O meio ambiente artificial está subdividido em rural e urbano (FELICIANO, Guilherme Guimarães. O meio ambiente do trabalho e a responsabilidade civil patronal: reconhecendo a danosidade sistêmica. In: FELICIANO, Guilherme Guimarães; URIAS, João. *Direito ambiental do trabalho*. vol.1. São Paulo: LTr, 2013).

Brasil (art. 200, VIII, CF/88).(3) Sobre esse direito, a OIT tem diversas Convenções que foram ratificadas pelo Brasil, entra elas as Convenções ns. 148(4) e 155(5) que tratam, respectivamente, da contaminação do ar, ruído e vibrações e da segurança e saúde dos trabalhadores.

Vale lembrar que o meio ambiente do trabalho saudável é tema que acompanha o Direito do Trabalho desde o seu nascedouro e é uma pauta essencial à OIT, desde a sua origem, ficando evidenciada a sua importância, mais ainda, no contexto da pandemia da Covid-19, cujo vírus tem circulação comunitária e afetou a economia de diversos países, impactando, sobremaneira, no funcionamento de muitos negócios.

Nesse cenário, a OIT tem papel essencial, pois é o Organismo Internacional capaz de uniformizar ações e direcionar dinâmicas na busca de soluções ponderadas, a partir do diálogo social que lhe é inerente, a fim de, precipuamente, garantir a segurança das pessoas e a sustentabilidade das empresas e, consequentemente, dos empregos — elementos primordiais à boa defesa do meio ambiente do trabalho.

Para tanto, o trabalho focará no papel da OIT, no mundo do trabalho diante da Covid-19 e na preservação do meio ambiente do trabalho saudável nesse cenário, entendendo-se por meio ambiente, como explica Guilherme Guimarães Feliciano,(6) "[...] o conjunto (=sistema) de condições, leis, influência e interações de ordem física, química, biológica e psicológica que incidem sobre o homem em sua atividade laboral, esteja ou não submetido ao poder hierárquico de outrem".

2. O papel da OIT

A Organização Internacional do Trabalho (OIT), responsável pela formulação e aplicação das normas internacionais do trabalho,(7) surgiu em 1919, conforme previsão no Tratado de Versalhes (capítulo VI, Parte XIII),(8) documento que pôs fim à Primeira Guerra Mundial.

---

(3) BRASIL. *Constituição Federal de 1988*. Disponível em: <http://www.planalto.gov.br/ccivil_03/constituicao/constituicao.htm>. Acesso em: 03 dez. 2020.

(4) OIT. *Convenção n. 148*. Disponível em: <https://www.ilo.org/brasilia/convencoes/WCMS_236121/lang--pt/index.htm>. Acesso em: 03 dez. 2020.

(5) OIT. Convenção n. 155. Disponível em: <https://www.ilo.org/brasilia/convencoes/WCMS_236163/lang--pt/index.htm>. Acesso em: 03 dez. 2020.

(6) FELICIANO, Guilherme Guimarães. O meio ambiente do trabalho e a responsabilidade civil patronal: reconhecendo a danosidade sistêmica. In: FELICIANO, Guilherme Guimarães e URIAS, João. *Direito ambiental do trabalho*. vol.1. São Paulo: LTr, 2013. p.13.

(7) OIT. *História da OIT*. Disponível em: <https://www.ilo.org/brasilia/conheca-a-oit/hist%C3%B3ria/lang--pt/index.htm>. Acesso em: 03 dez. 2020.

(8) ILO. *Official Bulletin*. Disponível em: <https://www.ilo.org/wcmsp5/groups/public/---dgreports/---jur/documents/genericdocument/wcms_441862.pdf>. Acesso em: 03 dez. 2020.

Nesse contexto, o citado capítulo expõe diversas justificativas para a criação desse importante organismo, entre elas a busca pela paz universal, que só pode ocorrer se baseada na justiça social.(9)

Por existirem condições de trabalho envolvendo injustiça e privações, o documento deixa expresso que a paz e a harmonia do mundo estão em perigo, havendo, assim, a necessidade de melhoria dessas condições.(10)

Para tanto, estão apontados como exemplos de problemas os seguintes: 1) a necessidade de regulamentação da jornada de trabalho, incluindo o estabelecimento de uma jornada máxima de trabalho diária e semanal; 2) a regulação da oferta de trabalho; 3) a prevenção do desemprego; 4) a provisão de um salário adequado para viver; 5) a proteção do trabalhador contra doenças e lesões decorrentes de seu emprego; 6) a proteção de crianças, jovens e mulheres; 7) provisão para velhice e lesões, além da proteção dos interesses dos trabalhadores quando empregados em outros países; 8) o reconhecimento do princípio da liberdade sindical; e 9) a organização do ensino profissional e técnico(11) — com base nessas necessidades, surgiu a OIT como uma organização permanente para a promoção dos referidos objetivos (art. 387, capítulo I, do Tratado de Versalhes).(12)

Atualmente, o texto em vigor da Constituição da OIT, desde 1948, é o que foi aprovado na 29ª reunião da Conferência Internacional do Trabalho, ocorrida em Montreal, no ano de 1946, tendo como anexo a Declaração da Filadélfia, aprovada na 26ª reunião da Conferência, em 1944.(13)

Esse instrumento foi ratificado pelo Brasil por meio do Decreto n. 25.696/1948,(14) alterado pelo Decreto n. 10.088/2019, que consolida os atos normativos editados pelo Poder Executivo Federal, que dispõem sobre a promulgação de convenções e recomendações da OIT, ratificadas pela República Federativa do Brasil.(15)

Dessa forma, a OIT busca internacionalizar normativas trabalhistas e princípios fundamentais de Direito do Trabalho, a fim de que os países cumpram patamares

---

(9) ILO. *Official Bulletin*. Disponível em: <https://www.ilo.org/wcmsp5/groups/public/---dgreports/---jur/documents/genericdocument/wcms_441862.pdf>. Acesso em: 03 dez. 2020.

(10) *Idem*.

(11) *Idem*.

(12) *Idem*.

(13) OIT. *Constituição OIT e Declaração de Filadélfia*. Disponível em: <https://www.ilo.org/wcmsp5/groups/public/---americas/---ro-lima/---ilo-brasilia/documents/genericdocument/wcms_336957.pdf>. Acesso em: 03 dez. 2020.

(14) BRASIL. *Decreto n. 25.696, de 20 de outubro de 1948*. Disponível em: <http://www.planalto.gov.br/ccivil_03/Atos/decretos/1948/D25696.html>. Acesso em: 03 dez. 2020.

(15) BRASIL. *Decreto n. 10.088, de 5 de novembro de 2019*. Disponível em: <http://www.planalto.gov.br/ccivil_03/_Ato2019-2022/2019/Decreto/D10088.htm#art5>. Acesso em: 03 dez. 2020.

mínimos de condições dignas de trabalho, principalmente na conjuntura da globalização, que impõe concorrências internacionais, a fim de equilibrar a relação capital-trabalho e, portanto, alcançar a pretendida paz social.

Para cumprir o seu papel, a OIT adota diversas convenções, a maioria envolvendo a temática do meio ambiente do trabalho, como é possível observar nos seguintes instrumentos:[16] Convenção n. 14 (Repouso semanal na indústria), Convenção n. 29 (Trabalho forçado ou obrigatório), Convenção n. 81 (Inspeção do trabalho na indústria e no comércio), Convenção n. 95 (Proteção do salário), Convenção n. 105 (Abolição do trabalho forçado), Convenção n. 111 (Discriminação em matéria de emprego e ocupação), Convenção n. 115 (Proteção contra as radiações), Convenção n. 120 (Higiene no comércio e nos escritórios), Convenção n. 139 (Prevenção e controle de riscos profissionais causados por substâncias ou agentes cancerígenos), Convenção n. 148 (Contaminação do ar, ruído e vibrações), Convenção n. 152 (Segurança e higiene dos trabalhos portuários), Convenção n. 155 (Segurança e saúde dos trabalhadores), Convenção n. 161 (Serviços de saúde do trabalho), Convenção n. 162 (Utilização do amianto com segurança), Convenção n. 167 (Sobre a segurança e saúde na construção), Convenção n. 168 (Promoção do emprego e proteção contra o desemprego), Convenção n. 170 (Segurança no trabalho com produtos químicos), Convenção n. 171 (Trabalho noturno), Convenção n. 174 (Sobre a prevenção de acidentes industriais maiores), Convenção n. 176 (Sobre segurança e saúde nas minas), Convenção n. 178 (Relativa à inspeção das condições de vida e de trabalho dos trabalhadores marítimos), Convenção n. 182 (Sobre proibição das piores formas de trabalho infantil e ação imediata para sua eliminação) e Convenção n. 189 (Convenção e recomendação sobre trabalho decente para as trabalhadoras e os trabalhadores domésticos).

Além das Convenções, a OIT adota recomendações[17] e relatórios, que são oriundos de debates e diálogos em relação a temas importantes que circundam o mundo do trabalho, a exemplo do Relatório Global de Salários 2020-21, que analisa os impactos que a pandemia teve sobre os salários, incluindo recomendações de políticas para mitigar o impacto negativo da crise.[18]

É importante ressaltar que uma das bandeiras da OIT é o trabalho decente,

---

(16) OIT. *Convenções*. Disponível em: <https://www.ilo.org/brasilia/convencoes/lang--pt/index.htm. Acesso em: 04 dez. 2020.

(17) Explica Luís Eduardo Gunther que as recomendações têm papel acessório, "[...] definido a partir do princípio geral segundo o qual se adota essa forma quando o objeto tratado não se preste à adoção imediata de uma Convenção". Nessa linha de raciocínio, ele explica que a recomendação é mais apropriada quando o tema não está maduro para compor uma Convenção. Ainda, ela serve de complemento à Convenção, podendo inspirar governos. (GUNTHER, Luís Eduardo. *A OIT e o Direito do Trabalho no Brasil*. Curitiba: Juruá, 2011. p. 50).

(18) ILO. *Global Wage Report 2020-21*. Disponível em: <https://www.ilo.org/global/research/global-reports/global-wage-report/2020/lang--en/index.htm>. Acesso em: 04 dez. 2020.

ponto de convergência dos quatro objetivos estratégicos do Organismo:(19) 1) os relacionados aos princípios relativos aos direitos fundamentais, constantes no item 2 da Declaração da OIT sobre princípios e direitos fundamentais no trabalho,(20) quais sejam, a liberdade sindical e o reconhecimento efetivo do direito de negociação coletiva; a eliminação de todas as formas de trabalho forçado ou obrigatório; a abolição efetiva do trabalho infantil; e a eliminação da discriminação em matéria de emprego e ocupação; 2) a promoção do emprego produtivo e de qualidade; 3) a ampliação da proteção social; e 4) o fortalecimento do diálogo social.

Nesse sentido, é essencial pontuar que os objetivos da OIT confluem com o disposto na norma constante no art. 7º do Pacto Internacional sobre Direitos Econômicos, Sociais e Culturais, impõe aos Estados partes reconhecerem o direito de toda pessoa de gozar de condições de trabalho justas e favoráveis, que assegurem entre outras condições, uma remuneração que proporcione, no mínimo, a todos os trabalhadores, um salário equitativo e uma remuneração igual por um trabalho de igual valor, sem nenhuma distinção e uma existência decente para eles e suas famílias, além de assegurar segurança e higiene no trabalho.(21)

Vale destacar que o trabalho decente é o Objetivo 8 dos 17 Objetivos de Desenvolvimento Sustentável (ODS) que fazem parte da Agenda 2030, que pode ser conceituada como um pacto global para erradicar a pobreza, proteger o planeta e garantir que as pessoas alcancem a paz e a prosperidade, oriundo da reunião de líderes mundiais, em setembro de 2015, na sede da ONU, em Nova Iorque.(22)

Contudo, como alertou a ONU,(23) as metas da Agenda 2030 poderão não ser alcançadas, diante das dificuldades econômicas por que passa diversos países, entre eles o Brasil, que estão sendo impactados, sobremaneira, pela pandemia da Covid-19.

Segundo Juliana Oliveira Barreto e Fernanda Oliveira Santos,(24)

> [...] é necessário o amadurecimento dos governos para abraçar um estado mais amplo com investimentos, sobretudo, nas áreas de saúde, geração

(19) OIT. *Trabalho decente*. Disponível em: <https://www.ilo.org/brasilia/temas/trabalho-decente/lang--pt/index.htm>. Acesso em: 05 dez. 2020.

(20) ILO. *Declaração da OIT sobre os princípios e direitos fundamentais no trabalho*. Disponível em: <https://www.ilo.org/public/english/standards/declaration/declaration_portuguese.pdf>. Acesso em: 05 dez. 2020.

(21) BRASIL. *Decreto n. 591, de 6 de julho de 1992*. Disponível em: <http://www.planalto.gov.br/ccivil_03/decreto/1990-1994/d0591.htm>. Acesso em: 05 dez. 2020.

(22) PLATAFORMA AGENDA 2030. *Plataforma Agenda 2030:* acelerando as transformações para a Agenda 2030 no Brasil. Disponível em: <http://www.agenda2030.com.br/>. Acesso em: 05 dez. 2020.

(23) ONU NEWS. *Pandemia pode atrasar Objetivos de Desenvolvimento Sustentável em décadas*. Disponível em: <https://news.un.org/pt/story/2020/07/1720061>. Acesso em: 05 dez. 2020.

(24) BARRETO, Julliana Oliveira; SANTOS, Fernanda Oliveira. Desigualdade de gênero na crise laboral provocada pela pandemia: a distância entre o ideal do trabalho decente preconizado pela Agenda 2030 e a realidade enfrentada pelas mulheres no Brasil. In: LAMOUNIER, Adriana; MATOS, Larissa; TOSS, Luciane; SAMPAIO, Silvia (Orgs.). *Direito do trabalho em tempos de cólera*. Bauru: Canal 6, 2020. p. 166.

de emprego, incentivo aos pequenos microempreendedores, respeito às normas trabalhistas e vedação a tentativas de aniquilação desses direitos sob pretextos de compatibilização com a nova realidade do mercado de trabalho. Apenas no combate às desigualdades sociais, à destruição da natureza e aos atos contra a democracia será possível transformar a década que se pretende perdida na Década da Ação, nas palavras de Amina Mohammed.

3. O mundo do trabalho e a Covid-19

No Brasil, é possível elencar cinco problemas que foram intensificados no cenário de pandemia: 1) o achatamento de direitos e, portanto, a diminuição real do piso salarial de muitos dos profissionais, a exemplo dos que trabalham na área da saúde, o que os impulsionou a estar em mais de um hospital, sendo submetidos a carga de trabalho extenuantes — algo que impacta no estado de atenção, diminuindo as cautelas; 2) o enorme número de pessoas na informalidade — fator que dificulta a implementação do isolamento social, pois, socialmente desamparados, precisam recorrer ao movimento das ruas em busca de renda. O resultado disso é o aumento do número de doentes e, consequentemente, de mortos; 3) os riscos de crescimento da exploração do trabalho infantil; 4) ausência de perspectivas para os jovens; e 5) a ausência de mecanismos e políticas eficazes para socorrer a massa de desempregados, em que pese a previsão temporária de pagamento do benefício emergencial de manutenção do emprego e renda (bem) e da renda básica emergencial (corona *voucher*), nos termos, respectivamente, da MP n. 936/20 e da Lei n. 13.982/2020.[25]

Em geral, nas lições de David Harvey,[26]

> As autoridades públicas e os sistemas de saúde foram, em quase todos os lugares, pegos em flagrante. Quarenta anos de neoliberalismo na América do Norte e do Sul e na Europa deixaram o público totalmente exposto e mal preparado para enfrentar uma crise de saúde pública desse calibre, apesar de sustos anteriores como a SARS e o Ebola fornecerem avisos abundantes e lições convincentes sobre o que seria necessário ser feito. Em muitas partes do suposto mundo "civilizado", os governos locais e as autoridades regionais, que invariavelmente formam a linha de frente da defesa em emergências de saúde e segurança pública desse

(25) MATOS, Larissa. Os impactos da redução de direitos sociotrabalhistas no cenário pandêmico da Covid-19 no Brasil. In: LAMOUNIER, Adriana; MATOS, Larissa; TOSS, Luciane; SAMPAIO, Silvia (Orgs.). *Direito do trabalho em tempos de cólera*. Bauru: Canal 6, 2020. p. 1.497.

(26) HARVEY, David. *David Harvey:* Política anticapitalista em tempos de coronavírus. Disponível em: <https://blogdaboitempo.com.br/2020/03/24/david-harvey-politica-anticapitalista-em-tempos-de-coronavirus/>. Acesso em: 05 dez. 2020.

tipo, tinham sido privados de financiamento graças a uma política de austeridade projetada para financiar cortes de impostos e subsídios para as empresas e os ricos. (Publicado originalmente em inglês na *Democracy at Work*. A tradução é de Cauê Seigner Ameni, para a Jacobin Brasil)

Ao tratar das políticas de austeridade, Giovanni Alves[(27)] ensina que é "[...] a partir da mundialização do capital que se desenvolve um complexo de reestruturação produtiva, com impactos estruturais no mundo do trabalho", que debilita a classe trabalhadora, constituindo um precário mundo do trabalho.

Dentro desse processo de precarização, segundo Ricardo Antunes,[(28)] a instabilidade e insegurança são traços característicos das novas modalidades de trabalho, alterando o mundo do trabalho por meio de uberizações, pejotizações, contratos zero hora e ampliação de informalidades.

Adriana Saraiva Lamounier Rodrigues e Cristiane Pereira,[(29)] ao tratarem especialmente dos efeitos do neoliberalismo no Brasil, explicam que ele "[...] tem o objetivo de desmantelar o Direito do Trabalho brasileiro, aprofundar a precarização e aumentar o poder diretivo do empregador [...]", com prevalência do poder econômico sobre o poder político, envolvendo a passagem do estado democrático de direito para o estado de exceção econômico heterodirigido.[(30)]

Foi nesse contexto de desconstrução dos direitos sociais e de flexibilizações da legislação trabalhista em diversos países, notadamente em países subdesenvolvidos, que surgiu a pandemia da Covid-19.

Avaliando o cenário mundial, o secretário-geral da ONU, António Guterres,[(31)] se manifestou apontando que todos os trabalhadores e empresas foram afetadas e que centenas de milhões de postos de trabalho perdidos. Ainda, explicou que houve impactos, na economia informal, cujas perdas de rendimentos giram em torno de 60% e que as mulheres foram especialmente atingidas, num cenário de corrosão social e desestabilidade política e econômica dos países.

(27) ALVES, Giovanni. *O novo (e precário) mundo do trabalho:* reestruturação produtiva e crise no sindicalismo. São Paulo: Boitempo, 2005. p. 9.

(28) ANTUNES, Ricardo. *O privilégio da servidão:* o novo proletariado de serviços na era digital. São Paulo: Boitempo, 2018. p. 23.

(29) RODRIGUES, Adriana L. Saravia Lamounier; PEREIRA, Cristiane. A Covid-19 e a fúria do vírus neoliberal: influências no direito do trabalho e no sindicato. In: LAMOUNIER, Adriana; MATOS, Larissa; TOSS, Luciane; SAMPAIO, Silvia (Orgs.). *Direito do trabalho em tempos de cólera*. Bauru: Canal 6, 2020. p. 14.

(30) Expressão utilizada, segundo as autoras, por Antonio Baylos, na obra *Crisis y Derecho del Trabajo en crisis*.

(31) ONU NEWS. *Guterres:* 'Pandemia da Covid-19 virou ao avesso o mundo do trabalho. Disponível em: <https://news.un.org/pt/story/2020/06/1717472>. Acesso em: 05 dez. 2020.

Especificamente sobre a mulher trabalhadora, Luciana Alves Dombkowitsch,[32] em tom crítico, ao avaliar o trabalho delas, no Brasil, no contexto da pandemia, aponta que ocorreu uma intensificação da precariedade na vida delas, havendo a necessidade de compreender o corpo social e a construção das relações de poder que permeiam as relações de trabalho, a partir das questões de gênero, para melhor entendimento dos problemas e construção de saberes jurídicos.

Uma análise da OIT[33] sobre o impacto da Covid-19 no mercado de trabalho revelou "[...] uma queda 'massiva' na renda do trabalho e grandes disparidades em matéria de incentivos fiscais que ameaçam aumentar a desigualdade entre os países mais ricos e os mais pobres", estimando que a renda global do trabalho diminuiu "[...] 10,7%, ou US$ 3,5 trilhões, nos primeiros três trimestres de 2020, em comparação com o mesmo período de 2019", apontando que a queda maior "[...] ocorreu nos países de renda média baixa, onde as perdas de renda do trabalho atingiram 15,1%, sendo a região das Américas a mais atingida, com 12,1%".

Segundo a OIT,[34] no segundo trimestre de 2020, o impacto da crise se mostrou muito maior do que o estimado, principalmente nos chamados países em desenvolvimento, onde houve um declínio estimado em horas de trabalho globais, no segundo trimestre de 2020, em relação ao quarto trimestre de 2019, de 17,3%, equivalendo a 495 milhões de empregos em tempo integral. No caso dos países com renda média baixa, o declínio foi de 23,3%. No caso dos países da América, houve redução da jornada de trabalho de 28%, ou seja, 105 milhões de empregos. Para a OIT, é a maior perda em horas de trabalho entre as principais regiões geográficas.

No Brasil, consoante o IBGE,[35] em pesquisa realizada entre 20.9.2020 e 26.9.2020, o percentual de pessoas ocupadas trabalhando era de 80,3%, o de pessoas ocupadas e afastadas devido ao distanciamento social era de 2,8%, de pessoas ocupadas afastadas por outros motivos era de 2,5% e de pessoas desempregadas era 14,4%. Comparando com os dados do 3º trimestre de 2020, o índice de desemprego aumentou, pois, segundo o IBGE,[36] existiam 14,1 milhões de pessoas desempregadas, com taxa de desemprego de13,1%.

(32) DOMBKOWITSCH, Luciana Alves. A morte tem rosto de mulher: os impactos do combate ao coronavírus na vida das trabalhadoras da saúde no Brasil. In: LAMOUNIER, Adriana; MATOS, Larissa; TOSS, Luciane; SAMPAIO, Silvia (Orgs.). *Direito do trabalho em tempos de cólera*. Bauru: Canal 6, 2020.

(33) OIT. *Covid-19 provoca grande perda de renda do trabalho em todo o mundo*. Disponível em: <https://www.ilo.org/brasilia/noticias/WCMS_756027/lang--pt/index.htm>. Acesso em: 05 dez. 2020.

(34) ILO. *ILO Monitor:* Covid-19 and the world of work. Sixth edition Updated estimates and Analysis. Disponível em: <https://www.ilo.org/wcmsp5/groups/public/---dgreports/---dcomm/documents/briefingnote/wcms_755910.pdf>. Acesso em: 05 dez. 2020.

(35) IBGE. *Força de trabalho entre 20.9.2020 e 26.9.2020*. Disponível em: <https://covid19.ibge.gov.br/>. Acesso em: 05 dez. 2020.

(36) IBGE. *Desemprego*. Disponível em: <https://www.ibge.gov.br/explica/desemprego.php>. Acesso em: 05 dez. 2020.

Percebe-se, assim, uma piora dos índices na medida em que a pandemia segue causando estragos.

4. A preservação do meio ambiente do trabalho saudável diante da Covid-19

Para minimizar os problemas e responder a diversos questionamentos, a OIT, em 23 de março de 2020, publicou um documento intitulado "As normas da OIT e a Covid-19 (coronavírus)". O documento compila disposições fundamentais sobre as normas internacionais do trabalho pertinentes ao contexto do surto da Covid-19.(37)

No referido documento, a OIT expõe que as citadas normas contêm orientações específicas visando garantir o trabalho decente no contexto da Covid-19, apontando como uma dessas normas a Recomendação n. 205 sobre Emprego e Trabalho Decente para Paz e Resiliência, de 2017.

Além disso, a OIT enfatiza que as respostas à crise devem garantir o respeito aos direitos humanos e pactos internacionais, com uma abordagem que inclua, entre outros, meios de subsistência, medidas imediatas de proteção social e de emprego, promoção do emprego sustentável e o trabalho decente, com a criação de empresas sustentáveis, particularmente de pequenas e médias empresas, a promoção do diálogo social, a garantia de uma renda básica, principalmente para pessoas que tenham perdido seus empregos ou meios de subsistência devido à crise.(38)

Dessa forma, a OIT recomenda que a política dos países de reestruturação foque em três pilares fundamentais para combater a Covid-19, todos baseados nas normas internacionais do trabalho: 1) proteção dos trabalhadores no local de trabalho – por meio do fortalecimento de medidas de saúde e segurança do trabalhador, com adaptação de modalidades de trabalho (a exemplo do teletrabalho), prevenindo discriminações e permitindo o acesso a serviços de saúde para toda a população, com ampliação do direito a licenças remuneradas; 2) promoção da atividade econômica e demanda por mão de obra — por meio da promoção de uma política fiscal eficaz, de políticas monetárias flexíveis e apoio financeiro e concessão de empréstimos a setores específicos, particularmente o de saúde; e 3) apoio ao emprego e à manutenção da renda — por meio da ampliação da proteção social para toda a população, objetivando preservar o emprego, com redução da jornada de trabalho e licenças remuneradas,

---

(37) ILO. *As normas da OIT e a Covid-19 (coronavírus)*. Disponível em: <https://www.ilo.org/wcmsp5/groups/public/---americas/---ro-lima/---ilo-brasilia/documents/publication/wcms_745248.pdf>. Acesso em: 05 dez. 2020.

(38) *Idem*.

além de outros subsídios e auxílio financeiro, bem como reduções fiscais para as pequenas e médias empresas.[39]

Em relação às diretrizes para melhorar o crescimento da produtividade das empresas, a OIT também propôs que as organizações avaliassem a sua capacidade institucional para resolver problema, identificando, assim, o que precisa ser alterado. Para tanto, as empresas devem definir prioridades e desenvolver uma agenda de pesquisa para aumentar a produtividade, a partir de alianças estratégicas, contando com a participação dos governos, que devem fomentar as atividades, pois o crescimento da produtividade impulsiona o processo de convergência pela qual os países em desenvolvimento, com níveis de renda mais baixos, podem atingir os níveis de renda *per capita* observados em economias avançadas, uma vez que pesquisas empíricas mostram que entre 60% e 90% das variações na renda *per capita* entre os países podem ser atribuídas a diferenças no crescimento da produtividade.[40]

Contudo, o aumento da produtividade só será satisfatório se acompanhado de medidas que promovam a higidez do ambiente laboral, exigindo do empreendimento o cumprimento de todas as normas jurídicas concernentes à preservação da saúde e vida do trabalhador. Várias dessas medidas de prevenção e precaução[41] constam em protocolos oficiais de combate ao novo coronavírus, a exemplo das diretrizes provenientes da Organização Mundial de Saúde (OMS).

A OMS traçou um Plano Estratégico de Preparação e Resposta à Covid-19, com diretrizes de planejamento operacional apoiadas em oito pilares: 1) coordenação, planejamento e monitoramento da doença em todo o país; 2) comunicação de risco e envolvimento da comunidade; 3) vigilância, equipes de resposta rápida e investigação de casos; 4) pontos de entrada; 5) laboratórios nacionais; 6) prevenção e controle de infecções; 7) gestão de caso; 8) suporte operacional e logística.[42]

---

(39) OIT. *Covid-19:* Respostas: Quais políticas serão as mais eficazes para mitigar os efeitos da Covid-19 no mundo do trabalho? Disponível em: <https://www.ilo.org/brasilia/noticias/WCMS_741493/lang--pt/index.htm>. Acesso em: 29 nov. 2020.

(40) OIT. *Impulsando la Productividad:* Una breve reseña de la Guía para Organizaciones Empresariales. Disponível em: <https://www.ilo.org/actemp/publications/WCMS_759886/lang--es/index.htm. Acesso em: 06 dez, 2020.

(41) Segundo Guilherme Guimarães Feliciano, "as noções de prevenção e precaução não se confundem: a prevenção decorre diretamente do texto da Declaração de Estocolmo (1972), podendo ser juridicamente descrita como o mandado de otimização que preordena o impedimento à ocorrência de atentados ao meio ambiente mediante meios apropriados, ditos preventivos (Michel Prieur10). Já o princípio da precaução deita raízes internacionais na Declaração do Rio (1992), consubstanciado no Princípio n. 15, pelo qual 'quando houver ameaça de danos sérios ou irreversíveis, a ausência de absoluta certeza científica não deve ser utilizada como razão para postergar medidas eficazes e economicamente viáveis para prevenir a degradação ambiental'". (FELICIANO, Guilherme Guimarães. Tutela inibitória em matéria labor-ambiental. *Revista do Tribunal Superior do Trabalho*, v. 80, n. 1, São Paulo, jan./mar. 2014, p. 118-127).

(42) WHO. Covid-19 Strategic preparedness and response plan operational planning guidelines to support country preparedness and response. Disponível em: <https://www.who.int/docs/default-source/coronaviruse/Covid-19-sprp-unct-guidelines.pdf>. Acesso em: 06 dez. 2020.

Os pilares que se relacionam ao monitoramento da doença, comunicação de riscos, prevenção e gestão de casos podem ser direcionados às empresas, pois elas têm o dever de preservar o meio ambiente do trabalho (art. 7º, XXII e art. 225, todos da CF/88[43]; art. 19, § 1º, da Lei n. 8.213/91).[44]

Nessa senda, vale destacar que para a OIT,[45] "[...] os empregadores têm a responsabilidade global de garantir que se adotem todas as medidas de prevenção e proteção factíveis para reduzir ao mínimo os riscos ocupacionais", devendo "[...] fornecer, quando necessário e na medida do razoável e possível, roupas e equipamentos de proteção adequados, sem custo algum para o trabalhador". Além disso, as empresas devem "[...] proporcionar informação adequada e treinamento apropriado [...]" no âmbito da saúde e segurança do trabalho, tendo a obrigação de "[...] notificar os casos de doenças ocupacionais à inspeção do trabalho".

No geral, a recomendação dos órgãos governamentais[46] é priorizar o teletrabalho nas funções que o permitem. Contudo, no caso das atividades presenciais, deve-se adotar distanciamento de dois metros entre os profissionais, evitando-se aglomerações. Além disso, as empresas devem implementar cuidados mais rigorosos em relação à higienização das mãos e dos ambientes, com obrigatoriedade do uso de máscara e distribuição de álcool a 70%.

Outrossim, a empresa deve orientar os trabalhadores sobre o uso, higienização, descarte e substituição das máscaras, higienização das mãos antes e após o seu uso, e, também, limitações de sua proteção contra a Covid-19, seguindo as orientações do fabricante, quando houver, e as recomendações dos Ministérios da Economia e da Saúde, bem como devem ter especial atenção com os trabalhadores que façam parte dos grupos de risco, a exemplo das pessoas com 60 anos ou mais; gestantes; lactantes; portadores de doenças respiratórias crônicas, cardiopatas, diabetes, hipertensão ou outras afecções que deprimam o sistema imunológico.[47]

---

(43) BRASIL. *Constituição Federal de 1988*. Disponível em: <http://www.planalto.gov.br/ccivil_03/constituicao/constituicao.htm>. Acesso em: 03 dez. 2020.

(44) BRASIL. *Lei n. 8.213, de 24 de julho de 1991*. Disponível em: <http://www.planalto.gov.br/ccivil_03/leis/l8213cons.htm>. Acesso em: 06 dez. 2020.

(45) OIT. As normas da OIT e a Covid-19 (coronavírus). Disponível em: <https://www.ilo.org/wcmsp5/groups/public/---americas/---ro-lima/---ilo-brasilia/documents/publication/wcms_745248.pdf>. Acesso em: 06 dez. 2020.

(46) Como se depreende da NOTA TÉCNICA N. 8/2020/SESAP – CEREST/SESAP – CPS/SESAP – da Secretaria de Estado da Saúde Pública do Estado do Rio Grande do Norte – RN. Disponível em: <https://portalcovid19.saude.rn.gov.br/wp-content/uploads/2020/04/SEI_SEARH-7733811-Nota-Tecnica.pdf>. Acesso em: 07 dez. 2020.

(47) RN. *NOTA TÉCNICA N. 8/2020/SESAP – CEREST/SESAP – CPS/SESAP*. Disponível em: <https://portalcovid19.saude.rn.gov.br/wp-content/uploads/2020/04/SEI_SEARH-7733811-Nota-Tecnica.pdf>. Acesso em: 07 dez. 2020.

Também sobre os grupos de riscos, seguindo diretrizes internacionais, o Ministério Público do Trabalho (MPT)[48] recomendou a elaboração da lista de nomes de empregados (próprios, terceirizados ou autônomos) enquadrados no grupo de risco da Covid-19, conforme definido pelo Ministério da Saúde e portarias estaduais e municipais (item 1.1 da RECOMENDAÇÃO N. 2 – PGT/GT Covid-19).

Igualmente, o MPT recomendou a revisão dos Programas de Prevenção de Riscos Ambientais e o Programa de Controle Médico de Saúde Ocupacional, para incluir o risco biológico SARV-CoV-2 (item 2.1 da RECOMENDAÇÃO N. 2 – PGT/GT Covid-19), bem como a criação de protocolos de barreiras sanitárias para terceiros e visitantes das unidades, com triagem epidemiológica e controle da temperatura, ou de oxigenação, mediante utilização de termômetro e oxímetro (item 2.1.4 da RECOMENDAÇÃO N. 2 – PGT/GT Covid-19).

5. Conclusão

A pandemia da Covid-19 segue fazendo milhares de vítimas pelo mundo. Foram meses de tentativas de se encontrar um remédio ou vacina para solucionar o problema, sem, ainda, uma ação acertada quanto a cura da doença, pois a ciência não tem resposta para diversas perguntas.

Nesse cenário de incertezas científicas, o princípio da precaução emerge como essencial à exortação de medidas que devem ser adotadas em prol do meio ambiente de trabalho hígido e saudável, sem olvidar o princípio da prevenção, ainda mais no contexto de precarização por que passa o Direito do Trabalho — o que, inevitavelmente, se reflete na implementação de normas de higiene e saúde do trabalhador, consideradas como um alto custo para muitas empresas.

Contudo, entre a vida e o custo financeiro, não há dúvidas para onde o pêndulo deve inclinar, pois o centro das medidas adotadas deve ser o ser humano — nesse sentido, a OIT já deixou claro que a formulação de políticas sobre o futuro do trabalho deve ser centrada no ser humano.[49]

Além disso, não se pode perder de vista que a proteção do ambiente laboral é, ao fim e ao cabo, a própria tutela da vida, que reverbera na sociedade, pois o ambiente humano é único.

Dessa forma, o cumprimento de todo o arcabouço normativo exposto ao longo do texto, com destaque para as diretrizes da OIT, é essencial para a preservação da saúde e, portanto, da vida de todos, não se restringindo somente à relação capital-trabalho.

---

(48) MPT. *Recomendação n. 2 – PGT/GT Covid-19.* Disponível em: <http://renastonline.ensp.fiocruz.br/sites/default/files/arquivos/recursos/recomendacao_mpt_ao_cerest_e_vigilancia.pdf>. Acesso em: 07 dez. 2020.

(49) OIT. *OIT saúda compromisso do G20 com a formulação de políticas sobre o futuro do trabalho centradas no ser humano.* Disponível em: <https://www.ilo.org/brasilia/noticias/WCMS_717542/lang--pt/index.htm>. Acesso em: 07 dez. 2020.

Referências

ALVES, Giovanni. *O novo (e precário) mundo do trabalho*: reestruturação produtiva e crise no sindicalismo. São Paulo: Boitempo, 2005. p. 9.

ANTUNES, Ricardo. *O privilégio da servidão:* o novo proletariado de serviços na era digital. São Paulo: Boitempo, 2018. p. 23.

BARRETO, Juliana Oliveira; SANTOS, Fernanda Oliveira. Desigualdade de gênero na crise laboral provocada pela pandemia: a distância entre o ideal do trabalho decente preconizado pela Agenda 2030 e a realidade enfrentada pelas mulheres no Brasil. In: LAMOUNIER, Adriana; MATOS, Larissa; TOSS, Luciane; SAMPAIO, Silvia (Orgs.). *Direito do trabalho em tempos de cólera*. Bauru: Canal 6, 2020. p. 166.

BRASIL. *Constituição Federal de 1988*. Disponível em: <http://www.planalto.gov.br/ccivil_03/constituicao/constituicao.htm>. Acesso em: 03 dez. 2020.

______. *Decreto n. 10.088, de 5 de novembro de 2019*. Disponível em: <http://www.planalto.gov.br/ccivil_03/_Ato2019-2022/2019/Decreto/D10088.htm#art5>. Acesso em: 03 dez. 2020.

______. *Decreto n. 25.696, de 20 de outubro de 1948*. Disponível em: <http://www.planalto.gov.br/ccivil_03/Atos/decretos/1948/D25696.html>. Acesso em: 03 dez. 2020.

______. *Lei n. 8.213, de 24 de julho de 1991*. Disponível em: <http://www.planalto.gov.br/ccivil_03/leis/l8213cons.htm>. Acesso em: 06 dez. 2020.

______. *Decreto n. 591, de 6 de julho de 1992*. Disponível em: <http://www.planalto.gov.br/ccivil_03/decreto/1990-1994/d0591.htm>. Acesso em: 05 dez. 2020.

DOMBKOWITSCH, Luciana Alves. A morte tem rosto de mulher: os impactos do combate ao coronavírus na vida das trabalhadoras da saúde no Brasil. In: LAMOUNIER, Adriana; MATOS, Larissa; TOSS, Luciane; SAMPAIO, Silvia (Orgs.). *Direito do trabalho em tempos de cólera*. Bauru: Canal 6, 2020. p. 221.

FELICIANO, Guilherme Guimarães. O meio ambiente do trabalho e a responsabilidade civil patronal: reconhecendo a danosidade sistêmica. In: FELICIANO, Guilherme Guimarães; URIAS, João. *Direito ambiental do trabalho*. vol.1. São Paulo: LTr, 2013.

______. *Tutela inibitória em matéria labor-ambiental. Revista do Tribunal Superior do Trabalho*, v. 80, n. 1, São Paulo, jan./mar. 2014, p. 118-127.

GUNTHER, Luís Eduardo. *A OIT e o Direito do Trabalho no Brasil*. Curitiba: Juruá, 2011.

HARVEY, David. *David Harvey:* Política anticapitalista em tempos de coronavírus. Disponível em: <https://blogdaboitempo.com.br/2020/03/24/david-harvey-politica-anticapitalista-em-tempos-de-coronavirus/>. Acesso em: 05 dez. 2020.

IBGE. *Desemprego*. Disponível em: <https://www.ibge.gov.br/explica/desemprego.php>. Acesso em: 05 dez. 2020.

______. *Força de trabalho entre 20.9.2020 e 26.9.2020*. Disponível em: <https://covid19.ibge.gov.br/>. Acesso em: 05 dez. 2020.

ILO. *As normas da OIT e a Covid-19 (coronavírus)*. Disponível em: <https://www.ilo.org/wcmsp5/groups/public/---americas/---ro-lima/---ilo-brasilia/documents/publication/wcms_745248.pdf>. Acesso em: 05 dez. 2020.

______. *Declaração da OIT sobre os princípios e direitos fundamentais no trabalho*. Disponível em: <https://www.ilo.org/public/english/standards/declaration/declaration_portuguese.pdf>. Acesso em: 05 dez. 2020.

____. *Global Wage Report 2020-21*. Disponível em: <https://www.ilo.org/global/research/global-reports/global-wage-report/2020/lang--en/index.htm>. Acesso em: 04 dez. 2020.

____. *ILO Monitor:* Covid-19 and the world of work. Sixth edition Updated estimates and Analysis. Disponível em: <https://www.ilo.org/wcmsp5/groups/public/---dgreports/---dcomm/documents/briefingnote/wcms_755910.pdf>. Acesso em: 05 dez. 2020.

______. *Official Bulletin*. Disponível em: <https://www.ilo.org/wcmsp5/groups/public/---dgreports/---jur/documents/genericdocument/wcms_441862.pdf>. Acesso em: 03 dez. 2020.

MATOS, Larissa. Os impactos da redução de direitos sociotrabalhistas no cenário pandêmico da Covid-19 no Brasil. In: LAMOUNIER, Adriana; MATOS, Larissa; TOSS, Luciane; SAMPAIO, Silvia (Orgs.). *Direito do trabalho em tempos de cólera*. Bauru: Canal 6, 2020. p. 1.497.

MPT. *Recomendação n. 2 – PGT/GT Covid-19*. Disponível em: <http://renastonline.ensp.fiocruz.br/sites/default/files/arquivos/recursos/recomendacao_mpt_ao_cerest_e_vigilancia.pdf>. Acesso em: 07 dez. 2020.

OIT. *Impulsando la Productividad:* Una breve reseña de la Guía para Organizaciones Empresariales. Disponível em: <https://www.ilo.org/actemp/publications/WCMS_759886/lang--es/index.htm>. Acesso em: 06 dez. 2020.

______. *Constituição OIT e Declaração de Filadélfia*. Disponível em: <https://www.ilo.org/wcmsp5/groups/public/---americas/---ro-lima/---ilo-brasilia/documents/genericdocument/wcms_336957.pdf>. Acesso em: 03 dez. 2020.

______. *Convenção n. 148*. Disponível em: <https://www.ilo.org/brasilia/convencoes/WCMS_236121/lang--pt/index.htm>. Acesso em: 03 dez. 2020.

______. Convenção n. 155. Disponível em: <https://www.ilo.org/brasilia/convencoes/WCMS_236163/lang--pt/index.htm>. Acesso em: 03 dez. 2020.

______. *Convenções*. Disponível em: <https://www.ilo.org/brasilia/convencoes/lang--pt/index.htm>. Acesso em: 04 dez. 2020.

______. *Covid-19 provoca grande perda de renda do trabalho em todo o mundo*. Disponível em: <https://www.ilo.org/brasilia/noticias/WCMS_756027/lang--pt/index.htm>. Acesso em: 05 dez. 2020.

______. *Covid-19:* Respostas: Quais políticas serão as mais eficazes para mitigar os efeitos da Covid-19 no mundo do trabalho? Disponível em: <https://www.ilo.org/brasilia/noticias/WCMS_741493/lang--pt/index.htm>. Acesso em: 29 nov. 2020.

______. *História da OIT*. Disponível em: <https://www.ilo.org/brasilia/conheca-a-oit/hist%C3%B3ria/lang--pt/index.htm>. Acesso em: 03 dez. 2020.

______. *Trabalho decente*. Disponível em: <https://www.ilo.org/brasilia/temas/trabalho-decente/lang--pt/index.htm>. Acesso em: 05 dez. 2020.

______. *As normas da OIT e a Covid-19 (coronavírus)*. Disponível em: <https://www.ilo.org/wcmsp5/groups/public/---americas/---ro-lima/---ilo-brasilia/documents/publication/wcms_745248.pdf>. Acesso em: 06 dez. 2020.

ONU NEWS. *Guterres:* 'Pandemia da Covid-19 virou ao avesso o mundo do trabalho'. Disponível em: <https://news.un.org/pt/story/2020/06/1717472>. Acesso em: 05 dez. 2020.

ONU NEWS. *Pandemia pode atrasar Objetivos de Desenvolvimento Sustentável em décadas*. Disponível em <https://news.un.org/pt/story/2020/07/1720061>. Acesso em: 05 dez. 2020.

PLATAFORMA AGENDA 2030. *Plataforma Agenda 2030:* acelerando as transformações para a Agenda 2030 no Brasil. Disponível em: <http://www.agenda2030.com.br/>. Acesso em: 05 dez. 2020.

RODRIGUES, Adriana L. Saravia Lamounier; PEREIRA, Cristiane. A Covid-19 e a fúria do vírus neoliberal: influências no direito do trabalho e no sindicato. In: LAMOUNIER, Adriana; MATOS, Larissa; TOSS, Luciane; SAMPAIO, Silvia (Orgs.). *Direito do trabalho em tempos de cólera*. Bauru: Canal 6, 2020. p. 14.

RN. *NOTA TÉCNICA N. 8/2020/SESAP – CEREST/SESAP – CPS/SESAP*. Disponível em: <https://portalcovid19.saude.rn.gov.br/wp-content/uploads/2020/04/SEI_SEARH-7733811-Nota-Tecnica.pdf>. Acesso em: 07 dez. 2020.

WHO. *Covid-19 Strategic preparedness and response plan operational planning guidelines to support country preparedness and response*. Disponível em: <https://www.who.int/docs/default-source/coronaviruse/Covid-19-sprp-unct-guidelines.pdf>. Acesso em: 06 dez. 2020.

Trabalhadores do Atendimento ao Público em Atividades Essenciais: Estudo Acerca da Configuração da Covid-19 como Doença Ocupacional e Responsabilidade do Empregador

Lorena Rodrigues Boaventura(1)

Monique Dominicheli do Nascimento Basso(2)

Resumo: O artigo trata dos trabalhadores do atendimento ao público em atividades essenciais, no contexto da pandemia da Covid-19, vivenciada no ano de 2020. Tem por objetivos compreender esse grupo de trabalhadores, refletir se o contágio pode ser enquadrado como doença ocupacional e eventuais responsabilidades dos empregadores. Inicialmente, o estudo faz um levantamento das atividades que pressupõem o atendimento ao público por meio da análise do Decreto n. 10.282/2020, dos decretos estaduais e do decreto distrital. Seguindo as recomendações da Organização Mundial da Saúde (OMS) e da Organização Internacional do Trabalho (OIT), essa categoria foi classificada seguindo um critério de similitude dos riscos aos quais os trabalhadores estão expostos e após, buscou-se apresentar estratégias de prevenção que devem ser consideradas pelos sistemas internos de saúde e segurança dos empregadores. Tais medidas são necessárias em razão da proteção aos direitos fundamentais à vida, à saúde, à segurança e ao meio ambiente do trabalho, e incluem o dever de informação, prevenção e precaução. Diante da contaminação de empregado em atividades essenciais,

(1) Advogada. Aluna do Curso de Especialização Direito do Trabalho na Universidade de São Paulo (FDUSP). Pesquisadora voluntária do Núcleo de Pesquisa "O trabalho além do direito do trabalho: dimensões da clandestinidade jurídico-laboral" (NTADT) e do Grupo de Pesquisa Trabalho e Capital (GPTC) da Faculdade de Direito da USP. Especialista em Direito Ambiental e Urbanístico (UNIDERP).

(2) Advogada. Mestranda em Direito do Trabalho na Universidade de São Paulo (FDUSP, 2020). Pesquisadora voluntária do Núcleo de Pesquisa "O trabalho além do direito do trabalho: dimensões da clandestinidade jurídico-laboral" (NTADT). Especialista em Direito do Trabalho pela Universidade de São Paulo (FDUSP, 2019). Pós-graduada em Direito e Processo do Trabalho na PUC-SP (2009). Formada pela Faculdade de Direito de São Bernardo do Campo (2007).

entende-se possível o enquadramento da Covid-19 como doença profissional, de acordo com art. 20, § 2º, da Lei n. 8.213 de 1991. Essa opção é a que melhor cumpriria os mandados constitucionais de solidariedade, valorização social do trabalho, primado do trabalho, justiça social, além da proteção à saúde do trabalhador. Nesse sentido, também se entende pela aplicação da responsabilidade objetiva do empregador no caso do contágio de trabalhadores em atividades essenciais, quer pela assunção do risco aumentado, quer pela poluição sistêmica ocorrida no meio ambiente do trabalho. Dessa maneira, o compartilhamento dos riscos pela sociedade pode ser mais bem equilibrado diante da maior crise de saúde desde a última pandemia declarada pela OMS em 2009 pelo vírus H1N1.

Palavras-chave: Meio ambiente do trabalho — Atividades essenciais — Trabalhadores do atendimento ao público — Covid-19.

Introdução

Provavelmente uma das maiores lições trazidas pelo vírus Sars-Cov-2 é quão fundamental se tornou o papel da solidariedade para o a sobrevivência do ser humano em todo o planeta. Ao longo de quase oito meses de pandemia restou evidente a potencialidade das ações coletivas e a fragilidade da vida quando pensada de forma individualista.

A realidade de uma doença que em poucos meses atingiu 220 países,[(3)] em todos os continentes,[(4)] joga luzes contemporâneas no debate de Ulrich Beck[(5)] a respeito da sociedade de risco. O modelo pós-industrial marcado pelos avanços tecnológicos acaba gerando riscos de caráter irreversíveis, intertemporais, que frequentemente se esbarram em incertezas científicas. Desse modo, é imprescindível que a resposta humana seja direcionada à antecipação dos danos por meio de uma atuação globalizada.

A preocupação com os riscos dessa sociedade onde tempo e distâncias são cada vez mais encurtados já aparece no relatório sobre "Riscos Emergentes e Prevenção em um Mundo de Mudanças", elaborado pela Organização Internacional do Trabalho.[(6)] Nesta oportunidade, identificou-se que o progresso tecnológico evoluiu com a globalização e impactou as medidas de segurança e saúde no trabalho, tanto pela per-

(3) WORLD HEALTH ORGANIZATION. *Coronavirus desease (Covid-19) pandemic.* Disponível em: <https://www.who.int/emergencies/diseases/novel=-coronavirus2019-?adgroupsurvey={adgroupsurvey}&gclid-CjwKCAiA_eb-BRB2EiwAGBnXXgFe6GnESHBCGtgM6sXU3DzGxnFUT2QsH83EVXb8jp5z3ClxkxAMjxoCXrQ-QAvD_BwE>. Acesso em: 15 dez. 2020.

(4) Coronavírus é achado na Antártica, único continente que estava sem Covid-19. *UOL.* Disponível em: <https://noticias.uol.com.br/ultimas-noticias/afp/2020/12/21/surto-de-coronavirus-e-detectado-em-base--chilena-na-antartica.htm?cmpid=copiaecola>. Acesso em: 21 dez. 2020.

(5) BECK, Ulrich. *Risk society:* towards a new modernity. Londres: Sage, 1992.

(6) ORGANIZAÇÃO INTERNACIONAL DO TRABALHO. *Riscos emergentes e novas formas de prevenção num mundo de trabalho em mudança.* Genebra, 2010. Disponível em: <https://www.ilo.org/wcmsp5/groups/public/---europe/---ro-geneva/---ilo-lisbon/documents/publication/wcms_718134.pdf>. Acesso em: 15 dez. 2020.

sistência de problemas tradicionais quanto por exposição a novos riscos e formas de organização do trabalho decorrentes dessas transformações. Dentre esses novos riscos estão os biológicos e biotecnológicos, que têm potencial de atingir principalmente os trabalhadores da saúde.

Em meados de dezembro de 2020 o mundo se aproxima de 70 milhões de casos confirmados dos quais 1.576.516 resultaram em óbito.(7) Inseridos no contexto de uma segunda onda de surto, várias vacinas despontam como potenciais mitigadoras de novos casos ou de reinfecções. No Brasil, as estatísticas oficiais apontam quase 7 milhões de casos confirmados e 181.835 morte.(8) Dados esses que nos levam à conclusão de que o País é responsável por aproximadamente 10% dos casos de contaminação e 11,5% dos óbitos mundiais.

A OIT estima a perda de renda laboral no valor de 3,5 trilhões de dólares durante os três primeiros trimestres de 2020,(9) enquanto a ONU estima perda global de 400 milhões de empregos no segundo trimestre de 2020 com o aumento de 70 a 100 milhões de pessoas na linha da pobreza extrema.(10)

Em resposta à gravidade do cenário, organizações internacionais como a Comissão Internacional de Direitos Humanos (CIDH)(11) e a OIT,(12) elaboraram documentos defendendo a importância do respeito aos direitos humanos, especialmente o dos trabalhadores, quando se exige a implementação de medidas restritivas para a superação da crise de caráter econômico, social, político e sanitário. Essas entidades ainda defendem que as estratégias de enfrentamento da crise devem integrar as recomendações internacionais aos já existentes sistemas nacionais de proteção ao bem-estar do trabalhador.

A Organização Mundial de Saúde (OMS) considera que a exposição relacionada ao trabalho possui caráter de imprevisibilidade por poder ocorrer durante o

(7) ORGANIZAÇÃO PAN-AMERICANA DA SAÚDE. *Folha informativa Covid-19* – Escritório da OPAS e da OMS no Brasil. Disponível em: <https://www.paho.org/pt/covid19>. Acesso em: 14 dez. 2020.

(8) BRASIL. Ministério da Saúde. *Painel Coronavírus*. Disponível em: <https://covid.saude.gov.br/>. Acesso em: 14 dez. 2020.

(9) INTERNATIONAL LABOUR ORGANIZATION. *Covid-19 and Labour Statistics*. Disponível em: <https://ilostat.ilo.org/topics/Covid-19/>. Acesso em: 16 dez. 2020.

(10) UNITED NATIONS. Committee for the Coordination of Statistical Activities. *How Covid-19 is changing the world:* a statistical perspective, V. II, p. 3. Disponível em: <https://unstats.un.org/unsd/ccsa/documents/covid19-report-ccsa_vol2.pdf>. Acesso em: 16 dez. 2020.

(11) COMISSÃO INTERAMERICANA DE DIREITOS HUMANOS. *Resolução 1 de 10 de abril de 2020*. Pandemia e Direitos Humanos nas Américas. Disponível em: <https://www.oas.org/pt/cidh/decisiones/pdf/Resolucao-1-20-pt.pdf>. Acesso em: 14 dez. 2020.

(12) INTERNATIONAL LABOUR ORGANIZATION. *A policy framework for tracking the economic and social impacto of the Covid-19 crisis.* Publicado em maio 2020. Disponível em: <https://www.ilo.org/wcmsp5/groups/public/@dgreports/@dcomm/documents/briefingnote/wcms_745337.pdf>. Acesso em: 14 dez. 2020.

percurso, no local de trabalho ou na prestação de serviços externos.(13) Assim, como medida preventiva mínima, é recomendável, além do distanciamento físico, a higienização das mãos, o uso de EPIs, a etiqueta respiratória, o monitoramento de temperatura e treinamento dos empregados. Cabe ainda considerar que dentro de uma mesma empresa existem diferentes níveis de risco sendo, portanto, necessária a avaliação por tarefas. De forma geral, para todos os locais de trabalho, é aconselhável a implementação do tripé: treinamento ostensivo, fornecimento de EPIs e protocolo de desinfecção do ambiente.(14)

Se por um lado a grande estratégia de enfrentamento da pandemia está pautada no isolamento social, de outro existe uma gama de serviços que são indispensáveis para que a sociedade continue funcionando. Neste cenário, os trabalhadores de atividades essenciais continuaram trabalhando enquanto a grande maioria seguia as recomendações sanitárias de isolamento e distanciamento social.

O grupo das atividades essenciais, definidas pelo Decreto n. 10.282/2020, passou por várias atualizações ao longo dos meses, sempre no sentido de ampliar um rol que, em tese, deveria ter caráter restritivo. A par da previsão federal, os estados editaram seus próprios decretos, após o referendo da medida cautelar na ADI 6.341 que reafirmou a competência legislativa concorrente em matéria de saúde.

Em que pese a necessidade do funcionamento dessas atividades, não se pode analisá-las como um todo unitário, principalmente com relação ao meio ambiente do trabalho e medidas de prevenção. Inicialmente, verificam-se quais delas podem ser exercidas remota ou presencialmente. Em relação aos primeiros, os riscos relacionados ao contágio na prestação do serviço são praticamente eliminados enquanto outros relativos à ergonomia e doenças mentais aumentam.(15)

Em contrapartida, o trabalho presencial ainda deve ser observado de forma pormenorizada. Em princípio, todos aqueles que dependerem do uso de transporte coletivo estarão expostos a um risco diário de contaminação. Entretanto, não se pode equiparar o risco experimentado por aqueles que trabalham em escritório atendendo clientes de forma agendada, respeitando o distanciamento, com aqueles que atuam, por exemplo, como caixas de supermercados e balconistas de farmácias.

---

(13) WORLD HEALTH ORGANIZATION. *Getting your workplace ready for Covid-19*. Disponível em: <https://www.who.int/docs/default-source/coronaviruse/getting-workplace-ready-for-Covid-19.pdf>. Acesso em: 26 dez. 2020.

(14) *Idem. Covid-19 strategy update*. Publicado em 14 abr. 2020. Disponível em: <https://www.who.int/docs/default-source/coronaviruse/covid-strategy-update-14april2020.pdf?sfvrsn=29da3ba0_>. Acesso em: 21 dez. 2020

(15) INTERNATIONAL LABOUR ORGANIZATION. *Managing work-related psychosocial risks during the Covid-19 pandemic*. Genebra: ILO 2020, p. 6. Disponível em: <https://www.ilo.org/wcmsp5/groups/public/---ed_protect/---protrav/---safework/documents/instructionalmaterial/wcms_748638.pdf>. Acesso em 22 dez. 2020.

Seguindo as recomendações da OMS, quanto à análise dos riscos por tarefa, a compreensão dos trabalhadores de atividades essenciais que atuam no atendimento ao público depende da categorização do gênero em duas espécies: os que realizam o atendimento direto e aqueles que atendem o público indiretamente ou por meio de intermediários. De forma ainda mais específica, o grupo de atendimento direto precisa ser subdividido entre aqueles que atuam em estabelecimentos fechados, os que realizam atividades externas e os que laboram nos setores de transporte de cargas e pessoas e rede hoteleira.

Considerada essa divisão e as particularidades pessoais de cada trabalhador, como por exemplo se é de grupo de risco, ou está com Covid-19,(16) caberá aos empregadores inserirem a Covid-19 como risco biológico em seus sistemas de proteção à saúde e segurança, promovendo treinamento, medidas de prevenção e contenção em razão de sua transmissão.

Tomadas todas as medidas preventivas, diante da contaminação do empregado, deverão ser analisadas em quais condições o contágio poderá ser caracterizado como doença relacionada ao trabalho e, diante de tais circunstâncias, caberá a emissão da Comunicação de Acidente de Trabalho (CAT), nos termos do item 7.4.8 da Norma Regulamentadora 7 do antigo Ministério do Trabalho.

A divergência acerca da configuração previdenciária se inicia com a publicação do art. 29 da Medida Provisória (MPV) 927 que imputava ao trabalhador o ônus da comprovação do nexo causal para a configuração da moléstia como doença ocupacional. Em sede de liminar nas ações diretas de inconstitucionalidades (ADIs) ns. 6.342, 6.344, 6.346, 6.348, 6.352, 6.354 e 6.374(17) o Supremo Tribunal Federal decidiu pela suspensão da eficácia do aludido artigo por entender que o dispositivo contrariava o entendimento firmado no RE n. 828.040,(18) além de, na prática, resultar em uma prova diabólica para o empregado.

Paralelamente à caracterização da Covid-19 como doença do trabalho e, assim, apta a gerar todas as consequências previdenciárias e trabalhistas, paira o debate

---

(16) Tanto a OMS (Disponível em: <https://www.who.int/docs/default-source/coronaviruse/getting-workplace-ready-for-Covid-19.pdf>), quanto o Anexo I da Portaria Conjunta 20 de 18 de junho de 2020 (Disponível em: <https://www.in.gov.br/en/web/dou/-/portaria-conjunta-n-20-de-18-de-junho-de-2020-262408085>) dispõem sobre medidas de afastamento de empregados em condições especiais.

(17) BRASIL. Supremo Tribunal Federal. *ADIs ns. 6.432, 6.344, 6.346, 6.348, 6.349, 6.353, 6.354*. Plenário. Rel. Min. Marco Aurélio, com redação para o Acórdão Min. Alexandre de Moraes, j. 29.4.2020 — referendou a liminar em parte no sentido de *suspender a vigência dos arts. 29 e 30 da MPV n. 927* (vigente até 19.7.2020).

(18) *Ibid. Recurso Extraordinário n. 828.040*. Tribunal Pleno, relator Ministro Alexandre de Moraes, j. 12.3.2020, publicado em 26.3.2020. (...) constitucional a *responsabilização objetiva do empregador* por danos decorrentes de acidentes de trabalho, *nos casos especificados em lei*, ou quando a atividade normalmente desenvolvida, por sua natureza, apresentar exposição habitual a risco especial, com potencialidade lesiva e implicar ao trabalhador ônus maior do que aos demais membros da coletividade.

doutrinário acerca da responsabilização do empregador. Existem correntes que enquadram a responsabilização tanto no sistema subjetivo quanto no objetivo.

O presente trabalho tem como objetivo analisar a categoria dos trabalhadores do atendimento ao público das atividades essenciais e compreender se há a possibilidade de a contaminação por Covid-19 ser enquadrada como doença ocupacional, assim como eventuais responsabilidades dos empregadores.

1. Quem são os trabalhadores do atendimento ao público, quais os riscos a que estão expostos e quais as possíveis medidas de combate

A Organização Internacional do Trabalho, em seu arcabouço jurídico sobre saúde, segurança, doença ocupacional (Convenções ns. 12 e 155); proteção social (Convenção n. 102) e Recomendação n. 205 sobre "Trabalho decente para a paz e resiliência", defende que em recuperação de crises os governos devem revisar, estabelecer, reestabelecer ou reforçar a legislação trabalhista, se necessário, incluindo disposições sobre segurança e saúde ocupacional.

A mesma Organização considera que o núcleo estruturante da caracterização de atividades como essenciais está no fato de que a ausência do serviço gera perigo à vida, à segurança pessoal ou à saúde de parte da população.[19]

Internamente a questão de essencialidade das atividades, de modo geral, esteve atrelada à matéria de greve, constatação essa que pode ser observada no art. 9º da Constituição Federal, que delegou à lei a caracterização desses serviços. Cumprindo o mandamento constitucional a Lei n. 7.783/1989 trouxe um rol de atividades que também foi ampliado nos anos de 2019 e 2020.

Diante da crise pandêmica, a questão da essencialidade das atividades acaba se tornando centro dos debates ante o dilema de conciliar o isolamento social com a continuidade de alguns serviços. Como tentativa de equacionar essas duas pontas, o Decreto n. 10.282/2020, da Presidência da República, define como essenciais as ocupações indispensáveis ao atendimento de necessidades inadiáveis da comunidade, assim consideradas aquelas que, se não atendidas, colocam em perigo a sobrevivência, saúde ou segurança da população.

Felipe Daud,[20] buscando sistematizar a interpretação jurídica da essencialidade, defende que a compreensão desse conceito parte de uma postura restritiva,

---

(19) INTERNATIONAL LABOUR ORGANIZATION. *Freedom of Association. Compilation of decisions of the Committee on Freedom of Association*. International Labour Office. Genebra: ILO, 6th edition, 2018, p. 154. ISBN 978-92-2-131206-2 (*web* pdf). Disponível em: <https://www.ilo.org/wcmsp5/groups/public/---ed_norm/---normes/documents/publication/wcms_632659.pdf>. Acesso em: 15 dez. 2020.

(20) DAUD, Felipe. Direito no combate ao coronavírus. *Jota*, São Paulo, 3 abr. 2020. Disponível em: <https://www.jota.info/especiais/o-direito-no-combate-ao-coronavirus-03042020>. Acesso em: 21 dez. 2020.

devendo ser considerada a primazia da vida e, ao se deparar com uma atividade tida como essencial, caberá ao gestor público indicar as condições de funcionamento para que o bem-estar social seja preservado.

A par de uma definição pautada em conceitos indeterminados, o referendo da medida cautelar na ADI n. 6.431, que em interpretação conforme preservou a atribuição de cada ente federativo em matéria de saúde (art. 196, I, CF), acabou por abrir as portas para que cada estado legislasse a respeito do que seria essencial, resultando em vários decretos totalmente desarticulados com uma política nacional de resposta à pandemia. Por meio da análise conjunta dos regulamentos federais e estaduais, levantaram-se 41 atividades (Quadro 1)[21] que inserem seus trabalhadores no atendimento ao público.

Quadro 1: Relação das atividades essenciais que implicam atendimento ao público segundo o Decreto n. 10.282 de 20.3.2020 e Legislações Estaduais.

		NORTE							NORDESTE									CENTRO-OESTE				SUDESTE				SUL		
		AC	AP	AM	PA	RO	RR	TO	AL	BA	CE	MA	PB	PI	PE	RN	SE	DF	GO	MT	MS	ES	MG	RJ	SP	PR	RS	SC
	ATIVIDADES ESSENCIAIS	20/03	03/04	24/03	16/03	20/03	23/03	15/05	19/03	22/05	19/03	11/04	20/03	23/03	03/04	01/04	24/03	23/03	13/03	23/04	22/07	09/05	22/03	18/03	22/03	21/03	19/03	17/03
Atividades do Decreto Federal	Trânsito e transporte de passageiros	x	x	x	x	x		x		x					x	x	x		x	x	x		x	x	x	x	x	
	Comércio de produtos de saúde, higiene, limpeza, alimentos, bebidas e materiais de contrução	x	x	x	x	x	x	x	x	x	x	x	x	x	x	x	x	x	x	x	x	x	x	x	x	x	x	x
	Serviços funerários	x				x		x	x	x	x	x	x		x	x	x	x	x	x	x		x		x	x		x
	Serviços de pagamento de crédito e de saque							x				x									x				x	x		
	Serviços postais							x								x				x					x	x		
	Serviços de entrega de cargas							x		x				x	x	x	x			x	x		x	x	x	x		
	Comercialização de combustível, biocombustíveis, GLP e demais derivados	x	x	x		x	x	x	x	x	x	x	x	x	x	x	x	x	x	x	x	x	x	x	x	x		x
	Atividades de representação judicial e extrajudicial		x					x							x						x				x	x		
	Unidades lotéricas	x	x	x		x		x	x	x	x	x		x	x			x		x					x	x		
	Comercialização, reparo e manutenção de pneumáticos	x	x					x				x		x	x	x	x	x	x	x		x	x		x			
	Atividades acessórias para garantir a logística do transporte de cargas e pessoas	x				x		x				x			x	x	x		x	x		x	x	x	x	x		
	Locação de veículos							x															x		x			
	Atividades da cadeia de elevadores, escadas rolantes e equipamentos de refrigeração							x									x			x					x			
	Atividade de agências bacárias, cooperativas de crédito e côngeneres	x	x	x	x			x	x	x	x	x		x	x		x		x	x			x		x		x	
	Salões de beleza																								x			
	Academias de esporte																								x			
Atividades das legislações estaduais	Empresas das atividades agropecuárias	x	x	x		x		x	x		x	x	x		x	x	x		x	x	x	x	x			x		
	Lavanderia	x							x		x	x	x	x	x		x						x			x		
	Chaveiros	x																										
	Hoteis	x				x								x	x	x	x		x1									
	Móteis	x																										
	Oticas	x										x											x					
	Concessionárias	x	x									x						x		x			x					
	Oficinas mecânicas	x	x	x		x		x	x			x			x	x	x	x	x	x	x	x	x		x	x		
	Pet shops e clínicas veterinárias	x	x	x		x		x	x		x	x	x		x	x	x	x	x	x		x	x			x		
	Produtos de caça e pesca		x																									
	Oficinas para reparo de eletrodomésticos		x																									
	Centros de atendimento espiritual		x													x										x		
	Restaurantes em estabelecimentos de hospedagem		x			x			x		x		x	x		x			x					x				
	Serviços de seguro e profissionais liberais			x		x		x												x	x					x		
	Atividades imobiliárias																				x							
	Atividades essenciais em shoppings				x	x			x		x5	x				x2,6		x5		x2		x3		x5			x	
	Segurança privada							x	x	x	x	x	x		x		x		x	x	x				x	x		x
	Atividades de empresas ligada ao combate de vetores							x				x				x	x				x		x			x		
	Lojas de tecidos, aviamentos											x											x					
	Serviço de guincho																x											
	Higienização veicular		x														x											
	Cartórios extrajudiciais																		x		x							
	Serviços de reparos em edificações			x											x								x					
	Comércio de EPIs																							x				
	Serviços de tecnologia da informação	x	x	x				x			x				x		x	x		x	x		x					x
	Restaurantes		x6	x6	x6	x6	x6		x6		x6		x6	x6		x6	x6	x6	x6	x7	x6	x4	x7	x7	x6		x4	

Fonte: elaborado pela autora.

Legenda:

x1 – Atendimento exclusivo de profissionais das atividades essenciais ou da saúde, inclusive os restaurantes

x2 – Funcionamento irrestrito de todas as atividades

x3 – Funcionamento de todas as atividades, mas impõe restrições

(21) BOAVENTURA, L. R. *Os sacrifícios de uns para o isolamento de outros: a saga dos trabalhadores do atendimento em tempos de pandemia.* Desenvolvida para a obra coletiva do Grupo Trabalho e Capital (GPTC/FDUSP).

x4 – Imposição de restrições

x5 – Funcionamento exclusivo de serviços relacionados à saúde

x6 – Atendimento exclusivo por *delivery*

x7 – Atendimento por *delivery* ou retirada no balcão

O que se observou, ao longo dos meses, foi a postura dos Poderes Executivos estaduais em ampliarem as atividades essenciais e reduzirem as medidas de isolamento na tentativa de combater a crise econômica e minimizar o custo político das decisões para as eleições municipais de 2020.

Os trabalhadores de atividades essenciais que atendem ao público estão expostos a um risco maior que os demais por pressupor o constante contato com as pessoas assintomáticas ou com superfícies contaminadas.[22] Assim também entende Raimundo Simão de Melo: "São muitos os trabalhadores em atividade durante a pandemia, inclusive essenciais, expostos a riscos acentuados do trabalho que desenvolvem para salvar a vida das outras pessoas".[23]

Entretanto, em razão da invisibilidade do grupo, pouco se observou a respeito dos fundamentais treinamentos sobre a utilização dos EPIs e formas de se evitar a contaminação. Em casos ainda mais graves, há notícias de inexistência ou insuficiência de equipamentos de proteção.[24] Ainda, José Marçal Jackson Filho *et al*[25] defendem a falha nas estatísticas oficiais em não incluir nos microindicadores a relação entre indivíduos contaminados e suas respectivas ocupações. Tais dados seriam relevantes não apenas no aprimoramento de protocolos específicos, mas na definição de políticas públicas de prevenção.

A melhor estratégia de contenção dos riscos e, consequente elaboração de plano defensivo, passa pela compreensão das diferentes realidades dos trabalhadores de atividades essenciais. Desse modo, é necessário distinguir entre aqueles que atendem diretamente ao público daqueles que o fazem de forma indireta ou por meio de *delivery*.

---

(22) LUCCA, Sérgio Roberto de. Proteção dos trabalhadores com maior risco de contaminação deve ser priorizada. *Revista Eletrônica de Jornalismo Científico*, Campinas, 27 abr. 2020. Disponível em: <http://www.comciencia.br/protecao-de-trabalhadores-com-maior-risco-de-contaminacao-deve-ser-priorizada/>. Acesso em: 10 jul. 2020.

(23) MELO, Raimundo Simão. Trabalho seguro e decente em tempos de crise da Covid-19. *Consultor Jurídico*, 2020. Disponível em: <https://www.conjur.com.br/2020-set-11/reflexoes-trabalhistas-trabalho-seguro-decente-tempos-crise-Covid-19>. Acesso em: 18 dez. 2020.

(24) MAIA, Flávia. Covid-19 gerou 4,2 mil inquéritos civis trabalhistas em 100 dias, contabiliza MPT. *Jota*, Brasília, 17 jun. 2020. Disponível em: <https://www.jota.info/tributos-e-empresas/trabalho/Covid-19-gerou-42-mil-inqueritos-civis-trabalhistas-em-100-dias-contabiliza-mpt-17062020>. Acesso em: 21 dez. 2020.

(25) JACKSON FILHO, José Marçal *et al.* A saúde do trabalhador e o enfretamento da Covid-19. *Revista Brasileira de Saúde Ocupacional*, 2020; 45: e 14. Disponível em: <https://www.scielo.br/pdf/rbso/v45/2317-6369-rbso-45-e14.pdf>. Acesso em: 21 dez. 2020.

Em relação aos que atendem de forma direta, em razão das especificidades do meio ambiente de trabalho, é prudente ainda dividi-los em três subgrupos: os que atuam no interior de estabelecimentos comerciais; os prestadores de serviços externos e aqueles que trabalham em rodovias e hotéis. Os trabalhadores que atuam em ambientes fechados estão expostos a riscos de contaminação em razão: a) da inviabilidade de manutenção do distanciamento mínimo durante toda a jornada; b) do constante contato com superfícies potencialmente contaminadas; c) da inexistência ou ineficiência de sistemas de trocas de ar em ambientes fechados. Como medidas de mitigação dos riscos, é recomendável a instalação de estações de higienização das mãos e do meio ambiente, bem como, controle do fluxo de pessoas, utilização de barreiras para separar os trabalhadores dos consumidores e uso obrigatório de luvas e óculos de proteção.(26) Nessa situação, estão os empregados de farmácias, supermercados, postos de gasolina, das lotéricas e bancos, das locadoras de veículos, dos salões de beleza, das academias de esporte, das lavanderias, das concessionárias, dos cartórios extrajudiciais e dos restaurantes, no caso dos estados que permitiram o funcionamento presencial desses estabelecimentos.

Os trabalhadores alocados em atividades externas acabam se deparando com a dificuldade de higienização dos instrumentos de trabalho, assim como a troca periódica de EPIs.(27) Por atuarem fora da empresa, esse grupo está em constante contato com pessoas e ambientes que nem sempre se adaptam às exigências sanitárias mínimas. Sendo assim, é relevante que o plano de prevenção inclua instrumentos móveis de higienização, fornecimento de EPIs suficientes para trocas periódicas e acompanhamento sistemático da saúde, incluindo a testagem. Estão inseridos nesse cenário os trabalhadores do transporte de pessoas e mercadorias; os que realizam o reparo de pneus; os que são responsáveis por manutenção de elevadores, escadas rolantes e refrigeradores; os que atuam no controle de vetores; os que fazem serviço de guincho; os profissionais da segurança privada e os das atividades imobiliárias.

Em relação ao último subgrupo, aqueles que atuam no setor hoteleiro ou em rodovias, existe um agravamento do risco em decorrência da inexistência de uma política nacional articulada com as estaduais. Assim, os trabalhadores acabam sendo submetidos ao contato com pessoas vindas de outros estados que podem ter implementado políticas menos ou mais restritivas para o combate à crise pandêmica.

---

(26) WORLD HEALTH ORGANIZATION. *Considerations for public health and social measures in the workplace in the context of Covid-18.* Publicado em 10 maio 2020. Disponível em: <https://www.who.int/publications/i/item/considerations-for-public-health-and-social-measures-in-the-workplace-in-the-context-of-Covid-19>. Acesso em: 20 dez. 2020.

(27) ORGANIZAÇÃO PAN-AMERICANA DE SAÚDE. *A Organização Pan-Americana da Saúde recomenda que a máscara seja trocada sempre que ficar úmida seguindo um protocolo prévio de higienização das mãos e descarte do EPI.* Orientação sobre o uso de máscaras no contexto da Covid-19 de 6 de abril de 2020. Disponível em:<https://iris.paho.org/bitstream/handle/10665.2/51994/OPASBRACOVID1920041_por.pdf?sequence=1&isAllowed=y>. Acesso em: 21 dez. 2020.

Dentro do grupo dos trabalhadores que atendem indiretamente o público, o risco está concentrado no contato habitual entre os empregados do estabelecimento e aqueles responsáveis pelas entregas. A situação pode ser ainda mais crítica quando se analisa a inserção dos infoproletariados, uma vez que estes não possuem à disposição EPIs, meios de higienização ou controle de saúde.(28) Portanto, o recomendável é a implementação de medidas que mitiguem a contaminação decorrente desse contato entre empregados internos e entregadores e a inclusão dos entregadores, ainda que terceirizados, nas medidas de enfrentamento fixadas pelas empresas que se valem do *delivery*, conforme recomendação da Nota Técnica n. 1/2020 da Coordenadoria Nacional de Combate às Fraudes nas Relações de Trabalho (CONAFRET) do Ministério Público do Trabalho (MPT).(29)

2. Covid-19 como doença ocupacional e responsabilização do empregador

A saúde e segurança nas relações de trabalho é uma preocupação internacional desde os primórdios das tratativas do pós-Primeira Guerra Mundial.(30) Superada a Segunda grande Guerra e os efeitos nefastos do holocausto, a relevância da vida e da dignidade humana acaba se tornando o norte legiferante e interpretativo das sociedades contemporâneas. Esse sentimento acaba se desdobrando e gerando reflexos na forma de pensar as relações de trabalho que podem ser claramente observadas no preâmbulo da Declaração de Filadélfia de 1944,(31) anexa à Constituição da OIT. Nessa oportunidade, as nações signatárias deixaram clara a relevância da saúde nas condições de trabalho, especialmente, a proteção contra as moléstias e os acidentes do trabalho (Anexo III, g; Anexo IV da Declaração). Ao longo das Conferências-Gerais da OIT, inúmeros foram os documentos aprovados que, de forma direta ou indireta, perpassaram pela temática da saúde como, por exemplo, as Convenções ns. 12

---

(28) A atuação do MPT junto à Secretaria de Saúde de São Paulo resultou em portaria que determina que as plataformas forneçam *kits* de higienização e máscaras (A atuação do MPT gerou um TAC que levou a edição de uma portaria. ROCHA, Camilo. A mobilização dos entregadores durante a Covid-19. *Jornal Nexo*, São Paulo, 17 jun. 2020. Disponível em: <https://www.nexojornal.com.br/expresso/2020/06/17/A-mobiliza%C3%A7%C3%A3o-dos-entregadores-de-app-durante-a-Covid-19>. Acesso em: 26 dez. 2020.

(29) BRASIL. Ministério Público do Trabalho. *Nota Técnica para orientação da atuação do Ministério Público do Trabalho em face das medidas governamentais de contenção da pandemia da doença infecciosa Covid-19, voltada às empresas de transporte de mercadorias e de transporte de passageiros, por plataformas digitais*. Disponível em: <https://mpt.mp.br/pgt/publicacoes/nota-tecnica-conafret-no-01-2020/@@display-file/arquivo_pdf>. Acesso em: 22 dez. 2020.

(30) SOCIEDADE DAS NAÇÕES. *Pacto das sociedades das nações:* Tratado de Versalhes de 28 de junho de 1919. No Brasil ratificado em 10 dez. 2019 e Promulgado pelo Decreto n. 13.990 de 12 jan. 1920. Disponível em: <http://pfdc.pgr.mpf.mp.br/atuacao-e-conteudos-de-apoio/legislacao/segurancapublica/PACTO_DA_SOCIEDADE_DAS_NACOES.pdf>. Acesso em: 14 dez. 2020.

(31) ORGANIZAÇÃO INTERNACIONAL DO TRABALHO. *Declaração de Filadélfia:* constituição da organização internacional do trabalho. Disponível em: <https://www.ilo.org/wcmsp5/groups/public/---americas/---ro-lima/---ilo-brasilia/documents/genericdocument/wcms_336957.pdf>. Acesso em: 14 dez. 2020.

(Indenização por acidente de trabalho na agricultura), 42 (Indenização por acidente profissional) e 155 (Segurança e saúde dos trabalhadores). Cabendo ainda acrescentar a Declaração do Centenário da OIT de 2019, que reconheceu a matéria como sendo direito e princípio fundamental (artigo II, D).[32]

A Agência Europeia de Saúde e Segurança no Trabalho (EU-OSHA) classificou os riscos biológicos no trabalho em quatro grupos: riscos biológicos de substâncias específicas, riscos biológicos inerentes a locais ou processos de trabalho específicos, riscos biológicos decorrentes de práticas de gestão e prevenção de riscos, e riscos biológicos ocupacionais ligados a fenômenos sociais e ambientais.[33] O relatório identificou à época que os maiores riscos biológicos emergentes no mundo do trabalho estariam relacionados às epidemias globais, citando como exemplo doenças de síndromes respiratórias agudas graves (SARS).

Especificamente em relação à Covid-19 a OIT[34] entendeu que a infecção causada pelo agente biológico viral, assim como o estresse pós-traumático pela exposição ocupacional, devem ser reconhecidos como doença relacionada ao trabalho, assegurado o direito à indenização monetária para além de toda a assistência médica, conforme previsão da Convenção n. 121[35] (sobre benefícios por acidente de trabalho), não ratificada pelo Brasil, e Convenção n. 102 (sobre normas mínimas de seguridade social).

A análise da Convenção n. 121 e Recomendação n. 194 da OIT sobre a Lista de Doenças Profissionais nos permite concluir que a par dos agentes ali mencionados é possível enquadrar a Covid-19 como doença ocupacional quando a contaminação se der por exposição a agentes biológicos durante a atividade laboral. Ainda, a Convenção n. 155 da OIT prevê que os empregadores devem tomar todas as medidas necessárias de prevenção e proteção assumindo responsabilidade global por essas condutas,

---

(32) INTERNATIONAL LABOUR ORGANIZATION. *Declaração do Centenário*. Disponível em: <https://www.ilo.org/wcmsp5/groups/public/---europe/---ro-geneva/---ilo-lisbon/documents/publication/wcms_749807.pdf>. Acesso em: 18 dez. 2020.

(33) EUROPEAN AGENCY FOR SAFETY AND HEALTH AT WORK. *Expert forecast on Emerging Biological Risks related to Occupational Safety and Health*. Luxemburgo: Office for Official Publications of the European Communities, 2007, p. 15. Disponível em: <https://osha.europa.eu/en/publications/reports/7606488>. Acesso em: 15 dez. 2020.

(34) ORGANIZAÇÃO INTERNACIONAL DO TRABALHO. *As normas da OIT e a Covid-19 (coronavírus)*. Perguntas Frequentes, 2020, p. 12. Disponível em: <https://www.ilo.org/wcmsp5/groups/public/---americas/---ro-lima/---ilo-brasilia/documents/publication/wcms_745248.pdf>. Acesso em: 15 dez. 2020.

(35) Em que pese a não ratificação da Convenção n. 121, entendemos ser possível sua aplicação pela via do art. 7º, *caput*, da Constituição, art. 8º da CLT, Declaração dos Princípios e Direitos Fundamentais do Trabalho de 1998 juntamente com a Declaração do Centenário da OIT.

fornecendo equipamentos de proteção, além de informar, treinar e notificar os casos à inspeção do trabalho.(36)

No Brasil, a Constituição de 1988 trouxe a valorização do trabalho humano como um dos pilares da ordem econômica. Ademais, qualquer consideração nesse sentido perpassa pela análise do meio ambiente de trabalho como um meio assecuratório do trabalho decente. Portanto, ao inserir no rol de direitos fundamentais o direito a um meio ambiente equilibrado, no qual se compreende o laboral, o constituinte aponta que o dever de proteção é do poder público e de toda a sociedade, deixando claros o caráter solidário e o compromisso intergeracional quando se pensa em meio ambiente. O Supremo Tribunal Federal, ao longo dos últimos anos, vem reconhecendo que o direito à integridade ambiental faz parte do processo de reafirmação dos direitos humanos de terceira dimensão (STF, 1995).(37)

Partindo da premissa do ambiente de trabalho como uma das espécies de meio ambiente, por uma interpretação teleológica sistemática, deve-se trazer os ensinamentos do direito ambiental para a seara trabalhista, conforme defende Guilherme Guimarães Feliciano.(38) Nesse aspecto, também se destaca a proteção à saúde do trabalhador, observado o risco mínimo regressivo, conforme art. 7º, XXII da Constituição. Assim sendo, clássicos princípios como o da precaução,(39) aplicável diante de incertezas científicas, e o da prevenção,(40) destinado à antecipação dos danos decorrentes de causas conhecidas, devem ser aplicados na sistemática de mitigação dos riscos à saúde e segurança dos trabalhadores.

Merece ainda comento e observância o princípio do poluidor-pagador que atribui ao empregador a responsabilidade de reparar os danos oriundos da degradação

---

(36) *Ibidem*, 2020, p. 10. Disponível em: <https://www.ilo.org/wcmsp5/groups/public/---americas/---ro-lima/---ilo-brasilia/documents/publication/wcms_745248.pdf>. Acesso em: 15 dez. 2020.

(37) BRASIL. Supremo Tribunal Federal. *Mandado de Segurança 22.164 de 30 de outubro de 1995*. Relator Ministro Celso de Mello. DJ de 17.11.1995. Disponível em: <http://www.stf.jus.br/portal/constituicao/artigo.asp?item=2005&tipo=CJ&termo=3>. Acesso em: 18 dez. 2020.

(38) FELICIANO, Guilherme Guimarães. Meio ambiente do trabalho: aspectos gerais e propedêuticos. *Revista do Tribunal Regional do Trabalho da 15ª Região*, Campinas, n. 20, jul./set. 2002, p. 160-203. Disponível em: <https://juslaboris.tst.jus.br/handle/20.500.12178/109018>. Acesso em: 15 dez. 2020.

(39) O princípio da prevenção determina que, em vez de contabilizar os danos e tentar repará-los, se tente sobretudo antecipar e evitar a ocorrência de danos, por algumas razões bastante evidentes que vão desde a justiça ambiental à simples racionalidade econômica, passando pela justiça intertemporal (Canotillho *et al*, 2011, p. 64). Esse princípio está expresso no art. 225 da Constituição de 1988.

(40) O princípio da precaução funciona como uma espécie de princípio de "*in dubio pro* ambiente": na dúvida sobre a perigosidade de uma certa atividade para o ambiente, decide-se a favor do ambiente e contra o potencial poluidor, isto é, o ônus da prova da inocuidade de uma ação em relação ao ambiente é transferido do Estado ou do potencial poluído para o potencial poluidor (Canotillho *et al*, 2011, p. 62). Foi expressamente adotado pela Conferência das Nações Unidas no Rio de Janeiro em 1992. CANOTILHO, José Joaquim Gomes; LEITE, José Rubens Morato (Orgs.). *Direito Ambiental Constitucional Brasileiro*. São Paulo: Saraiva, 2011.

labor-ambiental. O objetivo deste princípio é direcionar ao poluidor os custos decorrentes da atividade, ou da forma como ela é exercida, para que ocorra um processo reparatório e pedagógico. Ademais, o regime jurídico que mais se amolda a esses propósitos é o da responsabilização civil objetiva, na qual se comprovam apenas o dano e o nexo de causalidade.(41)

A legislação infraconstitucional é clara em consignar o dever das empresas em fazer cumprir as normas de saúde e segurança e instruir os empregados no sentido de evitar acidentes ou doenças ocupacionais (art. 157 da CLT; Norma Regulamentadora 1, Portaria SEPRT n. 915/2019).(42) Ademais, os agentes biológicos são considerados causadores de doenças ocupacionais aptos a ensejarem o pagamento de adicional de insalubridade e enquadramento como acidentes de trabalho (arts. 7º, XXIII da Constituição, 192 da CLT, Anexo XVI da Norma Regulamentadora n. 15).(43)

Sendo assim, caberá a cada empregador, partindo do pressuposto da existência dos diferentes níveis de risco dentro da mesma empresa e das condições pessoais de cada trabalhador, inserir o Sars-Cov-2 como um risco biológico a ser considerado na elaboração do Plano de Prevenção de Riscos Ambientais (PPRA)(44) e acompanhado pelo Programa de Controle Médico e de Saúde Ocupacional (PCMSO).(45)

Diante da contaminação de trabalhadores, iniciaram-se debates acerca da possibilidade de configuração da Covid-19 como doença ocupacional. Inicialmente nos parece carecer de nexo causal a contaminação do trabalhador que atua apenas de forma remota, sem nenhum comparecimento nas dependências da empresa, diferentemente da situação daqueles que atuam de forma presencial.

O legislador, por meio da MPV n. 927/2020, optou pelo não reconhecimento da Covid-19 como doença ocupacional, salvo diante da comprovação do nexo causal. O

---

(41) ALVARENGA, Rúbia Zanotelli. Princípios fundamentais de direito ambiental do trabalho. In: FELICIANO, Guilherme Guimarães *et. al* (Coord.). *Direito ambiental do trabalho:* apontamentos para uma teoria geral. São Paulo: LTr, 2017, p.71.

(42) BRASIL. Secretaria Especial de Previdência e Trabalho. *Portaria SEPTR n. 915, de 30 de julho de 2019*. Norma Regulamentadora n. 1. Disposições Gerais. Disponível em: <https://sit.trabalho.gov.br/portal/images/SST/SST_normas_regulamentadoras/NR-01.pdf>. Acesso em: 15 dez. 2020.

(43) BRASIL. Secretaria Especial de Previdência e Trabalho. *Portaria SEPRT n. 1.359, de 9 de dezembro de 2019*. Norma regulamentadora n. 15. Atividades e operações insalubres. Disponível em: <https://sit.trabalho.gov.br/portal/images/SST/SST_normas_regulamentadoras/NR-15-atualizada-2019.pdf>. Acesso em: 15 dez. 2020.

(44) *Ibidem*. *Portaria SEPRT n. 1.359, de 9 de dezembro de 2019*. Norma Regulamentadora n. 9. Programa de prevenção de riscos ambientais. Disponível em: <https://enit.trabalho.gov.br/portal/images/Arquivos_SST/SST_NR/NR-09-atualizada-2019.pdf>. Acesso em: 15 dez. 2020.

(45) BRASIL. Ministério do Trabalho. *Portaria MTb n. 1.031, de 6 de dezembro de 2018*. Norma Regulamentadora n. 7. Programa de controle medico de saúde ocupacional. Disponível em: <https://enit.trabalho.gov.br/portal/images/Arquivos_SST/SST_NR/NR-07.pdf>. Acesso em: 22 dez. 2020.

dispositivo, conforme já mencionado, foi objeto de diversas ADIs (ns. 6.432, 6.344, 6.346, 6.348, 6.349, 6.353, 6.354) e culminou na decisão pela suspensão dos efeitos do art. 29 da MPV. Diante do posicionamento do Supremo Tribunal Federal, parte da doutrina entendeu pela não configuração como doença ocupacional por ser compatível com a previsão da exclusão de nexo por endemia, conforme art. 20, § 1º, *"d"*, da Lei n. 8.213/1991, devendo haver prova do contato direto determinado pela natureza do trabalho.(46) Acrescentando, ainda, que a presunção do nexo causal teria nefasto impacto no cálculo do fator acidentário de prevenção (FAP) e no custo de manutenção dos trabalhadores.(47)

Em uma tese intermediária, Cirlene Luiza Zimmermann(48) entende como devida a aplicação da excludente epidêmica para o cenário pandêmico, mas aponta que para os trabalhadores em atividades essenciais seria possível presumir o nexo causal da Covid-19 com o trabalho, uma vez que estes não puderam se valer da proteção coletiva do isolamento social.

Ocorre que a disciplina do art. 20, II, § 1º, *"d"*, da Lei n. 8.213/91, ao regulamentar a questão da endemia, afasta a incidência como doença ocupacional, já que a prevalência superior e habitual de determinada doença em uma região coloca a população do local, como um todo, mais propensa à contaminação, independentemente das condições de trabalho.(49) Situação diversa de uma doença considerada pandêmica, por incidir em mais de um continente e apresentar riscos diversos às populações em decorrência da possibilidade de isolamento, políticas públicas de prevenção e condições laborais.

Nesse sentido, Luigi La Peccerella(50) deixa claro que determinadas atividades como profissionais da saúde, trabalhadores que têm contato com o público, assim como todos os demais que habitualmente dependem de transporte público, atraem para si a presunção de contaminação pelo exercício laboral. O autor ainda acrescenta que embora o risco de infecção seja genérico, este pode ser agravado e até ser específico em decorrência de certas atividades ou condições pelas quais são exercidas. Apontando

(46) Entendimentos de TUPINAMBÁ, 2020; ROBOERTELLA e PERES, 2020.

(47) CALCINI, Ricardo; VALENÇA, Maria Cibele de Oliveira Ramos. Covid-19 é ou não doença ocupacional do trabalho?. *Consultor Jurídico*. São Paulo. 3 set. 2020. Disponível em: <https://www.conjur.com.br/2020-set-03/pratica-trabalhista-Covid-19-ou-nao-doenca-ocupacional-trabalho>. Acessado em: 15 dez. 2020.

(48) ZIMMERMANN. Cirlene Luiza. *A Covid-19 nos ambientes de trabalho e a possibilidade do enquadramento como doença ocupacional para fins de emissão de CAT*. Disponível em: <https://renastonline.ensp.fiocruz.br/sites/default/files/arquivos/recursos/Covid-19_relacionada_ao_trabalho.pdf> Acesso em: 17 dez. 2020.

(49) Entendimentos de MAENO; CARMO, 2020; OLIVEIRA, 2019, p. 205.

(50) PECCERELLA. Luigi la. Infezione da coronavirus e tutela contro gli infortuni e le malattie professionali. Diritto della sicurezza sul lavoro. *Rivista dell'Osservatorio Olympus*, Università degli Studi di Urbino, n. 2, 2020, p.3. Disponível em: <http://dx.doi.org/10.14276/2531-4289.2188>. Acesso em: 15 dez. 2020.

para esse mesmo caminho, Maria Maeno e José Carlos do Carmo, médicos especialistas em saúde do trabalhador, alegam que:

> *Covid-19 em quem trabalha é presumivelmente relacionada ao trabalho.* Pelos aspectos levantados, estamos convictos de que temos elementos que fundamentam a tese de que a *Covid-19 é uma doença presumivelmente relacionada ao trabalho, quando acomete pessoas que saem de casa para trabalhar, pois estão compulsoriamente expostas ao contato inter-humano e ao contato com superfícies eventualmente contaminadas, a despeito do uso de máscaras ou de outros equipamentos de proteção individual, que não proporcionam proteção total.* Em documento orientador de medidas a serem tomadas nos locais de trabalho, a Organização Mundial da Saúde (OMS) classifica as exposições de risco ocupacional em graus baixo, médio e alto (OMS, 2020). *Pode-se afirmar que todos os trabalhadores que utilizam condução coletiva já estão excluídos do grupo de baixo risco ocupacional, e a grande maioria, se não a totalidade, se enquadra nos riscos médio e alto. Mas, e se forem oferecidas todas as formas de proteção no trabalho? Nenhum estudo demonstrou a possibilidade de proteção total nos locais de trabalho, até porque há possibilidade de ter infectados assintomáticos, lembrando que a oferta de exames laboratoriais em nosso país ainda é muito pequena e insuficiente para sua detecção. O mesmo vale para o transporte coletivo.*(51) (Grifos nossos).

O Grupo de Trabalho Covid-19 do Ministério Público do Trabalho defende na Nota Técnica n. 20/2020(52) que é possível o reconhecimento como doença do trabalho nos termos do art. 20, § 2º, da Lei n. 8.213/91 por entender que o caso se amolda à disciplina do art. 20, I, devendo ainda considerar o Anexo II do Decreto n. 3.048/99 (Regulamento da Previdência).

Ainda nesse campo, merece comentário a questão do acidente de trabalho de trajeto que havia sido extinto pela MPV 905/2019, entretanto, com a sua revogação em 11 de novembro de 2019, o uso de transporte público para o trabalho pode ser apto a gerar presunção de nexo causal em casos de contaminação.(53)

Por todo o exposto, é possível considerar a Covid-19 como doença ocupacional quando o meio ambiente de trabalho representa um fator de risco que aumenta as

(51) MAENO, Maria; CARMO, José Carlos. *A Covid-19 é uma doença relacionada ao trabalho*, 2020. Disponível em: <http://observatoriodamedicina.ensp.fiocruz.br/a-Covid-19-e-uma-doenca-relacionada-ao-trabalho-por-maria-maeno-e-jose-carlos-do-carmo/>. Acesso em: 15 dez. 2020.

(52) BRASIL. Ministério Público do Trabalho. *Nota Técnica GT Covid-19 n. 20/2020*. Sobre medidas de vigilância epidemiológica nas relações de trabalho. Disponível em: <https://protecao.com.br/wp-content/uploads/2020/12/mpt-emite-nota-tecnica-considera-covid.pdf>. Acesso em: 16 dez. 2020.

(53) MAENO, Maria; CARMO, José Carlos. *Op. cit.*

chances de o indivíduo se contaminar em comparação com aqueles que podem permanecer em isolamento social. Para Raimundo Simão de Melo, nem sempre há certeza absoluta do nexo causal da doença com o trabalho, contudo pode haver elevado grau de probabilidade.(54) Assim, cabe aos empregadores o dever de investigar a contaminação, afastar o empregado e emitir a Comunicação de Acidente de Trabalho.

Superada a questão do enquadramento como doença ocupacional, surge a questão relativa à responsabilidade civil do empregador. Dessa feita, a doutrina apresentou nova cizânia uma vez que parte entendeu como sendo caso de enquadramento no sistema subjetivo, enquanto outros defendem a modalidade objetiva.

André Araújo Molina,(55)buscando compreender os dois sistemas coexistentes de responsabilização no ordenamento pátrio, sugere que cabe ao intérprete primeiramente verificar se o caso concreto se amolda a alguma determinação legislativa como sendo objetiva. Em caso de negativa, passa-se pela possibilidade de inclusão da responsabilidade nos termos do parágrafo único do art. 927 do Código Civil, para só depois caminhar no sentido de averiguar a existência de culpa presumida ou exigência de dolo ou culpa grave. Por fim, somente diante das três negativas anteriores poderá a hipótese ser enquadrada na regra geral da responsabilidade subjetiva. O autor destaca ainda que, diante de antinomia aparente, deverá o conflito ser resolvido por intermédio da norma mais favorável ao trabalhador.

Para aqueles que advogam pela tese do afastamento da situação como doença ocupacional pela via do art. 20, II, § 1º, *"d"*, da Lei n. 8.213/91, caberia ao empregado demonstrar o nexo causal que pode ser feito pela investigação epidemiológica que evidencie o contato com pessoas (terceiros ou outros empregados) que testaram positivo no ambiente de trabalho e/ou condições de trabalho propícias à contaminação e/ou provável contato no trajeto, sem histórico de casos confirmados no domicílio cronologicamente compatíveis com o trabalhador doente.(56) Nesse cenário, caberia também a comprovação da culpa ou dolo do empregador, que ficaria mais evidente diante da ausência de medidas preventivas e combativas nos sistemas internos da empresa.

Por outro caminho, alguns doutrinadores defendem a tese de que a contaminação se amolda ao sistema da responsabilidade objetiva. Os argumentos que justificam a adoção dessa modalidade se pautam no risco aumentado da atividade ou disposição legal, nos termos do parágrafo único do art. 927 do Código Civil.

---

(54) MELO, Raimundo Simão. Nexo causal da doença com o trabalho se mede por razoável probabilidade. *Consultor Jurídico*, 2018. Disponível em: <https://www.conjur.com.br/2018-dez-28/reflexoes-trabalhistas-nexo-causal-doenca-trabalho-mede-razoavel-probabilidade>. Acesso em: 18 dez. 2020.

(55) MOLINA, André Araújo. O acidente ambiental trabalhista e a responsabilidade civil objetiva agravada do empregador. In: FELICIANO, Guilherme Guimarães *et al.* (Coord.). *Direito ambiental do trabalho: apontamentos para uma teoria geral*. v. 5. São Paulo: LTr, 2020. p. 397.

(56) BRASIL. Ministério da Saúde. *Manual de orientações de vigilância epidemiológica da Covid-19 relacionada ao trabalho*. Disponível em: <http://biblioteca.cofen.gov.br/wp-content/uploads/2020/08/OrientacoesVigilanciaEpidemiologica-Covid-19Trabalho.pdf>. Acesso em 17 dez. 2020.

A tese do risco aumentado, já defendida por parte da doutrina como se observa no Enunciado n. 37 da I Jornada de Direito do trabalho,(57) foi reafirmada pelo STF no Tema n. 932 de Repercussão Geral (Recurso Extraordinário n. 828.040- DF) em que a Corte entendeu ser a responsabilização objetiva do empregador por danos decorrentes de doenças ocupacionais nos seguintes termos:

O art. 927, parágrafo único, do Código Civil é compatível com o art. 7º, XXVIII, da Constituição Federal, sendo constitucional a *responsabilização objetiva do empregador* por danos decorrentes de acidentes de trabalho, nos *casos especificados em lei*, ou quando a *atividade normalmente desenvolvida, por sua natureza, apresentar exposição habitual a risco especial, com potencialidade lesiva e implicar ao trabalhador ônus maior do que aos demais membros da coletividade.*(58) (Grifos nossos)

Conforme já apontamos, além do risco decorrente do uso de transporte público, algumas atividades propiciam um risco bastante superior ao da média da população. Nesse sentido, indicam os dados da pesquisa de Lima *et al*,(59) que apurou que os vendedores varejistas, operadores de caixa e outros trabalhadores do setor somam 5 milhões de trabalhadores com média de 53% de risco de contaminação, enquanto os 350 mil motoristas de transportes enfrentam risco médio de contaminação superior a 70%.(60) Há ainda de se levar em consideração que dentro da mesma atividade existem riscos diferentes, conforme o apontado na referida pesquisa (Quadro 2).

Quadro 2: Relação de atividades e riscos.

ATIVIDADE	RISCO DA ATIVIDADE	% TRABALHADORES EM RISCO	RISCO DA OCUPAÇÃO
Salão de beleza e centros estéticos	65,16%	79,73%	Cabeleleiro - 73,33; Manicure - 68,33
Comércio varejista de fármacos	70,86%	78,33%	Balconista - 85,33; Farmacêutico - 81,67
Serviços funerários	60,79%	60,52%	Agente - 72
Hotel	57,50%	50,38%	Recepcionista - 55,33; Camareira - 60,33
Supemercados	55,40%	39,70%	Operador de caixa - 66,33
Mercearias e armazéns	56,37%	45,49%	
Transporte aéreo	55,03%	67,02%	Comissário - 90
Restaurante	58,72%	46,08%	Gerente - 72,33; Garçom - 63
Cartório	55,64%	45,53%	Auxiliar do cartório - 69,67
Postos de combustível	52,71%	14,83%	Frentista - 50,67

Fonte: Elaborado pela autora(61)

(57) "A responsabilidade fundada no risco da atividade, como prevista na segunda parte do parágrafo único do art. 927 do Novo Código Civil, configura-se quando a atividade normalmente desenvolvida pelo autor do dano causar a pessoa determinada um ônus maior do que aos demais membros da coletividade (BRASIL, 2007)."

(58) BRASIL. Supremo Tribunal Federal. *Recurso Extraordinário n. 828.040- DF*. Recurso Extraordinário n. 828.040. Tribunal Pleno, relator Ministro Alexandre de Moraes, j. 12.3.2020, publicado em 26.3.2020.

(59) LIMA, Y. O.; COSTA, D. M.; SOUZA, J. M. *Risco de Contágio por Atividade no Brasil. Impacto Covid-19*. Rio de Janeiro, 17 de maio de 2020. Disponível em: <https://impactocovid.com.br/atividade.html>. Acesso em: 18 dez. 2020.

(60) A pesquisa contempla 2.539 ocupações e abrange todo o país e valeu-se de dados da Classificação Brasileira de Ocupações, do Ministério do Trabalho e da Relação Anual de Informações sociais (RAIS) do Ministério da Economia.

(61) BOAVENTURA. L.R., com base nos dados da pesquisa de LIMA, Y. O., COSTA, D. M., SOUZA, J. M, "Risco de Contágio por Atividade no Brasil. Impacto Covid-19". Disponível em https://impactocovid.com.br/atividade.html. Acesso em: 18 de dez. 2020.

Observando os dados do Quadro 2, pode-se perceber que em relação à atividade de salões de beleza e centros estéticos o risco da atividade é de 65,15%, entretanto o percentual de trabalhadores em risco perfaz 79,73%. Também, nota-se que as cabeleireiras suportam um risco maior que as manicures. A atividade de comércio de fármacos, apesar de representar risco de 70,86%, possui 79,72% dos trabalhadores em risco, sendo que a ocupação de balconista suporta risco superior ao do farmacêutico. Assim, diante dessas atividades com considerável aumento de risco, é possível defender a responsabilização objetiva pelo risco aumentado da atividade, ainda que o empregador tenha tomado todas as medidas de segurança cabíveis.[(62)]

O segundo raciocínio da doutrina defensora da responsabilidade objetiva considera que existe previsão legal no sentido de compreender a infecção por Covid-19 como sendo um risco biológico apto a ser considerado como poluição ambiental.[(63)] Nesse sentido, a poluição sistêmica do meio ambiente do trabalho, desencadeada pela potencial contaminação, resulta no modelo de responsabilidade pela aplicação do § 1º do art. 14 da Lei n. 6.938/91, respeitando assim o mandamento constitucional dos arts. 7º e § 3º do art. 225.

Ainda na seara do labor ambiental, o Princípio 16 da Declaração do Rio de 1992 preconiza a internalização das externalidades negativas, ou seja, os custos externos do exercício da atividade, donde se insere a poluição, devem ser internalizados de maneira que aqueles que auferem os lucros devem suportar os custos,[(64)] sendo assim expressão do princípio do poluidor-pagador e da alteridade na seara laboral. Analisando a matéria, apenas na esfera ambiental, o Superior Tribunal de Justiça (STJ) entendeu pela responsabilidade integral do poluidor "que causa, que se omite quando deveria agir, que deixa de fazer, que não se importa que façam, que financia quem faz, que se beneficia quando outros fazem".[(65)] Sendo o ambiente laboral uma das espécies de meio ambiente, não há nenhuma razão para afastar a aplicação dessa tese.

---

(62) BRAGA NETTO, Felipe Peixoto; ROSENVALD, Nelson. A responsabilidade civil ambiental na sociedade de risco. In: FELICIANO, Guilherme Guimarães *et. al. Direito ambiental do trabalho:* apontamentos para uma teoria geral. v. 5. São Paulo: LTr, 2020. p. 95.

(63) FELICIANO, Guilherme Guimarães. Responsabilidade civil por acidente de trabalho (abordagem labor-ambiental). In: CAMPILONGO, Celso Fernandes; GONZAGA, Alvaro de Azevedo; FREIRE, André Luiz (Coords.). *Enciclopédia jurídica da PUC-SP.* Tomo: Direito do Trabalho e Processo do Trabalho. Pedro Paulo Teixeira Manus e Suely Gitelman (coord. de tomo). São Paulo: Pontifícia Universidade Católica de São Paulo, 2017. Disponível em: <https://enciclopediajuridica.pucsp.br/verbete/390/edicao-1/responsabilidade-civil-por-acidente-de-trabalho-%28abordagem-labor-ambiental%29>. Acesso em: 22 dez. 2020.

(64) NEVES, Fernanda Barreto. A aplicação da teoria da internalização das externalidade negativas no caso de acidentes do trabalho e doenças ocupacionais. Terezina: *JUS*, publicado em junho de 2020. Disponível em: <https://jus.com.br/artigos/83444/a-aplicacao-da-teoria-da-internalizacao-das-externalidades-negativas-no-caso-de-acidentes-do-trabalho-e-doencas-ocupacionais#:~:text=O%20princ%C3%ADpio%20supratranscrito%20positiva%20a,com%20a%20explora%C3%A7%C3%A3o%20da%20atividade>. Acesso em: 18 de dez. 2020.

(65) STEIGLEDER, Annelise Monteiro. Responsabilidade civil ambiental e meio ambiente do trabalho. In: FELICIANO, Guilherme Guimarães *et. al.* (Coord.). *Direito ambiental do trabalho:* apontamentos para uma teoria geral, *v. 5*. São Paulo: LTr, 2020, p. 250.

O que se nota é que diante da contaminação, considerada uma poluição sistêmica do meio ambiente de trabalho, poderá o empregador ser responsabilizado de forma objetiva e integral.

Portanto, seja pela via do risco incrementado da atividade, seja pela disposição legal de reparação integral da poluição disposta na Política Nacional do Meio Ambiente, poderá o empregador ser responsabilizado de forma objetiva para fazer cumprir os mandamentos constitucionais dos arts. 1º, III, IV; 3º, I, II; 7º, *caput* e XXII; 170; 200, III e 225.

Conclusão

O ano de 2020, marcado pela pandemia da Covid-19, confrontou o mundo, exigindo respostas públicas e privadas às situaçõcs de emergência. O impacto na economia global desencadeou o aumento de desemprego, redução da renda básica e consequente aumento da pobreza, que tende a se agravar diante das incertezas da retomada.

As medidas de controle da pandemia, para a qual ainda não se vislumbra a cura, incluem o uso de máscaras, higienização das mãos, distanciamento social, além dos períodos de quarentena e *lock down*. Diante das exigências sanitárias, o mercado de trabalho precisou de uma série de adaptações que vão desde a implementação do teletrabalho até adequações ambientais, principalmente nos casos das atividades essenciais, que continuaram em funcionamento.

A definição de atividades essenciais desafiou debates jurídicos e políticos no seu processo de definição, o que culminou em um extenso rol de atividades que, à primeira vista, são despidos de qualquer imprescindibilidade à saúde e segurança da população. Inseridos nesse grande grupo se enquadram os trabalhadores que atuam no atendimento ao público.

Pela análise do Decreto n. 10.282/2020, dos decretos dos estados e do Distrito Federal, apurou-se mais de 40 atividades que pressupõem o atendimento ao público dentro das consideradas essenciais. Seguindo as recomendações de vários protocolos da OMS o estudo elaborou uma classificação do grupo seguindo o critério de similitude das condições de trabalho e riscos suportados. Dessa maneira, incialmente, classificou-se a categoria em dois grupos maiores: os que atendem diretamente ao público e aqueles que o atendem de forma indireta. Cabendo ainda considerar que o primeiro grupo é composto por aqueles que trabalham no interior de estabelecimentos, os que atuam em trabalhos externos e os que fazem parte da cadeia hoteleira e rodoviária. Para cada um desses grupos e subgrupos é necessário o estabelecimento de um tipo de protocolo de prevenção contra a contaminação, cabendo ainda a análise do risco por tarefa, que como se observou, pode variar.

Compreendida a categoria responsável pelo atendimento, buscou-se vislumbrar se a Covid-19 poderia ser enquadrada como doença ocupacional. A princípio, o legislador entendeu por afastar essa doença como hipótese apta a ensejar o acidente de trabalho. Todavia, com a suspensão dos efeitos da norma pela via da ADI, a doutrina se dividiu no sentido de necessidade de comprovar ou não o nexo causal para o enquadramento acidentário. Para aqueles que exigem a comprovação, a justificativa está na aplicação da excludente de endemia disposto na Lei n. 8.213/91. Enquanto para os demais, diante da impossibilidade de comprovação e do incremento do risco decorrente do exercício laboral, deverá a contaminação ser entendida como doença ocupacional.

Nova cizânia doutrinária surge quando se pensa no modelo de responsabilidade mais adequado para os acidentes de trabalho em razão da Covid-19. Para o grupo que advoga a aplicação da excludente de endemia, caberia ao empregado comprovar o nexo causal, assim como a culpa ou dolo do empregador, resultando assim em aplicação do sistema subjetivo de responsabilidade. A outra parte da doutrina, defensora do sistema objetivo, faz a defesa dessa tese pelo caminho do risco aumentado ou pela disposição legal, conforme disciplina do parágrafo único do art. 927 do Código Civil, recentemente entendido pelo STF como aplicável às relações de trabalho.

A atividade presencial, que geralmente está relacionada ao uso habitual de transporte público, expõe o trabalhador a um risco maior de contaminação em razão do contato com pessoas assintomáticas ou objetos contaminados. Nesse sentido, apontou a pesquisa de Lima *et al.* que relacionou o risco da atividade aos riscos das ocupações. Desta feita, é claramente possível pensar em responsabilização objetiva decorrente do risco agravado da atividade.

O segundo caminho percorrido para configurar a responsabilização objetiva se pauta na disposição legal do parágrafo único do art. 14 da Lei de Política Nacional do Meio Ambiente que, em um exercício de interpretação sistemática teleológica, compreende o vírus como um risco biológico apto a resultar em poluição ambiental e, por consequência, geradora da responsabilização do empregador.

Assim, por todo o exposto, independentemente do cumprimento de todas as normas sanitárias, em face da contaminação desses trabalhadores, é possível reconhecer a doença como enfermidade relacionada ao trabalho, a despeito de qualquer comprovação. Ademais, a adoção do sistema objetivo de responsabilidade, seja pela via do risco aumentado ou disposição legal, é o que mais atende aos preceitos constitucionais da valorização do trabalho; da melhoria das condições do trabalhador; do direito à vida e à saúde; do direito ao meio ambiente sadio como formas de assegurar o norte da dignidade da pessoa humana conforme as normas internacionais de direitos humanos.

APÊNDICE A – **Quadro 3: Relação das atividades essenciais com atendimento ao público e seus respectivos riscos, considerando o risco mínimo de 55%**

ATIVIDADE	RISCO
Comércio varejista de produtos farmacêuticos para o uso humano e veterinário	70,86%
Cabelereiros e atividades da beleza	65,16%
Transporte rodoviário coletivo de passageiros (municipal ou região metropolitana)	64,25%
Transporte escolar	63,63%
Operadoras de televisão por assinatura	63,25%
Transporte de passageiros (intermunicipal, interestadual ou internacional)	62,85%
Transporte rodoviário no regime de fretamento	62,53%
Atividades funerárias e serviços relacionados	60,79%
Atividades de serviços pessoais	60,43%
Comércio varejista de artigos médicos	59,88%
Comércio varejista de calçados e artigos para viagem	59,35%
Comércio varejista de óptica	59,33%
Comércio de cosméticos, perfumaria e higiene	59,09%
Serviços de comida preparada	58,98%
Atividades de exibição cinematográfica	58,91%
Comércio varejista de vestuário e acessório	58,73%
Restaurantes e outros estabelecimentos de alimentação e bebida	58,72%
Comércio varejista de joias e relógios	58,32%
Comércio varejista de cama, mesa e banho	58,26%
Transporte rodoviário de táxi	58,03%
Estacionamento de veículos	57,65%
Hotéis e similares	57,05%
Comércio varejista de artigos esportivos	57,36%
Comércio varejista de CDS, DVDs, LPs	57,27%
Comércio varejista de artigos de papelaria	57,25%
Intermediação na compra e aluguel de imóveis	57,23%
Transporte por navegação	57,23%
Comércio varejista de carnes e pescados	57,20%
Comércio de instrumentos musicais	57,16%
Comércio varejista geral, sem predominância de produtos alimentícios	57,05%
Comércio varejista de produtos de padaria, laticínio, doces, balas e semelhantes	56,86%
Comércio varejista de telefonia e comunicação	56,16%

ATIVIDADE	RISCO
Atividade de vigilância e segurança privada	56,80%
Minimercados, mercearias e armazéns	56,37%
Locação de automóveis	56,00%
Operadores de televisão por assinatura por cabo	55,86%
Cartórios	55,62%
Comércio de bebidas	55,60%
Hipermercados e supermercados	55,41%

Fonte: Elaborado por Lorena R. Boaventura, com base nos dados de LIMA, Y. O., COSTA, D. M., SOUZA, J. M.

APÊNDICE B – **Quadro 4: Relação de ocupações inseridas no atendimento ao público em atividades essenciais e seus respectivos riscos, considerando o risco mínimo de 55%**

OCUPAÇÃO	RISCO (pts)[(66)]
Comissário de voo	90
Atendente de farmácia - balconista	85,33
Barbeiro	83
Professor de nível superior na educação infantil (3 a 6 anos)	81,67
Monitor de transporte escolar	80,33
Professores de aluno PCD	76,33
Atividades relacionadas a cuidados de animais	74,67
Professor de nível superior na educação infantil (0 a 3 anos)	74,33
Professor do ensino fundamental	73,33
Chefe/gerente de bar	72,33
Agente funerário	72
Esteticista	72
Professor de nível médio	71,67
Motorista de ônibus rodoviário e urbano	71
Piloto de aeronave	71
Atendente de agência, atendente judiciário, auxiliar de cartório, tabelião	69,67
Caixa de banco a técnicos de operações de serviços bancários	69,67
Manicure e pedicure	68,33

(66) A sistemática de pontos considera a exposição à doença, a proximidade física e o contato com outras pessoas

OCUPAÇÃO	RISCO (pts)[67]
Bilheteiros, cobradores de transportes coletivos	66,33
Operador de caixa	66,33
Mecânico de manutenção de edifícios	65,33
Porteiro de edifícios	65
Instalador/reparador de serviços de energia, telefonia e telecomunicação	64,33
Reparador de elevadores, escadas rolantes,	63,67
Motorista de carro de passeio, táxi, mototáxi	63,33
Garçom	63
Mordomo de hotelaria	63
Atendentes de lojas e mercados	61,67
Vendedor de comércio varejista	61,67
Recepcionista	61
Camareiro de hotel	60,33
Eletricista	58,67
Gerente de loja de supermercado	57,33
Mecânico de manutenção de máquinas em geral	56,67
Vigia e vigilante	56,67
Alinhador de pneus	56,33
Açougueiro	56
Atendente de lanchonete	56
Barista	56
Carpinteiro	56
Cozinheiro	55,33
Recepcionista de hotel	55,33
Faxineiro	55
Manutenção de edificações	55

Fonte: Elaborado por Lorena R. Boaventura, com base nos dados de LIMA, Y. O., COSTA, D. M., SOUZA, J. M.

Referências

ALVARENGA, Rúbia Zanotelli. Princípios fundamentais de direito ambiental do trabalho. In: FELICIANO, Guilherme Guimarães *et. al.* (Org.). *Direito ambiental do trabalho:* apontamentos para uma teoria geral. São Paulo: LTr, 2017.

(67) A sistemática de pontos considera a exposição à doença, a proximidade física e o contato com outras pessoas

BECK, Ulrich. *Risk society:* towards a new modernity. Londres: Sage, 1992.

BRAGA NETTO, Felipe Peixoto; ROSENVALD, Nelson. A responsabilidade civil ambiental na sociedade de risco. In: FELICIANO, Guilherme Guimarães *et. al.* (Coord.). *Direito ambiental do trabalho*: apontamentos para uma teoria geral, v. 5. São Paulo: LTr, 2020.

BRASIL. Ministério da Saúde. *Manual de orientações de vigilância epidemiológica da Covid-19 relacionada ao trabalho, 2020.* Disponível em: <http://biblioteca.cofen.gov.br/wp-content/uploads/2020/08/OrientacoesVigilanciaEpidemiologica-Covid-19Trabalho.pdf>. Acesso em: 17 dez. 2020.

______. Ministério da Saúde. *Painel Coronavírus, 2020.* Disponível em: <https://covid.saude.gov.br/>. Acesso em: 14 dez. 2020.

______. Ministério Público do Trabalho. *Nota Técnica para orientação da atuação do Ministério Público do Trabalho em face das medidas governamentais de contenção da pandemia da doença infecciosa Covid-19, voltada às empresas de transporte de mercadorias e de transporte de passageiros, por plataformas digitais, 2020.* Disponível em: <https://mpt.mp.br/pgt/publicacoes/nota-tecnica-conafret-no-01-2020/@@display-file/arquivo_pdf>. Acesso em: 22 dez. 2020.

______. Supremo Tribunal Federal. *Recurso Extraordinário n. 828.040-DF.* Tribunal Pleno, relator Ministro Alexandre de Moraes, j. 12.3.2020, publicado em 26.3.2020.

______. Secretaria Especial de Previdência e Trabalho. *Portaria SEPTR n. 915, de 30 de julho de 2019.* Norma Regulamentadora n. 1. Disposições Gerais. Disponível em: <https://sit.trabalho.gov.br/portal/images/SST/SST_normas_regulamentadoras/NR-01.pdf>. Acesso em: 15 dez. 2020.

______. Secretaria Especial de Previdência e Trabalho. *Portaria SEPRT n. 1.359, de 9 de dezembro de 2019.* Norma regulamentadora n. 15. Atividades e operações insalubres. Disponível em: <https://sit.trabalho.gov.br/portal/images/SST/SST_normas_regulamentadoras/NR-15-atualizada-2019.pdf>. Acesso em: 15 dez. 2020.

______. Secretaria Especial de Previdência e Trabalho. *Portaria SEPRT n. 1.359, de 9 de dezembro de 2019.* Norma Regulamentadora n. 9. Programa de prevenção de riscos ambientais. Disponível em: <https://enit.trabalho.gov.br/portal/images/Arquivos_SST/SST_NR/NR-09-atualizada-2019.pdf>. Acesso em: 15 dez. 2020.

______. Ministério do Trabalho. *Portaria MTb n. 1.031, de 6 de dezembro de 2018.* Norma Regulamentadora n. 7. Programa de controle médico de saúde ocupacional. Disponível em: <https://enit.trabalho.gov.br/portal/images/Arquivos_SST/SST_NR/NR-07.pdf>. Acesso em: 22 dez. 2020.

______. Supremo Tribunal Federal. *Mandado de Segurança 22.164, de 30 de outubro de 1995.* Relator ministro Celso de Mello. DJ de 17.11.1995. Disponível em: <http://www.stf.jus.br/portal/constituicao/artigo.asp?item=2005&tipo=CJ&termo=3>. Acesso em: 18 dez. 2020.

CALCINI, Ricardo; VALENÇA, Maria Cibele de Oliveira Ramos. Covid-19 é ou não doença ocupacional do trabalho? *Consultor Jurídico*. São Paulo, 3 set. 2020. Disponível em: <https://www.conjur.com.br/2020-set-03/pratica-trabalhista-Covid-19-ou-nao-doenca-ocupacional-trabalho>. Acesso em: 15 dez. 2020.

COMISSÃO INTERAMERICANA DE DIREITOS HUMANOS. *Resolução 1, de 10 de abril de 2020*. Pandemia e Direitos Humanos nas Américas. Disponível em: <https://www.oas.org/pt/cidh/decisiones/pdf/Resolucao-1-20-pt.pdf>. Acesso em: 14 dez. 2020.

Coronavírus é achado na Antártica, único continente que estava sem Covid-19. *UOL*, 2020. Disponível em: <https://noticias.uol.com.br/ultimas-noticias/afp/2020/12/21/surto-de-coronavirus-e-detectado-em-base-chilena-na-antartica.htm?cmpid=copiaecola>. Acesso em 21 dez. 2020.

DAUD, Felipe. Direito no combate ao coronavírus. *Jota*, São Paulo, 3 abr. 2020. Disponível em: <https://www.jota.info/especiais/o-direito-no-combate-ao-coronavirus-03042020>. Acesso em: 21 dez. 2020.

EUROPEAN AGENCY FOR SAFETY AND HEALTH AT WORK. *Expert forecast on Emerging Biological Risks related to Occupational Safety and Health*. Luxemburgo: Office for Official Publications of the European Communities, 2007. Disponível em: <https://osha.europa.eu/en/publications/reports/7606488>. Acesso em: 15 dez. 2020.

______. Responsabilidade civil por acidente de trabalho (abordagem labor-ambiental). In: CAMPILONGO, Celso Fernandes, GONZAGA, Alvaro de Azevedo; FREIRE, André Luiz (Coords.). *Enciclopédia jurídica da PUC-SP*. Tomo: Direito do Trabalho e Processo do Trabalho. Pedro Paulo Teixeira Manus; Suely Gitelman (Coord. de tomo). São Paulo: Pontifícia Universidade Católica de São Paulo, 2017. Disponível em: <https://enciclopediajuridica.pucsp.br/verbete/390/edicao-1/responsabilidade-civil-por-acidente-de-trabalho-%28abordagem-labor-ambiental%29. Acesso em: 22 dez. 2020.>

FELICIANO, Guilherme Guimarães. Meio ambiente do trabalho: aspectos gerais e propedêuticos. *Revista do Tribunal Regional do Trabalho da 15ª Região*, Campinas, n. 20, jul./set. 2002, p. 160-203.

INTERNATIONAL LABOUR ORGANIZATION. *A policy framework for tracking the economic and social impact of the Covid-19 crisis*. Publicado em maio 2020. Disponível em: <https://www.ilo.org/wcmsp5/groups/public/@dgreports/@dcomm/documents/briefingnote/wcms_745337.pdf>. Acesso em: 14 dez. 2020.

______. *Managing work-related psychosocial risks during the Covid-19 pandemic*. Genebra: ILO 2020, p. 6. Disponível em: <https://www.ilo.org/wcmsp5/groups/public/---ed_protect/---protrav/---safework/documents/instructionalmaterial/wcms_748638.pdf>. Acesso em: 22 dez. 2020.

______. Covid-19 and Labour Statistics. Disponível em: <https://ilostat.ilo.org/topics/Covid-19/>. Acesso em: 16 dez 2020.

______. *Declaração do Centenário, 2019*. Disponível em: <https://www.ilo.org/wcmsp5/groups/public/---europe/---ro-geneva/---ilo-lisbon/documents/publication/wcms_749807.pdf>. Acesso em: 18 dez. 2020.

______. *Freedom of Association. Compilation of decisions of the Committee on Freedom of Association.* International Labour Office. Genebra: ILO, 6th edition, 2018. ISBN 978-92-2-131206-2 (*web* pdf). Disponível em <https://www.ilo.org/wcmsp5/groups/public/---ed_norm/---normes/documents/publication/wcms_632659.pdf>. Acesso em: 15 dez. 2020.

JACKSON FILHO. José Marçal *et al.* A saúde do trabalhador e o enfretamento da Covid-19. *Revista Brasileira de Saúde Ocupacional, 2020*; 45: e 14. Disponível em: <https://www.scielo.br/pdf/rbso/v45/2317-6369-rbso-45-e14.pdf>. Acesso em: 21 dez. 2020.

LIMA, Y. O., COSTA, D. M., SOUZA, J. M. *Risco de Contágio por Atividade no Brasil.* Impacto Covid-19. Rio de Janeiro, 17 maio 2020. Disponível em: <https://impactocovid.com.br/atividade.html>. Acesso em: 18 dez. 2020.

LUCCA. Sérgio Roberto de. Proteção dos trabalhadores com maior risco de contaminação deve ser priorizada. *Revista Eletrônica de Jornalismo Científico.* Campinas, 27 abr. 2020. Disponível em: <http://www.comciencia.br/protecao-de-trabalhadores-com-maior-risco-de-contaminacao-deve-ser-priorizada/>. Acesso em: 10 jul. 2020.

MAENO, Maria; CARMO, José Carlos. *A Covid-19 é uma doença relacionada ao trabalho, 2020.* Disponível em: <http://observatoriodamedicina.ensp.fiocruz.br/a-Covid-19-e-uma-doenca-relacionada-ao-trabalho-por-maria-maeno-e-jose-carlos-do-carmo/>. Acesso em: 15 dez. 2020.

MAIA. Flávia. Covid-19 gerou 4,2 mil inquéritos civis trabalhistas em 100 dias, contabiliza MPT. *Jota*, Brasília, 17 jun. 2020. Disponível em: <https://www.jota.info/tributos-e-empresas/trabalho/Covid-19-gerou-42-mil-inqueritos-civis-trabalhistas-em-100-dias-contabiliza-mpt-17062020>. Acesso em: 21 dez. 2020.

MELO, Raimundo Simão. Trabalho seguro e decente em tempos de crise da Covid-19. *Consultor Jurídico*, 2020. Disponível em: <https://www.conjur.com.br/2020-set-11/reflexoes-trabalhistas-trabalho-seguro-decente-tempos-crise-Covid-19>. Acesso em: 18 dez. 2020.

MOLINA, André Araújo. O acidente ambiental trabalhista e a responsabilidade civil objetiva agravada do empregador. In: FELICIANO, Guilherme Guimarães *et. al.* (Coord.). *Direito ambiental do trabalho:* apontamentos para uma teoria geral, v. 5. São Paulo: LTr, 2020.

NEVES, Fernanda Barreto. A aplicação da teoria da internalização das externalidades negativas no caso de acidentes do trabalho e doenças ocupacionais. Terezina: *JUS*, publicado em junho de 2020. Disponível em: <https://jus.com.br/artigos/83444/a-aplicacao-da-teoria-da-internalizacao-das-externalidades-negativas-no-caso-de-acidentes-do-trabalho-e-doencas-ocupacionais#:~:text=O%20princ%C3%ADpio%20supratranscrito%20positiva%20a,com%20a%20explora%C3%A7%C3%A3o%20da%20atividade>. Acesso em: 18 de dez. 2020.

OLIVEIRA, Sebastião Geraldo de. *Indenização por acidente do trabalho ou doença ocupacional – De acordo com a Reforma Trabalhista.* 11. ed. São Paulo: LTr, 2019.

ORGANIZAÇÃO INTERNACIONAL DO TRABALHO. *As normas da OIT e a Covid-19 (coronavírus).* Perguntas Frequentes, 2020. Disponível em: <https://www.ilo.org/wcmsp5/groups/public/---americas/---ro-lima/---ilo-brasilia/documents/publication/wcms_745248.pdf.>. Acesso em: 15 dez 2020.

______. *Riscos emergentes e novas formas de prevenção num mundo de trabalho em mudança.* Genebra, 2010. Disponível em: <https://www.ilo.org/wcmsp5/groups/public/---europe/---ro-geneva/---ilo-lisbon/documents/publication/wcms_718134.pdf>. Acesso em: 15 dez. 2020.

______. *Declaração de Filadélfia: Constituição da Organização Internacional do Trabalho, 1944.* Disponível em: <https://www.ilo.org/wcmsp5/groups/public/---americas/---ro-lima/---ilo-brasilia/documents/genericdocument/wcms_336957.pdf>. Acesso em: 14 dez. 2020

ORGANIZAÇÃO PAN-AMERICANA DA SAÚDE. *Folha informativa Covid-19 – Escritório da OPAS e da OMS no Brasil.* Disponível em: <https://www.paho.org/pt/covid19>. Acesso em: 14 dez. 2020.

PECCERELLA. Luigi la. Infezione da coronavirus e tutela contro gli infortuni e le malattie professionali. Diritto della sicurezza sul lavoro. *Rivista dell'Osservatorio Olympus.* Università degli Studi di Urbino, n. 2, 2020. Disponível em: <http://dx.doi.org/10.14276/2531-4289.2188>. Acesso em: 15 dez. 2020.

ROBORTELLA, Luiz Carlos Amorim; PERES, Antonio Galvão. Responsabilidade social, ética, sanitária e ambiental da empresa após o coronavirus. In: BELMONTE, Alexandre Agra *et. al* (Org.). *X Congresso Nacional da ABDT:* crise econômica e social e o futuro do direito do trabalho – Anais do Congresso. São Paulo: Matrisoka Editora, 2020.

ROCHA. Camilo. A mobilização dos entregadores durante a Covid-19. *Jornal Nexo.* São Paulo, 17 jun. 2020. Disponível em: <https://www.nexojornal.com.br/expresso/2020/06/17/A-mobiliza%C3%A7%C3%A3o-dos-entregadores-de-app-durante-a-Covid-19>. Acesso em: 26 dez. 2020.

SOCIEDADE DAS NAÇÕES. *Pacto das sociedades das nações: Tratado de Versalhes de 28 de junho de 1919.* No Brasil ratificado em 10.12.2019 e promulgado pelo Decreto n. 13.990 de 12/01/1920. Disponível em: <http://pfdc.pgr.mpf.mp.br/atuacao-e-conteudos-de-apoio/legislacao/segurancapublica/PACTO_DA_SOCIEDADE_DAS_NACOES.pdf>. Acesso em: 14 dez. 2020.

STEIGLEDER, Annelise Monteiro. Responsabilidade civil ambiental e meio ambiente do trabalho. In: FELICIANO, Guilherme Guimarães *et. al.* (Coord.). *Direito ambiental do trabalho:* apontamentos para uma teoria geral, v.5. São Paulo: LTr, 2020.

TUPINAMBÁ, Carolina. É verdade que a Covid-19 é considerada doença ocupacional?. *JOTA.* São Paulo, 22 maio 2020. Disponível em: <https://www.jota.info/opiniao-e-analise/artigos/e-verdade-que-a-Covid-19-e-considerada-doenca-ocupacional-22052020>. Acesso em: 15 dez. 2020.

UNITED NATIONS. *Committee for the Coordination of Statistical Activities.* How Covid-19 is changing the world: a statistical perspective. V.II. Disponível em: <https://unstats.un.org/unsd/ccsa/documents/covid19-report-ccsa_vol2.pdf>. Acesso em: 16 dez. 2020.

WORLD HEALTH ORGANIZATION. *Coronavirus desease (Covid-19) pandemic.* 2020. Disponível em: <https://www.who.int/emergencies/diseases/novel-coronavirus-2019?adgroupsurvey={adgroupsurvey}&gclid=CjwKCAiA_eb-BRB2EiwAGBnXXgFe6GnESHBCGtgM6sXU3DzGxnFUT2QsH83EVXb8jp5z3CIxkxAMjxoCXrQQAvD_BwE>. Acesso em: 15 dez. 2020.

______. *Covid-19 strategy update.* Publicado em: 14.4.2020. Disponível em: <https://www.who.int/docs/default-source/coronaviruse/covid-strategy-update-14april2020.pdf?sfvrsn=29da3ba0_)>. Acesso em: 21 dez. 2020.

______. Considerations for public health and social measures in the workplace in the context of Covid-19. Publicado em 10 maio 2020. Disponível em: <https://www.who.int/publications/i/item/considerations-for-public-health-and-social-measures-in-the-workplace-in-the-context-of-Covid-19>. Acesso em: 20 dez. 2020.

______. *Getting your workplace ready for Covid-19*. Publicado em 3.3.2020. Disponível em: <https://www.who.int/docs/default-source/coronaviruse/getting-workplace-ready-for-Covid-19.pdf>. Acesso em: 26 dez. 2020.

ZIMMERMANN. Cirlene Luiza. *A Covid-19 nos ambientes de trabalho e a possibilidade do enquadramento como doença ocupacional para fins de emissão de CAT*. Disponível em: <https://renastonline.ensp.fiocruz.br/sites/default/files/arquivos/recursos/Covid-19_relacionada_ao_trabalho.pdf>. Acesso em: 17 dez. 2020.

A Prevenção de Riscos à Saúde e à Segurança do Trabalho da Mulher

Marcelo Lucca(1)

Thereza Christina Nahas(2)

Resumo: A prevenção de riscos à saúde e segurança do trabalho da mulher necessita ser colocada como perspectiva de análise do ambiente do trabalho, modificando as abordagens adotadas na implantação de medidas protetivas à segurança e à saúde das mulheres trabalhadoras, pois, até hoje se adota um viés simplificador e rotulador de proteção à maternidade ou à alegada fragilidade física da mulher. O presente artigo, mediante a utilização do método dedutivo, pretende inserir uma perspectiva de gênero na consideração das medidas que visam garantir saúde e segurança no trabalho, por meio da apresentação de elementos que viabilizam a discussão acerca da necessidade de concessão de tutela diferenciada às mulheres trabalhadoras, no que se relaciona com a sua saúde e segurança, bem como acerca do resultado finalístico de tal proteção, no sentido de verificar se promovem igualdade ou discriminação.

Palavras-chave: Direito do Trabalho — Segurança do trabalho — Ambiente de trabalho — Gênero — Discriminação.

1. Introdução

É importante, inicialmente, pautar a questão de gênero na avaliação de risco e, por outro lado, a inclusão de aspectos de saúde e segurança ocupacional em todas as ações realizadas para garantir igualdade de oportunidades.

---

(1) Mestre em Direito. Mestre em Sistemas Integrados de Gestion y Prevencion de Riesgos Laborales. Engenheiro Civil e de Segurança do Trabalho. Bacharel em Direito. Professor do curso de Pós-Graduação em Engenharia de Segurança do Trabalho do IPA.

(2) Juíza do trabalho. Doutora e pesquisadora. Membro da Academia Brasileira de Direito do Trabalho, titular da Cadeira n. 43. Coordenadora da Revista de Direito do Trabalho e Seguridade Social.

É reconhecido que há maior incorporação de mulheres ao mercado de trabalho, na exata medida que há novos processos de produção e uma forte segmentação de mercado, que afetam homens e mulheres na proteção de sua saúde e condições de segurança no trabalho.

A igualdade entre mulheres e homens não é apenas uma questão de diversidade e justiça social, é também uma condição prévia para alcançar os objetivos em termos de crescimento sustentável, emprego, competitividade e coesão social. O investimento em políticas de igualdade entre homens e mulheres se manifesta em termos de maiores taxas de emprego feminino, a contribuição das mulheres para o PIB, receitas fiscais e taxas de natalidade sustentáveis.

O Direito do Trabalho brasileiro manteve-se atrelado ao postulado da proteção do trabalhador, contando com a atuação estatal intervencionista nas relações de trabalho. Não por outra razão, as normas que regulamentam as regras atinentes à saúde e segurança do trabalho seguem multiplicando-se até a atualidade.

Porém, sempre que se aborda a temática da tutela jurídica do meio ambiente de trabalho em condições seguras e com salubridade, ressalta-se em primeiro plano a busca pela proteção da força de trabalho ante riscos de acidentes graves, como por exemplo, os riscos existentes na construção civil, na exploração de minérios ou indústrias pesadas, ou seja, pensa-se em trabalhadores do gênero masculino como os únicos (ou principais) destinatários das tarefas laborais perigosas e insalubres, popularmente chamados de trabalhos pesados.

Dessa forma, o trabalho dito feminino fica afastado daquele chamado pesado e eminentemente masculino. Consequentemente, a identificação e prevenção aos riscos que poderiam atingir as mulheres trabalhadoras são praticamente invisíveis na área da saúde e segurança do trabalho, a qual persiste "focalizando grupos ocupacionais majoritariamente masculinos" (CORRÊA, 2002, p. 357-388).

E é preocupante constatar que, embora ao tempo da Revolução Industrial(3) as primeiras normas trabalhistas tenham sido definidas para proteger mulheres e crianças contra a exploração extremada em jornadas excessivas e condições degradantes — pois resultavam em elevado número de acidentes fatais e uma baixa expectativa de vida —, hoje o ordenamento juslaboralista ainda precisa controlar os graus de exploração da atividade produtiva e garantir a saúde e segurança no trabalho. Isso porque persiste a invisibilidade do trabalho da mulher, diante da ideia de uma proteção universal, que

(3) A Revolução Industrial consistiu na transição para novos processos de manufatura no período compreendido entre 1760 até 1840. Tal mudança nos meios produtivos abarcou a alteração da produção artesanal, para a produção com a utilização de máquinas. O movimento teve seu início na Inglaterra e em poucas décadas se espalhou para a Europa Ocidental e posteriormente os Estados Unidos. *In* LUCAS, Robert E. *Lectures on Economic Growth*. Cambridge: Harvard University Press, 2002, p. 109.

termina por ocultar, sob o manto dos direitos humanos, as desigualdades de gênero que existem nos ambientes de trabalho.

Assim, compreender tais questões exige o emprego do gênero como categoria de análise do meio ambiente do trabalho, o que possibilita romper com a abordagem da saúde das mulheres trabalhadoras estritamente na perspectiva da maternidade ou da fragilidade física, evidenciando-se a esfera da subjetividade como aspecto fundamental para a promoção da qualidade de vida e consequente equilíbrio entre saúde e trabalho (OLIVEIRA, 2000).

As condições de trabalho das mulheres podem diferir das dos homens de várias maneiras, dependendo do tipo de trabalho, contrato e responsabilidades domésticas.

Essas condições divergentes afetam a saúde e a segurança no trabalho, por isso é relevante examinar as diferenças de gênero em relação à exposição a diferentes riscos laborais.

Diante desse contexto, o presente estudo procura elucidar duas questões importantes: a segurança e a saúde das mulheres no trabalho estão adequadamente protegidas pela legislação em vigor? As normas vigentes promovem igualdade ou discriminação?

No primeiro tópico, será abordado o conceito de meio ambiente do trabalho a partir de sua construção histórica, que tem por marco inicial a Revolução Industrial, a fim de elucidar aspectos da origem da proteção à integridade física do trabalhador, bem como de demonstrar que a igualdade entre trabalhadores e trabalhadoras é eixo fundamental para que exista equilíbrio no espaço de trabalho.

O segundo tópico apresentará algumas bases teóricas que explicam as relações de gênero, a opressão das mulheres e a consequente construção histórica da divisão sexual do trabalho, como base material da relação de poder entre os gêneros.

Por fim, no último tópico, pretende-se delinear a influência do gênero sobre os riscos ocupacionais, mediante uma análise das especificidades do trabalho das mulheres na contemporaneidade.

Quanto aos aspectos metodológicos, ressalta-se que este trabalho utiliza como método de abordagem o dedutivo.

2. O ambiente de trabalho e as garantias à saúde e à segurança do trabalhador

Há consenso na bibliografia que o verdadeiro significado de segurança (e higiene) do trabalho somente nasceu na Revolução Industrial. Ali, com a invenção da máquina a vapor de James Watt, teve-se como consequência o aumento substancial de fábricas e do número de acidentes, sem o correspondente progresso em adoção e desenvolvimento de técnicas para evitá-los. A situação tornou-se tão caótica naquele tempo, diante da alta demanda de trabalho e o surgimento de invenções notáveis como a lançadeira voadora, a fiação, o tear e outros na indústria têxtil, para citar exemplos, ao passo que alguns problemas foram na verdade potencializados. Cortés (2007) destaca, particularmente, a questão das crianças que trabalhavam em condições insalubres, 14 ou 15 horas por dia, conforme descrito por Engels (1844), ao relatar a situação em Manchester City, onde as máquinas aumentaram continuamente sua potência e velocidade, criando riscos maiores.

Nessa época de euforia da Revolução Industrial, como não poderia ser de outra forma, o trabalhador era considerado o único culpado do acidente, recaindo a responsabilidade sobre o empregador apenas quando houvesse total abandono do seu empregado. Até o século XIX não houve medidas efetivas como a criação de inspeções da fábrica. No contexto histórico, surge na Inglaterra a Lei das Fábricas, estendendo-se a outros países, que tinha intenção de evitar acidentes em fábricas, mas isso não ocorreu conforme o necessário (CORTES, 2007, p. 39-40). Somente no início do século seguinte, quando os conceitos de segurança e higiene começaram a ganhar importância, motivados, principalmente, pela criação da Organização Internacional do Trabalho (OIT), em 1918, e do seu serviço de segurança e prevenção de acidentes em 1921, é que houve a grande contribuição que levou à formação da chamada Escola Americana de Segurança de Trabalho com os seus grandes representantes Heinrich, Simonds, Grimaldi, Bird, autores de uma filosofia de segurança, que formou a base da concepção atual da questão (CORTES, 2007, p. 40-41).

Assim, o Estado, somente depois de deixar, por muitos anos, que vigorasse o livre-arbítrio na relação entre empregados e empregadores, passou a estabelecer os parâmetros do desempenho do trabalho e as condições de contraprestação, quando se viu obrigado a intervir na relação laboral, por meio da edição de normas protetoras ao trabalhador, quem mais sofria os efeitos das péssimas condições de higiene e segurança no local de trabalho.

O Direito do Trabalho no Brasil registrou suas primeiras normas jurídicas no século XIX, notadamente a partir do Código Comercial de 1850, e por leis esparsas datadas de 1852, as quais estabeleceram o trabalho livre nas estradas de ferro. Contudo, nesse momento histórico, por causa da utilização de mão de obra escrava, produziu-se muito pouco nessa seara do Direito. Por essa razão é que se pode considerar a Lei Áurea (BRASIL, 1888), como o primeiro grande marco justrabalhista brasileiro, uma vez que instituiu o trabalho livre a todos (CRIVELLI, 2017, p. 165-182).

Moraes (2009, p. 41) ao analisar o Decreto n. 3.724, de 15 de janeiro de 1919, que definia a reparação devida aos trabalhadores por acidentes sofridos em duas funções laborais, leciona que a origem da legislação protetiva remonta ao sistema alemão que, desde 1884, tinha abandonado a consideração da culpa e aceito a do risco profissional. Isso porque até aquele momento se entendia que o trabalhador das grandes fábricas não merecia, em seus sofrimentos e aspirações, a intervenção do Estado, uma vez que a postura "atentaria contra o sacratíssimo princípio da liberdade do trabalho" (MORAES, 2009, p. 7).

Posteriormente, a partir da Revolução de 1930, o Estado brasileiro assumiu uma postura intervencionista, focada em questões sociais, marcada pelas políticas públicas encabeçadas por Getúlio Vargas e, em consequência, abriu-se caminho à intensificação da regulamentação das relações de trabalho por meio da legislação. A indicada mudança de paradigmas governamentais refletiu na legislação nacional, que passou a tomar rumos distintos dos até então experimentados, com notável afastamento dos modelos econômicos, sociais e culturais escravocratas e patriarcais de uma sociedade agrária, com vistas à industrialização do país (LUZ; SANTIN, 2010).

A sequência histórica do Direito do Trabalho brasileiro persistiu na linha de intervenção estatal com enfoque na proteção ao trabalhador. É o que se pode perceber especialmente na Constituição Federal de 1988 (BRASIL, 1988), que em seu art. 7º laceou o rol de direitos básicos dos trabalhadores, inaugurado na Constituição Federal de 1934. Mesmo porque, a doutrina jurídica que se firmou ao longo do tempo em torno da legislação do trabalho aponta para princípios basilares, dentre os quais sobressai o princípio da proteção: "critério fundamental que orienta o Direito do Trabalho, pois este, ao invés de inspirar-se num propósito de igualdade, responde ao objetivo de estabelecer um amparo preferencial a uma das partes: o trabalhador" (RODRIGUEZ, 2000, p. 35).

Desde a promulgação da Constituição Federal de 1988 até os dias atuais, inúmeras foram as normas jurídicas nacionais criadas para a proteção dos trabalhadores, inclusive no que diz respeito à medicina e à segurança do trabalho. É o que se passa a aprofundar, juntamente com a influência das questões de gênero sobre a matéria.

3 . Segurança do trabalho em uma perspectiva de gênero

Inicialmente, é importante destacar que gênero difere de sexo biológico. O corpo e seus traços biológicos, em linhas gerais, são considerados como a referência que aporta a identidade dos sujeitos nos grupos sociais, isso, porque, ainda que de forma superficial, aparentam revelar o masculino ou o feminino, sem ambiguidades ou inconstâncias. Em consequência, normalmente, deduz-se uma identidade sexual ao indivíduo (LOURO, 2000).

Contudo, tal constatação pode ser (e por vezes é) equivocada, principalmente diante da complexidade dos seres humanos. Aí reside a grande distinção entre o sexo, com seu caráter biológico que reveste os indivíduos das características binárias do "masculino" e do "feminino", do gênero, que pode ser tido como o conjunto de características pessoais do sujeito, que ultrapassam a diferenciação biológica de homens e mulheres, o qual leva em conta distinções econômicas e sociais, as quais são culturalmente impostas e se traduzem em "um conjunto de normas, valores, costumes e práticas que definem modos de ser, atitudes e comportamentos próprios a homens e mulheres" (CAMPOS; TEIXEIRA, 2010).

Deve-se salientar, entretanto, que a ideia de gênero detém uma diversa gama de conceitos e significações. Por exemplo, para Simone de Beauvoir, pessoas não nascem mulheres, tornam-se mulheres, porque o gênero é construído pelo indivíduo, que pode mantê-lo ou transformá-lo, de maneira volátil e intencional — não necessariamente em decorrência de uma conjuntura social, mas da vontade individual, sem direta ligação sexual (BEAUVOIR, 1973, p. 301).

Nesse aspecto, as convenções sociais institucionalizadas, bem como a legislação trabalhista, seguem o padrão binário originado no postulado da heterossexualidade, e exigem uma relação causal entre sexo, gênero e desejo, "seja como um paradigma naturalista que estabelece uma continuidade causal entre sexo, gênero e desejo, seja como um paradigma expressivo autêntico, no qual se diz que um eu verdadeiro é simultaneamente ou sucessivamente revelado no sexo, no gênero e no desejo" (BUTLER, 2003, p. 46-47). Assim, aceita-se como "adequado" que o sexo biológico e a identidade de gênero restem coincidentes, desencadeando o desejo heterossexual esperado, identificado por Butler como heterossexualidade compulsória, ao passo que se aguarda que uma mulher (nascida nessa condição), deva assim se identificar, ou seja, concordar com suas características biológicas, possuindo desejo pelo sexo biológico oposto (e dessa forma identificado) (BUTLER, 2003). E não só isso, espera-se que essa mulher siga os papéis sociais adequados, inclusive no que diz respeito à profissão ocupada.

O reflexo do gênero, em sua concepção atrelada ao sexo biológico, aparece também nas disposições acerca do meio ambiente de trabalho. Ao analisar regramentos e declarações internacionais que, mesmo não pertencendo ao Direito ambiental ou trabalhista, abordaram o descaso do sistema capitalista com a natureza e a saúde de trabalhadoras e trabalhadores, Feliciano afirma existir uma indissociabilidade ontológica entre o meio ambiente natural e o meio ambiente humano (FELICIANO, 2002, p. 1-49).

Assim, toma-se como referência inicial que o meio ambiente laboral saudável e seguro deve refutar o "entendimento do trabalho enquanto prática assexuada devido à variabilidade da organização técnica e social com base no sexo" (BRITO, 2012, p. 316-329). Recusar tal concepção é necessário, pois significa considerar que os riscos laborais aos quais as mulheres estão expostas muitas vezes são diferentes daqueles que afligem os homens, o que implica adotar novas estratégias de prevenção e que seja repensada a maneira que o Direito do Trabalho protege trabalhadores e trabalhadoras.

Acrescente-se a isso a constatação de que o Direito do Trabalho necessita mudar paradigmas quando se refere à proteção das trabalhadoras, porque há que se superar a ideia de necessidade de tutela das mulheres sob o aspecto da maternidade e da fragilidade. Até porque, tal concepção já é, por si só, uma perspectiva discriminatória, ao passo que coloca a mulher (sexo biológico), em situação de inferioridade. Assim, impõe-se a prática efetiva da igualdade, de modo que o verbo "proteger" passe a significar, para o Direito do Trabalho, a propalada igualdade material.

Sobre isso, há elementos que levam Rodriguez a considerar a nomenclatura de princípio da igualdade. Primeiro, devido ao seu profundo fundamento constitucional, doutrinário e internacional, que vincula a igualdade à dignidade da pessoa humana. Em segundo lugar, pela condição de fonte de geração de ideias, pela riqueza de suas aplicações e indeterminação dos seus limites (RODRIGUEZ, 2000, p. 440).

Para Delgado, o Direito do Trabalho incorporou, de fato, apenas o princípio da "não discriminação", sendo essa a nomenclatura mais apropriada. Segundo o autor, o princípio da "não discriminação" refere-se a uma ideia mais específica. É um princípio de proteção, que resiste a uma conduta que se considera censurável, e pretende estabelecer um piso de civilidade que se considera o mínimo para a vida em sociedade (DELGADO, 2010, p. 147).

Nessa linha, o art. 7º da CRFB/1988 proíbe a diferenciação de salários, de exercício de funções e de critério de admissão por motivo de sexo, idade, cor ou estado civil. Mas, o mais importante: o aludido artigo veda a distinção entre trabalho manual, técnico e intelectual, ou entre os profissionais respectivos (BRASIL, 1988). Assim, inviável considerar-se possível a manutenção da precariedade de fiscalização e observância das regras de medicina e segurança do trabalho aos profissionais inscritos em tal realidade.

Entretanto, desde os anos 1980, quando a flexibilização e a precarização do trabalho foram intensificadas pelo neoliberalismo, constata-se o caráter sexuado de tal processo. Atribui-se a isso o crescimento da participação das mulheres no mercado de trabalho, que ocorreu, majoritariamente, em trabalhos precários e expostos a riscos, principalmente naqueles em regime de tempo parcial (*part-time*), "marcados por uma informalidade ainda mais forte, com desníveis salariais ainda mais acentuados em relação aos homens" (ANTUNES, 2009, p. 160).

Nas décadas seguintes, percebeu-se a reestruturação do capital e sua consequente crise, da qual decorreu o agravamento das condições de trabalho no mundo, especialmente no sentido de adotar como regra geral a sua precarização. Assim, "a terceirização e a informalidade da força de trabalho vêm se constituindo como mecanismos centrais, implementados pela engenharia do capital, para aumentar a exploração do trabalho, valorizando o capital", que, quanto mais intensificado, mais impulsiona a precarização estrutural do trabalho (ANTUNES, 2009, p. 108).

Assim, disserta Saffioti, que o setor informal do mercado de trabalho apresenta-se como solução para as mulheres com a necessidade de conjugação de afazeres domésticos a uma ocupação que lhes traga renda, uma vez que existe maior grau de compatibilidade entre os serviços prestados de modo precário e a jornada doméstica de trabalho. Dentro dessa lógica, a atividade central das mulheres continuaria ligada à reprodução, enquanto o trabalho remunerado restaria dependente das pressões e obrigações familiares (1985, p. 129-131).

E ao arrolarem as características dessa "divisão sexual do trabalho", Hirata e Kergoat descrevem o surgimento de nomadismos sexuados, derivados da precarização e flexibilização do emprego: nomadismo no tempo, reservado às mulheres, que é expansão do trabalho em tempo parcial ou em domicílio; e o nomadismo no espaço, para os homens, verificado nos trabalhos que exigem deslocamento profissional e maior tempo fora de casa. Observa-se, assim, que a flexibilização se utiliza e reforça as relações de desiguais de gênero, para designar às mulheres os trabalhos em que lhes sobre mais tempo para dedicação à família (2007, p.600).

Contudo, a precarização do trabalho masculino também utiliza como apoio o argumento da divisão sexual do trabalho, pois envolve, majoritariamente, postos de trabalho informais ou terceirizados que exigem mobilidade e disponibilidade do trabalhador, variáveis de acordo com a demanda da produção. Tal disponibilidade temporal e espacial dos homens só é possível porque mulheres asseguram a gestão das tarefas domésticas e afetivas da família (HIRATA e KERGOAT, 2007, p. 600).

No decorrer do tempo não se viu mudança de cenário nesse ponto. Análises realizadas na primeira década dos anos 2000 sobre o tempo gasto por homens e por mulheres para a execução de tarefas domésticas em diversos países replicam essa assertiva. Tais pesquisas demonstram que mesmo quando a mulher atua no ambiente público, recai sobre ela a sobrecarga do trabalho doméstico, mantendo, assim, "seu papel de dona de casa" (MADALOZZO; MARTINS; SHIRATORI, 2010, p. 551).

Todo esse contexto de trabalho realizado no ambiente privado em que se inserem homens e mulheres surte efeitos no ambiente público — assim considerado o espaço social não doméstico, no qual tem lugar o mercado de trabalho (OKIN, 2008). É que a sistemática familiar, inclusive no que diz respeito à distribuição de tarefas, é compartilhada na esfera pública, impondo igualmente nesse espaço divisões de papéis entre gêneros (CAMPOS; TEIXEIRA, 2010).

No ambiente público nacional, especificamente no mercado de trabalho, é facilmente detectada a distinção entre homens e mulheres, o que ocorre sob diversos prismas. No aspecto educacional, pesquisas apontam que um número muito mais expressivo de mulheres, do que de homens, tem acesso e conclui o ensino superior,(4) porém, ocupa nichos profissionais específicos, em áreas caracterizadas como predominantemente femininas, tais como: educação, lazer, saúde e bem-estar social (FCC, 2010). Aliás, essa realidade não é nova no país. Em pesquisa elaborada nos anos 1990 com as servidoras e as professoras da Universidade Federal de Santa Catarina, detectou-se que os empregos oferecidos às mulheres eram os "tradicionalmente femininos", relacionados com o mundo doméstico, a exemplo da docência, enfermagem, entre outras (NUNES, 1991).

As distinções vão além. Conquanto tenha a mulher conseguido maior inserção no mercado de trabalho, a conquista é apenas quantitativa. A mulher continua relacionada à força de trabalho menos favorecida, ligada ao trabalho doméstico, não remunerado, para a subsistência própria ou da entidade familiar. Conforme pesquisa da Fundação Carlos Chagas, em 2007, 31% das trabalhadoras ocupavam as posições mais vulneráveis no mercado de trabalho, enquanto que apenas 8% dos trabalhadores se encontravam na mesma condição (FCC, 2010).

Nesse ponto, as pesquisas do Instituto Brasileiro de Geografia e Estatística (IBGE) datadas de 2008 apresentam conclusões semelhantes e destacam a grande informalidade que permeava o acesso da mulher ao trabalho. Naquele ano, das mulheres ocupadas economicamente, somente 37,8% delas contavam com carteira assinada no setor privado, ao passo que entre os homens, esse percentual se elevava para 48,6% (IBGE, 2008).

Assim, resta claro que tanto no ambiente privado, quanto no ambiente público, persistem as discrepâncias entre o trabalho da mulher e do homem. Se no ambiente privado é da mulher o maior papel, no ambiente público é dela a tentativa de inserir-se com melhores condições de labor, pois a realidade demonstra enraizadas dificuldades a serem superadas – notadamente a repetição da divisão sexual de tarefas precipuamente "do lar" no ambiente não doméstico.

Vista a estruturação do trabalho no Brasil sob a ótica do gênero ligado ao sexo biológico, que impõe ainda hoje nichos profissionais às mulheres e aos homens de forma distinta, necessário refletir-se acerca das consequências de tal secção laboral às normas de segurança do trabalho, notadamente para as trabalhadoras. É o que este artigo propõe no tópico subsequente.

(4) Segundo dados do Censo do Ensino Superior, em 2007, mais da metade dos ingressantes e 60% dos concluintes do ensino superior são do sexo feminino.

4. As normas de segurança do trabalho para as mulheres

A OIT, em sua Convenção n. 45, publicada em 1935 e ratificada pelo Brasil em 22 de setembro de 1938, vedou às mulheres de qualquer idade trabalhos subterrâneos em minas, salvo em casos de mulheres que ocupassem cargos de direção, prestassem serviços sociais ou de saúde, que para efeitos de formação profissional realizassem atividades no subterrâneo e qualquer outra em exercício de profissão que não fosse de caráter manual (art. 3º).

Já em 1944, a Declaração da Filadélfia dispôs em seu item II, letra "a", que todos os seres humanos, independentemente de raça, credo ou sexo, "têm direito a perseguir seu bem-estar material e seu desenvolvimento espiritual em condições de liberdade e dignidade, de segurança econômica e em igualdade de oportunidades". Na esteira de tais princípios, a Carta da ONU, de 1945, e a revisão da Declaração dos Direitos do Homem e do Cidadão em 1948, com o lançamento da Declaração Universal dos Direitos Humanos, passaram a incluir direitos econômicos, sociais e culturais, como uma nova concepção de direitos humanos fundamentais, sendo relevante destacar para o presente estudo que desde ali já estava inscrita a igualdade de direitos entre os gêneros e o direito à saúde e ao bem-estar.

Essa mudança de paradigma dos direitos humanos a partir das Nações Unidas trouxe importantes reflexos para a OIT, pois até então as convenções referentes às mulheres tinham como objetivo o fomento da igualdade no trabalho.

Assim, a Convenção n. 100 da OIT, de 1951, complementada pela Recomendação n. 90, tratou da igualdade de remuneração entre homens e mulheres para trabalho de igual valor. Da mesma maneira, a Convenção n. 111 e a Recomendação n. 111 do mesmo organismo, ambas publicadas em 1958, consagraram o princípio da "não discriminação" no emprego e na profissão.

Logo após a Convenção n. 100 da OIT, a Convenção n. 3 foi revista pela Convenção n. 103 da mesma entidade, a qual estendeu o campo de aplicação das normas de tutela à maternidade às empregadas de setores não industriais, às empregadas agrícolas e domésticas e às mulheres que trabalham em seu próprio domicílio. Em 1981, a Convenção n. 156 da OIT dispôs sobre a igualdade de tratamento para homens e mulheres trabalhadores com encargos familiares, prevendo medidas capazes de permitir que trabalhadores e trabalhadoras tivessem igual oportunidade de ingressar, manter-se e progredir em atividade econômica, por meio da promoção de serviços comunitários e de instalações de cuidado para crianças e de amparo à família, como creches e pré-escolas.

A Convenção n. 156 da OIT apresentou importante evolução na discussão de gênero, compreendendo que a igualdade só é possível se fornecidos instrumentos que diminuam as responsabilidades familiares das trabalhadoras. Em contrapartida, a restrição ao trabalho noturno das mulheres apenas foi revista pelo Protocolo de 1990 da OIT, relativo à Convenção sobre Trabalho Noturno das Mulheres, que abriu a possibilidade de as legislações nacionais introduzirem exceções à proibição do trabalho noturno feminino, desde que consultadas as organizações representativas de empregadores e trabalhadores.

Já no Brasil, deve-se atentar que a Constituição de 1937 representou retrocesso ao direito do trabalho das mulheres, pois não obstante estar inserto naquela Carta o preceito formal de igualdade (art. 122) e a garantia à assistência médica e à licença da gestante (art. 137, alínea 'l'), foram eliminadas a proibição da diferença salarial entre os gêneros e a garantia de emprego à gestante. Ademais, a proibição do trabalho em indústrias insalubres de mulheres e menores foi mantida (art. 137, alínea 'k'). Soma-se ao quadro reacionário a edição do Decreto-Lei n. 2.548 de 1940, que estabeleceu a possibilidade de as mulheres perceberem salários inferiores aos dos homens, autorizando redução de até 10%.

Somente em 1943 o cenário legislativo nacional se modificou, a partir da entrada em vigor da CLT, com uma série de dispositivos endereçados às trabalhadoras, merecendo destaque o Capitulo II do Título II, intitulado "da proteção do trabalho da mulher". Em termos de conteúdo, porém, não houve inovação, tendo sido reproduzidas e colacionadas regras já existentes sobre o tema e organizadas em cinco seções: duração e condições do trabalho, trabalho noturno, período de descanso, métodos e locais de trabalho e proteção à maternidade.

É muito relevante, para o presente trabalho, o disposto no art. 372 da CLT, que previu a "proteção especial da mulher" já na apresentação do suprarreferido capítulo, com a ressalva do parágrafo único, que exclui a incidência de tais regras sobre o trabalho das mulheres em oficinas onde sirvam apenas pessoas de sua família e que estejam sob a direção do marido, do pai, da mãe, do tutor ou do filho.

Prosseguia a legislação ao determinar a proibição do trabalho noturno da mulher, assim considerado aquele trabalho executado entre as 22 horas e as 5 horas do dia seguinte. Entretanto, excetuavam-se da limitação ao trabalho feminino as seguintes atividades: empresas de telefonia, radiotelefonia ou radiotelegrafia; enfermagem; casas de diversões, hotéis, restaurantes, bares e estabelecimentos congêneres; postos de direção em trabalhos não contínuos (art. 379).

O art. 387 da CLT previu a proibição do trabalho das mulheres em subterrâneos, minerações em subsolo, pedreiras e obras de construção públicas e privadas. Também impediu o trabalho feminino nas atividades perigosas e insalubres, vedando também o trabalho em serviços que exigissem emprego de força muscular superior a 20 quilos para trabalho contínuo, ou 25 quilos para trabalho ocasional (art. 390).

Além dessa realidade legislativa disposta à mulher trabalhadora na CLT, há que se vislumbrar o conteúdo das normas regulamentadoras acerca do assunto, pois elas impactam as relações laborais no que tange o gênero no meio ambiente do trabalho. Por isso, passa-se a expor a matéria de forma pormenorizada.

A Portaria do Ministério do Trabalho 3.214, de 8 de junho de 1978, aprovou 28 Normas Regulamentadoras (NRs) com o objetivo de regulamentar e dar parâmetros mínimos para a saúde e segurança de trabalhadores e trabalhadoras no Brasil. Desse modo, consolidou-se a normativa nacional sobre saúde ocupacional que possibilitou a mensuração de técnicas dos riscos laborais.

Em sua maioria, as NRs tratam os trabalhadores e as trabalhadoras de modo genérico, porque traçam normas gerais de saúde e segurança ocupacional. Apenas as NRs 15, 17, 30, 31 e 32 possuem dispositivos especificamente destinados às mulheres trabalhadoras. No caso da NR-30, por exemplo, há determinação da manutenção de alojamentos nos navios com dormitórios separados para homens e mulheres, assim como a NR-18 define a necessidade de banheiros e vestiários também separados para homens e mulheres em locais de construção civil. Ainda, pode-se destacar as NRs 31 e 32, que têm por objetivo proteger as trabalhadoras que são mães, bem como os seus filhos.

Especificamente a NR-31 proíbe o contato de gestantes com "quaisquer agrotóxicos, adjuvantes e produtos afins", e determina que o empregador rural afaste a gestante "das atividades com exposição direta ou indireta a agrotóxicos, imediatamente após ser informado da gestação". Na mesma esteira, a NR-32 dispõe que as trabalhadoras gestantes somente serão liberadas para o trabalho em áreas com possibilidade de exposição a gases ou vapores anestésicos depois de autorizadas por médico responsável pelo Programa de Controle Médico de Saúde Ocupacional (PCMSO), e impõe ao empregador o dever de afastar gestantes e nutrizes das atividades relacionadas a quimioterápicos antineoplásicos.

Isso ocorre porque, conforme descrito na evolução histórica, as normas referentes à saúde e segurança no trabalho das mulheres, tanto as brasileiras quanto as internacionais, inicialmente se basearam em uma série de proibições, que restringiam o acesso das mulheres de forma ampla e irrestrita ao mercado de trabalho, sob a alegação de proteção do organismo feminino.

Tais proibições eram, em verdade, fundadas em preconceito e discriminação, e não em uma efetiva preocupação com as trabalhadoras. Amauri Mascaro Nascimento leciona que, até depois da primeira metade do século XX, a tutela jurídica do trabalho das mulheres considerava quatro aspectos:

a) capacidade para contratar trabalho, submetida a algumas restrições;

b) proteção à maternidade, com paralisações forçadas, descansos obrigatórios maiores e imposição de condições destinadas a atender a sua situação de mãe;

c) defesa do salário, objetivando-se evitar discriminações em detrimento da mulher;

d) proibições, quer quanto à duração diária e semanal do trabalho, quer quanto a determinados tipos de atividades prejudiciais ao organismo do ser humano e que, portanto, devem ser reservadas somente para os homens.

A justificativa para regular especialmente o trabalho feminino era de caráter fisiológico e social. O caráter fisiológico considerava que o corpo das mulheres é diverso do corpo dos homens, possuindo menor resistência física, e devendo ser protegido por conta de sua fragilidade. O caráter social justificava-se como uma defesa da família, pois se faz necessária a proteção das mulheres no seu papel doméstico, para garantir que as ocupações profissionais não impeçam o desempenho de suas tarefas como mãe ou nas lides domésticas.

Nessa mesma senda, Barros (1995) diz que a necessidade de tal tutela especial das trabalhadoras, particularmente as proibições, sustentava-se no argumento da delicadeza e suscetibilidade femininas, aliadas à sua "natural" vocação para o lar:

> (...) motivos fisiológicos e de eugenia, ligados, respectivamente, à função reprodutora e ao fortalecimento da raça, para justificar a licença-maternidade e os intervalos destinados ao aleitamento; motivos biológicos, provenientes da debilidade física, capazes de determinar a proibição de trabalhos perigosos, insalubres e as medidas especiais de higiene e segurança; finalmente, razões espirituais, morais e familiares, que a rigor residem 'no resguardo da mulher no lar', utilizadas para justificar a proibição do trabalho extraordinário e noturno. (1995. p. 36)

Assim, conclui-se que as regulações restritivas do trabalho das mulheres, que se difundiu até o final do século XX, possuíam um caráter muito mais de reprodução da condição de inferioridade da mulher do que um caráter efetivamente protetivo e igualitário. Nesse sentido, serviu para a perpetuação da discriminação das mulheres no mercado de trabalho, o que, aliás, estava explícito quando o Decreto-lei n. 2.548, de 1940, permitiu a redução de até 10% do salário das mulheres em relação ao dos homens.

Naquela ocasião, o então Ministro do Trabalho, Indústria e Comércio, Valdemar Falcão, alegou que a medida era necessária, pois uma vez que existia a obrigação aos empregadores de tomar medidas de higiene e proteção para empregar mulheres, por meio da disponibilização de locais para aleitamento, o trabalho feminino tornava-se naturalmente mais oneroso, de modo a ser cabível a compensação de tais "encargos" por meio da fixação de salários inferiores (BARROSO, 1982. p. 7-11).

Acrescente-se que a proibição do trabalho noturno das mulheres, especialmente na CLT, é predominantemente marcada pelo controle moral das trabalhadoras, bem como pela compreensão de que o labor nesse período representava risco à família. Assim, a restrição do labor feminino evitaria o afastamento da mulher do lar e de seu papel social de mãe e esposa:

> (...) a mulher que necessitava trabalhar à noite estava sujeita ao julgamento sobre sua retidão moral. Mas não era apenas a moral dessa mulher que estava na mira do legislador. Dificultar a utilização de mão de obra feminina nos períodos noturnos era garantir que a operária, se já fosse ou viesse a ser mãe, estaria em casa em horários compatíveis com a criação de filhos. Mas, também, negava-lhe o acesso a uns tantos postos de trabalho. Na verdade, não havia qualquer explicação científica para se restringir o trabalho feminino noturno, apenas acentuava a divisão sexista das atividades desempenhadas por homens e mulheres. (CALIL, 2000. p. 42).

Há mais: as situações "excepcionais" previstas pelo art. 374 não tinham justificativa relacionada à saúde ou à segurança das mulheres, pois eram em verdade uma forma de relegar as mulheres às áreas de trabalho onde elas não seriam concorrentes diretas dos homens. Como exemplo de tais exceções legais, listamos aquelas que "autorizam" o labor típico e estereotipado como "trabalho feminino": telemarketing, serviços de saúde e cuidado, magistério e trabalho bancário. Outras exceções eram de ordem claramente econômica, uma vez que não há diferença para o impacto no organismo de uma mulher trabalhando em indústria de calçados que mantivesse ou não contratos de exportação. O mesmo raciocínio aplicava-se para a proibição da realização de jornada extraordinária por mulheres sem atestado médico que autorizasse.

De outro norte, a vedação do emprego de mulheres em trabalhos insalubres, perigosos, subterrâneos, em pedreiras ou em obras de construção, baseava-se no argumento da fragilidade do organismo feminino, principalmente em relação à maternidade, uma vez que as mulheres, antes de trabalhadoras, eram vistas como mães em potencial.

Contudo, importante destacar também as palavras de Brumer, para quem

> (...) em determinados períodos do ciclo industrial ou em determinadas circunstâncias, como durante as guerras e nos períodos de ascensão dos ciclos econômicos, as mulheres são levadas a participar mais ativamente do mercado de trabalho, mesmo em setores antes considerados como

> predominantemente masculinos, e que são despedidas ou levadas a retornar às atividades domésticas em outras ocasiões. (...) O Estado, com frequência, toma parte ativa na formulação e implementação (ou anulação) de leis e serviços institucionais que favorecem ou desestimulam a participação das mulheres na força de trabalho. (1988)

Ora, se o objetivo da legislação era defender as trabalhadoras contra abusos no trabalho, acabou por corroborar com a bipolarização do emprego feminino, pois condenou as mulheres pobres, que têm na relação de trabalho o seu meio de sobrevivência, a aceitar empregos cada vez mais precários e menos remunerados, que burlassem as proibições. Assim, o surgimento de dois polos de atividade feminina clivados pela condição de classe foi favorecido: o primeiro abrigando ocupações de má qualidade, informais e sem proteção; e o segundo composto por altos cargos, de elevada formação e altas remunerações, mas que também não está livre da discriminação. (BRUSCHINI e LOMBARDI, 2010, p. 67-104).

Desse modo, pode-se compreender que as normas protetivas concedidas pela lei às mulheres, especialmente acerca das questões afetas à segurança do trabalho, foram permeadas pela divisão sexual do trabalho e pela estigmatização do feminino. E, ainda que várias das regras debatidas já tenham sido revogadas, aquelas vigentes têm por base o mesmo raciocínio discriminatório e distante da igualdade material de tratamento necessário à consecução de um meio ambiente do trabalho justo e equilibrado às mulheres e aos homens, acima do gênero, e ligada à dignidade de cada ser humano.

5. Conclusão

A proteção à saúde e à segurança no trabalho continua fundada em normas e regulamentos que tratam de trabalhadoras e trabalhadores como uma categoria única e, apesar de que tais normas e regulamentos protejam mulheres e homens de maneira aparentemente isonômica, elas foram definidas a partir de fundamentos sexistas, que consideram o homem como modelo universal de ser humano. Se é a perspectiva de gênero que permite perceber a naturalização das diferenças entre eles, conforme exposto ao longo deste artigo, também é essa visão que permite desvelar as diferenças que encobrem uma falsa neutralidade que, em verdade, se presta à manutenção da desigualdade.

Constata-se que os estudos dos riscos aos quais estão expostos trabalhadores e trabalhadoras geralmente excluem as mulheres, e as especificidades corporais e culturais das trabalhadoras são poucas vezes consideradas nas ações de promoção de prevenção de acidentes e doenças ocupacionais. Isso demonstra que profissionais de saúde e segurança no trabalho têm construído o conhecimento da área a partir de uma visão do trabalhador do gênero masculino.

O resgate histórico preocupou-se em demonstrar uma concepção tanto das diferenças entre os gêneros em si, até a construção do ideal de maternidade, da fragilidade feminina e da instabilidade das mulheres, e que há argumentos pretensamente científicos que tentam justificar a desigualdade de gênero. Os estereótipos do feminino e masculino naturalizam os papéis de gênero em todos os aspectos da vida, o que gera impacto no reconhecimento do trabalho das mulheres porque as invisibiliza no trabalho doméstico não remunerado, e desvaloriza o trabalho produtivo feminino feito no ambiente público, impactando no reconhecimento das condições e riscos envolvidos nessas atividades.

O contexto descrito reflete-se no Direito do Trabalho, que contraditoriamente participa do mesmo sistema jurídico que a Constituição Federal de 1988, ao passo que a determinação constitucional da igualdade entre os sexos (e também entre os gêneros), acaba por conviver com a tutela especial da CLT ao trabalho feminino, considerado carente de proteção.

Diante da necessidade de tal proteção, acaba a legislação por restringir o acesso de mulheres a determinadas ocupações ou atividades. Se o trabalho for especificamente prejudicial à saúde humana, tanto as mulheres quanto os homens devem ser impedidos de executá-los, exigindo-se que o empregador elimine ou reduza os riscos; caso contrário, trabalhadoras e trabalhadores devem ter a oportunidade de exercê-lo, garantido o acesso a informações e treinamento, além de EPI realmente adequado ao indivíduo.

Conclui-se, respondendo às duas perguntas lançadas, que as normas que visam à proteção das mulheres especificamente no cumprimento de seu papel social feminino trazem efeitos discriminatórios nas oportunidades de emprego e na evolução das carreiras profissionais. Portanto, as normas de saúde e segurança no trabalho para as mulheres precisam focar a proteção baseada na variabilidade humana, o que permite uma isonomia de direitos aos diferentes sexos e diferentes gêneros, pois o ambiente laboral somente será seguro quando o for saudável e seguro para trabalhadoras ou trabalhadores, indiscriminadamente, mudando-se a perspectiva de proteção: não são as mulheres que precisam ser excluídas de profissões com risco à saúde ou à sua segurança, mas os riscos é que precisam ser excluídos do ambiente laboral, como efetiva medida de igualdade.

Referências

ANTUNES, Ricardo. *Os sentidos do trabalho:* ensaio sobre a afirmação e a negação do trabalho. São Paulo: Boitempo, 2009.

BARROS, Alice Monteiro de. *A Mulher e o Direito do Trabalho*. São Paulo: LTr, 1995. p. 36.

BARROSO, Carmem. Trabalho e saúde da mulher. *Revista Brasileira de Saúde Ocupacional*, Ministério do Trabalho/Fundacentro, v. 38, n. 10, p. 7-11, abr./maio/jun.1982.

BEAUVOIR, Simone de. *O segundo sexo*. Nova Iorque: Vintage, 1973. Tradução E. M. Parshley.

BRITO, Jussara Cruz de; NEVES, Mary Yale; OLIVEIRA, Simone Santos; ROTENBERG, Lucia. Saúde, subjetividade e trabalho: o enfoque clínico e de gênero. *Revista Brasileira de Saúde Ocupacional*. São Paulo, v. 37, n. 126, p. 316-329, 2012.

BRUMER, Anita. O sexo da ocupação: Considerações teóricas sobre a inserção da mão de obra feminina na força de trabalho. *Revista Brasileira de Ciências Sociais*, v. 3, n. 8, São Paulo, out. 1988.

BRUSCHINI, Cristina; LOMBARDI, Maria Rosa. A bipolaridade do trabalho feminino no Brasil contemporâneo. *Cadernos de Pesquisa*, n. 110. p. 67-104. jul. 2010.

______; LOMBARDI, M. R. (Coords.). *Banco de dados sobre o trabalho da mulher*. FCC – Fundação Carlos Chagas. Publicado em 2010. Disponível em: <http://www.fcc.org.br/bdmulheres/index.php?area=home>. Acesso em: 03 fev. 2021.

BUTLER, Judith. *Problemas de gênero:* feminismo e subversão da identidade. Rio de Janeiro: Civilização Brasileira, 2003.

CALIL, Léa Elisa Silingowschi. *História do direito do trabalho da mulher:* aspectos históricosociológicos do início da República ao final deste século. São Paulo: LTr, 2000. p. 42.

CAMPOS, Marta Silva; TEIXEIRA, Solange Maria. Gênero, família e proteção social: as desigualdades fomentadas pela política social. *Revista Katálysis*, Florianópolis, v. 13, n. 1, p. 20-28, jan. 2010. ISSN 1982-0259. Disponível em: <https://periodicos.ufsc.br/index.php/katalysis/article/view/S1414-49802010000100003/12726>. Acesso em: 03 fev. 2021.

CORRÊA, Sônia. Gênero e saúde: campo em transição. In: BRUSCHINI, Cristina; UNBEHAUM, Sandra G. (Orgs.). *Gênero, democracia e sociedade brasileira*. São Paulo: FCC: Editora 34, 2002.

CORTÉS, José Maria Cortés Diaz. *Seguridad e higiene Del Trabajo, Técnicas de Prevención de Riesgos Laborales*. 9. ed. Madri: Tébar, 2007.

CRIVELLI, Ericson. Ensaio para uma releitura de Evaristo de Moraes em apontamentos de direito operário. In*:* SIQUEIRA, Germano *et al. Direito do trabalho:* releituras, resistência. São Paulo: LTr, 2017. p. 165-182.

DELGADO, Mauricio Godinho. *Princípios de Direito Individual e Coletivo do Trabalho*. 3. ed. São Paulo: LTr, 2010.

FELICIANO, Guilherme Guimarães. Meio ambiente do trabalho (aspectos gerais e propedêuticos). *Revista do Tribunal Regional do Trabalho da 15ª Região*, [*online*], v. 20, p. 1-49, 2002. Disponível em: <https://hdl.handle.net/20.500.12178/109018>. Acesso em: 31 jan. 2021.

HIRATA, Helena; KERGOAT, Danièle. Novas configurações da divisão sexual do trabalho. *Cadernos de Pesquisa*, v.37, n. 132, p. 595-609, set./dez. 2007.

IBGE – Instituto Brasileiro de Geografia e Estatística. Pesquisa Mensal de Emprego – PME. *Algumas características da inserção das mulheres no mercado de trabalho*. Publicado em: 2008. Disponível em: <http://www.ibge.gov.br/home/estatistica/indicadores/trabalhoerendimento/pme_mulher/Suplemento_Mulher_2008.pdf>. Acesso em: 03 fev. 2021

LUZ, Alex Faverzani da; SANTIN, Janaína Rigo. As relações de trabalho e sua regulamentação no Brasil a partir da Revolução de 1930. *História*, Franca, v. 29, n. 2, p. 268- 278, dez. 2010. Disponível em: <http://www.scielo.br/scielo.php?script=sci_arttext&pid=S0101-90742010000200015&lng=en&nrm=iso>. Acesso em: 03 fev. 2021.

LUCAS, Robert E. *Lectures on economic growth*. Cambridge: Harvard University Press, 2002.

LOURO, Guacira Lopes. Pedagogia da sexualidade. In: LOURO, Guacira Lopes (Org.). *O corpo educado:* pedagogias da sexualidade. 2. ed. Belo Horizonte: Autêntica, 2000. p. 7-24.

MADALOZZO, Regina; MARTINS, Sergio Ricardo; SHIRATORI, Ludmila. Participação no mercado de trabalho e no trabalho doméstico: homens e mulheres têm condições iguais? *Revista Estudos Feministas*, Florianópolis, v. 18, n. 2, p. 547, jan. 2010. ISSN 1806-9584. Disponível em: <https://periodicos.ufsc.br/index.php/ref/article/view/S0104-026X2010000200015/13666>. Acesso em: 10 fev. 2021

MELLO, Celso Antônio Bandeira de. *Curso de Direito Administrativo*. 20. ed. São Paulo: Malheiros, 2005.

MORAES, Evaristo de. *Os accidentes no trabalho e sua reparação*. São Paulo: LTr, 2009, em edição fac-similada do original de 1919.

MOREL, Regina Lucia M.; PESSANHA, Elina G. da Fonte. A justiça do trabalho. *Tempo soc.*, São Paulo, v. 19, n. 2, p. 87-109, nov. 2007. Disponível em: <http://www.scielo.br/scielo.php?script=sci_arttext&pid=S0103- 20702007000200003&lng=pt&nrm=iso>. Acesso em: 03 fev. 2021.

NASCIMENTO, Amauri Mascaro. *Curso de Direito do Trabalho*. 27. ed. São Paulo: Saraiva, 2012.

NUNES, Lélia Pereira da Silva. Trabalho da mulher — discriminação, realização profissional e realização pessoal (um estudo sobre a mulher na Universidade Federal de Santa Catarina). *Revista de Ciências Humanas*, Florianópolis, v. 7, n. 10, p. 89-102, jan. 1991. ISSN 2178-4582. Disponível em: <https://periodicos.ufsc.br/index.php/revistacfh/article/view/23755/21321>. Acesso em: 03 fev. 2021

ORGANIZAÇÃO INTERNACIONAL DO TRABALHO. *Introductory report:* global trends and challenges on occupational safety and health. XIX World Congress on Safety and Health at Work: Istanbul Turkey, 11-15 September 2011. Genebra: OIT, 2011.

______. Oficina Internacional del Trabajo. Tecnología de la información: salvar la brecha digital. *Revista Trabajo*, n. 38, enero/feb. 2001, p. 7.

OKIN, Susan Moller. Gênero, o público e o privado. *Rev. Estud. Fem.*, Florianópolis, v. 16, n. 2, p. 305-332, aug. 2008. Disponível em: <http://www.scielo.br/scielo.php?script=sci_arttext&pid=S0104-026X2008000200002&lng=en&nrm=iso>. Acesso em: 03 fev. 2021.

OLIVEIRA, Eleonora Menicucci de. Corpos saudáveis e corpos doentes na nova organização social do trabalho. In: ROCHA, Maria Isabel Baltar da. (Org.). *Trabalho e gênero:* Mudanças, permanências e desafios. São Paulo: Editora 34, 2000, p. 237-256.

OLIVEIRA, Olga Maria Bosch Aguiar de. *Mulheres e trabalho:* desigualdades e discriminações em razão do gênero – o resgate do princípio da fraternidade como expressão da dignidade humana. Rio de Janeiro: Lumen Juris, 2016.

PESSOA, Anna Stephanie de Brito Veiga. *As relações de trabalho na era globalizada:* o desafio da ampliação da tutela aos trabalhadores. Dissertação de Mestrado, PPG Ciências Jurídicas, UFPB, João Pessoa, 2013.

RODRIGUEZ, Américo Plá. *Princípios de direito do trabalho*. 3. ed. São Paulo: LTr, 2000.

SAFFIOTI, Heleieth Iara. Força de trabalho feminina no Brasil: no interior das cifras. *Perspectivas*, São Paulo. v. 8, p. 95-141, 1985.

Prevenção e Reparação dos Danos Ocasionados pela Circulação Ocupacional do Novo Coronavírus nos Frigoríficos

Paulo Roberto Lemgruber Ebert[1]

Resumo: O presente artigo buscará demonstrar que os frigoríficos, em função das condições de trabalho a eles inerentes e da natureza das atividades desempenhadas em suas dependências, se encontram jungidos em medida significativamente maior se comparados a diversos outros setores econômicos, aos deveres de antecipação e de prevenção dos riscos labor-ambientais concernentes à circulação ocupacional do *novo coronavírus* (SARS-CoV-2).

Demonstrar-se-á, ademais, que a inobservância a tais diretrizes preventivas emanadas do ordenamento jurídico pátrio foi determinante para a degradação do meio ambiente do trabalho nas plantas frigoríficas brasileiras que gerou, de seu turno, uma série de surtos de Covid-19 em unidades industriais do setor, bem como sucessivos danos a bens jurídicos de titularidade coletiva, e também à personalidade e ao patrimônio dos trabalhadores.

Palavras-chave: *Novo coronavírus* (SARS-CoV-2) — Transmissão comunitária — Circulação ocupacional — Princípios da prevenção e da precaução — Poluição labor-ambiental — Responsabilidade objetiva — Nexo causal presumido — Reparação.

Introdução

A aglomeração de trabalhadores nas plantas de processamento de proteína animal, onde permanecem por longas jornadas, a poucos centímetros uns dos outros, em ambientes artificialmente resfriados e sem ventilação natural, os expõe, bem como as suas famílias e as comunidades por eles integradas, ao risco agravado de adoecimento

(1) Advogado. Professor universitário. Doutor em Direito do Trabalho e da Seguridade Social pela Universidade de São Paulo (USP). Especialista em Direito Constitucional pela Universidade de Brasília (UnB). Especialista em Direito e Processo do Trabalho pelo Centro Universitário de Brasília (UniCEUB). Membro integrante do Grupo de Pesquisas *Trabalho, Constituição e Cidadania*, da Faculdade de Direito da Universidade de Brasília (UnB). Membro integrante da Comissão de Direito Individual do Trabalho da OAB/SP. Sócio do Escritório Mauro Menezes & Advogados.

pela nova e pandêmica enfermidade denominada Covid-19, em comparação com outros setores produtivos.

A própria estruturação do trabalho naquelas unidades industriais, malgrado os riscos à integridade psicofísica dos trabalhadores já amplamente constatados em tais ambientes, potencializa significativamente a circulação do *novo coronavírus* (SARS--CoV-2). De fato, não é necessário ser amplo conhecedor da organização produtiva nas plantas de processamento de carnes para notar que tais locais, caracterizados pelos elementos *frio, aglomeração, enclausuramento* e *umidade* constituem o ambiente ideal para a proliferação de agentes biológicos transmissíveis pelo ar ou pelo contato com superfícies contaminadas.(2)

Com o advento da emergência sanitária representada pela pandemia do *novo coronavírus* (SARS-CoV-2) a circulação do micro-organismo em referência nos espaços artificiais compreendidos pelos frigoríficos passou a configurar um *risco biológico sistêmico* e *agravado* na medida em que a introdução e a circulação do agente transmissor da Covid-19 por intermédio da ação entrópica tornou-se uma hipótese factível apta a interferir negativamente na qualidade de vida dos trabalhadores ali ativados.(3)

Se, por um lado, a contração ocupacional da Covid-19 nos frigoríficos passou a configurar, em um estágio de transmissão comunitária, uma possibilidade real, plenamente factível e capaz de resultar em severos danos à integridade psicofísica dos trabalhadores expostos ao *novo coronavírus* (SARS-CoV-2), por outro, as respostas que vêm sendo conferidas pelas empresas do setor de processamento de proteína animal e pelo poder público a tal emergência sanitária se encontra muito aquém do necessário para minimizar os riscos de contágio naqueles ambientes fabris.

Com isso, as empresas do setor frigorífico passaram a figurar como verdadeiros vetores da interiorização do *novo coronavírus* (SARS-CoV-2) no País, contribuindo, na condição de protagonistas, para a consolidação de uma verdadeira tragédia sanitária, cuja dimensão transcende os muros de suas plantas e atinge, com igual gravidade, os trabalhadores, seus familiares e as respectivas comunidades onde estes se encontram inseridos.

1. Os frigoríficos brasileiros e a proliferação do *novo coronavírus.* A inobservância aos princípios da *prevenção* e da *precaução* na raiz do problema. Poluição labor-ambiental

A despeito das evidências empíricas a indicarem o elevadíssimo risco de transmissão ocupacional do *novo coronavírus* (SARS-CoV-2) nos frigoríficos, as empresas

(2) *Vide*, a propósito: EBERT, Paulo Roberto Lemgruber. Os riscos labor-ambientais nos frigoríficos e a reparação dos danos ocasionados aos trabalhadores. In: ROCHA. Cláudio Janotti da *et alii*. *Proteção à saúde e segurança no trabalho*. São Paulo: LTr, 2018. p. 223-236.

(3) PRIEUR, Michel. *Droit del'environnement*. 5. ed. Paris: Dalloz, 2004. p. 1-4.

do setor, premidas pela perspectiva de aumento de demanda e de ganhos com exportações durante o período pandêmico, implementaram seus *planos de contingenciamento* para o enfrentamento da emergência sanitária sem restringirem, sequer minimamente, a produtividade de suas plantas, ao mesmo tempo em que buscavam convencer as autoridades sanitárias e a sociedade em geral de que estavam tomando as medidas necessárias para controlar a introdução e a circulação daquele agente biológico em suas unidades.

Desse modo, ganhou destaque a narrativa — amparada pelo Decreto n. 10.282, de 20.3.2020, — de que os frigoríficos, por integrarem atividade essencial à *segurança alimentar* da população, não poderiam sofrer restrições quanto à sua produtividade e que a prevenção aos riscos inerentes à transmissão do *novo coronavírus* (SARS-CoV-2) em tais unidades deveria ser pautada por tal premissa.[4]

A análise da postura das empresas do setor já nas semanas seguintes ao reconhecimento da pandemia do *novo coronavírus* (SARS-CoV-2) pela Organização Mundial da Saúde (OMS) denota que aquelas companhias, confrontadas com a bifurcação a apontar, em uma direção, para a redução da intensidade da produção e dos contingentes de trabalhadores a fim de reduzir os riscos de transmissão ocupacional daquele agente biológico e, em outra, para o aumento da produtividade visando à maximização dos lucros no contexto de aumento da demanda externa e de alta recorde do dólar norte-americano, optaram pelo segundo caminho.

Justamente por tal razão, os programas emergenciais de prevenção elaborados pelas empresas do setor se pautaram, em grande parte, pela adoção de medidas genéricas e perfunctórias, tais como a instalação de dispositivos de *álcool em gel* nos setores ocupacionais e nas áreas comuns, o fornecimento de máscaras descartáveis ou de tecido, a higienização de superfícies, a disponibilização de tapetes sanitários para a higienização dos calçados (pedilúvios), dentre outras, sem atentar para a totalidade das situações potencialmente causadoras da contração ocupacional de Covid-19, mormente em um contexto de transmissão comunitária já vivenciado pelo País nas semanas que se seguiram ao reconhecimento oficial do estado de calamidade pública pelo Decreto Legislativo n. 6, de 20.3.2020.

---

(4) "Art. 3º As medidas previstas na Lei n. 13.979, de 2020, deverão resguardar o exercício e o funcionamento dos serviços públicos e atividades essenciais a que se refere o § 1º.

§1º São serviços públicos e atividades essenciais aqueles indispensáveis ao atendimento das necessidades inadiáveis da comunidade, assim considerados aqueles que, se não atendidos, colocam em perigo a sobrevivência, a saúde ou a segurança da população, tais como:

(...)

XII – produção, distribuição, comercialização e entrega, realizadas presencialmente ou por meio do comércio eletrônico, de produtos de saúde, higiene, limpeza, alimentos, bebidas e materiais de construção."

Paralelamente a isso, os efetivos riscos de transmissão ocupacional do *novo coronavírus* (SARS-CoV-2) permaneceram inatacados (sendo, em muitos casos, até mesmo maximizados), na medida em que as empresas do setor recorreram à ampliação dos turnos de trabalho, à realização de abates extraordinários, à contratação de novos trabalhadores, à intensificação dos ritmos laborais e ao incremento das metas individuais e coletivas de produção, a fim de aproveitarem as oportunidades decorrentes do aumento da demanda externa e do câmbio favorável às exportações.(5)

Com isso, as plantas permaneceram abarrotadas de trabalhadores a se aglomerar não apenas nas linhas de produção, como também nas áreas comuns (vestiários, refeitório, locais de descanso e de espera para o transporte, barreiras sanitárias etc.). O fluxo de pessoas remanescia intenso, com as unidades operando em sua capacidade máxima e sob intenso ritmo de trabalho.

Com o resultado de tal postura, já se constatava nos meses de abril e maio de 2020 a eclosão de casos de contaminação em massa de trabalhadores de frigoríficos amplamente noticiados na imprensa, tais como os episódios ocorridos em grandes plantas situadas, respectivamente, nos municípios de Passo Fundo – RS e de Ipumirim – SC, a envolverem a contaminação de dezenas de trabalhadores, sucedidas pela interdição das atividades das referidas unidades por atos da Auditoria Fiscal do Trabalho.(6)

Mais adiante, ao mesmo tempo em que era publicada a Portaria Conjunta n. 19/2020, na segunda quinzena do mês de junho de 2020, a imprensa noticiava novos casos de contaminação massiva em unidades frigoríficas, a envolverem números alarmantes, tais como os 1.200 (mil e duzentos) diagnósticos positivos de Covid-19 obtidos entre trabalhadores de um grande frigorífico de aves em Chapecó – SC e os 1.075 casos da referida doença confirmados entre indivíduos ativados em outra grande planta dedicada ao abate e ao processamento de suínos, no município de Dourados – MS.(7)

---

(5) Nesse sentido: <https://www.aviculturaindustrial.com.br/imprensa/frigorificos-no-rs-contrataram-5-mil-trabalhadores-desde-o-inicio-da-pandemia/20200804-111131-M191>. Acesso em: 23 nov. 2020; <https://revistagloborural.globo.com/Noticias/Criacao/noticia/2020/05/abates-extras-aumentam-risco-de-Covid-19-em-frigorificos-apontam-fiscais-federais.html>. Acesso em: 03 nov. 2020; <https://www.jornaldocomercio.com/_conteudo/economia/2020/07/748351-marfrig-anuncia-mais-de-200-novas-vagas-na-unidade-de-sao-gabriel.html>. Acesso em: 23 nov. 2020.

(6) Disponível em: <https://www.suinoculturaindustrial.com.br/imprensa/com-19-funcionarios-infectados-por-coronavirus-frigorifico-e-interditado-em/20200427-093342-a850>. Acesso em: 20 nov. 2020; <https://valorinveste.globo.com/mercados/renda-variavel/empresas/noticia/2020/05/19/abatedouro-da-jbs-e-interditado-em-santa-catarina.ghtml>. Acesso em: 20 nov. 2020.

(7) Disponível em: <https://www.nsctotal.com.br/noticias/cerca-de-12-mil-funcionarios-da-brf-chapeco-testaram-positivo-para-Covid-19>. Acesso em: 20 nov. 2020; https://economia.uol.com.br/noticias/reuters/2020/07/03/testes-em-massa-em-fabricas-da-jbs-e-brf-em-cidade-do-centro-oeste-revelam-mais-de-1000-casos-de-Covid-19.htm>. Acesso em: 20 nov. 2020.

Nos meses seguintes, dados compilados pelo Ministério Público do Trabalho davam conta de que os casos de Covid-19 entre trabalhadores de frigoríficos no estado do Rio Grande do Sul haviam aumentado em 40% nos últimos trinta dias, ao mesmo tempo em que as entidades representativas da categoria profissional, reunidas em torno da Confederação Nacional dos Trabalhadores nas Indústrias da Alimentação e Afins (CNTA), estimavam que 20% de seus integrantes haviam se contaminado até então.(8)

Em que pese o gravíssimo impacto da pandemia nas plantas frigoríficas, não se pode afirmar que as empresas do setor foram surpreendidas por tal situação, pois antes mesmo do *novo coronavírus* (SARS-CoV-2) ingressar em estágio de transmissão comunitária, já era plenamente possível intuir que os estabelecimentos em referência seriam locais extremamente propícios para o contágio ocupacional por aquele agente biológico, haja vista a estrutura física de tais instalações e a própria organização do trabalho ali implementada.

De fato, por serem locais enclausurados, submetidos a baixas temperaturas e dotados de alta umidade, as unidades frigoríficas reúnem as condições ideais para a propagação dos vírus em geral. E como se já não bastasse, a organização do trabalho e dos fatores de produção em tais ambientes, caracterizada por "*linhas de (des)montagem*", onde trabalhadores permanecem ombreados a realizar grande esforço físico no abate, desossa e compactação de peças de carne em ritmo intenso, propicia sobremaneira a transmissão interpessoal daqueles micro-organismos e sua sobrevida em superfícies.(9)

Diante de tal cenário e da progressão do *novo coronavírus* (SARS-CoV-2) no território nacional a partir de março de 2020, as empresas frigoríficas e em especial os gigantes brasileiros do setor que figuram entre as maiores companhias alimentícias do planeta, já possuíam informações mais do que suficientes a respeito da potencial proliferação ocupacional daquele micro-organismo em suas plantas, bem assim das medidas de distanciamento social, de reestruturação produtiva, de readequação do ritmo de trabalho e das jornadas e de profilaxia que deveriam ser concretamente implementadas no ensejo de, ao menos, minimizar tais riscos.

---

(8) Disponível em: <https://revistagloborural.globo.com/Noticias/Criacao/noticia/2020/07/sindicato-estima-que-20-dos-trabalhadores-de-frigorificos-do- brasil-ja-contrairam-Covid-19.html>. Acesso em: 20 nov. 2020; <https://oglobo.globo.com/sociedade/casos-de-Covid-19-em-frigorificos-do-rs-sobem-40-em-menos- de-1-mes-diz-mpt-1-24530039>. Acesso em: 20 nov. 2020.

(9) *Vide*, a propósito: KAMPF, G. *et. alli*. Persistence of coronaviruses on inanimate surfaces and their inactivation with biological agentes. *Journal of Hospital Infection*. Disponível em: <https://doi.org/10.1016/j.jhin.2020.01.022>. Acesso em: 15 nov. 2020. VAN DOREMALEN. N. *et alli*. Aerosol and Surface Stability of SARS-CoV-2 as Compared with SARS-CoV-1. Correspondence published in 16.4.2020. In: *The New England Journal of Medicine*. Disponível em: <https://www.nejm.org/doi/full/10.1056/NEJMc2004973>. Acesso em: 15 nov. 2020.

Convém observar, nesse sentido, que mesmo diante do caráter incipiente da pandemia do *novo coronavírus* (SARS-CoV-2), a Organização Mundial da Saúde (OMS) e a Organização Internacional do Trabalho (OIT), para além de vários organismos governamentais estrangeiros (p. ex: o Centro de Controle e de Prevenção de Doenças dos Estados Unidos da América — CDC), editaram uma série de diretrizes e de procedimentos destinados à minimização dos riscos de transmissão ocupacional do *novo coronavírus* (SARS-CoV-2) na generalidade dos ambientes de trabalho.(10)

Não obstante a edição de tais diretrizes, o ordenamento jurídico pátrio, ao acolher nos arts. 225, *caput* e 7º, XXII, da Constituição Federal e na Convenção n. 155 da OIT (arts. 16 a 18) os princípios do *meio ambiente do trabalho adequado*, da *redução dos riscos inerentes ao labor* e da *prevenção*, impunha às empresas a implementação de todas as medidas cabíveis, segundo a melhor técnica disponível, para elidir ou minimizar as potenciais ameaças existentes em seus ambientes de trabalho, incluindo-se, aí, a elaboração de procedimentos destinados a lidar com situações de urgência, tais como a emergência sanitária em iminente enfrentamento.(11)

Corroborando com tais dispositivos, a NR-1 da Secretaria Especial de Previdência e Trabalho do Ministério da Economia, já com sua nova redação conferida pela Portaria 6.730, de 9.3.2020, estabelece textualmente que os empregadores estão obrigados a avaliar e a antecipar de maneira adequada e realista os riscos ambientais presentes nos locais de trabalho, bem como a agir concretamente para elidir ou minimizar tais riscos, por intermédio (i) da reorganização dos fatores de produção; (ii) do

(10) WORLD HEALTH ORGANIZATION. *Getting your workplace ready for Covid-19*. Genebra: WHO, 2020. Disponível em: <https://www.who.int/docs/default-source/coronaviruse/getting-workplace-ready-for-Covid-19.pdf>. Acesso em: 23 nov. 2020; INTERNATIONAL LABOR ORGANIZATION. *What are the key policies that will mitigate the impacts of Covid-19 on the world of work?* Genebra: ILO, 2020. Disponível em: <https://www.ilo.org/global/topics/coronavirus/impacts-and-responses/WCMS_739048/lang--en/index.htm>. Acesso em: 23 nov. 2020; ORGANIZAÇÃO INTERNACIONAL DO TRABALHO. *As normas da OIT e a Covid-19 (coronavírus)*. Brasília: OIT, 2020. Disponível em: <https://www.ilo.org/wcmsp5/groups/public/---americas/---ro-lima/---ilo-brasilia/documents/publication/wcms_745248.pdf>. Acesso em: 15 jun. 2020; <https://www.cdc.gov/coronavirus/2019-ncov/prepare/prevention.html>. Acesso em: 23 nov. 2020.

(11) "Convenção OIT n. 155 – Art.16 – 1. Deverá ser exigido dos empregadores que, na medida que for razoável e possível, garantam que os locais de trabalho, o maquinário, os equipamentos e as operações e processos que estiverem sob seu controle são seguros e não envolvem risco algum para a segurança e a saúde dos trabalhadores.

(...)

Art.17 – Sempre que duas ou mais empresas desenvolverem simultaneamente atividades num mesmo local de trabalho, as mesmas terão o dever de colaborar na aplicação das medidas previstas na presente Convenção.

Art. 18 – Os empregadores deverão prever, quando for necessário, medidas para lidar com situações de urgência e com acidentes, incluindo meios adequados para a administração de primeiros socorros."

estabelecimento de medidas de proteção coletiva e (iii) do fornecimento de equipamentos de proteção individual.(12)

No plano das diretrizes formuladas para o poder público, a Convenção n. 155 da OIT estabelece textualmente em seu art. 4º, item 2, que a atuação dos Estados-membros deverá se pautar pela redução *"ao mínimo, (...) [d]as causas dos riscos inerentes ao meio ambiente de trabalho"*, assentando, em seu art. 8º, que suas funções legislativa e regulamentar deverão exigir das empresas garantias quanto à segurança de seus processos operacionais com relação à integridade psicofísica dos trabalhadores.(13)

Sendo a transmissão do *novo coronavírus* (SARS-CoV-2) nos frigoríficos, portanto, uma perspectiva plenamente factível, mormente em função das condições de trabalho e dos fatores físicos de agravamento de tal risco (umidade, enclausuramento, frio e aglomeração) peculiares a tais estabelecimentos, o poder público e as empresas do setor se encontravam imbuídos, respectivamente, do dever de estabelecer, no ordenamento jurídico pátrio, medidas destinadas a reduzir, efetivamente, tal risco e de implementar, em concreto, as referidas diretrizes em cada uma das plantas sob sua administração.(14)

Não obstante os riscos já conhecidos a respeito da propagação do *novo coronavírus* (SARS-CoV-2) nos frigoríficos, o fato de ser um agente patogênico recentemente descoberto, a causar uma doença (a Covid-19), cujas consequências para o organismo humano longe estão de serem plenamente conhecidas, impunha (como ainda impõe) tanto ao poder público quanto às empresas do setor o dever de acompanhamento *pari passu* dos estudos relacionados à transmissibilidade daquele micro-organismo, à sua letalidade e aos efeitos em vistas à adequação de seus planos de contingenciamento e de suas metodologias operacionais. É exatamente o que lhes era concretamente exigido

---

(12) "1.4.1 Cabe ao empregador:

a) Cumprir e fazer cumprir as disposições legais e regulamentares sobre segurança e saúde no trabalho;

(...)

g) implementar medidas de prevenção, ouvidos os trabalhadores, de acordo com a seguinte ordem de prioridade:

I. eliminação dos fatores de risco;

II. minimização e controle dos fatores de risco, com a adoção de medidas de proteção coletiva;

III. minimização e controle dos fatores de risco, com a adoção de medidas administrativas ou de organização do trabalho; e

IV. adoção de medidas de proteção individual."

(13) "Art.8 — Todo Membro deverá adotar, por via legislativa ou regulamentar ou por qualquer outro método de acordo com as condições e a prática nacionais, e em consulta com as organizações representativas de empregadores e de trabalhadores interessadas, as medidas necessárias para tornar efetivo o art. 4º da presente Convenção."

(14) PADILHA, Norma Sueli. *Fundamentos constitucionais do direito ambiental brasileiro.* Rio de Janeiro: Elsevier, 2010. p. 396-399.

(e ainda o é), pelo princípio da *precaução* que subjaz aos retromencionados arts. 7º, XXII e 225, *caput*, da Constituição Federal.[15]

Em tempo, o principio em referência estabelece, para o Estado e para os particulares, que o desconhecimento científico a respeito de certos riscos inerentes a novas tecnologias ou a processos produtivos não os autoriza a expor indiscriminadamente os indivíduos a tais situações de dano em potencial sem o acompanhamento dos avanços científicos a desvelarem seus efeitos e sem implementar mecanismos de antecipação e de controle de tais riscos.[16]

Exemplo cristalino de desconsideração ao princípio da *precaução* por parte do poder público e das empresas do setor na gestão da crise sanitária causada pelo *novo coronavírus* (SARS-CoV-2) é representado pela indiferença com relação aos estudos desenvolvidos por centenas de especialistas na área de saúde a respeito da capacidade de dispersão aérea daquele agente biológico e da majoração de tal risco em ambientes enclausurados, com temperatura artificialmente condicionada e com ventilação precária, exatamente como as plantas frigoríficas, o que levou a própria Organização Mundial da Saúde a reconhecer expressamente a veracidade das conclusões obtidas pelos referidos profissionais.[17]

Nesse mesmo sentido, recente estudo capitaneado por Naiyer Imam corroborou as conclusões a respeito da altíssima transmissibilidade do *novo coronavírus* (SARS-CoV-2) não apenas pelas partículas de saliva oriundas de espirros, tosses e da fala, como também pelas micropartículas dispersas em aerossol, que podem permanecer ativas em superfícies lisas por até dois dias, especialmente naqueles ambientes enclausurados e artificialmente ventilados, como os frigoríficos.[18]

Nem as normas estabelecidas pelo poder público a respeito dos procedimentos de segurança operacional dos frigoríficos (especialmente a Portaria Conjunta n. 19/2020) e tampouco os *planos de contingenciamento* elaborados pelas empresas do setor estabeleceram medidas destinadas a mitigar os riscos representados pela suspensão das gotículas de saliva inferiores a 5µm (cinco micrômeros) nos ambientes refrigerados

(15) KOURISLSKY, Philippe; VINEY. Geneviève. *Le principe de précaution*. Paris: Odile Jacob, 1999. p. 151.

(16) Sobre o reconhecimento do princípio da *precaução* como um corolário do art. 225, *caput*, da Constituição Federal por parte da jurisprudência do Supremo Tribunal Federal, *vide*: BRASIL: SUPREMO TRIBUNAL FEDERAL. AÇÃO DIRETA DE INCONSTITUCIONALIDADE N. 4.066/DF. Plenário. DJ: 7.3.2018.

(17) MORAWSKA, Lidia; MILTON, Donald K. *It is time to address airborne transmission of Covid-19*. Cambridge: Oxford University Press for the Infectious Diseases Society of America. Disponível em: <https://academic.oup.com/cid/advance-article/doi/10.1093/cid/ciaa939/5867798>.

(18) IMAM, Nayer; ZAIDI, Sarah; CHAKRABORTY, Arijit Robin. Transmission, prevention and risk factors of Covid-19. In: KRIZ, Carey *et alii*. *Breaking down Covid-19*. A living textbook. Londres: First Medicine and Global Clinical Partners, 2020. p. 25-26.

e enclausurados, apesar de diversos estudos apontarem para a possibilidade de tais partículas viajarem por dezenas de metros em tais circunstâncias.[19]

Em sentido oposto, as normas oficiais e os programas empresariais de contingenciamento permaneceram, nesse particular, atrelados à presunção de que a observância a certas distâncias concebidas para a generalidade dos locais de trabalho (geralmente entre um e dois metros) também se aplicariam aos ambientes enclausurados, refrigerados e úmidos presentes nos frigoríficos ou então, de que o fornecimento de certos equipamentos coletivos e individuais de proteção elidiriam tais riscos nas situações em que o distanciamento se apresentasse como *impossível*, a critério das próprias empresas, tal como o fez a Portaria Conjunta 19/2020.

E mesmo os riscos já conhecidos e amplamente passíveis de manifestação nos ambientes peculiares dos frigoríficos, tais como aqueles pertinentes (i) à aglomeração em áreas comuns e operacionais; (ii) ao desgaste de certos equipamentos de proteção individual (p. ex: máscaras de pano e descartáveis) em função da umidade e do esforço físico; (iii) à insuficiência das medidas de busca ativa e de afastamento de trabalhadores sintomáticos potencialmente contaminados; (iv) à ampliação dos turnos e do ritmo de trabalho em meio à pandemia, inclusive com a contratação de mais trabalhadores, foram ignorados pelas normativas oficiais e pelos *planos de contingenciamento.*

Passados já dez meses do início da pandemia do *novo coronavírus* (SARS--CoV-2) e da decretação do estado de calamidade pública no País, é possível constatar que as empresas do setor não apenas permitiram a entronização e a circulação daquele agente biológico em suas unidades — ocasionando, dessa forma, nítida situação de *poluição labor-ambiental* a degradar os locais de trabalho por elas administrados —, como também potencializaram uma verdadeira tragédia sanitária, especialmente naqueles municípios onde se situam suas plantas.[20]

2. O nexo de causalidade presumido entre a Covid-19 e a natureza das atividades desempenhadas nos frigoríficos

Conforme visto no item anterior, é fato público e notório que as plantas frigoríficas são locais caracterizados por condições extremamente propícias à propagação do *novo coronavírus* (SARS-CoV-2), porquanto suas áreas operacionais são constituídas

(19) Houve, nesse particular, cristalina violação ao item 1.5.4.4.6 da NR-1, já com sua redação atual, assim vazado:

"1.5.4.4.6 A avaliação de riscos deve constituir um processo contínuo e ser revista a cada dois anos ou quando da ocorrência das seguintes situações:

a) após implementação das medidas de prevenção, para avaliação de riscos residuais;

b) após inovações e modificações nas tecnologias, ambientes, processos, condições, procedimentos e organização do trabalho que impliquem em novos riscos ou modifiquem os riscos existentes."

(20) MARANHÃO, Ney. *Poluição labor-ambiental.* Rio de Janeiro: Lumen Juris, 2017. p. 234.

por galpões enclausurados, carentes de ventilação natural, onde a temperatura é mantida em níveis artificialmente baixos a fim de assegurar a qualidade da proteína animal ali manipulada. Tais ambientes são igualmente marcados pela presença de constante umidade e pela disposição de um grande número de trabalhadores que desempenham suas atividades em constante esforço físico e em curtas distâncias uns dos outros.

Justamente em função das condições existentes nas plantas frigoríficas, a Lista constante do Anexo II do Decreto n. 3.048, de 6.5.1999 (Regulamento do Regime Geral de Previdência Social) presume o nexo de causalidade existente entre a contração de doenças ocasionadas por micro-organismos — aí incluídos expressamente os *vírus* — e as atividades concernentes à "*manipulação e embalagem de carne*".

Ainda que a listagem constante do Decreto n. 3.048/99 não faça menção expressa ao *novo coronavírus* (SARS-COV-2) e à moléstia por ele ocasionada (Covid-19), o próprio diploma legal em apreço deixa assente de forma textual que *"as doenças e respectivos agentes etiológicos ou fatores de risco de natureza ocupacional listados são exemplificativos e complementares"*.

Vê-se, portanto, que a própria *natureza do trabalho* desempenhado nos frigoríficos — a envolver, conforme visto, o exercício de intensa atividade física em ambientes caracterizados pelo *frio*, pela *umidade*, pelo *enclausuramento* e pela *aglomeração* — constitui fator determinante para o contato ocupacional dos indivíduos ali ativados com o *novo coronavírus* (SARS-CoV-2). De fato, sendo as indústrias de processamento de carnes locais extremamente propícios para a circulação de micro-organismos, é plenamente presumível o nexo de causalidade entre o labor desempenhado nas condições ora descritas e a contração de Covid-19.[21]

Exatamente por esse motivo, o art. 20, § 1º, *"d"*, da Lei n. 8.213, de 24.7.1991 acaba por confirmar a presunção de nexo de causalidade entre a contração de Covid-19 e o labor desempenhado nas plantas frigoríficas, justamente porque o risco de contato dos trabalhadores ali ativados com o agente patogênico causador daquela doença pandêmica é um elemento inerente à natureza das atividades desempenhadas naqueles estabelecimentos.[22]

---

(21) Veja-se, a propósito: OLIVEIRA, Sebastião Geraldo de. Repercussões do enquadramento da Covid-19 como doença ocupacional. *Revista do Tribunal Regional do Trabalho da 3ª Região*, Belo Horizonte, edição especial, t. I, jul. 2020, p. 59-102.

(22) "Art. 20. Consideram-se acidente do trabalho, nos termos do artigo anterior, as seguintes entidades mórbidas:

I – doença profissional, assim entendida a produzida ou desencadeada pelo exercício do trabalho peculiar a determinada atividade e constante da respectiva relação elaborada pelo Ministério do Trabalho e da Previdência Social;

II – doença do trabalho, assim entendida a adquirida ou desencadeada em função de condições especiais em que o trabalho é realizado e com ele se relacione diretamente, constante da relação mencionada no inciso I.

Note-se, a propósito, que o Supremo Tribunal Federal, ao apreciar as Medidas Cautelares nas ADIs ns. 6.342/DF, 6.344/DF, 6.346/DF, 6.348/DF, 6.349/DF, 6.352/DF e 6.354/DF logo nos primeiros meses da pandemia, houve por bem suspender a eficácia do art. 29 da Medida Provisória n. 927, de 22.3.2020, cujo teor preconizava que *"os casos de contaminação pelo coronavírus (Covid-19)* (sic) *não serão considerados ocupacionais, exceto mediante comprovação do nexo causal"*.(23)

Ao assim proceder, o Supremo Tribunal Federal acabou reconhecendo que a circulação do *novo coronavirus* (SARS-Cov-2) nos mais diversos ambientes de trabalho, agravado em função da transmissão comunitária constatada no País desde março de 2020, conduz à presunção quanto ao caráter ocupacional da eventual contração de Covid-19 por parte dos trabalhadores, bem como à responsabilização objetiva dos empresários pela reparação dos danos daí decorrentes, especialmente naquelas atividades cuja natureza envolve maiores riscos de contágio, tal como ocorre nos frigoríficos.

3. Os danos extrapatrimoniais e patrimoniais experimentados pelos trabalhadores dos frigoríficos em decorrência da exposição ocupacional ao *novo coronavírus* (SARS-CoV-2)

A exposição dos trabalhadores das plantas frigoríficas ao *novo coronavírus* (SARS-CoV-2) e a contração (eventual ou efetiva) da doença relacionada ao referido agente biológico (Covid-19) possibilita a materialização de uma série de efeitos negativos em sua integridade psíquica, para além da manifestação de diversos sintomas respiratórios, cardiovasculares e neurológicos mapeados pela ciência até o presente momento, que tendem a lhes atingir fortemente a esfera da personalidade.(24)

Não obstante, os trabalhadores infectados e os sujeitos expostos à circulação ocupacional do *novo coronavírus* (SARS-CoV-2) se encontram submetidos ao forte estigma social que a contração de Covid-19 traz consigo, por se tratar de doença altamente contagiosa e por ser objeto, durante a pandemia pela qual se está a passar, de grande atenção da mídia, a ponto de gerar, na comunidade a circundar aqueles indivíduos, forte repulsa à sua presença e até mesmo temor quanto à sua proximidade, o

---

§ 1º Não são consideradas como doença do trabalho:

(...)

d) a doença endêmica adquirida por segurado habitante de região em que ela se desenvolva, salvo comprovação de que é resultante de exposição ou contato direto determinado pela natureza do trabalho."

(23) BRASIL: SUPREMO TRIBUNAL FEDERAL. MEDIDAS CAUTELARES NAS AÇÕES DIRETAS DE INCONSTITUCIONALIDADE NS. 6.342/DF, 6.344/DF, 6.346/DF, 6.348/DF, 6.349/DF, 6.352/DF e 6.354/DF. RELATOR: Ministro Alexandre de Moraes. Plenário. Julgamento em 6.5.2020. Acórdão pendente de publicação.

(24) MORAES, Maria Celina Bodin de. *Danos à pessoa humana.* Uma leitura civil-constitucional dos danos morais. Rio de Janeiro: Renovar, 2003. p. 94.

que tende a lhes ocasionar, por via de consequência, severos abalos em sua integridade psicológica.(25)

Tais lesões, uma vez consolidadas e diagnosticadas, geram naqueles indivíduos incontestável sofrimento psíquico decorrente não só da tristeza em si pela contração de Covid-19, como também da angústia em face da possível intensificação dos sintomas e do sentimento de incerteza diante dos efeitos da doença em seu futuro pessoal. De fato, ao constatar ser portador da referida moléstia, é perfeitamente lógico presumir que a vítima sentir-se-á incomodada, no seu íntimo, com a possibilidade de experimentar uma piora decorrente da evolução de seu quadro, mormente porque a extensão das sequelas relacionadas àquela patologia ainda não está completamente mapeada, bem como com a possibilidade factível de vir a contaminar seus parentes mais próximos.(26)

Paralelamente a isso, também aqueles trabalhadores que foram expostos ao *novo coronavírus* (SARS-CoV-2) no ambiente de trabalho mantido pelas empresas do setor frigorífico e não manifestaram nenhum sintoma relacionado à patologia ocupacional ocasionada pelo referido agente biológico tendem a experimentar severos danos à sua integridade psicológica decorrente, justamente, dos riscos a que foram submetidos e dos efeitos deletérios que a mera exposição ao *novo coronavírus* (SARS-CoV-2) lhes ocasiona.

De fato, a exposição aos riscos inerentes à contração ocupacional de Covid-19 por parte dos trabalhadores das sobreditas empresas, ocasionada em razão da notória inação destas últimas em antecipar, prevenir e combater de maneira adequada a circulação ocupacional do *novo coronavirus* (SARS-CoV-2) tende a lhes carrear severos prejuízos de ordem emocional, representados não apenas pelo estigma social a eles impingido, mas também pelo terror psicológico inerente ao convívio, desde o início da atual pandemia, com a dúvida e a angústia relacionadas à possibilidade factível de serem acometidos por aquela gravíssima doença viral, como se tivessem sobre a cabeça uma "*Espada de Dâmocles*" pendurada por um singelo fio de crina de cavalo prestes a cair.(27)

Tal sorte de situações, a acarretar a perda da paz de espírito, bem como o convívio irremediável com sensações de dor, tristeza e angústia a afetarem a intimidade dos

(25) SINGH, Rakesh; SUBEDI, Madhusudan. Covid-19 and stigma: Social discrimination towards frontline health care providers and Covid-19 recovered patients in Nepal. *Asian journal of psychiatry*, 53 (2020) 102222.

(26) BRANDÃO, Cláudio. *Acidente do trabalho e responsabilidade civil do empregador*. 2. ed. São Paulo: LTr, 2007. p. 285-286.

(27) Sobre o significado da lenda da *Espada de Dâmocles*, *vide*: <http://www.dn.pt/inicio/opiniao/interior.aspx?content_id=2269224&seccao=Anselmo%20Borges&tag=Opini%E3o%20-%20Em%20Foco>. Acesso em: 22 nov. 2020.

indivíduos, configura, justamente, o *dano moral* vinculado ao postulado da *dignidade humana* na ordem constitucional vigente.[(28)]

Há, igualmente, os *danos biológicos* representados pelos impactos que a contração ocupacional de Covid-19 ocasiona na *compleição psicofísica* dos indivíduos e que não se confundem com os *danos morais*, na medida em que estes últimos compreendem o sofrimento psíquico ocasionado pela contração da referida patologia (ou a simples exposição ao seu agente causador, conforme o caso), ao passo que os *danos biológicos* ora tratados dizem respeito aos efeitos diretos e sensíveis que a referida moléstia, uma vez adquirida, ocasiona na saúde dos sujeitos, tais como a perda permanente de capacidade pulmonar, as lesões cardiovasculares, os impactos na locomoção, dentre outras.[(29)]

Paralelamente aos *danos morais* e aos *danos biológicos* acima descritos, a exposição ocupacional ao *novo coronavírus* (SARS-CoV-2) e a contração de Covid-19 podem gerar, para os trabalhadores, uma série de despesas com o tratamento a englobar, principalmente, mas não exclusivamente, (i) o acompanhamento psicológico, fisioterápico e fonaudiológico com profissionais que compreendam as peculiaridades das síndromes respiratórias graves na integridade psicológica, física e na alimentação das vítimas, (ii) o acompanhamento do quadro clínico com médicos de diversas especialidades, a depender dos órgãos danificados (*vg*: pneumologista, cardiologista, otorrinolaringologista etc.) (iii) o custeio com os medicamentos necessários à amenização dos sintomas e das eventuais sequelas provisórias ou permanentes, (iv) o pagamento das eventuais despesas ambulatoriais e com aquelas decorrentes de internação; (v) o custeio dos exames laboratoriais e dos tratamentos (*vg*: oxigênio domiciliar, *home care* etc.) e (vi) o deslocamento para a realização dos exames, consultas e procedimentos necessários.

Além das referidas despesas, que representam, na espécie, os *danos emergentes* decorrentes da exposição ocupacional ao *novo coronavírus* (SARS-CoV-2) ou da contração de Covid-19, conforme o caso, tais vicissitudes podem resultar, para os trabalhadores em questão, em perdas pecuniárias a serem experimentadas, no futuro, em função da eliminação ou da redução de sua capacidade produtiva (*lucros cessantes*) ou até mesmo na *perda de uma chance* relativa à obtenção, no futuro, de ganhos materiais relacionados à progressão na carreira.[(30)]

É este, portanto, o elenco *exemplificativo* dos danos extrapatrimoniais e patrimoniais que a exposição ocupacional ao *novo coronavírus* (SARS-CoV-2) e a contração

(28) REIS, Clayton. *Avaliação do dano moral*. 4. ed. Rio de Janeiro: Forense, 2002. p. 205.

(29) TRIMARCHI, Pietro. *La responsabilità civile:* atti illeciti, rischio, danno. Milão: Giuffrè, 2017. p. 608-609.

(30) BELMONTE, Alexandre Agra. *Reparação dos danos patrimoniais na relação de trabalho*. Salvador: JusPodivm, 2020. p. 235-244.

de Covid-19 podem vir a ocasionar no patrimônio jurídico dos trabalhadores ativados nas plantas frigoríficas, cuja reparação será objetivamente imputada aos respectivos tomadores de serviços, posto que (i) tais lesões têm origem em uma situação de *poluição labor-ambiental* (art. 225 *caput* e inciso V c/c os art. 3º, III e IV, da Lei n. 6.938/81) e (ii) o nexo causal entre elas e a atividade desenvolvida em tais estabelecimentos é presumida pelo ordenamento jurídico pátrio (art. 20, § 1º, "d", da Lei n. 8.213/91).

Conclusão

A análise retrospectiva do tratamento conferido pelas empresas do setor frigorífico aos riscos representados pela introdução e pela circulação do *novo coronavírus* (SARS-CoV-2) em suas plantas já no início da pandemia, em março de 2020, desvela, de maneira evidente, a anunciação de uma tragédia sanitária com potencial para transcender, em muito, os trabalhadores ali ativados e para comprometer significativamente as já combalidas estruturas de saúde existentes no interior do País.

Naquela quadra, não era necessário empreender digressões profundas no vasto campo de estudo da epidemiologia para antever que os riscos de transmissão de um agente viral altamente contagioso em ambientes enclausurados, úmidos e refrigerados, para o qual inexistiam vacinas ou tratamentos eficazes, deveriam ser combatidos por intermédio da implementação de medidas preventivas, antes mesmo de se cogitar na possibilidade de reparação a potenciais lesões passíveis de manifestação no futuro, na linha do que preconiza a perspectiva ambientalista da responsabilidade civil.[31]

Dentre as medidas que deveriam — e ainda devem — ser implementadas pelas empresas do setor é possível enumerar (i) a redução do quantitativo de pessoal em atividade nas respectivas plantas; (ii) a diminuição do ritmo de produção; (iii) o controle rigoroso dos sintomas apresentados pelos trabalhadores, por meio de procedimentos eficazes de testagem e de busca ativa periódica nas linhas de produção; (iv) o afastamento de todos os trabalhadores integrantes dos chamados grupos de risco e daqueles que tiveram contato com colegas sintomáticos e, finalmente, (v) a reestruturação de suas estruturas, com vistas a minimizar o contato interpessoal dos indivíduos e de maximizar a circulação do ar nas áreas operacionais.

Além disso, as empresas do setor se encontram jungidas ao dever emanado do princípio da *precaução,* de readequar seus planos de contingenciamento em linha com as novas descobertas científicas relacionadas aos riscos de circulação do *novo coronavírus* (SARS-CoV-2), tal como aquela representada pela alta transmissibilidade do referido agente biológico por aerossol nos ambientes caracterizados pela baixa circulação do ar, pelo enclausuramento e pela aglomeração de indivíduos em tais espaços.

(31) LOPEZ, Teresa Ancona. *Princípio da precaução e evolução da responsabilidade civil.* São Paulo: Quartier Latin, 2010. p. 78-79.

Todas as medidas ora listadas não apenas são inferíveis dos próprios princípios da *prevenção* e da *precaução* subjacentes aos arts. 7º, XXII e 225, *caput*, da Constituição Federal, como também das diretrizes emanadas dos arts. 16 a 18 da Convenção n. 155 da OIT e dos enunciados dos itens 1.4.1 e 1.5.4.4.6 da NR-1, já em sua redação atualizada.

Diante disso, o Ministério Público do Trabalho e os sindicatos representativos dos trabalhadores do setor frigorífico têm, no microssistema das ações coletivas regulamentado na Lei n. 7.347/85 e no Título III do Código de Defesa do Consumidor, os instrumentos aptos a buscar a concretização de tais deveres que configuram, a propósito, verdadeiras obrigações de fazer (ou de não fazer, a depender do caso) imputadas aos gestores dos ambientes de trabalho.(32)

E, nesse sentido, a implementação de tais obrigações de fazer e de não fazer postuladas no microssistema das ações coletivas encontrará na tutela específica prevista nos arts. 84, III, do Código de Defesa do Consumidor e no art. 497 do Código de Processo Civil o mecanismo propício para que o Poder Judiciário estabeleça, de modo concreto, as medidas preventivas e inibitórias mais adequadas para evitar, ou minimizar a propagação ocupacional do *novo coronavírus* (SARS-CoV-2) nas plantas frigoríficas.(33)

Não obstante a primazia da responsabilidade preventiva e a existência de mecanismos processuais aptos a concretizá-la no microssistema das ações coletivas e no instituto da tutela específica, não se pode deixar de constatar que a inibição dos riscos inerentes à circulação ocupacional do *novo coronavírus* (SARS-CoV-2) nas plantas frigoríficas não apresentou, até o momento, resultados satisfatórios.

De fato, diante do falso dilema representado, de um lado, pela ampliação da produtividade e da lucratividade em um cenário de aumento na demanda externa e de câmbio favorável e, de outro, pela implementação dos investimentos e das medidas aptas a mitigar os riscos de contração ocupacional de Covid-19, as empresas do setor optaram pela primeira alternativa, com respaldo no argumento (igualmente inverídico) de que a redução de suas atividades poderia comprometer a *segurança alimentar* da população brasileira.

E as autoridades públicas, confrontadas com a forte retração econômica ocasionada pela pandemia e, principalmente, com o poder de persuasão política exercido pelas grandes corporações do setor, acabaram por chancelar a posição assumida por estas últimas, pela edição de regramentos tímidos e superficiais, tais como a Portaria

(32) SANTOS, Enoque Ribeiro dos. *O microssistema de tutela coletiva.* Parceirização trabalhista. São Paulo: LTr, 2012. p. 77-80.

(33) WATANABE, Kazuo. *Apud* GRINOVER, Ada Pellegrini *et alii. Código de Defesa do Consumidor comentado pelos autores do anteprojeto.* 7. ed. Rio de Janeiro: Forense Universitária, 2001. p. 775-776.

Conjunta n. 19/2020, que passam ao largo do enfrentamento das verdadeiras causas da dispersão do *novo coronavírus* (SARS-CoV-2) nos ambientes das plantas frigoríficas.

Nesse cenário, os frigoríficos exerceram papel fundamental para a interiorização do *novo coronavírus* (SARS-CoV-2), tal como atestam os dados referentes aos municípios que concentram grandes plantas de abate e de processamento de proteína animal.

Passados dez meses do início da pandemia e da declaração oficial de calamidade pública pelo Congresso Nacional, é possível atestar, lamentavelmente, a inoperância dos mecanismos de *prevenção* e de *precaução* que, acaso aplicados, minimizariam significativamente a transmissão ocupacional do *novo coronavírus* (SARS-CoV-2) nos frigoríficos. Tal falha, a bem da verdade, teve por causa a opção deliberada das empresas do setor e do poder público por priorizar a produtividade e a geração de receitas em detrimento da preservação da vida e da integridade psicofísica dos trabalhadores, de seus familiares e, consequentemente, da população em geral.

Nesse cenário, resta para os trabalhadores das unidades frigoríficas e para as suas vítimas de modo geral a via da *reparação* que, malgrado sua insuficiência congênita, remanesce como a modalidade disponível para que se logre algum grau de justiça. Paralelamente a isso, resta à sociedade e à coletividade diretamente afetada, por intermédio das instâncias representativas de seus interesses, buscar, através da condenação das empresas ao pagamento *dano moral coletivo*, a remediação em caráter fluido dos interesses coletivos e difusos lesados.(34)

E diante da postura assumida pelas grandes corporações do setor alimentício desde o início da pandemia, bem como pelos agentes governamentais, espera-se que o Poder Judiciário promova a reparação das vítimas de tal tragédia sanitária com estrita observância à função pedagógica na mensuração das indenizações, não apenas para lhes promover uma compensação financeira (que, diga-se de passagem, jamais logrará recompor a vida ou a saúde perdidas), mas, principalmente, para prevenir, através de condenações pecuniárias proporcionais à dimensão da tragédia, que os lamentáveis episódios constatados nos últimos cinco meses voltem a se repetir.(35)

Referências bibliográficas

BELMONTE, Alexandre Agra. *Reparação dos danos patrimoniais na relação de trabalho*. Salvador: JusPodivm, 2020.

BRANDÃO, Cláudio. *Acidente do trabalho e responsabilidade civil do empregador*. 2. ed. São Paulo: LTr, 2007.

---

(34) MEDEIROS NETO, Xisto Tiago. *Dano Moral Coletivo*. 3. ed. São Paulo: LTr, 2012. p. 195-197.

(35) *Vide*, a propósito: TUNC, André. *La responsabilité civile*. Paris: Economica, 1981. p. 134-135; CALABRESI, Guido. *The costs of accidents. A legal and economic analysis*. New Haven: Yale University Press, 1970. p. 68-75.

BRASIL: SUPREMO TRIBUNAL FEDERAL. Ação Direta de Inconstitucionalidade n. 4.066/DF. Plenário. DJ: 7.3.2018.

______: SUPREMO TRIBUNAL FEDERAL. Medidas Cautelares nas Ações Diretas de Inconstitucionalidade ns. 6.342/DF, 6.344/DF, 6.346/DF, 6.348/DF, 6.349/DF, 6.352/DF e 6.354/DF. Relator: Ministro Alexandre de Moraes. Plenário. Julgamento em 6.5.2020. Acórdão pendente de publicação.

CALABRESI, Guido. *The costs of accidents. A legal and economic analysis.* New Haven: Yale University Press, 1970.

EBERT, Paulo Roberto Lemgruber. Os riscos labor-ambientais nos frigoríficos e a reparação dos danos ocasionados aos trabalhadores. In: ROCHA. Cláudio Janotti da *et alii. Proteção à saúde e segurança a no trabalho.* São Paulo: LTr, 2018.

IMAM, Nayer; ZAIDI, Sarah; CHAKRABORTY, Arijit Robin. Transmission, prevention and risk factors of Covid-19. In: KRIZ, Carey *et alii. Breaking down Covid-19.* A living textbook. Londres: First Medicine and Global Clinical Partners, 2020.

INTERNATIONAL LABOR ORGANIZATION. *What are th key policies tha will mitigate the impacts of Covid-19 on the world of work?* Genebra: ILO, 2020. Disponível em: <https://www.ilo.org/global/topics/coronavirus/impacts-and-responses/WCMS_739048/lang--en/index.htm>.

KAMPF, G. *et al.* Persistence of coronaviruses on inanimate surfaces and their inactivation with biological agents. *Journal of Hospital Infection.* Disponível em: <https://doi.org/10.1016/j.jhin.2020.01.022>.

KOURISLSKY, Philippe; VINEY, Geneviève. *Le príncipe de précaution.* Paris: Odile Jacob, 1999.

LOPEZ, Teresa Ancona. *Princípio da precaução e evolução da responsabilidade civil.* São Paulo: Quartier Latin, 2010.

MARANHÃO, Ney. *Poluição labor-ambiental.* Rio de Janeiro: Lumen Juris, 2017.

MEDEIROS NETO, Xisto Tiago. *Dano moral coletivo.* 3. ed. São Paulo: LTr, 2012.

MORAES, Maria Celina Bodin de. *Danos à pessoa humana.* Uma leitura civil-constitucional dos danos morais. Rio de Janeiro: Renovar, 2003.

MORAWSKA, Lidia; MILTON, Donald K. *It is time to address air borne transmission of Covid-19.* Cambridge: Oxford University Press for the Infectious Diseases Society of America.

OLIVEIRA, Sebastião Geraldo de. Repercussões do enquadramento da Covid-19 como doença ocupacional. *Revista do Tribunal Regional do Trabalho da 3ª Região*, Belo Horizonte, edição especial, t. I, jul. 2020, p. 59-102.

ORGANIZAÇÃO INTERNACIONAL DO TRABALHO. *As normas da OIT e a Covid-19 (coronavírus).* Brasília: OIT, 2020. Disponível em: <https://www.ilo.org/wcmsp5/groups/public/---americas/---ro-lima/---ilo-brasilia/documents/publication/wcms_745248.pdf>. Acesso em: 15 jun. 2020.

PADILHA, Norma Sueli. *Fundamentos constitucionais do direito ambiental brasileiro.* Rio de Janeiro: Elsevier, 2010.

PRIEUR, Michel. *Droit del'environnement*. 5. ed. Paris: Dalloz, 2004.

REIS, Clayton. *Avaliação do dano moral.* 4. ed. Rio de Janeiro: Forense, 2002.

SANTOS, Enoque Ribeiro dos. *O microssistema de tutela coletiva.* Parceirização trabalhista. São Paulo: LTr, 2012.

SINGH, Rakesh; SUBEDI, Madhusudan. Covid-19 and stigma: Social discrimination towards frontline health care providers and Covid-19 recovered patients in Nepal. *Asian journal of psychiatry*, 53 (2020) 102222;

TRIMARCHI, Pietro. *La responsabilità civile: atti illeciti, rischio, danno.* Milão: Giuffrè, 2017.

TUNC, André. *La responsabilité civile.* Paris: Economica, 1981. p. 134-135.

VAN DOREMALEN, N. *et alli*. Aerosol and Surface Stability of SARS-CoV-2 as Compared with SARS-CoV-1. Correspondence published in 16.4.2020, in *The New England Journal of Medicine*. Disponível em: <https://www.nejm.org/doi/full/10.1056/NEJMc2004973>.

WATANABE, Kazuo. *Apud* GRINOVER. Ada Pellegrini *et alii. Código de Defesa do Consumidor comentado pelos autores do anteprojeto*. 7. ed. Rio de Janeiro: Forense Universitária, 2001.

WORLD HEALTH ORGANIZATION. *Getting your work place ready for Covid-19.* Genebra: WHO, 2020.

Teletrabalho em Tempos de Pandemia: A Assincronia entre Trabalhador e Tecnologia como Ameaça à Saúde Mental

Renan Fernandes Duarte(1)

Resumo: Transmissível por vias respiratórias, o vírus SARS-CoV-2 parou o mundo no ano de 2020, principalmente pela necessidade de isolamento social como forma de enfrentamento à doença. Destarte, uma das principais ferramentas adotadas foi o incentivo da realização do trabalho por meio do *home office,* espécie do teletrabalho. Nesse contexto, o Brasil editou a Medida Provisória n. 927, de 2020, como principal ferramenta de adoção de medidas trabalhistas para o combate à Covid-19, texto legal que flexibilizou as regras para a implantação de teletrabalho. Assim, por meio do emprego do método dedutivo, combinado com o método de procedimento da pesquisa bibliográfica, este estudo pretende analisar os potenciais impactos de tal migração abrupta na saúde mental do trabalhador, principalmente em decorrência do conflito entre pessoa e tecnologia, proveniente da falta de treinamento para o uso de novas tecnologias. Como conclusão, nota-se que a ausência de previsão de medidas de efetiva proteção ao obreiro, principalmente quanto à saúde mental, expõe a parte mais frágil da relação de trabalho aos riscos psicossociais.

Palavras-chave: Saúde mental do trabalhador — Riscos psicossociais — Teletrabalho.

Introdução

Além das devastadoras consequências para a saúde pública, a Covid-19, doença causada pelo vírus SARS-CoV-2, trouxe consigo a necessidade de alterar a forma de execução do trabalho: dentro do mercado de trabalho formal, foram mantidas de modo presencial apenas aquelas atividades essenciais que não poderiam ser desempenhadas remotamente. Por sua vez, as atividades, essenciais ou não, que podem ser realizadas de modo digital, passaram a ser feitas por meio do teletrabalho.

Nesse cenário, em complemento à Consolidação das Leis do Trabalho (CLT), foi adotada a Medida Provisória n. 927 de 22 de março de 2020 que, dentre outros

(1) Doutorando pela Faculdade de Direito da Universidade de São Paulo.

suas funções por improdutividade após nove meses sem realizar audiências.[(5)] Em sua defesa, o magistrado alegou que não sabia realizá-las de maneira virtual.

As situações apresentadas anteriormente exemplificam os impactos que a transição "às pressas" pode apresentar aos trabalhadores, criando uma assincronia entre pessoa e tecnologia, que, muitas vezes, resulta em estressores, também conhecidos como fatores psicossociais.

Sendo assim, o presente capítulo pretende estudar as repercussões da Covid-19 no modelo de teletrabalho adotado desde o início da pandemia, bem como seu potencial lesivo à saúde mental e bem-estar do trabalhador. Para tanto, o estudo utilizará o método de abordagem da pesquisa bibliográfica, com a utilização de livros e periódicos da área do direito e da saúde, assim como realizará uma análise das alterações legislativas decorrentes da Medida Provisória 927 de 2020.

1. O teletrabalho no ordenamento jurídico brasileiro

Originalmente previsto no art. 6º da CLT — de modo genérico —, o teletrabalho era executado há anos no Brasil sem uma regulamentação própria, introduzida na legislação trabalhista apenas no ano de 2017, por meio da Lei n. 13.467, de 2017, conhecida como "Reforma Trabalhista". O dispositivo legal em questão introduziu um novo capítulo à CLT, destinado exclusivamente ao teletrabalho e suas formas de implantação.

Para fins deste estudo, merecem destaque os arts. 75-C e 75-D, que possuem a seguinte redação:

> Art. 75-C. A prestação de serviços na modalidade de teletrabalho deverá constar expressamente do contrato individual de trabalho, que especificará as atividades que serão realizadas pelo empregado.
>
> § 1º Poderá ser realizada a alteração entre regime presencial e de teletrabalho desde que haja mútuo acordo entre as partes, registrado em aditivo contratual.
>
> § 2º Poderá ser realizada a alteração do regime de teletrabalho para o presencial por determinação do empregador, garantido prazo de transição mínimo de quinze dias, com correspondente registro em aditivo contratual.
>
> Art. 75-D. As disposições relativas à responsabilidade pela aquisição, manutenção ou fornecimento dos equipamentos tecnológicos e da infraestrutura necessária e adequada à prestação do trabalho remoto, bem como ao reembolso de despesas arcadas pelo empregado, serão previstas em contrato escrito[(6)].

---

(5) WOLF, Carolina; VIANNA, José. Tribunal Regional do Trabalho afasta juiz que disse não saber fazer audiências pela *internet*, em Curitiba. *G1*, Curitiba, 09 dez. 2020. Disponível em: <https://g1.globo.com/pr/parana/noticia/2020/12/09/tribunal-regional-do-trabalho-afasta-juiz-que-disse-nao-saber-fazer-audiencias-pela-internet-em-curitiba.ghtml>. Acesso em: 23 dez. 2020.

(6) BRASIL. *Decreto-lei n. 5.452, de 1º de maio de 1943*. Aprova a consolidação das leis do trabalho. Planalto, Brasília, 1º maio 1943. Disponível em: <http://www.planalto.gov.br/ccivil_03/Decreto-Lei/Del5452.htm>. Acesso em: 28 dez. 2020.

Para a finalidade do presente capítulo, bem como para possibilitar a análise das alterações feitas pela MP n. 927/2020, são relevantes três aspectos: I) a alteração da modalidade de trabalho presencial para a modalidade de teletrabalho depende de mútuo acordo entre as partes; II) o prazo de transição deve ser de, no mínimo, quinze dias; III) o art. 75-D dispõe sobre equipamentos e infraestrutura, mas não aborda a capacitação do trabalhador para desempenhar a sua função sob as novas condições.

Ainda quanto ao teletrabalho e ordenamento jurídico, salienta-se que o presente estudo adota como teletrabalho o entendimento previsto no art. 4º da Medida Provisória n. 927 de 2020 — mais bem abordada a seguir —, que define tal modalidade denominada trabalho remoto ou trabalho a distância como "[...]a prestação de serviços preponderante ou totalmente fora das dependências do empregador, com a utilização de tecnologias da informação e comunicação que, por sua natureza, não configurem trabalho externo".(7)

Importante destacar que o texto legal — tanto a CLT, quanto a MP n. 927/2020 — tratam apenas do gênero "teletrabalho" sem abordar especificamente a espécie "*home office*", modalidade preponderantemente adotada durante a pandemia em curso. De modo simples, seria possível definir que o *home office* é a modalidade de teletrabalho realizada na residência do trabalhador.

Para fins do presente artigo, não haverá uma abordagem quanto às diferenças entre os institutos, principalmente em razão da ausência de distinção no texto legal e também pela falta de diferenciação nas pesquisas analisadas, que, apesar de estudarem trabalhadores que têm laborado em *home office*, usam termos diversos como teletrabalho e trabalho remoto.

1.1. Alterações promovidas pela Medida Provisória n. 927 de 2020

De início, salienta-se que a MP n. 927/2020 perdeu a sua validade em razão do decurso do prazo de 120 dias sem que fosse convertida em lei. Entretanto, o dispositivo em questão merece destaque, visto que teve vigência durante os primeiros meses de pandemia e, consequentemente, durante a migração do trabalho presencial para o teletrabalho.

O texto legal em tela dispunha de um capítulo inteiro destinado ao teletrabalho, destacando-se o 4º artigo, com a seguinte redação:

> Art. 4º Durante o estado de calamidade pública a que se refere o art. 1º, o empregador poderá, a seu critério, alterar o regime de trabalho presencial para o teletrabalho, o trabalho remoto ou outro tipo de trabalho a distância e determinar o retorno ao regime de

(7) BRASIL. *Medida Provisória n. 927, de 22 de março de 2020.* Dispõe sobre as medidas trabalhistas para enfrentamento do estado de calamidade pública reconhecido pelo Decreto Legislativo n. 6, de 20 de março de 2020, e da emergência de saúde pública de importância internacional decorrente do coronavírus (Covid-19), e dá outras providências. Planalto, Brasília, 22 mar. 2020. Disponível em: <http://www.planalto.gov.br/ccivil_03/_ato2019-2022/2020/mpv/mpv927.htm>. Acesso em: 28 nov. 2020.

trabalho presencial, independentemente da existência de acordos individuais ou coletivos, dispensado o registro prévio da alteração no contrato individual de trabalho. [...]

§ 2º A alteração de que trata o *caput* será notificada ao empregado com antecedência de, no mínimo, quarenta e oito horas, por escrito ou por meio eletrônico.

§ 3º As disposições relativas à responsabilidade pela aquisição, pela manutenção ou pelo fornecimento dos equipamentos tecnológicos e da infraestrutura necessária e adequada à prestação do teletrabalho, trabalho remoto ou trabalho a distância e ao reembolso de despesas arcadas pelo empregado serão previstas em contrato escrito, firmado previamente ou no prazo de trinta dias, contado da data da mudança do regime de trabalho.(8)

Em comparação à redação da CLT, notam-se duas diferenças relevantes: I) a alteração do trabalho presencial para trabalho remoto não depende mais de mútuo acordo entre as partes; e II) O prazo mínimo para a migração foi reduzido de quinze dias para quarenta e oito horas. Quanto aos equipamentos e infraestrutura, mantiveram-se os termos da CLT, a qual dispunha que tal responsabilidade seria acordada em contrato.

O texto legal da legislação trabalhista já era lacunoso quanto à necessidade de treinar e preparar funcionários para a transição da forma de labor e a MP n. 927/2020 agravou tal situação, uma vez que reduziu o prazo mínimo de aviso ao trabalhador — que passou a ter ciência da alteração com apenas quarenta e oito horas de antecedência.

Conforme será mais bem detalhado ao longo do capítulo, destaca-se que não há uma crítica quanto à redução do tempo de notificação, já que a redução de circulação de pessoas com a maior rapidez possível é medida de proteção da saúde pública. A crítica apresentada neste artigo é direcionada à falta de previsão legal quanto à necessidade de treinamento, período de adaptação ou até mesmo estabilidade para trabalhadores movidos para o teletrabalho — aspectos presentes em algumas convenções coletivas anteriores à pandemia.

2. Meio ambiente desajustado: assincronia entre tecnologia e trabalhador

Considerando os princípios aplicáveis ao direito ambiental do trabalho, principalmente em se tratando dos princípios da prevenção e da precaução, é esperado que o empregador adote todas as medidas possíveis para evitar o adoecimento do seu

(8) BRASIL. *Medida Provisória n. 927, de 22 de março de 2020.* Dispõe sobre as medidas trabalhistas para enfrentamento do estado de calamidade pública reconhecido pelo Decreto Legislativo n. 6, de 20 de março de 2020, e da emergência de saúde pública de importância internacional decorrente do coronavírus (Covid-19), e dá outras providências. Planalto, Brasília, 22 mar. 2020. Disponível em: <http://www.planalto.gov.br/ccivil_03/_ato2019-2022/2020/mpv/mpv927.htm>. Acesso em: 28 nov. 2020.

empregado. Não apenas por questões morais, tal dever configura até mesmo uma proteção ao patrão, o qual em alguns casos precisará apontar as medidas de proteção ao meio ambiente de trabalho adotadas como forma de se isentar da culpa pelo acidente e da eventual indenização.

Nesse sentido, é absurdo pensar que um trabalhador seria posto para operar uma máquina nova — ainda que soubesse operar um modelo semelhante — sem a devida preparação ou treinamento pelo seu empregador. A preocupação não é a mesma quando se trata de saúde mental: deixar um funcionário operar um sistema sem saber até que aprenda não parece tão insensato quanto o exemplo anterior.

Boa parte de tal lógica deriva do estigma carregado pelos transtornos mentais e comportamentais, como a ansiedade, depressão e até mesmo a Síndrome de *Burnout*. Por serem doenças "invisíveis", muitas vezes são tratadas como invenção ou como algo sem gravidade, até mesmo pelos próprios trabalhadores e pela sociedade.(9)

Entretanto, o desencaixe entre o ser humano e o seu meio ambiente de trabalho, algo que contempla o maquinário e aspectos tecnológicos, vem sendo considerado como um risco à saúde do obreiro, denominados como fatores de riscos psicossociais. Tais riscos são originados pela má organização do trabalho — nela compreendida o conflito entre pessoa e tecnologia —, e serão discutidos no tópico seguinte.

2.1. Riscos psicossociais

Os riscos psicossociais são resultados de desajustes ambientais, principalmente quanto aos aspectos organizacionais. Considerando o alto número de definições existentes e as divergências existentes entre elas, o presente estudo se filia à definição apresentada pela Organização Internacional do Trabalho (OIT):

> [...] a interação entre ambiente, conteúdo e condições de trabalho, capacidade dos trabalhadores de atender as demandas de trabalho, necessidades e expectativas dos trabalhadores, cultura e fatores pessoais e extralaborais. Dependendo da forma como estes aspectos são percebidos ou vivenciados, eles podem afetar a saúde, o desempenho e a satisfação no trabalho.(10)

Além da OIT, outras organizações dedicam-se aos estudos de tais fatores de risco, como a Agência Europeia para a Segurança e Saúde no Trabalho (EU-OSHA), que vê os fatores psicossociais como riscos emergentes à saúde e segurança do trabalhador. Segundo a agência em questão, entre outros aspectos, destacam-se cinco

---

(9) GARCIA, Gustavo Filipe Barbosa. *Meio ambiente do trabalho:* direito, segurança e medicina do trabalho. 2. ed. São Paulo: LTr, 2009. p. 134.

(10) INTERNATIONAL LABOUR ORGANIZATION (ILO). *Psychosocial factors at work:* recognition and control. Genebra: International Labour Office, 1986. Disponível em: <https://www.ilo.org/public/libdoc/ilo/1986/86B09_301_engl.pdf>. Acesso em: 29 dez. 2020, p. 3.

situações que vêm provocando o aumento dos riscos psicossociais: 1) novas formas de contrato de trabalho e insegurança no trabalho; 2) envelhecimento da força de trabalho; 3) intensificação do trabalho; 4) alta carga emocional no trabalho; e 5) falta de equilíbrio entre a vida familiar e o trabalho.(11)

Já a OIT divide os riscos psicossociais em seis grupos: I) sobrecarga quantitativa; II) carga qualitativa insuficiente; III) falta de controle sobre o trabalho; IV) estressores físicos; V) papéis/funções conflitantes; VI) falta de apoio social em casa e por parte da chefia e dos colegas de trabalho.(12) Tal divisão tem origem no capítulo "Fatores Psicossociais, Estresse e Saúde" da Enciclopédia da Saúde e Segurança no Trabalho da Organização Internacional do Trabalho, escrito por Lennart Levi.

No caso da assincronia entre trabalhador e tecnologia, é possível enquadrar a situação da categoria de "Falta de controle sobre a situação" que, segundo Luciana Veloso Baruki, ocorre, dentre outras situações, quando a forma de execução do trabalho não é evidente, gerando dúvidas quanto à forma da sua realização.(13) Ainda sobre a falta de controle, destaca-se a sua relação com o adoecimento mental do trabalhador:

> O controle sobre o trabalho exercido esteve associado à depressão como fator de proteção para a sintomatologia depressiva [...] O alto controle sobre o trabalho executado ajuda a aumentar os níveis de satisfação no trabalho e propicia oportunidades de se envolver em tarefas desafiadoras, incrementando o repertório de habilidades do trabalhador. Segundo a hipótese do efeito protetor, um nível alto de controle sobre o trabalho executado impediria que a demanda psicológica aumentasse o risco de adoecimento.(14)

Portanto, fica evidente que a percepção de falta de controle sobre o trabalho decorrente da dificuldade de o funcionário absorver os novos métodos de realizar o seu labor pode constituir fator de risco psicossocial, com consequente ameaça à saúde e segurança do trabalhador.

---

(11) BRUN, Emanuelle; MILCZAREK, Malgorzata. *Expert forecast on emerging psychosocial risks related to occupational safety and health.* European agency for safety and health at work. Luxemburgo: European Communities; 2007. Disponível em: <https://osha.europa.eu/en/publications/report-expert-forecast-emerging--psychosocial-risks-related-occupational-safety-and>. Acesso em: 21 dez. 2020.

(12) LEVI, Lennart. Factores psicosociales, estrés y salud. In: STELLMAN, J. M. (Diretora de edição). *Enciclopedia de Salud y Seguridad en el Trabajo.* Madri: Organización Internacional del Trabajo, v. 2, 1998.

(13) BARUKI, Luciana Veloso. *Riscos psicossociais e saúde mental do trabalhador:* por um regime jurídico preventivo. São Paulos: LTr, 2015. p. 38.

(14) GAVIN, Rejane Salomão; REISDORFER, Emilene; GHERARDI-DONATO, Edilaine Cristina da Silva; REIS, Leonardo Naves dos; ZANETTI, Ana Carolina Guidorizzi. Associação entre depressão, estresse, ansiedade e uso de álcool entre servidores públicos. *SMAD, Revista Electrónica en Salud Mental, Alcohol y Drogas*, v. 11, n. 1, 2015, p. 2-9. Editorial Universidade de São Paulo.

Nesse sentido, destacam-se algumas pesquisas realizadas no ano de 2020, que tiveram por objeto de estudo justamente a percepção de trabalhadores quanto à dificuldade de lidar com as novas tecnologias impostas a partir da necessária realização de *home office*. Apesar da origem multifatorial dos transtornos mentais e comportamentais, fica evidente o desconforto dos trabalhadores participantes em relação à tecnologia.

3. Covid-19 e a percepção de dificuldade dos trabalhadores

Embora o uso de meios telemáticos para a execução de labor não seja bem uma novidade, a forma de realizar tal trabalho muda quando realizada a distância. Enquanto a modalidade presencial é muitas vezes pautada em editores de textos, planilhas e atendimentos presenciais, as atividades remotas dependem de tecnologias desconhecidas para parte da população, como o armazenamento em nuvem, redes VPN(15) e aplicativos de videoconferência.

Apesar das facilidades de tais ferramentas essenciais para a realização de trabalho remoto, a ausência de treinamento dos usuários pode ocasionar diversos efeitos negativos, que vão além da queda de rendimento e aumento nos erros realizados. Conforme exposto a seguir, a interação negativa entre pessoa e máquina pode ocasionar desdobramentos desfavoráveis até mesmo na saúde do trabalhador.

Além do caso do magistrado que não sabia realizar audiências virtuais ou das situações constrangedoras envolvendo câmeras e microfones, estudos realizados nacionalmente apontam a existência de conflito entre usuário e tecnologia. Pesquisa realizada no Tribunal Regional Eleitoral de Goiás (TRE-GO)(16) em novembro de 2020 apontou que, segundo a percepção dos funcionários, a maior desvantagem do teletrabalho, em relação à modalidade presencial, eram os problemas com a VPN, situação destacada por 37,50% dos participantes do estudo, seguida pela dificuldade de comunicação, apontada por 31,30%.

No mesmo sentido, pesquisa realizada pelo Departamento Intersindical de Estatística e Estudos Socioeconômicos (DIEESE) em julho de 2020, apontou a dificuldade com tecnologia como uma das maiores fontes de reclamação dos trabalhadores. Tal estudo, realizado por meio da aplicação de formulários a mais de onze mil funcionários

(15) VPN, do inglês *"Virtual Private Network"* é a denominação dada a uma rede privada de informações. Trata-se de uma forma de disponibilizar um espaço virtual, permitindo apenas o acesso de pessoas autorizadas. A VPN tem o intuito de permitir ao usuário o acesso, via internet, de conteúdos que originalmente estariam acessíveis apenas por computadores localizados em determinado local.

(16) LOPES, Cleunice de Paula. *O impacto da realização do teletrabalho durante a pandemia do Covid-19 no TRE-GO e seus resultados para a sociedade e a percepção dos servidores do órgão*. Trabalho de conclusão de curso (bacharelado em Administração). Pontifícia Universidade Católica de Goiás. Goiânia, 2020. p. 13.

de grandes[17] bancos do Brasil, constatou que o acesso ao VPN e ao sistema do banco estava em quinto lugar no *ranking* de dificuldades dos trabalhadores.[18]

Com 13% dos trabalhadores considerando o acesso ao VPN e ao sistema do banco como ruim ou muito ruim, e 27% considerando a acessibilidade regular, tal dificuldade ficou atrás apenas de itens de ergonomia, considerados inadequados por 45% dos participantes. No mesmo estudo, 36,3% dos participantes indicaram que possuíam mais dificuldade em realizar as suas tarefas em *home office* em comparação ao trabalho presencial.[19]

A mesma pesquisa indagou aos participantes sobre sua percepção quanto a determinados sintomas, ligados aos transtornos mentais e comportamentais, antes e depois da implementação do *home office*. Tais dados foram organizados no seguinte quadro:

Quadro 1: Distribuição dos(as) respondentes segundo impactos do trabalho na saúde — antes e depois da adoção do *home office*, por tipo de sintoma

Sintoma	Antes do *home office*	Depois do *home office*
Desmotivação/vontade de não trabalhar	7,7%	14,4%
Vontade de chorar sem motivo aparente	4,4%	10,5%
Ansiedade	8,2%	17,4%
Dificuldade em dormir, mesmo aos finais de semana	5,6%	14,6%
Dificuldade de concentração	8,3%	20,3%
Episódios de pressão alta	6,2%	4,2%
Medo de "estourar", perder a cabeça	7,7%	14,3%
Crises constantes de dor de cabeça	5,9%	11,4%
Dores de estômago/gastrite nervosa	6,4%	8,5%
Cansaço, fadiga constante	12%	17,5%
Medo de ser esquecido/perder oportunidades/ser dispensado	2,0%	27%

Fonte: Pesquisa Nacional sobre *Home Office* dos(as) Bancários(as).[20]

Em tempos de isolamento social, aumento no desemprego e propagação de um vírus letal que já contaminou mais de 70 milhões de pessoas, matando mais de

(17) Dentre outros bancos, participaram do estudo os funcionários do Banco do Brasil, Bradesco, Itaú, Santander e Caixa Econômica Federal.

(18) DEPARTAMENTO INTERSINDICAL DE ESTATÍSTICA E ESTUDOS SOCIOECONÔMICOS (DIEESE). *Pesquisa Nacional sobre* Home Office *dos(as) Bancários(as):* Estudo técnico n. 98 de 10 de dezembro de 2020. São Paulo, 2020.

(19) *Idem.*

(20) *Idem.*

1,5 milhão[21] em todo o mundo, é compreensível que haja um aumento nos sintomas relacionados a transtornos mentais e comportamentais como ansiedade e episódios depressivos. Entretanto, merece destaque o papel que o trabalho exerce na saúde mental do trabalhador, principalmente considerando-se as dificuldades com a tecnologia suscitadas pelos trabalhadores nas pesquisas referidas neste capítulo.

4. Da proteção ao meio ambiente do trabalho e à saúde do trabalhador

Quando se trata da proteção ao meio ambiente do trabalho — nele compreendido o maquinário utilizado pelo trabalhador —, a Carta Magna possui diversos dispositivos que versam sobre a importância do meio ambiente do trabalho. Considerando que a proteção constitucional já foi tema de outros capítulos desta obra, apenas como menção, destaca-se o art. 7º, XXII da Constituição Federal de 1988, que dispõe que é direito do trabalhador a redução dos riscos inerentes ao trabalho, por meio de normas de saúde, higiene e segurança.[22]

Entretanto, não é papel do texto constitucional apresentar medidas concretas de proteção ao meio ambiente do trabalho e à saúde do trabalhador, já que a Constituição apenas fornece diretrizes para a legislação infraconstitucional. Assim, no cenário analisado, caberia à CLT, ou ao menos à MP n. 927/2020 abordar medidas obrigatórias para proteger a parte mais frágil da relação de emprego, principalmente quanto aos possíveis impactos das novas tecnologias.

Nesse sentido, destaca-se que o impacto negativo decorrente da assincronia entre trabalhador e tecnologia não é novidade para o mundo de trabalho: é possível encontrar convenções coletivas que apresentam previsão de proteção ao trabalhador sujeito a alterações tecnológicas, conforme cláusulas colacionadas a seguir.

> Petrobras
>
> Cláusula n. 159 – vigência: 1º.9.2011 a 31.8.2013
>
> IMPLANTAÇÃO DE NOVAS TECNOLOGIAS
>
> Parágrafo Único – A implantação de novas tecnologias que traga alterações substanciais será precedida de uma apresentação aos Sindicatos e as CIPAs, cujas bases forem abrangidas, dos objetivos, avanços e ganhos sociais que tais melhorias acarretarão.
>
> Jornalistas – CE
>
> Cláusula n. 030 – vigência: 1º.9.2012 a 31.8.2013
>
> NOVAS TECNOLOGIAS
>
> As empresas que pretendem incorporar novas tecnologias obrigam-se a avisar ao Sindicato Profissional com 6 (meses) de antecedência e a manter os empregados do setor informados dos projetos em andamento.

---

(21) WORLD HEALTH ORGANIZATION (WHO). *Coronavirus Disease Dashboard.* Genebra: WHO, 2020. Disponível em: <https://covid19.who.int>. Acesso em: 13 dez. 2020.

(22) BRASIL. *Constituição da República Federativa do Brasil.* Brasília, DF: Senado Federal, 1988.

§ 1º As empresas deverão oferecer aos empregados do setor, onde se implantarem tais sistemas, a oportunidade de sua adaptação às novas técnicas e equipamentos, mediante aprendizagem e cursos externos, realizados dentro da jornada de trabalho, custeados pela empresa.

§ 2º A reciclagem dos funcionários do setor deverá ocorrer até 2 (meses) antes da implantação dos novos equipamentos.

§ 3º Para a realização da reciclagem, os funcionários serão liberados sem prejuízo de salários e vantagens.

§ 4º A partir da incorporação de novas tecnologias, fica garantida a estabilidade de 2 (meses) para os funcionários não aproveitados no setor modificado.[(23)]

Conforme as duas convenções destacadas, referentes aos trabalhadores da Petrobras e aos jornalistas do estado do Ceará, há um procedimento a ser adotado em ocasião de incorporação de novas tecnologias. Evidentemente, tais regras não poderiam se aplicar integralmente à migração para o *home office* necessária para a contenção da Covid-19, principalmente no que tange os prazos estipulados. Entretanto, as cláusulas em questão demonstram que já há, no contexto nacional, ao menos a ciência dos impactos negativos da incorporação de novas tecnologias sem o devido preparo do trabalhador.

Sendo assim, a legislação brasileira, principalmente a MP n. 927/2020, falhou ao deixar de estipular condições que pudessem proteger o trabalhador mediante a abrupta alteração tecnológica, garantindo-lhe treinamento, cursos virtuais ou até mesmo período de estabilidade.

Conclusão

Em decorrência da grave crise sanitária vivenciada pelo mundo todo, o Direito precisou ser pensado de maneira rápida, principalmente nos aspectos trabalhistas. Nesse contexto, como forma de proteger o trabalhador e até mesmo evitar a disseminação do vírus SARS-CoV-2, o Executivo Federal entendeu por bem adotar a Medida Provisória n. 927 de 2020.

Dentre as providências abordadas, destaca-se a flexibilização das regras previamente estabelecidas pela CLT quanto ao teletrabalho — que durante a pandemia passou a ser exercido, preponderantemente, por meio do *home office*. Entretanto, as medidas implementadas vieram desacompanhadas de efetiva proteção ao trabalhador, já que não previu proteção especial aos obreiros que passariam a exercer o seu labor remotamente.

---

(23) DEPARTAMENTO INTERSINDICAL DE ESTATÍSTICA E ESTUDOS SOCIOECONÔMICOS (DIEESE). *A saúde do trabalhador no processo de negociação coletiva no Brasil*. São Paulo: Departamento Intersindical de Estatística e Estudos Socioeconômicos, 2015.

Nesse sentido, pesquisas realizadas durante o período de isolamento social demonstraram que a dificuldade em lidar com a tecnologia foi uma das principais reclamações realizadas pelos participantes dos estudos, trabalhadores de Tribunais e do sistema bancário. Além da dificuldade em decorrência do uso das ferramentas tecnológicas, também foi detectada uma alteração emocional negativa nos trabalhadores.

Apesar da dificuldade em "rastrear" a origem dos sintomas negativos apresentados, a assincronia entre trabalhador e tecnologia já foi objeto de estudos anteriores, que analisaram os fatores de riscos psicossociais. Segundo tais pesquisas, situações que envolvam a sensação de falta de controle sobre o trabalho executado tendem a gerar estressores para o trabalhador, aumentando até mesmo o risco de depressão.

Conforme exposto ao longo do texto, não há uma crítica quanto à flexibilização apresentada, posto que a migração deveria ser realizada com urgência, mas sim uma crítica quanto ao texto legal incompleto. Nesse sentido, nota-se a ausência do real interesse à proteção efetiva ao trabalhador, já que as principais alterações trazidas pela MP 927/2020 também eram de interesse da classe patronal.

Adicionalmente, o estudo também apresenta que a proteção do trabalhador durante a implantação de novas tecnologias não é assunto novo no ordenamento jurídico brasileiro, visto que é assunto tratado em convenções coletivas. Desse modo, fica evidente que apesar da tentativa do Direito do Trabalho em preservar a saúde do trabalhador, a desatenção aos efeitos da adoção imediata de teletrabalho demonstra o longo caminho ainda a ser percorrido por tal área do Direito.

Por fim, importante destacar que determinados aspectos da saúde mental do trabalhador já possuem estudos em níveis avançados, principalmente pela área da Psicologia Organizacional do Trabalho, infelizmente ainda ignorados pelo Direito.

Referências bibliográficas

BARUKI, Luciana Veloso. *Riscos psicossociais e saúde mental do trabalhador:* por um regime jurídico preventivo. São Paulos: LTr, 2015.

BRASIL. *Constituição da República Federativa do Brasil.* Brasília, DF: Senado Federal, 1988.

______. *Decreto-lei n. 5.452, de 1º de maio de 1943.* Aprova a consolidação das leis do trabalho. Planalto, Brasília, 1º maio 1943. Disponível em: <http://www.planalto.gov.br/ccivil_03/Decreto-Lei/Del5452.htm>. Acesso em: 28 dez. 2020.

______. *Medida Provisória n. 927, de 22 de março de 2020.* Dispõe sobre as medidas trabalhistas para enfrentamento do estado de calamidade pública reconhecido pelo Decreto Legislativo n. 6, de 20 de março de 2020, e da emergência de saúde pública de importância internacional decorrente do coronavírus (Covid-19), e dá outras providências. Planalto, Brasília, 22 mar. 2020. Disponível em: <http://www.planalto.gov.br/ccivil_03/_ato2019-2022/2020/mpv/mpv927.htm>. Acesso em: 28 nov. 2020.

BRUN, Emanuelle; MILCZAREK, Malgorzata. Expert forecast on emerging psychosocial risks related to occupational safety and health. *European agency for safety and health at work.* Luxembourg: European Communities; 2007. Disponível em: <https://osha.europa.eu/en/publications/report-expert-forecast-emerging-psychosocial-risks-related-occupational-safety-and>. Acesso em: 21 dez. 2020.

DEPARTAMENTO INTERSINDICAL DE ESTATÍSTICA E ESTUDOS SOCIOECONÔMICOS (DIEESE). *A saúde do trabalhador no processo de negociação coletiva no Brasil.* São Paulo: Departamento Intersindical de Estatística e Estudos Socioeconômicos. 2015.

______. *Pesquisa Nacional sobre* Home Office *dos(as) Bancários(as):* Estudo técnico n. 98 de 10 de dezembro de 2020. São Paulo, 2020.

GARCIA, Gustavo Filipe Barbosa. *Meio ambiente do trabalho:* direito, segurança e medicina do trabalho. 2. ed. São Paulo: LTr, 2009.

GAVIN, Rejane Salmoão; REISDORFER, Emilene; GHERARDI-DONATO, Edilaine Cristina da Silva; REIS, Leonardo Naves dos; ZANETTI, Ana Carolina Guidorizzi. Associação entre depressão, estresse, ansiedade e uso de álcool entre servidores públicos. *SMAD, Revista Electrónica en Salud Mental, Alcohol y Drogas*, v. 11, n. 1, 2015, p. 2-9. Editorial Universidade de São Paulo.

INSTITUTO BRASILEIRO DE GEOGRAFIA E ESTATÍSTICA (IBGE). *Pesquisa Nacional por Amostra de Domicílios Contínua:* Características Adicionais do Mercado de Trabalho 2018. Rio de Janeiro: IBGE, 2019. Disponível em: <https://biblioteca.ibge.gov.br/index.php/biblioteca-catalogo?view=detalhes&id=2101694>. Acesso em: 26 dez. 2020.

______. *Desocupação, renda, afastamentos, trabalho remoto e outros efeitos da pandemia no trabalho.* IBGE, 2020. Disponível em: <https://covid19.ibge.gov.br/pnad-covid/trabalho.php>. Acesso em: 27 dez. 2020.

INTERNATIONAL LABOUR ORGANIZATION (ILO). *Psychosocial factors at work:* recognition and control. Genebra: International Labour Office, 1986. Disponível em: <https://www.ilo.org/public/libdoc/ilo/1986/86B09_301_engl.pdf>. Acesso em: 29 dez. 2020.

LOPES, Cleunice de Paula. *O impacto da realização do teletrabalho durante a pandemia do Covid-19 no TRE-GO e seus resultados para a sociedade e a percepção dos servidores do órgão.* Trabalho de conclusão de curso (bacharelado em Administração). Pontifícia Universidade Católica de Goiás. Goiânia, 2020. p. 13.

WOLF, Carolina; VIANNA, José. Tribunal Regional do Trabalho afasta juiz que disse não saber fazer audiências pela internet, em Curitiba. *G1*, Curitiba, 9 dez. 2020. Disponível em: <https://g1.globo.com/pr/parana/noticia/2020/12/09/tribunal-regional-do-trabalho-afasta-juiz-que-disse-nao-saber-fazer-audiencias-pela-internet-em-curitiba.ghtml>. Acesso em: 23 dez. 2020.

WORLD HEALTH ORGANIZATION (WHO). *Coronavirus Disease Dashboard.* Genebra: WHO, 2020. Disponível em: <https://covid19.who.int>. Acesso em 13 dez. 2020.

Os Efeitos Deletérios da Terceirização no Meio Ambiente do Trabalho

Ronaldo José de Lira[1]

> *"... era toda uma ralé fatigada, sórdida, andrajosa, esgotada pelo trabalho e pela subalimentação; inteiramente afastada das magistraturas do Estado; vivendo em mansardas escuras, carecida dos recursos mais elementares de higiene individual e coletiva; oprimida pela deficiência dos salários; angustiada pela instabilidade do emprego; atormentada pela insegurança do futuro, próprio e da prole; estropiada pelos acidentes sem reparação; abatida pela miséria sem socorro; torturada na desesperança da invalidez e da velhice sem pão, sem abrigo, sem amparo. Só a caridade privada, o impulso generoso de algumas almas piedosas, sensíveis a essa miséria imensa, ousava atravessar as fronteiras deste inframundo, os círculos tenebrosos deste novo inferno, para levar, aqui e ali, espaçada e desordenadamente, o lenitivo das esmolas, quero dizer: o socorro aleatório de uma assistência insuficiente. Os capitães da indústria, ocupados com a acumulação e a contagem de seus milhões e o gozo dos benefícios de sua riqueza, não tinham uma consciência muito clara do que significava a existência deste inframundo da miséria, que fica do outro lado da vida, longe de suas vistas aristocráticas, e cujos gritos de ódio, cujas apóstrofes indignadas, cujas reivindicações de justiça eles não estavam em condições de ouvir e, muito menos, de entender e atender."*
>
> Oliveira Viana[2]

1. INTRODUÇÃO

Diante da instabilidade política e social que o Brasil atravessa, é mais que oportuno relembrar que a estrutura fundamental da OIT foi inspirada nos valores

(1) Procurador Regional do Trabalho da 15ª Região.

(2) SÜSSEKIND, Arnaldo *et al. Instituições de Direito do Trabalho.* v. 2. 16. ed. São Paulo: LTr, p. 35.

de justiça e da paz social. Nesse sentido, o Tratado de Versalhes representa um marco convergente de princípios e regras insculpidos em Tratados e Convenções Internacionais, cujo objetivo é estabelecer um molde jurídico, com o mínimo de direitos sociais.

O Direito do Trabalho brasileiro foi construído dentro de uma lógica de direitos humanos, no entanto, com o passar dos anos, foi alvo de inúmeros ataques legislativos, alguns pontuais e outros mais intensos, como os ocorridos com a edição das Leis ns. 13.429 e 13.467, ambas de 2017. Lutas e conquistas foram esquecidas, desvirtuadas e suprimidas. O capital impôs novas formas de contratação, o que tem implicado a redistribuição das atividades para categorias mais fracas, com reflexos devastadores para a classe trabalhadora. E, não obstante a jurisprudência tenha resistido em alguns casos, o fato é que essa blindagem foi corroída por todos os lados, pelo avanço da terceirização, pelo enfraquecimento do movimento sindical, pelos novos contornos das decisões judiciais e, por fim, pela legislação supramencionada. O italiano Domenico de Masi já tinha clareza dessa situação na década de 1990: "os governos, em vez de reduzir drasticamente os horários e cargas de trabalho, se empenharam em aliviar os empregadores dos impostos, conceder incentivos, aliciar os investimentos estrangeiros no próprio país, desenterrar formas dissimuladas de protecionismo e incentivar a flexibilização dos contratos".[3]

Aliás, desde a década de 70, época em que foi editada a Lei do contrato temporário, o tema terceirização de mão de obra ganhou vulto nas páginas das revistas e periódicos de Direito do Trabalho, sempre na busca de incutir essa prática como uma figura necessária para a otimização/qualificação das atividades e com a falsa promessa de geração de novos empregos. Com a devida vênia, engana-se quem enxerga que o objetivo principal é apenas a redução do custo da produção, é muito mais do que isso. A terceirização gera consequências de várias ordens: econômica, trabalhista, sindical, fiscal, previdenciária, ambiental, social etc., de modo que a sua adoção irrestrita reflete direta e indiretamente em toda a sociedade.

Há exatos 17 anos, o texto lançado no frontispício deste artigo também ilustrou a peça inaugural de uma ação civil pública que denunciava a ilegalidade da contratação de colhedores de laranja no interior de São Paulo por meio de cooperativa de mão de obra, em que adolescentes e outros trabalhadores, muitos deles analfabetos, foram aliciados sob essa forma de contrato como requisito para o trabalho. Foi uma tentativa ousada de neutralizar a aplicação celetista em um setor predominante de pessoas simples e de categoria fraca. Uma forma de explorar ainda mais esses trabalhadores e submetê-los a um novo sistema de escravidão, com trabalho subordinado, sem direitos e sem proteção. Um caso clássico de retrocesso social contra pessoas que não tinham outra forma de sobrevivência.

(3) *Desenvolvimento sem Trabalho*. São Paulo: Ed. Esfera, 1998. p. 71.

São os novos contornos da morfologia do trabalho,(4) de modo que "esse mecanismo de precarização, assim como os outros utilizados pela e para a reestruturação produtiva, podem ser identificados como o que Castel (1995) define como uma volta à condição proletária. Ou seja, depois de ser conquistada pelos trabalhadores a condição operária, em que o salário deixa de ser uma retribuição pontual de tarefas para passar a significar acesso a direitos, subvenções extratrabalho e possibilidade de participação ampliada na vida social (consumo, habitação, educação), os trabalhadores retornam ao que Castel chama de condição operária, em que o trabalhador está condenado a trabalhar para se auto-reproduzir, nada além."(5)

Mutatis mutandi, a dita revolução pós-industrial, com a necessidade de produção em massa, objetiva, cada vez mais, abolir o trabalho humano em prol das novas tecnologias, da automação, da robótica etc., e se isso não for possível ou viável, promove-se a substituição dos empregados por terceirizados, as novas "máquinas humanas", sujeitas a políticas de controle mais severas, como a substituição e descarte,(6) mais fácil que uma máquina convencional.

Nesse passo, vale destacar que, "nesta perspectiva, o filósofo alemão Hans Jonas colocou em xeque a 'civilização tecnológica' com o seu *princípio da responsabilidade*, propondo uma abordagem ética da ciência, em vista principalmente dos riscos existenciais trazidos pelas novas tecnologias desenvolvidas pela racionalidade humana, que expressam, numa dimensão sem precedentes, o triunfo do *Homo faber* sobre a Natureza e a vocação tecnológica da humanidade. Para ele, a operacionalização do arsenal científico e tecnológico deve ser pautada pela responsabilidade humana, bem como a qualidade de vida".(7)

É o que diz o art. 170 da Constituição Federal ao referendar o princípio do desenvolvimento sustentável: *a ordem econômica, fundada na valorização do trabalho humano e na livre-iniciativa, tem por fim assegurar a todos existência digna, conforme os ditames da justiça social.*

---

(4) "Com a industrialização moderna levou-se ao máximo esta especialização, a que *Friedmann*, chamou de 'trabalho em migalhas', retirando do trabalhador a visão total do produto acabado, alienando o homem e isolando na sua tarefa minudente na rotina. Tornou-se célebre o exemplo de *Adam Smith*, na fabricação de alfinetes (1776), mostrando as 18 diferentes operações para terminá-lo com muito mais rendimento mediante a distribuição de tarefas individuais." MORAES FILHO, Evaristo; FLORES DE MORAES, Antonio Carlos. *Introdução ao Direito do Trabalho*. 5. ed. São Paulo: LTr, 1991. p. 23.

(5) MARCELINO, Paula Regina Pereira. *A Logística da Precarização:* Terceirização do Trabalho na Honda do Brasil. São Paulo: Expressão Popular, 2004. p. 127.

(6) "Num mundo pautado pela *lógica do descarte*, que assim tenta enquadrar o próprio ser humano, surge uma nova questão social, marcada por acirradas controvérsias em relação à segurança, saúde e integridade física no meio ambiente de trabalho." GEMIGNANI, Tereza Aparecida Asta; GEMIGNANI, Daniel. Meio ambiente de trabalho: Precaução e prevenção. Princípios norteadores de novo padrão normativo. *Revista do Ministério Público do Trabalho*, São Paulo, LTr, ano XXII, n. 43, mar. 2012, p. 49.

(7) SARLET, Ingo Wolfgang, FENSTERSEIFER, Tiago. *Direito Constitucional Ambiental*. 2. ed. São Paulo: RT, 2012. p. 34.

A Carta Magna instituiu um sistema de capitalismo com controle e responsabilidade, o que por si só atrai a observância de deveres em relação ao meio ambiente e à proteção dos valores sociais do trabalho, principalmente quando a atividade econômica representar ameaça ao Estado de Direito Socioambiental.(8) Em outras palavras, a Constituição Federal consagrou o princípio da dignidade da pessoa humana (art. 1º, inciso III), a defesa do meio ambiente (art. 170), bem como declarou o direito à saúde (art. 196), o princípio da precaução, o princípio da prevenção e o direito ao meio ambiente ecologicamente equilibrado (art. 225), no sentido de construir uma barreira jurídica capaz de frustrar, do ponto de vista jurídico, qualquer tentativa de violação dos direitos fundamentais.

2. Da terceirização sob uma análise holística

Eis a principal questão a ser analisada, a terceirização assegura aos trabalhadores os direitos e garantias fundamentais?

Domenico de Masi, discorrendo sobre os paradoxos organizacionais, alerta: "Em nome da externalização, ela expulsa das empresas as funções mais criativas e mantém as mais executivas, planejáveis, controláveis, transformando pouco a pouco as empresas em burocracias esclerosadas. Em nome da modernização tecnológica, ela condena as competências profissionais a uma rápida obsolescência e joga na sarjeta milhões de 'excedentes'. Em nome da globalização, ela reduz os quadros de funcionários, destrói as indústrias nacionais, impõe culturas estranhas, mina a autoridade dos estados nacionais. Em nome da flexibilidade, ela anula direitos adquiridos pelos trabalhadores e restitui ao empregador o poder absoluto sobre a sorte deles".(9)

Por isso, a Declaração de Estocolmo sobre o Meio Ambiente Humano (1972) consagrou que "O homem é ao mesmo tempo obra e construtor do meio ambiente que o cerca, o qual lhe dá sustento material e lhe oferece oportunidade para desenvolver-se intelectual, moral, social e espiritualmente. Em larga e tortuosa evolução da raça humana neste planeta chegou-se a uma etapa em que, graças à rápida aceleração da ciência e da tecnologia, o homem adquiriu o poder de transformar, de inúmeras maneiras e em uma escala sem precedentes, tudo que o cerca. Os dois aspectos do

(8) "(...) no assim chamado Estado de Direito Socioambiental — apoiado nos pilares da função social e ecológica da propriedade, na solidariedade intra e intergeracional e no princípio da proibição do retrocesso —, a noção de progresso e desenvolvimento somente faça sentido na perspectiva de uma sustentabilidade que integra dinâmica e dialeticamente, os eixos do social, do econômico e do ambiental, de forma que nenhuma das três facetas assuma posição superior. A rigor, o novo paradigma não opera por hierarquia, mas por convergência, o que, claro, não exclui o entendimento de que tudo o que se faz em favor e por conta da vida, em todas as suas formas e matizes." BENJAMIN, Antônio Herman. Prefácio da obra *Direito Constitucional Ambiental*, *op. cit.*, p. 9.

(9) *Alfabeto da Sociedade Desorientada:* para entender o nosso tempo. São Paulo: Objetiva, 2017. p. 460-461.

meio ambiente humano, o natural e o artificial, são essenciais para o bem-estar do homem e para o gozo dos direitos humanos fundamentais, inclusive o direito à vida".[(10)]

2.1. Do trabalhador terceirizado

Os trabalhadores terceirizados ou admitidos por intermediadoras de mão de obra, ressalvadas as atividades realmente especializadas, possuem duas origens: iniciantes (que nunca integraram a categoria) e veteranos (pessoas com experiência na categoria principal).

As contratações são firmadas por meio de novo contrato de trabalho na empresa prestadora, ou ainda, de trabalho em domicílio, autônomo, pessoa jurídica (PJ), microempresário ou de outras figuras criadas para frustrar a aplicação da lei.

A regra é que essas pessoas serão expostas a ambiente de trabalho inidôneo. Roborando o assunto, Christophe Dejours observa: "o primeiro efeito da precarização é pois a intensificação do trabalho e o aumento do sofrimento subjetivo (...), o segundo efeito é a neutralização da mobilização coletiva contra o sofrimento, contra a dominação e contra a alienação. A terceira consequência é a estratégia defensiva do silêncio, da cegueira e da surdez (...) O quarto efeito da ameaça de demissão e precarização é o individualismo, o cada um por si. Como disse Sofsky (1993:358), a partir de certo nível de sofrimento, 'a miséria não une: destrói a reciprocidade'."[(11)(12)]

Vale dizer, a pulverização de atividades terceirizadas revela vários tropeços éticos e jurídicos, principalmente pela possibilidade de deslocar pessoas de categorias, de empresas e até mesmo de relegá-las à informalidade, com o consequente aumento da pobreza, da desigualdade social e de acidentes e de doenças do trabalho.

2.2. Do terceirizado admitido sem vínculo empregatício

Sem adentrar no mérito da legalidade da contratação, o trabalho autônomo ou similar encontra-se desprotegido do ordenamento jurídico trabalhista. Isso porque, em tese, o ambiente laboral não estará sujeito ao cumprimento das normas legais e convencionais, uma espécie de *laissez faire, laissez passer* do século 21.

---

(10) Reafirmada pela Conferência das Nações Unidas pela Declaração sobre Meio Ambiente e Desenvolvimento (Rio de Janeiro, 1992).

(11) *A Banalização da Injustiça Social*. 7. ed. Rio de Janeiro: Editora FGV, 2012. p. 51.

(12) "De sorte que uma parcela da população – sobretudo jovens, privados da transmissão da memória do passado pelos veteranos que foram afastados da empresa – é assim levada a contribuir com o 'trabalho sujo', sempre em nome do realismo econômico e da conjuntura. Todos eles advogam, *nolens volens*, a tese da causalidade do destino, da causalidade sistêmica e econômica, origem da presente adversidade social. Cometer injustiça no cotidiano contra os terceirizados, ameaçar de demissão os empregados, garantir a gestão do medo como ingrediente de autoridade, do poder e da função estratégica, tudo isso parece banal para os jovens que foram selecionados pela empresa." DEJOURS, Christophe, *op. cit.*, 95.

É o que acontece, por exemplo, com a indústria da confecção e grandes varejistas quando terceirizam e quarteirizam a produção de roupas para as *oficinas de trabalhadores bolivianos*, comumente alvo de resgate de condições análogas à de escravo, com todas as violações das regras de saúde e segurança do trabalho imagináveis.

Já o trabalho terceirizado, quando transferido para ambiente domiciliar, implica precarização de todas as formas, pois expõe os moradores aos riscos ocupacionais e facilita o trabalho infantil.(13) A par disso, dificulta a ocorrência de denúncia e fiscalização, ante a proteção constitucional do asilo inviolável.

2.3. Do terceirizado submetido a reenquadramento sindical

O *reenquadramento sindical* decorrente da terceirização representa um fator de degradação dos ambientes de trabalho. A par da fragmentação e enfraquecimento da categoria principal, destaca-se a criação ou expansão de categoria sem rosto, que pode ser inserida em diversos segmentos, gerando omissão, incúria, até mesmo por incapacidade de dialogar sobre as bases de um ambiente de trabalho seguro e saudável. É uma forma de quebrar o processo histórico de negociação e reivindicação de questões que permeiam os locais de trabalho.

O papel dos sindicatos na tutela coletiva da saúde e segurança no trabalho tem crescido a cada dia e, atualmente, não mais se restringe à apresentação de denúncia junto ao Ministério Público do Trabalho e órgãos de fiscalização, mas, também, na cobrança de providências das empresas, na mesa de negociação de instrumentos normativos, nas inspeções trabalhistas, dos órgãos da vigilância sanitária em saúde do trabalhador, na instrução do inquérito civil, no ajuizamento ou assistência da ação civil pública.

Para fortalecer essa atuação, algumas organizações sindicais contam com equipe técnica de médicos, dentistas, engenheiros e outros profissionais. Isso qualifica a entidade, não apenas na promoção da assistência, mas na avaliação precisa dos riscos ocupacionais e do diagnóstico precoce das doenças do trabalho (com a consequente emissão de CAT e outras providências).

---

(13) Estudo realizado no município de Limeira (SP) detectou que "aproximadamente 27% dos estudantes da Rede Estadual de Ensino de Limeira-SP, ou seja, 8.340 alunos, fazem trabalhos de montagem e soldagem de joias e bijuterias em domicílio e 62,1% fazem trabalhos repetitivos. O trabalho infantil é caracterizado pelo grande número de estudantes na faixa etária de 11 a 17 anos, o que chega a aproximadamente 20% desses estudantes, uma quantidade expressiva e preocupante de aproximadamente 6.000 crianças e adolescentes, com uma jornada média diária de 6,9 horas, caracterizando, indiscutivelmente, exploração de mão de obra infantil. (...) Alguns estudantes (5,9%) tiveram alguma doença causada ou piorada pelo trabalho, sendo que 13,9% dos respondentes têm irritações na pele e nos olhos relacionadas com o trabalho. Dos estudantes respondentes 32,0% têm dores nas mãos/braços e 42,1% têm dores nos ombros/pescoço/coluna". VILELA, Rodolfo Andrade de Gouveia; FERREIRA, Marcos Antonio Libardi. *Nem tudo brilha na produção de joias de Limeira-SP*. Disponível em: <http://www.prod.org.br/files/v18n1/v18n1a13.pdf>.

Já o quadro de engenharia de segurança possibilita a atuação sindical para debater questões técnicas e complexas, com o subsídio de informações junto aos órgãos de fiscalização e ao *parquet*. Por inúmeras vezes, pactuamos com empresas o recebimento de representantes do sindicato para verificar o ambiente de trabalho e, por outras tantas, inserimos nos termos de ajustamento de conduta cláusula autorizando a entidade sindical a verificar as obrigações assumidas, o que, em ambas as hipóteses, requer conhecimento técnico de aferição, uma forma rápida e salutar de resolução dos conflitos preexistentes e supervenientes, sem prejuízo da atuação do Estado.

Nessa senda, inúmeras entidades sindicais promovem a capacitação de dirigentes sindicais e cipeiros, ministram cursos e palestras de saúde e segurança no trabalho, expandindo o direito à informação e o direito à resistência, que deve ser exercido como instrumento de efetivação de direitos, inclusive por meio da greve ambiental.[14]

A atividade do setor bancário, por exemplo, contemplada com jornada legal de seis horas diárias e trinta semanais, tem sido alvo constante de terceirização, uma forma de desmontar a categoria e precarizar a atividade, com o elastecimento da jornada para oito horas, sem que sejam considerados os riscos das atividades, especialmente, o estresse, a imposição de metas inatingíveis, o assédio moral organizacional e, consequentemente, os abalos na saúde mental dos trabalhadores.[15]

As novas categorias organizam os trabalhadores com a redução de salário e benefícios e, outrossim, agregam pessoas menos qualificadas a serem inseridas no ambiente anteriormente ocupado por pessoas da atividade preponderante. E, mesmo que se alegue a identidade de benefícios pecuniários, do ponto de vista da saúde e segurança, o prejuízo é latente, pela falta de cultura de segurança. Vale lembrar que grande parte das empresas terceirizadas são micro ou empresas de pequeno porte, que sequer dispõem de conhecimento e de recursos financeiros para garantir ambientes livres de acidentes e doenças.

Em Sumaré, interior de SP, uma montadora de veículos terceirizou as atividades de logística, mantendo os trabalhadores no mesmo local de trabalho, lado a lado dos trabalhadores contratados da fábrica. Referido arranjo implicou o reenquadramento dos trabalhadores do setor metalúrgico para o sindicato dos autônomos do comércio, ou seja, categoria que não guarda nenhuma afinidade e conhecimento com o setor fabril, saltando aos olhos o risco de precarização.

---

(14) Ver arts. 13 e 19, alínea *"f"*, da Convenção n. 155 da OIT; NR-9, item 9.6.3; NR-10, item 10.14.1; NR-12, item 12.131; NR-13, item 13.3.11.3; NR-20, item 20.20.2; NR-22, item 22.5.1; NR-31 31.3.5, alínea *"d"*; NR-33, item 33.5.1; NR-34, item 34.2.2; NR-35, item 35.2.2, alínea *"c"*.

(15) No mesmo sentido, ver as alterações da Medida Provisória n. 901, de 11.11.2019.

aspectos, abordou a questão da execução do trabalho remoto, dispondo sobre as peculiaridades da realização de teletrabalho durante o período de calamidade pública.

Segundo o Instituto Brasileiro de Geografia e Estatística (IBGE), no ano de 2018, cerca de 5,2 milhões de brasileiros trabalhavam em seu domicílio de residência.(2) Destaca-se que tal estatística não apresenta detalhes sobre ocupação ou forma de trabalho, ou seja, qual porcentagem dos teletrabalhadores realiza seu trabalho por meio de *home office*, o dado é disposto apenas como "distribuição percentual das pessoas ocupadas no setor privado no trabalho principal, exclusive nos serviços domésticos, por local do estabelecimento".

Ainda de acordo com a Pesquisa Nacional por Amostra de Domicílios Contínua (PNAD) realizada pelo IBGE, em maio de 2020 o número de pessoas que executavam seu trabalho remotamente(3) era de aproximadamente 8,5 milhões,(4) o que demonstra um significativo aumento no período de dois anos.

Assim, uma parcela dos trabalhadores passou a utilizar suas casas como local de labor, modo de trabalho comumente conhecido pelo estrangeirismo *home office*. Tal medida, com o intuito de reduzir o contato social e, consequentemente, a transmissão do vírus SARS-CoV-2, traz consigo alguns benefícios, como a redução de tempo utilizado no trânsito e a comodidade do lar. Por outro lado, o desempenho das atividades laborativas no mesmo local de repouso pode se tornar um problema, principalmente se implementado de maneira mal estruturada.

A necessidade de realização de reuniões, conversas ou até mesmo audiências demonstrou os perigos da tecnologia: as redes sociais foram inundadas de imagens de trabalhadores que esqueceram a câmera ligada enquanto trocavam de roupa ou enquanto algum familiar adentrava o cômodo. Também foram registradas situações em que o microfone foi esquecido "aberto" durante a realização de algum comentário negativo sobre a reunião em andamento ou sobre algum de seus participantes.

Além dos constrangimentos decorrentes de descuidos, destacam-se também os casos de falta de conhecimento técnico para lidar com as novas ferramentas de trabalho. No mês de dezembro de 2020, um magistrado da Justiça do Trabalho foi afastado de

(2) INSTITUTO BRASILEIRO DE GEOGRAFIA E ESTATÍSTICA (IBGE). *Pesquisa Nacional por Amostra de Domicílios Contínua:* Características Adicionais do Mercado de Trabalho 2018. Rio de Janeiro: IBGE, 2019. Disponível em: <https://biblioteca.ibge.gov.br/index.php/biblioteca-catalogo?view=detalhes&id=2101694>. Acesso em: 26 dez. 2020.

(3) Novamente, não há especificação quanto ao local de realização do trabalho, presumindo-se pelo contexto que se trata de *home office*.

(4) INSTITUTO BRASILEIRO DE GEOGRAFIA E ESTATÍSTICA (IBGE). *Desocupação, renda, afastamentos, trabalho remoto e outros efeitos da pandemia no trabalho*. Rio de Janeiro: IBGE, 2020. Disponível em: <https://covid19.ibge.gov.br/pnad-covid/trabalho.php>. Acesso em: 27 dez. 2020.

O sindicato dos metalúrgicos de São Paulo, por muitos anos, firmou o PPRPS,(16) que posteriormente foi incorporado ao texto da NR-12. Além disso, inseriu em seus instrumentos normativos as conhecidas cláusulas de estabilidade permanente em caso de acidente de trabalho com sequela e outros benefícios conquistados ao longo do tempo, garantias que revelam o abismo existente entre o contratado direto e o terceirizado.

Nesse sentido, Jukka Takala afiança que, "para garantizar la puesta en marcha de la nueva Estrategia, la Agencia Europea se ha planteado como una de sus prioridades en su programa de trabajo la atención a pymes (em particular, micro-empresas), que emplean a la mayoría de los trabajadores de la UE y tienen la tasa de incidencia de accidentes más elevada (sobretodo en sectores como la agricultura, la construcción y los transportes) y a menudo tienen menos acceso a información y asesoramiento". A este respecto, la Nueva Estrategia Comunitaria asigna a la Agencia la tarea de "centrar más sus acciones de sensibilización, promoción, difusión de buenas prácticas en los sectores de alto riesgo y en las pymes".(17)

Dessa forma, conclui-se que a mudança de enquadramento sindical decorrente da terceirização gera prejuízo ao ambiente laboral, seja pela perda de direitos previstos nos instrumentos normativos relativos ao meio ambiente de trabalho, bem como pela falta de identidade e atuação sindical em ambiente, na maioria das vezes, estranho à sua atuação.

2.4. Da terceirização e alteração de CNAE(18)

Conforme mencionado no *site* da Previdência Social, o cruzamento das informações do código de Classificação Internacional de Doenças (CID-10) e do código de Classificação Nacional de Atividade Econômica (CNAE) indica o nexo entre a lesão ou agravo e a atividade exercida pelo trabalhador. A indicação de NTEP(19) é fruto de estudos científicos, acrescidos de dados estatísticos e epidemiologia. A partir dessa referência, os peritos do INSS e do Judiciário dispõem de uma ferramenta importante no diagnóstico da natureza da incapacidade apresentada.

Nesse passo, o que dizer do trabalhador que continua no mesmo posto de trabalho ou na mesma atividade e submetido a novo CNAE? Que ele pode sofrer prejuízo na análise da sua incapacidade, pois o novo CNAE pode ter grau de risco reduzido e até mesmo não estar relacionado no Decreto n. 6.042/2007, burlando a aplicação do

(16) Programa de Prevenção de Risco em Prensas e Similares.

(17) *Anticiparse para prevenir.* Una clave de éxito contra los riesgos laborales. Disponível em: <http://osha.europa.eu>.

(18) Classificação Nacional de Atividades Econômicas.

(19) Nexo Técnico Epidemiológico Previdenciário.

NTEP, com o aumento do quadro de subnotificação de doenças, principalmente das omitidas pela não emissão da CAT (comunicação de acidente de trabalho), *verbis*:

"Mas a ênfase recai sobre as notificações sem emissão de CAT, somente proporcionadas pela criação do Nexo Técnico Epidemiológico Previdenciário (NTEP), em 2007, pelo Ministério da Previdência Social. Do total de registros, 503.332 ou 23% dizem respeito às doenças que foram reconhecidas como relacionadas ao trabalho, sem a emissão de CAT, ou seja, são problemas de saúde vinculados ao trabalho e que muito provavelmente não seriam reconhecidos sem a criação do nexo epidemiológico."(20)

O mesmo pode ocorrer em relação às estatísticas do setor, que são utilizadas para a atualização do NTEP.

Nesse sentido, "Estudo do Dieese (2010) já apontara o fato de terceiras que passam a atuar no setor serem do ramo de construção civil. A mudança do CNAE estaria se refletindo no perfil epidemiológico de acidentes/adoecimentos do setor elétrico: Então se você for pegar no ponto de vista previdenciário talvez o comportamento do número de acidente no setor elétrico tenha diminuído no ponto de vista estatístico porque aqueles 20.000 que até então tinha um CNAE exclusivo que era próprio da concessionária passaram para outro CNAE... (E05)". (21)

Por isso, a fim de que o trabalhador não tenha prejuízo no diagnóstico de sua incapacidade, é necessário utilizar o CNAE da empresa tomadora de serviços, com o grau de risco e dados da atividade desempenhada e não da empresa terceirizada.

2.5. Da terceirização e a degradação da segurança

Historicamente, o trabalhador sempre foi apontado como o principal causador dos seus acidentes e doenças do trabalho. Isso porque o conjunto probatório produzido internamente pela empresa e no processo judicial sempre se limitou aos arredores do fato, olvidando-se de ajustar a lente holística, necessária para analisar o ambiente de trabalho com uma visão panorâmica.

A forma pela qual os acidentes e doenças do trabalho são investigados no Brasil, sem nenhuma metodologia e sem a participação de peritos, permite que a culpa do evento recaia, na maioria das vezes, na ação ou omissão do trabalhador, gerando uma dupla punição, pela morte, pela lesão ou pela doença acometida e, ainda, pelo insucesso dos pedidos formulados em juízo.

---

(20) SOUZA LOURENÇO, Edvânia Ângela. Terceirização: a Derruição de Direitos e a Destruição da Saúde dos Trabalhadores. *Serv. Soc. Soc*, São Paulo, n. 123, jul./set., p. 453. Disponível em: <http://dx.doi.org/10.1590/0101-6628.032>.

(21) SILVA, Alessandro José Nunes da. *Análise Organizacional de Acidentes de Trabalho no Setor de Distribuição de Energia Elétrica*. 2015. 201 f. Dissertação (mestrado) – Universidade Estadual Paulista Júlio de Mesquita Filho, Faculdade de Medicina de Botucatu, 2015. Disponível em: <http://hdl.handle.net/11449/139369>.

Por isso, é importante entender que os acidentes não se limitam a erros humanos, apontados por simples testemunhas. No dizer de Llory, "Essas visões não consideram os acidentes como eventos socialmente construídos, mas como simples falhas cometidas pelo operador".(22)

Atualmente, a cultura da segurança está muito presente no cotidiano das pessoas, que utilizam carros com dispositivos seguros contra acidentes e incidentes (*air bag*, ABS, EBD, ajustes ergonômicos, controle de tração, cintos de segurança, encosto de cabeça, estrutura da cabine, barras de proteção, sistema anticolisão, iluminação, sinal sonoro, extintor, sensores de frenagem etc.), e mesmo nas residências, onde dispomos de produtos e cosméticos com rotulagem preventiva, máquina de lavar roupas com intertravamento, guarda-corpo em sacadas, corrimão nas escadas, corta-chama nos aquecedores a gás, válvula de segurança no forno, piso antiderrapante, sensor de presença, disjuntor D, tampas para tomadas e tantos outros dispositivos.

O mesmo não se diga em relação aos ambientes de trabalho. Os casos registrados pela fiscalização, pelo Ministério Público do Trabalho e pela Justiça atestam inúmeras violações de direitos fundamentais, que resultam em acidentes fatais, acidentes graves e doenças do trabalho, principalmente, em ambientes com mão de obra terceirizada.

Os acidentes fatais das obras da Copa do Mundo de futebol de 2014 não fugiram à regra: entre nove mortos, sete eram terceirizados.(23)

Aliás, da análise detida dos dados da construção civil, infere-se que "nas classes que compõem a divisão 43 a prevalência de terceirizados entre os mortos é mais acentuada. Ademais, os CNAEs que têm mais terceirizados entre os mortos suplantam ainda mais a taxa de mortalidade do conjunto do mercado de trabalho. Em obras de acabamento, houve 2,32 vezes mais incidência de fatalidades entre seus trabalhadores, comparada à incidência do conjunto do mercado formal. Em números absolutos, foram 20 trabalhadores mortos, dos quais 18 eram terceirizados. Em obras de terraplanagem, cuja chance de morrer foi 3,3 vezes maior do que no restante do mercado de trabalho, dos 19 mortos, 18 eram terceirizados e apenas um contratado diretamente".(24)

Michael Llory aponta que "para alcançar os níveis organizacionais é necessária uma análise 'espessa' e densa da organização, que possibilite compreensão em três dimensões: a transversal, que permite diversos segmentos internos e externos da organização; a vertical, que corresponde às relações hierárquicas; a temporal-histórica,

(22) LLORY, Michael *et al. O acidente e a organização*. Belo Horizonte: Faberfactum, 2014. p. XI.

(23) VASCONCELOS, Monica. *Acidentes nos estádios da Copa:* Crônicas de nove mortes anunciadas? Disponível em: <http://www.bbc.com/portuguese/noticias/2014/08/140811_mortes_estadios_copa_mv>.

(24) FILGUEIRAS, Vitor Araújo. Gestão de SST entre trabalhadores terceirizados na construção é preocupante. *Revista Proteção*, mar. 2016, p. 64.

que busca entender a segurança como fruto de um desenvolvimento particular das organizações ao longo da sua história".[25]

Além disso, existem incontáveis fatores que podem incrementar ou desajustar a segurança de um ambiente. A necessidade de diagnóstico, de controle e de gerenciamento do risco, de modo que a vigília, análise e adaptações devem ser permanentes, mesmo porque os ambientes são dinâmicos, com *turn over*, inovações tecnológicas, novos produtos, novas atividades e alteração de procedimento. Por isso, atribuir a falhas humanas é o caminho mais fácil quando se pretende isentar alguém de responsabilidade, que muitas vezes decorre de decisões oriundas da diretoria ou de superiores hierárquicos.

Neste contexto, vale lembrar caso recente em que o presidente da empresa Light, Jerson Kelman, prestou esclarecimentos sobre as frequentes explosões de bueiros da rede subterrânea da companhia na zona sul do Rio de Janeiro. "Em entrevista à rádio *CBN*, Kelman afirmou que *uma das razões para os problemas, além do envelhecimento da rede, foi a terceirização das equipes técnicas que cuidavam dos equipamentos*. Para Kelman, o conhecimento necessário para a manutenção não foi mantido pela empresa ao longo dos anos. Como medida, a Light voltou a contratar diretamente os técnicos responsáveis pela rede".[26] (g.n.)

Vejam. Nesse caso, foi admitido publicamente que o acidente ocorreu em virtude da terceirização e da falta de conhecimento técnico dos trabalhadores. E por que atribuir culpa à terceirização? Falta de expertise? Os trabalhadores não estavam capacitados? Distribuição de energia elétrica é conhecidamente um dos setores que mais utilizam mão de obra terceirizada em suas redes. É também um dos que ostentam grande número de acidentes graves com morte e mutilação de terceirizados, vejamos:

> "O aumento de acidentes de trabalho no setor elétrico também é mostrado em levantamento da Fundação Coge. De 1999 a 2013, em média as taxas de mortalidade foram 4,8 vezes a dos demais setores formais da economia no Brasil. Além disso, de 2003 a 2013 as taxas de mortalidade foram substancialmente elevadas para o segmento terceirizado, com variação entre 6,7 e 12,8 vezes a do segmento próprio formal brasileiro."[27]

O Brasil tem uma farta legislação de saúde e segurança, porém, figura no rol dos países com o maior índice de acidentes e doenças do trabalho. Isso demonstra

(25) *Op. cit.*, p. XII e XIII.

(26) *Presidente da Light culpa terceirização por explosões no Rio.* Disponível em: <https://www.terra.com.br/noticias/brasil/cidades/presidente-da-light-culpa-terceirizacao-por-explosoes-no-rio,c7ccaf17b94fa310VgnCLD200000bbcceb0aRCRD.html>.

(27) SILVA, Alessandro José Nunes da. *Op. cit.*, p. 81.

que a legislação não é cumprida espontaneamente e ainda, considerando o número de empresas, é pouco fiscalizada. Mas, como já salientado alhures, o Estado, com o incremento da política de flexibilização de contratação, contribui para o agravamento desse quadro.

Outro ponto que merece uma melhor avaliação são os órgãos internos de controle da saúde e segurança. Isso porque a terceirização pode implicar o redimensionamento do SESMT(28) pois, com a supressão de setores e a diminuição do número de pessoas, é possível a eliminação de profissionais(29) responsáveis pela prevenção, pela gestão e por inúmeras ações no ambiente de trabalho. Uma redução do custo empresarial aliada à degradação da segurança. E nem se alegue que essa responsabilidade será repassada para a empresa contratada, porque de acordo com o grau de risco e o número de empregados ficará desobrigada dessa e de outras exigências (ver quadro II da NR-4). Em suma, o fracionamento de atividades pode isentar as duas empresas de manter o dimensionamento previsto com o intuito de proteger o ambiente previsto na NR-4, com nítido prejuízo ao ambiente e aos trabalhadores.(30)

A mesma linha de raciocínio deve ser aplicada para a CIPA (comissão interna de prevenção de acidentes), que pode sofrer prejuízos com a redução do número de integrantes e até mesmo ser eliminada, restando apenas, em determinados casos, o trabalhador designado.(31) E não há como admitir que um trabalhador designado contemple as atividades da CIPA, cujos membros eleitos gozam de estabilidade para o livre exercício da atividade prevista no item 5.16 da NR-5.

Outro aspecto nocivo da terceirização é a violação das regras de duração do trabalho. Atente-se que essa é uma forma de burlar a jornada reduzida concedida para algumas atividades, vejamos:

> "À sombra do câncer. A superexposição à radiação ionizante pode causar mutações genéticas. Por esse motivo, a técnica em Raio-X Mariana Cristina de Oliveira, 30 anos, há quase cinco na profissão,

(28) Serviço Especializado em Engenharia de Segurança e em Medicina do Trabalho.

(29) Médico do Trabalho, Engenheiro de Segurança do Trabalho, Técnico de Segurança do Trabalho, Enfermeiro do Trabalho e Auxiliar ou Técnico em Enfermagem do Trabalho.

(30) "Como consequência da decadência do modelo taylorista/fordista, houve uma redução do proletariado industrial tradicional ('mestres em manufatura, carpinteiros, torneiros mecânicos, chefes administrativos') que cedeu lugar a formas mais flexíveis de contratação trabalhista presentes nas diversas modalidades de trabalho precarizado-taylorizado." DELGADO, Gabriela Neves. "A constitucionalização dos direitos trabalhistas e os reflexos no mercado de trabalho". *In*: VIGNOLI, Juliana; CAIXETA, Sebastião (Orgs.). *Vinte Anos da Constituição Cidadã*. São Paulo: LTr, 2009. p. 84.

(31) NR-5, item 5.32.2. "As empresas que não se enquadrem no Quadro I promoverão anualmente treinamento para o designado responsável pelo cumprimento do objetivo desta NR."

suspeita da origem de seu câncer na tireoide. Sem casos de problemas semelhantes na família, ela faz relação entre o trabalho e o surgimento da doença, diagnosticada em 2013. Antes de receber o laudo médico, Mariana atuou como empregada terceirizada do Hospital Santa Lúcia, em Brasília, entre novembro de 2010 e fevereiro de 2012. 'A tireoide é uma glândula sensível à radiação. Como não havia uma carga horária mínima, era comum extrapolar o limite de 24 horas semanais. Então a exposição à radiação estava bem acima do permitido, não sendo raro um técnico trabalhar ate três vezes mais do que permitido, sem qualquer controle', explica a técnica."[32]

2.6. Das alterações da Lei n. 6.019/73

A Lei n. 13.467/2017 implementou inúmeras alterações na Lei n. 6.019/73, especialmente em relação à terceirização de serviços. Uma delas foi a autorização de transferir a prestação de serviços de qualquer atividade, eliminando a polêmica existente no binômio atividade fim e atividade meio, há décadas debatida no Judiciário Trabalhista e até então condensada na Súmula n. 331 do TST.

Mas, não é demais salientar que a terceirização irrestrita, nos moldes da legislação supra, atenderá os anseios econômicos do empresariado, em detrimento do princípio constitucional da melhoria contínua que objetiva o incremento do ambiente de trabalho sob a ótica da redução dos acidentes e doenças do trabalho. Isso porque, o novo texto não se preocupou em proteger os ambientes de trabalho terceirizados. Atente-se que os direitos elencados no art. 4º-C da Lei n. 6.019/73, acenam garantias *apenas quando os serviços forem executados nas dependências da contratante*, são elas: alimentação, transporte, atendimento médico ou ambulatorial e medidas de proteção à saúde e segurança. Em suma, fora dessas condições, não há que se falar em isonomia de condições de trabalho? Nenhuma linha sobre responsabilidade civil e social? Diante da avalanche de questões e consequências jurídicas sobrevindas, o Judiciário deve se debruçar sobre isso, sob pena de instituirmos um quadro assustador de violações constitucionais, sem prejuízo de todas as fragilidades que o modelo por si só impõe aos trabalhadores.

3. Conclusão

À guisa de conclusão, infere-se que a terceirização das atividades, com as características supramencionadas, representa um grave risco aos ambientes de trabalho e às relações humanas, restando claro que a livre-iniciativa praticada sem limites éticos e jurídicos afeta diretamente os valores sociais do trabalho, distorcendo a função social da

(32) SOUSA, Fabíula. Casa de ferreiro. *Labor, Revista do MPT*, ano III, n. 7, 2016, p. 105.

propriedade na medida em que produz riqueza sem responsabilidade social, deixando para o Estado e para a sociedade um passivo responsável por diversas mazelas, como o aumento da desigualdade social e o aumento da pobreza.

Isso, dentro de uma democracia, representa uma afronta aos princípios da dignidade da pessoa humana, da precaução, da prevenção, da melhoria contínua, da proibição do retrocesso social e do desenvolvimento sustentável.[33]

É o avesso do propósito almejado no Tratado de Versalhes. É o avesso do projeto de sociedade livre, justa e solidária, estampada no texto constitucional. A sobrevivência do Direito do Trabalho, como eixo de paz e justiça social,[34] requer a intervenção de toda a engrenagem internacional e constitucional por meio dos princípios e direitos humanos fundamentais como garantias essenciais de controle e de convivência harmônica, com respeito aos padrões éticos e de dignidade humana.

Referências

DELGADO, Gabriela Neves. A constitucionalização dos direitos trabalhistas e os reflexos no mercado de trabalho. In: VIGNOLI, Juliana; CAIXETA, Sebastião (Orgs.). *Vinte anos da Constituição Cidadã.* São Paulo: LTr, 2009.

DEJOURS, Christophe. *A banalização da injustiça social.* 7. ed. Rio de Janeiro: Editora FGV, 2012.

DE MASI, Domenico. *Alfabeto da sociedade desorientada:* para entender o nosso tempo. São Paulo: Objetiva, 2017.

______. *Desenvolvimento sem trabalho.* São Paulo: Esfera, 1998.

FILGUEIRAS, Vitor Araújo. Gestão de SST entre Trabalhadores Terceirizados na construção é preocupante. *Revista Proteção,* mar. 2016.

FLORES DE MORAES, Antonio Carlos; MORAES FILHO, Evaristo. *Introdução ao Direito do Trabalho.* 5. ed. São Paulo: LTr, 1991.

GEMIGNANI, Daniel; GEMIGNANI, Tereza Aparecida Asta. "Meio ambiente de trabalho: Precaução e prevenção. Princípios norteadores de novo padrão normativo". *Revista do Ministério Público do Trabalho,* São Paulo, LTr, Ano XXII, n. 43, mar. 2012.

(33) "Assim, os interesses do seu titular devem ajustar-se aos interesses da sociedade e do Estado, na esteira das funções social e ecológica que lhes são inerentes. A ordem econômica constitucionalizada no art. 170 da CF88, com base também nos demais fundamentos constitucionais que lhe constituem e informam, expressa uma opção pelo que se poderia designar um capitalismo socioambiental (ou economia socioambiental de mercado) capaz de compatibilizar a livre-iniciativa, a autonomia privada e a propriedade privada com a proteção ambiental e a justiça social, tendo como norte normativo, 'nada menos' do que a proteção e promoção de uma vida digna e saudável (e, portanto, com qualidade e segurança ambiental) para todos os membros da comunidade estatal)." SARLET, Ingo Wolfgang; FENSTERSEIFER, Tiago. *Op. cit.*, p. 253.

(34) "Esforça-se, assim, o direito do trabalho, dentro da humana fragilidade, em trazer justiça para essa prestação de trabalho, tornando-a menos alienada, menos coagida, menos penosa, menos fatigante, e, se possível, cada vez mais alegre, espontânea e saudável. Pelo menos é este o seu objetivo, utilizando-se da lição que lhe proporciona a História." FLORES DE MORAES, Antonio Carlos; MORAES FILHO, Evaristo. *Op. cit.*, p. 23.

LLORY, Michael *et al. O acidente e a organização*. Belo Horizonte: Faberfactum, 2014.

MARCELINO, Paula Regina Pereira. *A logística da precarização:* Terceirização do trabalho na Honda do Brasil. São Paulo: Expressão Popular, 2004.

SARLET, Ingo Wolfgang; FENSTERSEIFER, Tiago. *Direito Constitucional Ambiental*. 2. ed. São Paulo: RT, 2012.

SILVA, Alessandro José Nunes da. *Análise organizacional de acidentes de trabalho no setor de distribuição de energia elétrica*. 2015. 201 f. Dissertação (mestrado) – Universidade Estadual Paulista Júlio de Mesquita Filho, Faculdade de Medicina de Botucatu, 2015. Disponível em: <http://hdl.handle.net/11449/139369>.

SOUZA LOURENÇO, Edvânia Ângela. Terceirização: a derruição de direitos e a destruição da saúde dos trabalhadores. *Serv. Soc. Soc.*, São Paulo, n. 123, p. 453, jul./set. 2015. Disponível em: <http://dx.doi.org/10.1590/0101-6628.032>.

SÜSSEKIND, Arnaldo *et al. Instituições de Direito do Trabalho*. 16. ed. São Paulo: LTr, 1996.

SOUSA, Fabíula. Casa de ferreiro. *Labor, Revista do MPT*, ano III, n. 7, 2016, p. 105.

TAKALA, Jukka Takala. *Anticiparse para prevenir*. Una clave de éxito contra los riesgos laborales. Disponível em: <http://osha.europa.eu>.

VASCONCELOS, Monica. *Acidentes nos Estádios da Copa:* Crônicas de Nove Mortes Anunciadas? Disponível em: <http://www.bbc.com/portuguese/noticias/2014/08/140811_mortes_estadios_copa_mv>

VILELA, Rodolfo Andrade de Gouveia; FERREIRA, Marcos Antonio Libardi. *Nem tudo brilha na produção de joias de Limeira-SP*. Disponível em: <http://www.prod.org.br/files/v18n1/v18n1a13.pdf>.

Saúde e Segurança no Trabalho — Sistemas de Proteção ao Meio Ambiente do Trabalho

Yone Frediani[1]

Sumário: 1. Noções preliminares. 2. Sistemas de proteção do trabalhador no ambiente de trabalho. 2.1. Serviço especializado em engenharia de segurança e medicina do trabalho (SESMT). 2.2. Comissão Interna de prevenção de acidentes (CIPA). 2.3. Equipamentos de proteção individual. 2.4. Programa de Controle Médico de Saúde Ocupacional (PCMSO). 2.5. Programa de Prevenção de Riscos Ambientais (PPRA). 2.6. Perfil Profissiográfico. 3. Considerações sobre a pandemia decorrente do Covid-19. 4. Pandemia e o meio ambiente do trabalho. 5. Conclusões

1. Noções preliminares

Na atualidade, os principais problemas enfrentados pelas empresas e trabalhadores são as moléstias e incapacidades decorrentes das atividades desenvolvidas no ambiente de trabalho, posto que nem sempre os empregadores adotam medidas eficazes que possam prevenir, com eficiência, o aparecimento de lesões ou atenuar aquelas já existentes.

Da mesma forma, os trabalhadores, regra geral, nem sempre adotam posturas aconselhadas para o exercício da atividade laboral e tampouco seguem, com rigor, as prescrições médicas sugeridas.

---

(1) Desembargadora aposentada do Tribunal Regional do Trabalho da 2ª Região. Doutora em Direito do Trabalho pela PUC/SP. Mestre em Direito das Relações do Estado pela PUC/SP. Mestre em Direitos Fundamentais pela Unifieo. Professora de Direito e Processo do Trabalho no curso de Graduação da Fundação Armando Álvares Penteado (FAAP). Membro da Academia Brasileira de Direito do Trabalho, da Asociación Iberoamericana de Derecho del Trabajo y de la Seguridad Sociale do Conselho Superior de Relações do Trabalho da Federação das Indústrias de São Paulo (FIESP). Professora visitante da Universidade de Modena e Reggio Emilia (Itália) e da Universidad Tecnologica del Peru. Autora de inúmeros artigos e livros nas áreas do Direito Individual, Coletivo e Processo do Trabalho.

A legislação constitucional previu nos arts. 6º,[2] 7º, XXII,[3] XXIII[4] e XXVIII[5] e 196,[6] a existência de mecanismos destinados a assegurar o direito à saúde do trabalhador por meio de normas de saúde, higiene e segurança no trabalho, pagamento de adicionais para atividades insalubres, perigosas e penosas, seguro contra acidentes do trabalho e indenização a cargo do empregador na ocorrência de dolo ou culpa.

Como se observa, o aparato constitucional é bastante amplo, tendo sido objeto de regulamentação por meio da legislação ordinária que será a seguir examinada.

A Consolidação das Leis do Trabalho, em seu Capítulo V, trata da Segurança e Medicina do Trabalho, criando um sistema de ações interligadas que visam não só à preservação de ambiente laboral sadio, bem assim, à adoção de medidas preventivas tendo por objetivo a integridade física do trabalhador.

Compete à segurança e engenharia do trabalho o estudo das causas e circunstâncias que provocam situações traumáticas e lesivas à vida e saúde do trabalhador, enquanto que à medicina do trabalho atribui-se a preservação da saúde e higidez física do trabalhador, bem como o estudo dos acidentes e doenças ocupacionais.

As normas dispostas na CLT encontram-se complementadas pela Portaria n. 3.214/78, que disciplinou as diversas ações obrigatórias por meio de Normas Regulamentadoras que disciplinam situações práticas e concretas existentes no ambiente do trabalho, criando um conjunto de normas voltadas à saúde e segurança no trabalho, cuja obrigatoriedade de cumprimento não é apenas do empregador, mas também do trabalhador para que possa proteger-se das adversidades existentes em seu local de trabalho.

Importante lembrar que os acidentes são facilmente identificados, porém, a mesma conclusão não se repete no que respeita às doenças ocupacionais que, em muitos casos, podem manifestar-se mesmo após o encerramento do contrato de trabalho, cuja atividade foi executada pelo trabalhador em condições agressivas à sua saúde.[7]

---

(2) Art. 6º São direitos sociais a educação, a saúde, o trabalho, a moradia, o lazer, a segurança, a previdência social, a proteção à maternidade e à infância, a assistência aos desamparados, na forma desta Constituição.

(3) Redução dos riscos inerentes ao trabalho, por meio de normas de saúde, higiene e segurança;

(4) Adicional de remuneração para as atividades penosas, insalubres ou perigosas, na forma da lei;

(5) Seguro contra acidentes de trabalho, a cargo do empregador, sem excluir a indenização a que este está obrigado, quando incorrer em dolo ou culpa;

(6) A saúde é direito de todos e dever do Estado, garantido mediante políticas sociais e econômicas que visem à redução do risco de doença e de outros agravos e ao acesso universal igualitário às ações e serviços para sua promoção, proteção e recuperação.

(7) NAHAS, Thereza C. Doenças profissionais e trabalho seguro. *Anais da Academia Brasileira de Direito do Trabalho*, 2013. p. 366.

O novo governo reestruturou as atividades e atribuições do Ministério do Trabalho e Emprego, que teve suas ações fragmentadas e direcionadas ao Ministério da Economia, Ministério da Justiça e Segurança Pública e Ministério da Cidadania, segundo o organograma abaixo.

As principais ações executadas pelo Ministério do Trabalho foram distribuídas em várias instâncias institucionais do Ministério da Economia, que incluem três secretarias especiais: Secretaria Especial de Previdência e Trabalho; Secretaria de Produtividade, Emprego e Competitividade e Secretaria da Fazenda.

Subordinada à Secretaria Especial de Previdência e Trabalho, foi criada uma Secretaria de Trabalho, com duas subsecretarias a ela vinculadas: a Subsecretaria de Inspeção do Trabalho, onde estão lotados os auditores-fiscais do Trabalho, e a Subsecretaria de Políticas Públicas e Relações de Trabalho.[(8)]

Importante esclarecer que segundo o organograma de atribuições, na esfera nacional, a Secretaria do Trabalho (STRAB), por meio da Subsecretaria de Inspeção do Trabalho (SIT), será responsável pela formulação e proposição de diretrizes, normas de atuação e supervisionará as atividades da área de segurança e saúde do trabalhador. À SIT e aos órgãos regionais subordinados competirá a fiscalização dos preceitos legais e regulamentares, cabendo ao último a imposição de penalidades.

Segundo informações do Ministério da Economia, a revisão das NRs deverá ocorrer em clima de consenso integral entre governo, trabalhadores e empregadores, alinhando-se os textos às melhores práticas internacionais de diálogo social e de norma de saúde e segurança no trabalho.[(9)]

---

(8) Zilmara Alencar. Sensor Sindical.

(9) Secretaria Especial de Previdência e Trabalho. Disponível em: <imprensa@mte.gov.br>.

Com esse espírito, foram alteradas e/ou atualizadas as 36 NR's até então existentes, tendo sido revogadas as NRs 2 e 27 e editada a NR-37, sendo pretensão do Poder Executivo reduzir a burocracia até então existente e diminuir a intervenção estatal na iniciativa privada, mantendo-se o mesmo nível de saúde e segurança no trabalho.

Na mesma linha de modernização da legislação voltada à segurança do trabalho, pretende-se a revisão de inúmeras portarias e instruções normativas de forma ampla, com o objetivo de concentrar as regras no menor subconjunto possível, sendo intenção da Secretaria do Trabalho dispor sobre o Conselho Nacional do Trabalho e a Comissão Tripartite Paritária Permanente, como veículo do diálogo social com empregadores e trabalhadores no que respeita às relações de trabalho e às normas de segurança e saúde no trabalho.(10)

Do quanto exposto, conclui-se que não será tarefa fácil o redimensionamento da legislação específica nesta área, por meio de sua adequação às novas exigências e especificidades impostas pelas novas tecnologias na produção, industrialização e na prestação de serviços.(11)

Aspecto de real importância prende-se à necessidade de fiscalização rigorosa e não apenas por amostragem, visto que dentre as atividades do extinto Ministério do Trabalho e Emprego, a fiscalização presencial nas empresas para apuração de irregularidades legais, bem como para orientação acerca do integral e correto cumprimento das normas ligadas à saúde e segurança do trabalhador, revelou-se ao longo dos anos atividade necessária, útil e produtiva.

De acordo com o grau de risco e número de empregados, as empresas estarão obrigadas a manter serviços especializados em segurança e medicina do trabalho, com integração de profissionais da área, como é o caso de engenheiro de segurança do trabalho, médico do trabalho, enfermeiro do trabalho, auxiliar de enfermagem do trabalho e técnico de segurança do trabalho; tais serviços e profissionais atuarão em sintonia com as Comissões Internas de Prevenção de Acidentes, sendo oportuno esclarecer que os riscos ocupacionais encontram-se classificados da seguinte forma:

Grupo 1 – riscos físicos, que se encontram ligados a fatores encontrados no ambiente de trabalho, tais como ruídos, vibrações, radiações ionizantes e não ionizantes, frio, calor, pressões anormais e umidade; para cada um dos agentes apontados, poderá o empregado desenvolver um tipo de sequela irreversível à sua saúde, citando-se a perda auditiva ou surdez ocupacional, desenvolvimento de cânceres, cataratas, pneumonias, doenças reumáticas etc.

(10) Secretaria Especial de Previdência e Trabalho. Disponível em: <imprensa@mte.gov.br>.

(11) *Novas tecnologias, plataformas digitais e Direito do Trabalho*, p. 337 e segs.

Grupo 2 – riscos químicos: poeiras, fumos, gases, vapores, substâncias, compostos ou produtos químicos em geral;

Grupo 3 – riscos biológicos: vírus, bactérias, micro-organismos, protozoários, fungos, parasitas, bacilos;

Grupo 4 – riscos ergonômicos: esforços físicos intensos, levantamento e transporte manual de peso, exigência de postura inadequada, controle rígido de produtividade, imposição de ritmos excessivos, trabalho em turno noturno, jornada de trabalho prolongada, monotonia e repetitividade, dentre outras situações causadoras de estresse físico ou psíquico;

Grupo 5 – riscos de acidentes: postura física inadequada, máquinas e equipamentos sem proteção, ferramentas inconvenientes ou defeituosas, iluminação insuficiente, possibilidade de incêndio ou explosão, armazenamento de substâncias ou materiais inadequados, outras situações de riscos que poderão contribuir para a ocorrência de acidentes.

2. Sistemas de proteção do trabalhador no ambiente de trabalho

Lamentavelmente, o Brasil ocupa posição de destaque na esfera internacional em face do número alarmante de acidentes no trabalho, ressaltando-se que as regras contidas na CLT e nas normas regulamentadoras do extinto Ministério do Trabalho, a partir do art. 164 tratam dos órgãos de segurança e medicina do trabalho nas empresas, levando em consideração o grau de risco e o número de trabalhadores no local.

Segundo informações fornecidas pelo Smartlabbr,(12) no período de 2012 a 2018, apenas no município de São Paulo, os setores econômicos abaixo identificados apresentaram o maior número de comunicações de acidentes:

1. Atividades de atendimento hospitalar – 378.305

2. Comércio varejista de mercadorias em geral, com predominância de produtos alimentícios – hipermercados e supermercados – 142.909

3. Administração pública em geral – 119.273

4. Construção de edifícios – 104.646

5. Transporte rodoviário de carga – 110.344

Como se verifica, não constitui tarefa fácil a prevenção de acidentes do trabalho e suas consequências, embora se tenha presente que percentagem expressiva dos acidentes ocorridos são plenamente previsíveis dentro do ambiente de trabalho.(13)

(12) Disponível em: <https://smartlabbr.org/sst>.

(13) *Novas tecnologias, plataformas digitais e Direito do Trabalho*, p. 341.

2.1. Serviço Especializado em Engenharia de Segurança e Medicina do Trabalho (SESMT)

A exigência de implantação e manutenção de referido serviço é dirigida às empresas que possuem mais de 50 empregados, segundo o grau de risco, com a realização de trabalho conjunto por engenheiro de segurança e médico do trabalho, enfermeiro e auxiliar de enfermagem do trabalho e técnico de segurança do trabalho para análise das situações de risco de acidentes e/ou desenvolvimento de doenças ocupacionais.

2.2. Comissão Interna de Prevenção de Acidentes (CIPA)

Disciplinada pelos arts. 163 a 165 da CLT, essa comissão foi instituída com a finalidade de prevenção e análise de acidentes ocorridos no ambiente de trabalho, sendo integrada por representantes eleitos pelos empregados e indicados pelo empregador e respectivos suplentes, dependendo do porte da empresa, com mandato de um ano, permitida uma reeleição.

Seu presidente será designado pelo empregador, ao passo que o vice-presidente será eleito pelos empregados; os membros eleitos pelos empregados não poderão sofrer despedida arbitrária, já que são portadores de garantia provisória de emprego (art. 10, II, *"a"*, do ADCT da CF), entendendo-se para fins de dispensa arbitrária a que não estiver fundada em motivo disciplinar, técnico, econômico ou financeiro.

Eventual transferência de membro da CIPA de seu local de trabalho necessita da respectiva anuência do trabalhador, visto que a principal finalidade da Comissão consiste em relatar as condições de risco existentes no ambiente de trabalho, solicitando ao empregador as medidas necessárias para eliminação, redução ou neutralização desses riscos, mediante realização de reuniões mensais ordinárias e, extraordinariamente, quando necessário.

Se, porventura, a empresa for extinta, as atividades da CIPA desaparecerão, inexistindo nesta hipótese a figura da despedida arbitrária com a extinção do fato gerador da mesma comissão.

2.3. Equipamentos de Proteção Individual

Em conformidade com o disposto nos arts. 166 e 167 da CLT, o empregador é obrigado a fornecer os EPIs adequados e necessários à proteção do empregado, constituindo justo motivo para rescisão do contrato de trabalho a recusa injustificada do trabalhador ao uso de referidos equipamentos, de acordo com o disposto no art. 158, parágrafo único, letra *"b"*, da Consolidação.

A obrigação patronal refere-se, também, à necessidade do respectivo treinamento para utilização, manutenção e fiscalização quanto ao correto uso de tais equipamentos de proteção individual.

Lembra-se que os EPIs suficientes e adequados deveriam possuir certificação de aprovação pelo antigo Ministério do Trabalho e Emprego, atualmente, incorporado ao Ministério da Economia, conforme organograma apresentado no item 1 supra, tais equipamentos referem-se à proteção para a cabeça, olhos e face, ouvidos, proteção respiratória, tronco, membros superiores, inferiores, para todo o corpo e protetores contra quedas com diferença de nível.(14)

Compete ao empregador a aquisição do EPI adequado ao risco da atividade; o treinamento, a orientação e exigência quanto ao seu uso, além da higienização e manutenção periódica de tais equipamentos, cabendo ao empregado usar o EPI à finalidade que lhe foi destinada, responsabilizar-se por sua guarda e conservação e comunicar ao empregador qualquer alteração que o torne impróprio para uso.

Os EPIs são desenvolvidos e destinados às mais variadas funções e atividades para proteção: a saber :

a) da cabeça — cujo objetivo principal é prevenir o impacto, perfurações, choques elétricos e queimaduras — capacetes contra impactos, choques e fontes geradoras de calor; capuzes contra riscos térmicos e agentes químicos;

b) olhos — objetiva prevenir o risco de cegueiras ou doenças mediante a utilização de óculos contra impactos, poeiras e neblinas, gases e vapores, e para trabalhadores que atuam como soldadores;

c) face e vias respiratórias — com a finalidade de proteger o trabalhador contra os impactos de partículas, respingos de produtos químicos e radiação, citando-se como exemplo a máscara de solda e protetor com visor;

d) ouvidos — com a finalidade principal de prevenir a surdez do trabalhador, tendo-se como referência o protetor auricular tipo concha ou plugues de inserção;

e) mãos e braços — com o objetivo de evitar problemas de pele, choques elétricos, queimaduras, cortes, arranhões etc., mediante a utilização de luvas, mangas, dedeiras, cremes protetores;

f) pernas e pés — com a finalidade de proteger o trabalhador de queimaduras e contusões, encontram-se calças, perneiras, sapatos de segurança, meias e botas de borracha;

g) tronco — visando proteger o trabalhador contra impactos, choques elétricos, queimaduras, cortes, respingos de produtos, tais como aventais, jaquetas, macacões;

---

(14) Homero Batista Mateus da Silva. *Curso de Direito do Trabalho Aplicado*. vol. 3 - Saúde e segurança do trabalho. 2015. p. 66.

H0 quedas — objetivando a preservação da vida do trabalhador mediante a utilização de cinturões e dispositivos trava-quedas.

Não obstante a necessidade de utilização dos EPI's, inexistem dúvidas de que estes não corrigem totalmente as deficiências ambientais existentes e tampouco neutralizam completamente a ação de agentes insalubres,[15] motivo pelo qual, tanto quanto possível, a prática ideal do ponto de vista ambiental seria a efetiva eliminação do agente agressivo à saúde do trabalhador.

2.4. Programa de Controle Médico de Saúde Ocupacional (PCMSO)

Previsto no art. 168 da CLT, destina-se à avaliação física do trabalhador por ocasião de sua admissão, demissão e durante sua permanência no emprego (exames admissional, demissional e periódico), cuja aferição é realizada por médico do trabalho, participante do SESMT, em face do local de serviços com objetivo de identificação de riscos e possíveis doenças ocupacionais a que posam estar sujeitos os trabalhadores.

Se por um lado o PCMSO objetiva a prevenção das ocorrências negativas em relação à saúde do trabalhador, por outro objetiva a investigação das causas motivadoras ou que impliquem o agravamento de doenças profissionais.

Diante de seus objetivos conclui-se que algumas ações do PCMSO são comuns ou padrão a todas as empresas, enquanto que outras são específicas ou individualizadas para cada estabelecimento em razão das peculiaridades apresentadas em determinada atividade.

Via de consequência, a composição do PCMSO conterá, necessariamente, duas categorias de ações:

a) *Primárias:* compreendendo as atividades gerais destinadas à manutenção da saúde do trabalhador; prevenção das doenças ocupacionais e sua profilaxia, bem como a avaliação do ambiente de trabalho, dentre outras;

b) *Secundárias:* que correspondem à real avaliação do trabalhador no exercício de suas atividades, investigação das alterações sofridas em virtude da atividade desenvolvida e respectivo ambiente de trabalho e implantação de medidas preventivas e curativas.

Constituem medidas usualmente adotadas dentro do quadro das ações primárias, a educação do trabalhador para que este seja o primeiro e maior interessado na manutenção de sua saúde e integridade física; portanto, tais ações podem ser as mais variadas possíveis, desde a realização de campanhas educativas quanto a hábitos de higiene habitacional e pessoal, até a promoção de esclarecimentos quanto à utilidade de

(15) Norma Sueli Padilha. *Do meio ambiente do trabalho equilibrado*, p. 73.

exercícios físicos, hábitos alimentares, importância da vacinação de seus filhos, perigos das doenças sexualmente transmissíveis etc.

Ainda dentro das medidas primárias, caberá ao empregador promover e incentivar as atividades da CIPA, não só quanto aos aspectos de prevenção de acidentes, como, especialmente, quanto ao treinamento e necessidade de utilização dos EPI's.

No desenvolvimento do PCMSO competirá ao empregador a realização de exames admissional, periódico, de retorno ao trabalho, de mudança de função e demissional (art. 168). Tais exames compreendem avaliação clínica e mediante exames complementares.

O exame médico admissional terá variação de acordo com a atividade empresarial e o respectivo grau de risco; a importância do exame admissional reside na possibilidade de colocação do trabalhador na função adequada ao seu estado de saúde, definindo o padrão da saúde de que é portador o empregado no momento de sua contratação e se, eventualmente, admitido com eventual sequela já existente.

A avaliação periódica tem por finalidade investigar eventual ocorrência de alguma alteração na saúde do trabalhador, constituindo, pois, ação preventiva, relacionada com a atividade desenvolvida pelo empregado e eventual risco ocupacional a que porventura esteja exposto.

Em condições normais de trabalho a avaliação periódica será realizada semestralmente para os empregados sujeitos às condições insalubres de trabalho; anualmente, para os demais casos, exceto para trabalhadores que tenham entre 18 e 45 anos de idade, quando será realizada a cada dois anos.

Quando a ausência do empregado à prestação normal dos serviços for superior a 30 dias em razão de afastamento por doença ocupacional ou não, acidente e parto, será necessária a realização de exame denominado retorno ao trabalho, que será realizada no primeiro dia de volta ao trabalho.

De igual forma, deverá ser realizado exame para alteração de função do empregado com a finalidade de compatibilizar a saúde do trabalhador com a nova atividade a ser exercida, o mesmo ocorrendo com a readaptação do empregado em atividade adequada após a ocorrência de qualquer infortúnio do trabalho.

Finalmente, o exame demissional será realizado até a data da homologação da rescisão contratual tendo por finalidade avaliar e determinar o estado de saúde do trabalhador em relação à atividade executada na empresa.

Após a realização de qualquer dos exames mencionados, será expedido Atestado de Saúde Ocupacional (ASO), em duas vias, ficando a primeira arquivada no local de trabalho e mantida por um período mínimo de 20 anos contados do desligamento do trabalhador, e a segunda via será entregue ao empregado, mediante recibo na primeira via.

O PCMSO deverá conter as estratégias que serão seguidas no exercício civil em curso e, ao final deste, deverá ser elaborado relatório anual do qual constarão todos os levantamentos e conclusões obtidas com as medidas implantadas.

As novas diretrizes que revisaram as antigas NRs, estabeleceram que o Microempreendedor Individual (MEI), a Microempresa (ME) e a Empresa de Pequeno Porte (EPP), enquadradas nos graus de risco 1 e 2 (previstos na NR-4), que declararem as informações digitais e não possuírem riscos químicos, físicos, biológicos e ergonômicos, ficarão dispensados de elaboração do Programa de Controle Médico de Saúde Ocupacional (PCMSO).(16)

2.5. Programa de Prevenção de Riscos Ambientais (PPRA)

A finalidade de referido programa prende-se à necessidade possível de neutralização dos agentes agressivos, seja pela alteração do processo produtivo, substituição de matérias-primas, estudo dos riscos ambientais em relação a agentes físicos, químicos e biológicos, devendo encontrar-se em sintonia com o PCMSO e SESMT, para que seus objetivos possam ser efetivamente cumpridos em prol da saúde do trabalhador, porque a notificação de doenças ocupacionais produzidas por força de condições especiais em que o trabalho é prestado é obrigatória.

De acordo com as novas regras adotadas na revisão das NRs, algumas categorias de empreendedores, como é o caso do Microempreendedor Individual (MEI), a Microempresa (ME) e a Empresa de Pequeno Porte (EPP) enquadrados nos graus de risco 1 e 2, que declararem informações digitais na forma do subitem e não possuam riscos químicos, físicos e biológicos, ficarão dispensados de elaboração do Programa de Prevenção de Riscos Ambientais (PPRA).(17)

A partir do art. 170 até o 188, encontram-se regras relativas às edificações, iluminação, conforto térmico, instalações elétricas, movimentação, armazenagem e manuseio de materiais, máquinas e equipamentos, caldeiras, fornos e recipientes sob pressão.

2.6. Perfil Profissiográfico

Paralelamente às medidas de prevenção destinadas à proteção da saúde do trabalhador por meio do PCMSO, PPRA, EPIs e CIPAs, exige-se, ainda, que o

---

(16) FELICIANO, Guilherme Gimarães; MORAES, Paulo Douglas de Almeida. *Normas de saúde e segurança do trabalho na era Bolsonaro:* a "modernização" das normas regulamentadoras. veleidades, possibilidades, constitucionalidade.

(17) *Idem.*

empregador promova a elaboração do PP, também conhecido como PPP, perfil profissiográfico previdenciário, que corresponde a um precioso e poderoso instrumento de fiscalização da empresa a distância, bem como documento comprobatório das condições ambientais a que o empregado foi exposto durante o curso de seu contrato de trabalho.

Referida exigência foi incorporada ao sistema pátrio por meio da MP n. 1.523/96, objeto de inúmeras alterações desde sua implantação, sendo instituído pelo art. 148, § 1º, da Instrução Normativa do INSS/DC n. 95/2003, e obrigatório a partir de 2004.

O PP pode ser conceituado como o documento histórico laboral, individual do trabalhador, destinado à prestação de informações ao INSS relativas à efetiva exposição do obreiro a agentes nocivos quanto às atividades desenvolvidas, registros ambientais, bem como observância do PCMSO e PPRA pelo empregador.

A emissão do PP é obrigatória nas seguintes situações:

a) rescisão do contrato de trabalho, emitido em duas vias, uma das quais será entregue ao trabalhador e a outra arquivada na empresa, devendo refletir a vida funcional do trabalhador, inclusive quanto a eventuais alterações de postos de trabalho no curso da relação de emprego;

b) requerimento de benefício por incapacidade, encaminhado à Perícia Médica Previdenciária, esteja o empregado enquadrado no afastamento previdenciário ou acidentário, dando conhecimento ao INSS dos agentes nocivos existentes na empresa com a finalidade de detectar possíveis doenças profissionais;

c) reconhecimento de atividade laboral em condições especiais, nos casos das aposentadorias especiais, que eram concedidas em decorrência da prestação de serviços em atividades perigosas, insalubres ou penosas, até a promulgação da Lei n. 9.032/95, que alterou substancialmente o quadro até então vigente com a extinção desse tipo de benefício.

Verifica-se, pois, que o PP deverá refletir com exatidão as condições ambientais e laborais a que o empregado esteve sujeito durante a vinculação empregatícia com determinado empregador e de fornecimento obrigatório a todo trabalhador e não somente àquele que tenha trabalhado em contanto com algum agente nocivo.

Constitui importante documento que permite à Previdência Social avaliar a existência ou não de agente nocivo, bem como verificar se o empregador efetivamente tomou as medidas de segurança adequadas e necessárias à eliminação ou diminuição do agente agressivo, por meio de medidas individuais e/ou coletivos adotadas.

O PP deverá ser preenchido na conformidade do formulário disponibilizado pela *Internet* (<www.previdenciasocial.gov.br>), do qual constarão as identificações da empresa, atividades realizadas pelo empregado, agentes nocivos a que esteve exposto, períodos de exposição, utilização de EPI's, dentre outras informações de real importância, devendo ser firmado pelo representante do empregador, médico do trabalho e engenheiro de segurança, dependendo do porte e grau de enquadramento da empresa.

A falta de elaboração e manutenção do PP sujeitará a empresa ao pagamento de multa, uma vez que é obrigatória a sua execução anualmente, e todas as vezes em que ocorrer qualquer alteração no *lay out* de suas instalações, processos produtivos etc., que possam provocar modificações nas condições ambientais a que está sujeito o empregado.

3. Considerações sobre a pandemia decorrente do Covid-19

A lição que se pode tirar nesses meses de pandemia provocada pelo Covid-19 é de que a saúde do homem e a ambiental encontram-se interligadas, especialmente pelo fato de ter sido constatado que pessoas, animais e aves estão sujeitos à infecção pelo mesmo vírus, constituindo a prevenção a única forma de sobrevivência aos seus efeitos muitas vezes fatais.

Nessa linha de constatações, de primordial importância a preservação da natureza, evitando-se todas as ações humanas que possam comprometer sua integridade.

A pandemia global decorrente do Covid-19 atingiu diretamente grande parte das atividades econômicas e sociais existentes, tais como turismo, educação, trabalho, alimentação, transportes, artes e, especialmente, a mobilização urbana de pessoas e a prestação de serviços.

Alterações profundas nos padrões de vida social e laboral foram introduzidas abruptamente com a finalidade de impedir e conter a disseminação do vírus, com adoção de medidas de restrição drásticas como o *lockdown*, além de outras mais amenas como o distanciamento e isolamento sociais e a quarentena, que afetaram profundamente a economia.

Nesse contexto, grande parte dos trabalhadores cujas funções eram compatíveis, passaram a trabalhar a distância, em regime de *home office* ou de teletrabalho, sem que fosse possível a necessária adaptação para o novo modelo de trabalho que a crise sanitária impôs à sociedade.

Para os que não tiveram a mesma sorte de conservar seus empregos, a situação ficou ainda mais crítica, pois além de perderem seus rendimentos habituais, nem todos obtiveram o pagamento de seus haveres, diante do quadro precário que se instalou na atividade produtiva, com interrupção abrupta de suas atividades, como forma de evitar o contágio e a propagação do Covid-19, ressalvadas as atividades essenciais, já que a paralisação temporária das atividades industriais, comerciais e da prestação de serviços provocou não só a falência de muitas empresas, como a inevitável demissão de um enorme contingente de trabalhadores.

Quanto ao meio ambiente global, verificou-se que a diminuição das atividades industriais resultou na diminuição dos níveis de poluição, ressaltando-se que países que apresentavam altos índices de poluição urbana em virtude do excesso de veículos trafegando diuturnamente, passaram a níveis extremamente satisfatórios.

Assim, sendo, o que se verificou nesses poucos e longos meses de convivência com o Covid-19, foi a criação de uma nova sociedade de consumo, voltada exclusivamente para sua sobrevivência e aquisição de bens indispensáveis à alimentação, saúde e higiene em busca da preservação da saúde coletiva dos cidadãos.

A pandemia também revelou a profunda crise sanitária experimentada pelos países dos mais diversos continentes e com as mais diversas situações econômicas, desde os mais ricos até os mais pobres, verificou-se a falta de insumos, acessórios e equipamentos hospitalares de toda a sorte e necessários à manutenção dos pacientes internados, muitos do quais sem horizontes de qualquer possibilidade de recuperação.

Assistiu-se, também, à falência dos serviços públicos hospitalares que não dispunham de pessoal humano mínimo e necessário ao enfrentamento da epidemia, bem assim, a deficiência dos serviços funerários incapazes de propiciar as providências necessárias para o sepultamento daqueles que não sobreviveram ao Covid-19 pelo mundo.

No momento da elaboração deste estudo, mais de 54,5 milhões de pessoas foram infectadas pelo coronavírus em todo o mundo e 1,3 milhão já morreram, segundo levantamento da Universidade Johns Hopkins.(18)

Importante ressaltar a advertência feita pelo diretor-geral da Organização Mundial da Saúde (OMS), Tedros Adhanom Ghebreyesus, de que não é hora de relaxar no combate ao coronavírus, apesar das boas notícias sobre o avanço das vacinas, alertando que os casos continuam a subir, principalmente nas Américas e na Europa.(19)

A pandemia e os reflexos que se produziram no mundo globalizado nos adverte para a necessidade de estruturação de uma nova sociedade com base na sustentabilidade e solidariedade entre países e participação da população na construção de novos hábitos, especialmente quanto ao meio ambiente do trabalho.

---

(18) Disponível em: <https://g1.globo.com/bemestar/coronavirus/>. Acesso em: 16 nov. 2020, 16:00 hs.

(19) *Idem.*

4. Pandemia e o meio ambiente do trabalho

Tradicionalmente, conceitua-se meio ambiente do trabalho como o local físico em que o trabalhador presta serviços; em conceituação mais abrangente, o meio ambiente do trabalho projeta seus reflexos na organização do trabalho, referindo-se, também, ao tempo de trabalho, conteúdo da prestação dos serviços, jornada cumprida, métodos utilizados para produção de bens, utilização de EPI's, prestação de horas extras, intervalos durante a jornada, dentre outros tantos, que interferem na saúde física e mental do trabalhador.

Destacam-se, ainda, as relações interpessoais e todos os fatores que possam interferir na saúde do trabalhador, como seu relacionamento com outros trabalhadores, superiores hierárquicos, prestadores de serviços, clientes etc., ressaltando-se sobremaneira os efeitos desgastantes quando o empregado sofre assédio moral ou sexual em seu local de trabalho.

Feitas tais considerações, verifica-se, também, que inúmeros desdobramentos das condições do ambiente laboral podem atingir a família do trabalhador, citando-se como exemplos a contaminação por chumbo, amianto e agrotóxicos, apenas para lembrar situações concretas muito críticas vividas por diversas comunidades de empregados.

Relativamente à crise que se enfrenta no combate ao coronavírus, é preciso que os empregadores informem, enfatizem e reforcem aos seus empregados a necessidade sempre crescente de observância das medidas individuais de proteção, pois não se trata apenas de preservar a salubridade do meio ambiente físico em que o trabalho é executado, mas de preservação da saúde coletiva dos trabalhadores e de suas famílias.

Embora não sejam os empregadores os responsáveis diretos pela contaminação de seus empregados, torna-se imprescindível a adoção dos protocolos de saúde e medidas sanitárias recomendadas, além do fornecimento dos EPI's de uso individual e coletivo, por se tratar da necessidade de preservação do ambiente laboral saudável para todos os que prestam serviços no local físico da empresa.

Ações de ordem geral têm sido amplamente divulgadas pelos inúmeros meios de comunicação, com base nas orientações sugeridas pelas autoridades da saúde para prevenir a Covid-19 nos ambientes de trabalho, tais como manter os ambientes ventilados, higienizados e desinfetados, oferecimento de álcool em gel, medição de temperatura do trabalhador ao ingressar na empresa, utilização de máscaras faciais, distanciamento entre trabalhadores, dentre tantas outras que, além de não representarem elevação de custos para os empresários, se revelaram extremamente úteis na prevenção de contágio.

Além disso, deverá o empregador promover treinamentos para esclarecer aos trabalhadores da necessidade de manutenção de todas as medidas sanitárias, pois, embora inúmeras cidades estejam na fase verde de reabertura das atividades produtivas, comerciais e da prestação de serviços, a pandemia ainda não se encontra neutralizada, posto que diariamente assiste-se à comunicação das estatísticas a respeito da evolução do número de infectados, mortos e, especialmente, dos recuperados.

Além dos cuidados com os empregados diretos, as mesmas práticas preventivas devem ser adotadas em relação aos prestadores de serviços, de tal forma que os respectivos tomadores de serviços possam garantir a salubridade de suas instalações para todos os que se encontram em seu ambiente físico.

5. Conclusões

Das considerações expostas, constata-se que a pandemia trouxe novas dimensões no meio ambiente do trabalho, ressaltando a importância da saúde e segurança do trabalhador, porque as obrigações patronais na atualidade serão projetadas além do gerenciamento de seu espaço físico e deverão alcançar a preservação e resguardo das condições salubres dos seus empregados e prestadores de serviços, com reflexos na saúde coletiva.

Os sistemas de proteção do trabalhador de implementação obrigatória pelo empregador: SESMT, PPRA E PCMSO deverão, a partir do novo contexto pós-pandemia, conter as normas e práticas sanitárias de prevenção contra o Covid-19, apresentando ações e planejamento quantos aos possíveis riscos de contaminação com adoção de todas as medidas possíveis para prevenção da saúde dos trabalhadores.

Ressalte-se que dentre os EPI's necessários e obrigatórios a cada tipo de atividade desempenhada, deverão ser fornecidos ainda, como mínimo, máscaras e álcool em gel suficientes à execução da jornada de trabalho, pois ainda que se obtenha sucesso com as inúmeras vacinas em fase final de testes, sabe-se que a imunização em massa da população deverá envolver tempo considerável.

As CIPAs, por seu turno, deverão promover campanhas de esclarecimento aos empregados, motivando-os e incentivando-os a manterem os protocolos sanitários recomendados e hábitos de higiene, já que a circulação mutante do Covid-19 ainda se manterá entre a população até a completa imunização de todos.

Via de consequência, torna-se imprescindível a manutenção de ações conjuntas das diversas práticas sanitárias para preservação e manutenção da saúde do trabalhador, na medida em que a vida saudável constitui postulado de conotação universal.

Referências

ASSOCIAÇÃO NACIONAL DOS PROCURADORES DO TRABALHO. *Meio Ambiente do trabalho*. São Paulo: LTr, 2003.

FREDIANI, Yone. Acidentes do trabalho e doenças ocupacionais: consequências e responsabilidade civil do empregador. Trabalho apresentado nas Jornadas Ibero-Americanas. "O Direito do Trabalho nos 100 anos da OIT" organizada pelo Centro de Investigação de Direito Privado da Faculdade de Direito da Universidade de Lisboa, nos dias 22 e 23 de janeiro de 2019.

______; CORDOVANI FILHO, Luiz. A tutela do trabalho em plataforma digital. In: BEZERRA LEITE, Carlos Henrique; EÇA, Vitor Salino Moura (Coords.). *Direito e Processo do Trabalho.* Homenagem a Armando Casimiro Costa Filho. São Paulo: LTr, 2019.

GALAFASSI, Maria Cristina. *Medicina do Trabalho*. São Paulo: Atlas, 1999.

GUIMARÃES . Guilherme Feliciano e Paulo Douglas de Almeida Moraes. *Normas de saúde e segurança do trabalho na era Bolsonaro:* a 'modernização' das normas regulamentadoras. veleidades, possibilidades, constitucionalidade. Disponível em: <http://www.editoramagister.com/doutrina_27849509_NORMAS_DE_SAUDE_E_SEGURANCA_DO_TRABALHO_NA_ERA_BOLSONARO_A_MODERNIZACAO_DAS_NORMAS_REGULARMENTADORAS_VELEIDADES_POSSIBILIDADES_CONSTITUCIONALIDADE.aspx>. Acesso em: 08 de fev. 2021.

MARANHÃO, Ney. *Poluição labor-ambiental*. Rio de Janeiro: Lumen Juris, 2017.

MARANO, Vicente Pedro. *Doenças ocupacionais*. São Paulo: LTr, 2003.

MELO, Raimundo Simão de. A responsabilidade solidária de banco como agentes financiadores de projetos pelos danos causados ao meio ambiente do trabalho. In: GOMES, Rafael de Araújo *et al. A responsabilidade social das instituições financeiras e a garantia dos direitos humanos.* São Paulo: Fórum, 2018.

MORAES, Mônica Maria Lauzid de. *O direito à saúde e segurança no meio ambiente do trabalho.* São Paulo: LTr, 2002.

OLIVEIRA, Sebastião Geraldo de. *Proteção Jurídica à saúde do trabalhador*. São Paulo: LTr, 2002.

______. A responsabilidade Civil por acidente do trabalho nas atividades de risco. Responsabilidade Socioambiental. Novos desafios do Direito do Trabalho. *Anais Academia Brasileira de Direito do Trabalho*. Porto Alegre: Lex Magister, 2016.

PADILHA, Norma Sueli. *Do meio ambiente do trabalho equilibrado*. São Paulo: LTr, 2002.

SILVA, Homero Batista Mateus da. *Curso de Direito do Trabalho Aplicado*. vol. 3 – Saúde e segurança do trabalho. São Paulo: RT, 2015.

LACIER
Lacier Livraria e Editora
www.livrarialacier.com.br

LACIER
Lacier Livraria e Editora
www.livrarialacier.com.br